Lexikon der medizinischen Fachsprache

Herausgegeben von
Dr. Dagobert Tutsch
Redaktionsmitglied des
REALLEXIKONS DER MEDIZIN
– Urban & Schwarzenberg –

15000 Namen, Begriffe und Methoden
aus allen Bereichen der Medizin
präzise und allgemeinverständlich erklärt
Mit 188 Abbildungen

Erster Band: A–L

rororo
Rowohlt

Titel der Originalausgabe: Taschenlexikon der Medizin
Herausgegeben von Dr. Dagobert Tutsch
11. völlig neu bearbeitete Auflage von Gillert-Grüber:
Medizinisches Taschenwörterbuch
Umschlagentwurf Werner Rebhuhn

1.–25. Tausend August 1970
26.–32. Tausend November 1971
33.–37. Tausend November 1972
38.–42. Tausend Oktober 1973
43.–50. Tausend Mai 1974
51.–55. Tausend Juli 1975

Veröffentlicht im Rowohlt Taschenbuch Verlag GmbH,
Reinbek bei Hamburg, August 1970

Gesamtherstellung Clausen & Bosse, Leck/Schleswig
Satz: Fotosatz Tutte, Salzweg-Passau
Printed in Germany
580-ISBN 3 499 16126 5

Vorwort

Das vorliegende Taschenlexikon setzt die traditionellen lexikalischen Arbeiten des Verlages Urban und Schwarzenberg auf dem Gebiet der Medizin fort. Es ist für den weiten Personenkreis gedacht, der durch mittelbaren oder unmittelbaren Kontakt mit dem Fachgebiet Medizin und seinen Randgebieten eine schnelle Orientierung über die wichtigsten Begriffe und ihre Terminologie benötigt. Rund 15000 Stichwörter aus allen Teilgebieten wurden ausgewählt. Ein umfassendes Verweisungssystem verknüpft die Definitionen und Begriffe, wodurch die Einzelaussagen wesentlich erweitert werden. Besonderer Wert wurde bei der Bearbeitung des Werkes auf leichte Benutzbarkeit und vielseitige Information gelegt: zur fachlichen Orientierung kommen Hinweise zur Silbentrennung und Aussprache hinzu. Die anatomischen Namen entsprechen dem neuesten Stand der Pariser Nomenklatur mit weitgehender Berücksichtigung der Empfehlungen des internat. anatomischen Nomenklaturkomitees aus dem Jahre 1965 (Wiesbaden); die Aussagen zu den anatomischen Begriffen berücksichtigen – soweit bei der allgemeinen Kürze möglich – auch funktionelle Momente. Trotz der knappen Fassung der Aussagen wird das Lexikon auch Personen, die keine medizinischen Vorkenntnisse besitzen, ein nützlicher Helfer sein.

Zu danken ist dem Verlag für gute Ausstattung und Hilfe seitens der Redaktion des „Reallexikon der Medizin“ und besonders Herrn Dr. Karl Pauer, München, für die aufopfernde Mitarbeit.

Abkürzungen

Abb.	= Abbildung	i.v.	= intravenös
Abk.	= Abkürzung	i. w. S.	= im weiteren Sinne
Adj., adj.	= Adjektivum (Eigenschaftswort), adjektivisch	Krkht(n).	= Krankheit(en)
		Kurzbez.	= Kurzbezeichnung
Anw.	= Anwendung	lat.	= lateinisch
ausschl.	= ausschließlich	Lsg.	= Lösung
bes.	= besonders	med.	= medizinisch
best.	= bestimmt	ml	= Milliliter
Bez.	= Bezeichnung	Op.	= Operation
bzw.	= beziehungsweise	op.	= operativ
chron.	= chronisch	Pl.	= Plural (Mehrzahl)
engl.	= englisch	s.c.	= subkutan
Entzdg.	= Entzündung	Sg.	= Singular (Einzahl)
einschl.	= einschließlich	sog.	= sogenannte(r)
Erkr(n).	= Erkrankung(en)	spr.	= sprich
evtl.	= eventuell	spez.	= speziell (insbesondere)
franz.	= französisch	syn.	= synonym (gleichbedeutend)
Gen.	= Genitiv (zweiter Fall)	Taf. **1**, 3	= Tafel-Abbildung (im Anhang) Nr. 1, Ziffer 3
gew.	= gewöhnlich		
griech.	= griechisch	therap.	= therapeutisch
h	= Stunde (lat. hora)	u. a.	= und andere(s)
i.e.S.	= im engeren Sinne	Verbdg(n).	= Verbindung(en)
i. m.	= intramuskulär	vgl.	= vergleiche
i. S.	= im Sinne	wahrsch.	= wahrscheinlich

Symbole

→	= siehe auch, vergleiche	⌀	= Durchmesser
*	= an entsprechender alphabet. Stelle vorkommend	%	= Prozent
’ ’	= bei Autorenname für Genitivform (s. Einrichtung, Punkt 5)	%ig	= prozentig
. .	= Betonungszeichen	+	= plus, und
|	= Trennung	°	= Grad (in Celsius)
⁄⁄	= Symbol für Doppelname	<	= kleiner als
		>	= größer als
		−	= minus, weniger

Einrichtung

1. Bei eingedeutschten Formen der Wörter ist die Schreibweise mit k/z statt c und mit ä bzw. ö statt ae bzw. oe durchgeführt.
2. Zusammengesetzte Wörter und Ausdrücke, die unter dem ersten Bestandteil nicht gefunden werden, sind unter dem zweiten zu suchen: z. B. Sehnervenatrophie unter Atrophie, grauer Star unter Star.
3. Die vielfältige und uneinheitliche Bezeichnung der klinischen Syndrome, die sich aus zwei und mehr Eigennamen zusammensetzen, machen es erforderlich, wenn die Bezeichnung unter dem ersten Namen nicht zu finden ist, gegebenenfalls bei den anderen Namen nachzuschlagen.
4. Ein Sternchen (*) hinter einem Wort bedeutet, daß dieses an seiner alphabetischen Stelle nachzusehen ist.
5. Ein Auslassungszeichen (’) hinter einem ausgeschriebenen oder abgekürzten (Initial) Autorennamen bedeutet, daß z. B. s, scher, sche, sches zu ergänzen sind. Bei fehlender echter Autorenschaft erfolgt Bindestrich-Kupplung mit nachfolgendem Begriff: z. B. Hartnup-Krankheit (Edward Hartnup = erster Patient, bei dem 1951 die Krankheit beobachtet wurde).
6. Betonung wird durch einen tiefgestellten Punkt unter dem betreffendem, bei Doppellauten zwischen den Buchstaben gekennzeichnet.
7. Ein senkrechter Strich weist die Silben- und Worttrennung aus, z. B. Ab|rasio, extra|uterin.
8. Ein *sch* in Schrägschrift bezeichnet den französischen j-Laut, wie in Dränage (spr. dräna*sch*), z. B. Bougie (spr. bu*sch*i).
9. Ein ñ bezeichnet den französischen Nasenlaut, wie z. B. in Ballottement (spr. ballottmạñ).
10. Kennzeichnung mit (→) bedeutet Abhandlung an der verwiesenen Stelle; ferner „vergleiche“, „siehe auch“.
11. Am Schluß befinden sich das griechische Alphabet, die lateinischen Grundzahlen (1–2000), ein pharmazeutisch-medizinisches Abkürzungsverzeichnis, die Kurzzeichen für dezimale Vielfache und Teile von Einheiten und eine Zusammenstellung der häufig vorkommenden Vor- und Nachsilben aus der griechischen und lateinischen Sprache.

A: Symbol für Blutgruppe* A (bzw. das entsprechende Antigen*) des AB0*-(A-B-Null-)Systems.
A.: Abk. für Arteria*.
Å: Abk. für Ångström*.
Aa.: Abk. für Arteriae (= Arterien).
AAR: **A**ntigen-**A**ntikörper-**R**eaktion.
Abasie: Unfähigkeit zu stehen u. zu gehen (bei ungestörter Kraft).
Abbruchblutung: Genitalblutung (menstruationsartig) nach Abbruch d. Verabfolgung weibl. Keimdrüsen*-hormone*.
Abderhalden-Fanconi' Syndrom, Amindiabetes: Zystin*-speicherkrankheit (Enzymopathie*) mit Zwergwuchs u. Spontanfrakturen.
Abdomen: Unterleib, Bauch. **A., akutes:** heftige Zeichen einer Entzündung der Bauchorgane (Spannung d. Bauchmuskeln*, Fieber*, Leukozytose*, Tachykardie* etc.)
abdominalis, abdominal: das Abdomen*, die Bauchhöhle, die Bauchhaut, die Bauchdecken betreffend.
Abducens, Abduzens: Kurzform f. Nervus* abducens (VI. Hirnnerv), der den äußeren geraden Muskel d. Auges versorgt. **A.parese:** Lähmung des VI. Hirnnervs. Doppelbilder, da das betreffende Auge die entsprechenden Bewegungen des nichtbetroffenen Auges zur Seite nicht mitmachen kann.
Abduktion: Bewegung eines Gliedes vom Körper oder der Mittellinie weg. Beim Auge die Auswärtswendung.
Abduktor: Muskel, der Abduktion* bewirkt.
abduzieren: Abduktion* ausführen.
aberrans, aberrierend: abweichend, anomal verlaufend.
Aberratio, Aberration: Abweichung, Abirrung. **A., chromatische:** durch Farbzerstreuung bedingter Abbildungsfehler. **A., sphärische:** durch stärkere Lichtbrechung in Randpartien optischer Systeme bedingter optischer Fehler.
Abetalipoprotein-Syndrom, *Bassen'-Kornzweig'* Syndrom: auf erblichem Mangel an β-Lipoproteinen* beruhende Krankheit (mit Steatorrhoe*, Ataxie*, geistiger Retardierung*, Akanthozytose*, tapetoretinaler Degeneration).
Abführmittel: Laxantia, Aperientia.
Abhängigkeit: Bez. für Süchtigkeit*, z.B. Medikamentenabhängigkeit.
Abiose: Fehlen der Lebensvorgänge, Tod.
Ablaktation: Abstillen, Entwöhnung von der Mutterbrust.
Ablatio, Amotio: spontane* oder artifizielle* (→Amputation, Exartikulation) Abtragung bzw. Ablösung eines Organs. **A. interileoabdominalis:** Hemipelvektomie. **A. mammae,** Mastektomie: Absetzung der Brust. **A. retinae:** Netzhaut*-ablösung. **A. testis:** Hodenentfernung (= Kastration).
Ableitung: das direkte oder indirekte Abtasten (Abgreifen) bioelektrischer* Ströme mittels Elektroden*. **A., bipolare:** A., bei der beide Elektroden different* sind, d.h. ableiten. **A., orthogonale:** Ableitungsachsen stehen senkrecht aufeinander. **A., präkordiale:** Brustwandableitung*, bei der die Elektroden vor dem Herzen angelegt werden. **A., unipolare:** Ableitung, bei der nur eine (die ableitende) Elektrode different* ist.
Ablepharie: Lidlosigkeit.
Ablep|sie: Amaurose.
Abnabelung: Abbinden der Nabelschnur* mit einem sterilen Bändchen mit nachfolgender Abtrennung unmittelbar oder bald nach der Geburt, ca. 3 Querfinger vom Kindsnabel entfernt, meist nach Aufhören der Pulsation* d. Nabelschnur.
AB0-(A-B-Null-)System: → Blutgruppen.
aboral: vom Munde entfernt; in Richtung auf den After*.

Abort: Abortus.
abortieren: einen Abort* durchmachen.
abortiv: abgekürzt verlaufend, unentwickelt, den Krankheitsverlauf abkürzend.
Abortiva, Abortivmittel (Sg. **Abortivum**): Mittel, die Abort* herbeiführen oder eine Krankheit im Beginn zum Stillstand bringen.
Abortus, Abort, Fehlgeburt: spontane* oder artifizielle* Beendigung einer Gravidität* vor Erreichen der Lebensfähigkeit der Frucht (vor 28. Schwangerschaftswoche). **A. Bang:** seuchenhaftes Verkalben. **A. embryonalis:** Abort vor 13. Woche. **A. fetalis:** Abort zw. 14. u. 28. Woche. **A. habitualis:** mehr als dreimal erfolgender spontaner* Abort ohne erkennbare Ätiologie*. **A. imminens:** drohende Fehlgeburt. **A. incipiens:** beginnende Fehlgeburt. **A. tubaris:** Tubarabort.
Abortzange: Instrument zur Ausräumung von Aborten. Abb. zeigt Modell von *Winter*.

Abrachius: Mißbildung, der die Arme fehlen.
Ab|rasio(n): Abschabung, Ausschabung.
A. corneae: Abschabung des Hornhautepithels, z. B. bei rezidivierender Erosion.
A. uteri: Gebärmutterausschabung (= Kürettage).
Ab|scessus: Abszeß. **A. calidus:** heißer Abszeß. **A. frigidus:** kalter Abszeß. **A. stercoralis:** Kotabszeß.
Abschlußplatte: Knorpelplatte auf der Ober- bzw. Unterseite eines Wirbelkörpers*.
Absence (franz.; spr. abßañß): vorübergehende Bewußtseinspause, bes. bei Epilepsie*.
Absentia: Geistesabwesenheit. →Absence.
absolut: ohne jede Einschränkung, unbedingt. →Alkohol, Dämpfung.
Absorbens (Pl. **Absorbentia**): absorbierende Substanz.
Absorber: mit absorbierendem Material gefülltes Gefäß, z. B. an Narkose*-apparaten für CO_2*-Absorption.
absorbieren: aufsaugen, absättigen.
Absorption: Aufsaugen von Gasen, Flüssigkeiten, Lichtstrahlen in einem Körper.
absteigend: vom Zentrum fort verlaufend, in die Peripherie oder tiefere Systemabschnitte führend.
Abstiegsneurose: bei sozialem Abstieg auftretende neurotische* Fehlhaltung.
Abstinenz: Enthaltung, Enthaltsamkeit.
A. erscheinungen: Reiz- oder Schwächezustände nach Entziehung gewohnter Mengen von Alkohol, Morphium usw.
Abstrich: oberflächliche Entnahme von bakteriolog., histolog. etc. Untersuchungsmaterial; auch d. Material selbst.
Ab|szedierung: Nekrose* u. Verflüssigung von Gewebe infolge Entzündung*, mit oder ohne (= steriler Abszeß*) Beteiligung von Eitererregern.
Ab|szeß, Abscessus: durch Membran* oder kapselartige Gewebsverdichtung abgegrenzte Nekrose* mit Einschmelzung von Gewebe. **A., ano|rektaler:** A. im After-Mastdarm*-bereich. **A., epinephritischer:** A. in der Fettkapsel*, die die Niere* umgibt. **A., gekammerter:** durch Stränge etc. unterteilter A. – **A., heißer:** akut entstandener A. – **A., is|chiorektaler:** A. im Bereich des Beckenbodens* (Fossa* ischiorectalis) gelegener periproktischer* A. – **A., kalter:** A. mit geringen Entzündungserscheinungen u. käsiger* Nekrose* (Entartung*) bei Tbk.* **A., parapharyngealer:** von durchgebrochenem Peritonsillarabszeß* ausgehender A. in der Umgebung des Pharynx*. **A., paraproktitischer** bzw. **periproktitischer:** Abszeß im Bindegewebe um After* u. Mastdarm*. **A., perityphlitischer:** in der Umgebung des Blinddarms* gelegener A. – **A., steriler:** A. ohne Beteiligung von Erregern. **A., subphrenischer:** A. unterhalb des Zwerchfells* (= A., subdiaphragmatischer).
Ab|szisse: → Koordinatensystem.
Abt'-Letterer'-Siwe' Syndrom: fieberhafte exanthematische* Retikuloendotheliose* mit Osteolysen*, Anämie* u. Thrombozytopenie*.
Abulie: Willenlosigkeit.
abundant: übermäßig.
Abusus: Mißbrauch.
Abwehrspannung: reflektorische* An-

spannung der Bauchmuskeln* (bei entzündlichem Bauchprozeß).
Ac: Symbol für Aktinium*.
Ac.: Abkürzung für Acidum.
a. c.: ante cenam (vor der Mahlzeit).
Acanthocephaliasis, Akanthozephaliasis: durch Acanthocephala (→ Kratzwürmer) hervorgerufene seltene Infektionskrankheit beim Menschen; v. a. Magen-Darm-symptome.
Acanthocheilonemiasis: die seltene, kaum Symptome* verursachende Infektion* mit dem Fadenwurm Acanthocheilonema perstans bzw. streptocerca.
Acanthopelvis: Stachelbecken.
Acanthosis nigricans: Hautkrankheit mit warzigen braunschwarzen Herden usw.
Acardius, Akardius: Mißgeburt ohne Herz.
Acarinosis: durch Milben (z. B. Acarus* scabiei) hervorgerufene Krankheit.
Acarus scabie|i: Krätzmilbe. → Scabies.
ACC: Accelerin-Convertin → Akzelerin, Konvertin.
Accelerans, Akzelerans: Kurzform für die die Herztätigkeit beschleunigenden Äste des Sympathikus* (= N. accelerans).
accelerans: beschleunigend.
Acceleratio: Beschleunigung.
Accessorius: Kurzform für N.* accessorius.
accessorius, -a, -um: → akzessorisch.
Accouchement forcée (franz.; spr. ackuschmañ forßeh): gewaltsame (künstlich beschleunigte) Entbindung*.
Accretio: Verwachsung. **A. cordis** bzw. **pericardii:** Pericarditis adhaesiva.
accretus, -a, -um: angewachsen (z. B. Placenta accreta).
ACD-Stabilisator: Stabilisator* für Blutkonservierung; besteht aus Aqua dest., Acidum und Natrium citricum und Dextrose.
Acephalus: → Azephalus.
Acervulus, Hirnsand: sandartige Gebilde v. a. im Corpus* pineale.
Acet...: → Azet....
Acetabulum: Hüftpfanne.
aceticus: essigsauer.
Acetonum: Azeton.
Acetum: Essig. **A. glaciale:** Eisessig.
A. pyro|lignosum: Holzessig.
Achalasie: mangelhafte Erschlaffung (z. B. der Kardia* = Kardiospasmus*).
Achard'-Foix'-Mouzon' Syndrom (spr. aschahr-foa-mußoñ...): Agenesie* von Steißbein* u. unteren Kreuzwirbeln mit Atrophie* von Becken, Gesäß- u. Beinmuskulatur.
Acheilie: angeborenes Fehlen einer oder beider Lippen.
Acheirie, Achirie: angeborenes Fehlen einer oder beider Hände.
Achenbach' Syndrom, Fingerapoplexie: paroxysmale Hämatome* v.a. der Volarseiten* der Finger.
Achillessehne, Tendo calcaneus (Achillis): gemeinsame Sehne der Wadenmuskeln, die am Fersenbein ansetzen (→ Taf. **18,** 13). **A.nreflex:** Senkung der Fußspitze durch Zusammenziehung der Wadenmuskulatur bei Beklopfen der Achillessehne.
Achill|o-bursitis, *Albert'* Krankheit: Entzündung des (tiefen) Schleimbeutels zw. Achillessehne* u. Fersenbein*. **-dynie:** Fersenschmerz, spez. aseptische* Knochennekrose* am Fersenbein* (→ *Haglund'* Syndrom). **-r|rhaphie:** Naht der Achillessehne. **-tomie:** Durchschneidung der Achillessehne.
Achlor|hydrie: Mangel an Salzsäureproduktion im Magen.
Achloro|blepsie, Achlor|opsie: Grünblindheit. → Deuteranomalie.
Achluo|phobie: Furcht vor Dunkelheit.
Acholie: mangelhafte bis fehlende Galleausscheidung in den Darm.
acholischer Stuhl: heller, tonfarbener Stuhl bei Acholie*.
Achondrodys|plasie, Achondroplasie, Chondrodystrophia hypoplastica: eine während der Entstehung des Kindes im Mutterleib einsetzende Erkrankung des Wachstumsknorpels, die darin besteht, daß das dem Längenwachstum dienende Weitersprießen des Knorpels* gering bleibt oder ganz fehlt.
Achorese: Verringerung bis Aufhebung der Kapazität eines Hohlorgans.
Achorion schoenleini: Pilz, der Favus* erzeugt.
achrestische Anämie: der perniziösen Anämie* ähnl. konstitutionelle Anämie.

achromatisch: ungefärbt, ohne chromatische* Aberration*.

Achromat|opsie: totale Farbenblindheit; der davon Betroffene sieht nur verschiedene Helligkeiten.

Achromie, Achromatose: 1) Pigment*-mangel. – 2) fehlende oder mangelhafte Anfärbbarkeit.

Achromo|trichie: Pigment*-mangel der Haare.

Achse, optische: eine gerade Linie, welche in einem zentrierten optischen System durch alle Krümmungsmittelpunkte des Systems verläuft.

Achselvenensperre, akute: Claudicatio venosa intermittens (= *Paget'- von Schroetter'** Syndrom).

Achsenametropie: Fehlsichtigkeit durch Längenanomalie des Auges (Achsenmyopie = Kurzsichtigkeit, Achsenhyperopie = Weitsichtigkeit).

Achsenzylinder, Neurit: der aus feinen Fäserchen bestehende wesentlichste Teil der Nerven. Meist von Hüllen umgeben. **A.fortsatz:** Ausläufer einer Ganglienzelle*, der in einen A. übergeht.

Achylia gastrica: Fehlen der Magensaftabsonderung. **A. pancreatica:** fehlende Absonderung des Bauchspeichels.

Acida: saure Stoffe, Säuren*.

Acidosis: Azidose.

Acidum: Säure. **A. aceticum:** Essigsäure. **A. arsenicosum:** arsenige Säure. **A. ascorbicum:** Askorbinsäure = Vitamin C. **A. barbituricum:** Barbitursäure (Grundsubstanz zahlreicher Schlafmittel). **A. benzoicum:** Benzoësäure. **A. boricum:** Borsäure. **A. carbolicum:** Phenol. **A. chromicum:** Chromsäure. **A. citricum:** Zitronensäure. **A.di|aethylbarbituricum:** ein Schlafmittel (Barbitalum). **A. fumaricum:** Fumarsäure. **A.hydro|chloricum:** Salzsäure. **A. lacticum:** Milchsäure. **A. muriaticum:** Salzsäure. **A. nicotinicum:** Nikotinsäure (Nikotinsäureamid). **A. nitricum:** Salpetersäure. **A. nitrosum:** salpetrige Säure. **A. oxalicum:** Oxalsäure. **A. phenylaethylbarbituricum:** Phenobarbitalum. **A. phosphoricum:** Phosphorsäure. **A. salicylicum:** Salizylsäure. **A. silicicum:** Kieselsäure. **A. succinicum:** Bernsteinsäure. **A. sulfuricum:** Schwefelsäure. **A. sulfurosum:** schweflige Säure. **A. tannicum:** Gallussäure, Gerbsäure. **A. tartaricum:** Wein(stein)säure. **A. trichlor|aceticum:** Trichloressigsäure. **A. uricum:** Harnsäure.

Acinus: Drüsenbläschen, -läppchen; Läppchen der Leber, Lunge usw.

Acme: Akme.

Acne, Akne, Hautfinnen: Talgdrüsenerkrankung mit Knötchen- bis Knotenbildung der Haut. **A. bromica:** Bromakne (nach chronischer Brombehandlung). **A. con|globata:** abszedierende*, konfluierende*, in Gruppen auftretende Finnen. **A. indurata:** A. mit verhärtenden Knoten. **A. juvenilis:** im Entwicklungsalter auftretende A. vulgaris. **A. necroticans:** v. a. an der Stirnhaargrenze auftretende ulzerierende* A. mit deutl. Androtropie*. **A. rosacea:** „Kupferfinne" → Rosacea. **A. vulgaris sive simplex:** im Komedonenbereich auftretende chron. Akne, v. a. bei Jugendlichen.

ACP-Virus: (engl. = Adeno-Conjunctival-Pharyngeal-Virus) ein Adenovirus*; Erreger einer Nasenrachen-Schleimhautentzündung.

ac|quisitus, -a, -um: erworben.

A|cranius, Akranius: Mißbildung, der der Kopf fehlt.

ACTH: Abk. für adrenocorticotropes Hormon. HVL*-Hormon mit Wirkung auf die Nebennierenrinde*.

Actinomyces: Strahlenpilz. → Aktinomykose.

acuminatus, -a, -um: spitz.

acusticus, -a, -um: das Hörorgan bzw. das Gehör betreffend; s. a. Akustikus.

acutus, -a, -um: akut.

adäquat: angemessen, passend.

Adamantinom: aus embryonalen* Schmelz*-zellen bestehende Kiefergeschwulst. Solides A. ohne, zystisches A. mit Hohlräumen in der Geschwulst. Kann bösartig entarten.

Adams'-Stokes' Anfall (spr. ädemsstouks): starke Pulsverlangsamung mit Anfällen von Bewußtseinsstörung und epileptiformen* Krämpfen* infolge von Herzleiden.

Ad|aptation: Anpassung, z. B. des Auges an verschiedene Helligkeitsgrade.

Adaptationskrankheit, Adaptinose: Entgleisung des Adaptationsmechanismus (→ Adaptationssyndrom*) nach Streß*.
Adaptationssyndrom: (*Selye*) Sammelbegriff für die durch verschiedenartige Reizeinwirkungen hervorgerufenen reaktiven Veränderungen der Nebennieren* und ihre klinischen Folgeerscheinungen.
Adaptometer: Apparat zur Prüfung des Lichtsinns.
Addephagie: Eßgier.
Addisonismus: leichte Form der NNR*-Insuffizienz*.
Addison' Krankheit (spr. äddißn ...): schmutzigbraune Verfärbung der Haut, Kräfteverfall, nervöse und Magen-Darmstörungen; Erkrankung der Nebennieren* (auch Bronzekrankheit genannt).
additiv: zusätzlich (wirkend).
Adduktion: Anziehung; Bewegung eines Gliedes nach dem Körper oder nach der Mittellinie zu.
Adduktoren: die bei der Adduktion* tätigen Muskeln (→ Taf. **15**, 16; **16**, 3; **17**, 15). **A.kanal:** Canalis adductorius. **A.-reflex:** Beinadduktion auf Beklopfen der inneren Kniegelenkwalze (Condylus* medialis*).
adduzieren: eine Adduktion herbeiführen.
Adenin: eine Purinbase*; Baustein von Nukleinsäuren*.
Adenitis: Drüsenentzündung, spezielle Lymphknotenenzündung.
Adenographie: röntgenologische Darstellung von Drüsen* bzw. D.gängen. → Sialographie, Mammographie.
Adenohypophyse: Vorder- u. Mittellappen der Hypophyse*. Bildungsort zahlreicher Hormone (→ LTH, ACTH, TSH, STH, FSH, LH).
adenoid: lymphknotenartig. **a.e Vegetationen:** geschwulstartige Wucherungen der Rachenmandel*.
Adeno-karzinom, -kystom: Mischform von Adenom* und Karzinom* bzw. Kystom*.
Adenom(a): drüsenartig gebaute oder in Drüsen vorkommende Geschwulst. **A., eosinophiles:** HVL*-Geschwulst m. Überproduktion von STH*. **A., toxisches:** hormonaktiver knotiger Kropf mit Hyperthyreose*; → heißer Knoten.
Adenomalazie: Drüsenerweichung.
Adenomyom: drüsig-muskuläre Geschwulst, v. a. des Uterus*, der Prostata* u. des Magen-Darmtraktes.
Adenosarkom: Mischform von Adenom* und Sarkom*.
Adenosin|diphosphorsäure, ADP: Nukleotid* aus Adenin* u. Ribose* (= Adenosin) u. 2 Phosphorsäureresten. Wichtiger Energieüberträger des Stoffwechsels*.
Adenosin|triphosphorsäure, ATP: Nukleotid* aus Adenin* u. Ribose* (= Adenosin) u. 3 Phosphorsäureresten. Wichtiger Überträger des intermediären Stoffwechsels.
Adeno|sklerose: Drüsenverhärtung.
Adenotom: Ringmesser* zur Entfernung adenoider* Wucherungen.
Adenotomie: Entfernung der Rachenmandel.
Adenoviren: weltweit verbreitete Viren* mit Affinität* zu den Schleimhäuten. Erreger von Pharyngitis*, Konjunktivitis*, Bronchitis*.
Adenylsäuresystem: Enzymsystem*, das die Aufnahme, Übertragung und Abspaltung von Phosphorsäure* bewirkt.
Adeps: Fett. **A. Lanae:** Wollfett. **A. Lanae cum aqua:** Lanolin. **A. suillus:** Schweinefett.
Aderhaut: → Choroidea (→ Taf. **14**, 10).
Aderlaß: Eröffnung einer Blutader* (seltener Schlagader*) zwecks Blutentziehung, z. B. zur Kreislaufentlastung.
Adermin: Pyridoxin.
ADH: **a**nti**d**iuretisches **H**ormon; auch Alkohol**deh**ydrogenase.
ADH-Methode: Blutalkoholbestimmung mittels Photometrie der oxidativen Wirkung der Alkohol**deh**ydrogenase.
adhaerens, adhärent: anhaftend, verwachsen.
Adhäsion: das Anhaften, die Verklebung, Verwachsung.
adhaesivus, -a, -um: anhaftend, klebend, zu Verwachsungen führend.
Adia|docho|kinese: Unfähigkeit der Ausführung rhythmischer antagonistischer Willkürbewegungen.

Adie' Syndrom: Pupillotonie*, Fehlen von Patellar*- und Achillessehnenreflex*.
Adipositas: Fettleibigkeit, Verfettung. **A. dolorosa:** *Dercum*'* Krankheit.
adiposogenital(is, -e): fettsüchtig aufgrund einer Keimdrüsenerkrankung.
Adiposogigantismus: Riesenwuchs*, kombiniert mit (Pubertäts*-) Fettsucht.
Adipos|urie: Lipurie.
adiposus, -a, -um: fetthaltig, fett.
Adipozele: Fettbruch.
Adipsie: Durstmangel.
Aditus: Eingang, Zugang.
Adiuretin: antidiuretisches Hormon.
Adjuvans (Pl. **Adjuvantia**): die (anderen) Therapeutika u. Maßnahmen unterstützendes Mittel.
adjuvans: unterstützend.
ad lib., ad libitum: nach Belieben.
ad man. med., ad manus medici: zu Händen des Arztes.
Adnexe: Anhangsgebilde; z.B. die mit der Gebärmutter zusammenhängenden Eileiter*, Eierstöcke*, Nebeneierstock* oder – als männl. Adnexe – der Samenleiter*, die Samenbläschen*, Hoden*, Nebenhoden* u. Prostata*.
Adoleszentenalter: Jünglingsalter.
Adoleszentenkyphose, *Scheuermann*' Krankheit: charakteristische nicht-tuberkulöse Wirbelsäulenverkrümmung (Brustwirbel u. obere Lendenwirbel) bei Jugendlichen; mit aseptischer* Knochennekrose* der Abschlußplatten* der Wirbelkörper* zusammenhängend.
Adoleszentenstruma: gutartige Struma* der Adoleszenz*.
Adoleszenz: Jünglingsalter.
adoral: zum Munde hin, in Mundnähe.
ADP: **A**denosin**di**phosphorsäure.
Ad|renal|ektomie: Nebennieren*-entfernung. **A., unblutige:** medikamentöse oder radiologische Nebennierenhemmung, z. B. bei bestimmten Tumoren, Hochdruck.
Adrenalin, Epinephrin: Hormon* des NN*-Marks; Sympathikus*-wirkstoff. Steigert Blutdruck, Herzaktion, Glykogen*-Abbau, Grundumsatz*.
Adrenalsystem: das Gesamt der Adrenalin*-produzierenden Organe, nach der Geburt meist auf NN-Mark und *Zuckerkandl*' Ganglion beschränkt.
ad|ren|ergisch: auf Adrenalin* ansprechend.
adrenogenitales Syndrom: auf Überproduktion von Androgenen* bei NNR*-Tumor* oder -Hyperplasie* beruhende Verweiblichung beim Mann, Vermännlichung bei der Frau u. Interrenalismus* bei Jugendlichen.
adrenokortikotropes Hormon: Kortikotropin (= ACTH).
Adrenosteron: NNR*-Steroidhormon* mit virilisierender* Wirkung.
Adsorption: Bindung eines Gases usw. an einer Oberfläche.
Adspektion: Besichtigung.
Adstringentia (Sg. **Adstringens**): zusammenziehende Mittel.
adstringieren: zusammenziehen.
adult(us, -a, -um): erwachsen.
ad usum proprium: zum eigenen Gebrauch.
Adventitia: bindegewebige Hülle der Blutgefäße.
adventitiell: zur Adventitia* gehörig, sie betreffend.
Adynamie: Körperschwäche.
A. E.: Antitoxineinheit.
Aëdes aegypti: Gelbfieber*-mücke.
Ägo|phonie: hochklingende, an Meckern erinnernde Bronchophonie*.
Aegritudo: Krankheit, Krankheitsgefühl.
Äquivalent: etwas Gleichwertiges, Ersatzwert. → epileptisches Äquivalent.
äquivalent: gleichwertig.
aërob: in Gegenwart von Sauerstoff ablaufend, lebend.
Aërob(i)er: Bakterien, die zum Leben Sauerstoff brauchen.
Aëro|embolismus, Ebullismus: Auftreten von Gasblasen im Blut u. in Geweben bei Druckabfall; auch Bez. für Druckfallkrankheit*.
Aëro|gastrie: vermehrter Luftgehalt des Magens.
Aëro|otitis media: Mittelohrentzündung durch mangelnden Luftausgleich zwischen Mittelohr u. Außenwelt.
Aëro|phagie: Luftschlucken.
Aërosolbehandlung: Behandlung durch fein vernebelte Heilmittel, z.B. Antibiotika, Bronchodilatatoren*.
aërotolerant: Luft(zutritt) ertragend.

aërotympanale Leitung: Luftleitung. → *Rinne.*
Äskulapstab: (nach dem griechischen Gott der Heilkunde Äskulap, der damit dargestellt wurde) ein von einer Schlange umwundener Stab; Sinnbild der Heilkunde.
Ästivo-Autumnalfieber: eine Form der Malaria* (Tropenfieber) in Italien, besonders im Spätsommer und Herbst auftretend.
Äthanol: Äthylalkohol.
Äther: farblose, leicht entzündliche Flüssigkeit zur Narkose*. **Ae. aceticus:** Essigäther. **Ae. chloratus:** Äthylchlorid, Chloräthyl; Narkotikum*. **Ae. sulfuricus:** (Schwefel-) Äther.
aethere|us: ätherisch, leicht flüchtig. Mit Äther oder Ätherweingeist (Spiritus aethereus) bereitet (Tinktur).
Äther-narkose: Narkose* (Allgemeinbetäubung) durch Äther*-inhalation*. **-rausch:** geringgradige Betäubung mit Äther. **-reflex:** (*Katsch*) nach Einbringung von 2–4 ml Äther in den Zwölffingerdarm* erfolgende reflektorische Bauchspeichel*-entleerung f. diagnost.* Zwecke. **-sucht,** Ätheromanie: suchtart. Gewöhnung an Inhalation* von Äther.
Ätheromanie: Äthersucht.
Äthyl-äther: der gewöhnliche Ä. **-alkohol:** der gewöhnliche Ä. **-chlorid:** Aether chloratus.
Ätiologie: Lehre von den Krankheitsursachen. Auch die Ursache selbst.
ätiologisch: ursächlich.
ätiopathogenetisch: die Ätiologie* u. Pathogenese* betreffend.
ätiotrop: auf die Krankheitsursache wirkend.
Ätzmittel: 1) Alkalien*, Kali- u. Natronlauge. – 2) Säuren, z. B. Salpetersäure, Trichloressigsäure. – 3) Schwermetallsalze, z. B. Quecksilber.
afebril: fieberlos.
Afermentie: Fehlen von Fermenten (= Enzymen*) in den Verdauungssäften.
Affekt: starke Gemütsbewegung.
Affektation: affektiertes Benehmen.
affektiert: geziert, erkünstelt.
Affekt|inkontinenz: herabgesetzte Steuerung u. Hemmung der Affekte.
Affektion: krankhafte Störung, Leiden.
Affektivität: Gefühlsansprechbarkeit.
Affektlabilität: Unausgeglichenheit der Affektivität.
Affenhand: durch Lähmung des N.* medianus (Daumenballenatrophie*) bedingte Handhaltung; alle Metakarpalknochen* in einer Ebene.
afferens: zuführend.
Afferenz: einer Zelle des ZNS* zuströmende Information aus der Peripherie.
Affinität: chemische Verwandtschaft, Anziehung.
affiziert: ergriffen, befallen.
Afibrinogen|ämie: durch Elektrophorese* nachweisbares völliges od. weitgehendes Fehlen d. Fibrinogens*. **A., angeborene:** ein nicht geschlechtsgebundenes, rezessiv* vererbbares Leiden. **A., symptomatische:** bei Verbrennungen*, Leberschädigungen*, nach Schockzuständen vorkommende A.
AFT: Antifibrinolysin-Test.
After: Anus (→ Taf. **22**, 8; **23**, 13). **A.-jucken:** Pruritus ani. **A.mangel:** Atresia ani. **A.schließmuskel:** Musculus sphincter ani; → Sphinkter. **A.schmerz:** Proktalgie. **A.schrunde:** Fissura ani. **A.vorfall:** → Prolapsus.
Ag, AG: Abkürzung für Antigen.
Agalaktie: Milchmangel.
A-Galle: die erste Gallenprobe (= Lebergalle) bei Duodenalsondierung*.
Agamma|globulin|ämie: Fehlen oder Verminderung d. γ-Globuline*, dadurch gesteigerte Empfänglichkeit für bakterielle Infektionen* (Otitis*, Sinusitis* usw.). Meist bei Kindern.
agan|glionär: durch fehlende Ausbildung der zugehörigen Ganglienzellen* bzw. Nervenplexus* gekennzeichnet.
Agar(-Agar): eingetrockneter Schleim von exotischen Algenarten. Als Abführmittel u. Bakteriennährboden verwendet.
Agaricin(um): wirksamer Bestandteil des Lärchenschwamms (Agaricus albus); schweißhemmendes Mittel.
agastrisch: ohne Magen.
Agenesie: mangelhafte oder fehlende Bildung von Körperteilen.
Agenitalismus: Fehlen der Geschlechtsdrüsen*, Hoden* u. Eierstöcke* und da-

durch bedingte Folgen; auch inkorrekte Bez. für Agonadismus.
Agentia, Agenzien (Sg. **Agens**): wirksame Stoffe bzw. Kräfte.
Ageusie: Unvermögen zu schmecken.
Agglomerat: Knäuelbildung, Haufen.
Agglomeration: Zusammenballung.
agglutinabel: gerinnend, zur Agglutination* fähig.
Agglutination: Anklebung, Verklebung, Zusammenballung. Bei Bakterien* durch Zusatz von Immunserum*, bei roten Blutkörperchen* z. B. durch Serum von Menschen mit best. anderen (agglutinierenden*) Blutgruppen*.
agglutinierend: Agglutination* herbeiführend.
Agglutinine: Stoffe (bes. im Blut), die Agglutination* bewirken.
Agglutinogen: als Antigen* wirkender Stoff; Angriffspunkt des Agglutinins*.
Aggravatio(n): Übertreibung.
Aggregat: Resultat der Aggregation*.
Aggregation: Zusammenballung.
Aggregatzustand: feste, flüssige oder gasförmige Beschaffenheit einer Substanz.
Aggressine: Bakteriengifte, die erst nach Bindung der unspezif. Abwehrkräfte eine Antikörper*-bildung anregen.
aggressiv: angreifend, gewalttätig.
agitans: unruhig, heftig bewegend (→ Paralysis).
Agitation: (lebhafte) Bewegung, Unruhe, Erregung.
agitiert: erregt, unruhig.
Aglobulie: Verminderung der (roten) Blutzellen.
Aglukon, Aglykon: der glukose*- bzw. zuckerfreie Rest eines Glykosids*.
A|gnosie: Unvermögen, trotz unversehrter Sinneswahrnehmung sinnliche Eindrücke richtig zu deuten.
Agonadismus: Fehlen (bzw. Funktionsausfall) der Keimdrüsen*.
Agonie: Todeskampf.
Agora|phobie: Platzangst.
Agrammatismus: Unfähigkeit zu grammatikalisch richtigem Sprechen.
Agranulozytose: schwere, akut auftretende, meist fieberhafte Erkrankung; wobei die Granulozyten* im Blut stark vermindert sind und brandige Prozesse im Rachen* („Angina agranulocytotica"), Darmkanal* usw. auftreten.
Agranulozyto|penie: Mangel an Granulozyten* (→ Granulozytopenie).
Agraphie: Unfähigkeit, richtig zu schreiben (bei sonst erhaltener Intelligenz*).
Agrypnie: Schlaflosigkeit.
Ahornsirupkrankheit: eine angeborene Störung (Enzymopathie*) des Aminosäuren*-stoffwechsels* mit Trinkschwäche u. Rigidität* beim Neugeb.; Harn nach Karamel riechend; Verlauf letal*.
Ajmalin: Rauwolfia-Alkaloid* mit antiadrenergischer* Wirkung (Rhythmisierung der Herzaktion).
AK, Ak: Abk. für **A**nti**k**örper.
Akalkulie: Unfähigkeit, Rechnungen durchzuführen.
Akantho|lyse: Lösung des Zusammenhalts der Stachelzellen*-schicht der Haut mit Blasenbildung.
Akanthom(a): Geschwulst aus Stachelzellen* der Haut.
Akanthose: Vermehrung der Zellen* der Stachelzellen*-schicht der Haut.
Akanthozyt: 1) Stechapfelform der Erythrozyten*. – 2) „Stachelzelle" der Epidermis*.
Akanthozytose: Auftreten von Stechapfelformen.
Akapnie: CO_2*-Mangel im Blut.
Akarbie: Karbonat*-verminderung im Blut.
Akardius: Acardius.
Akarinosis: durch Milben verursachte Erkrankung (→Skabies).
Akarizid: Milbenbekämpfungsmittel.
Akathisie: das „Nicht-Stillhalten-Können", z. B. bei *Parkinson'* Krankheit.
Akinesie: Bewegungsunfähigkeit, auch Bewegungsarmut; ein Zeichen bei Erkrankungen von bestimmten Gehirnbezirken; künstlich durch Novocaininjektion an motorischen Nerven hervorgerufen (Nervenblockade).
akinetisch: bewegungslos (→ Akinesie).
Akklimatisation: Gewöhnung an ein Klima (oder andere Gegebenheiten).
Akkommodation: Anpassungsvermögen; spez. Fähigkeit des Auges, weite u. vor allem nahe gelegene Objekte scharf zu sehen. **A.skrampf** und **A.slähmung:**

Krampf* bzw. Lähmung* des Muskels im Auge, der die Akkommodation bewirkt.
akkommodieren: Akkommodation* ausüben.
Akme, Acme: Höhepunkt (einer Krankheit usw.).
Akne: Acne.
Aknemie: Fehlen der unteren Extremitäten*.
Aknepha|skopie: Schwäche des Dämmerungssehens.
Akoasmen (Sg. **Akoasma**): mit sinnlicher Klarheit wahrgenommene akustische* Halluzinationen*.
Akonitin: Alkaloid* aus den Knollen von Aconitum napellus (blauer Eisenhut).
Akorie: 1) Pupillenmangel. – 2) Unersättlichkeit.
akquirieren: sich zuziehen (Adj. **akquiriert**).
Akranius: Acranius.
Akrasie: Fehlen der Selbstbeherrschung.
Akrato-pegen und **-thermen:** kalte bzw. heiße Quellen, die wenig feste Stoffe gelöst enthalten.
Akren (Sg. **Akron**): äußerste Teile des Körpers (Kinn*, Nase*, Extremitäten*-enden).
Akro|anästhesie: Gefühllosigkeit der Gliedmaßen.
Akro|asphyxie: Absterben der peripheren Körperstellen (Finger, Zehen usw.).
Akro-cyanosis, -zyanose: Blausucht peripherer Körperstellen (Finger, Zehen u. a.).
Akrodermatitis: entzündliche Hauterkrankung der Akren*.
Akrodynie: schmerzhafte troph. Störungen der Akren*. **A. syndrom:** *Feer'* Krankheit (vegetat. Neuropathie b. Kleinkind).
Akroerythrosis indolens: hereditäre*, schmerzlose Hautrötung an Händen, Füßen u. Gesicht.
Akro|gnosie: Fähigkeit zur Differenzierung der Empfindung „stumpf" u. „spitz".
Akromegalie: selektives* Größenwachstum der Akren* infolge STH*-Überproduktion (HVL*-Tumor*) nach Abschluß des Wachstumsalters (Adj. **akromegal**).
Akromel|algie, Erythromelalgie: vasomotorisch*-neurot.* Schmerzanfälle der lividen* bis roten Akren* mit Hyperhidrose* u. Hyperästhesie*.
Akromikrie: Kleinheit der Akren*.
Akromioklavikulargelenk: Gelenk zwischen Akromion* u. seitl. Ende des Schlüsselbeins* (→ Taf. **3**).
Akromion: Schulterhöhe (→Taf. **3**, 3).
Akro-neurosen, -par|ästhesien: Angioneurosen* bzw. Parästhesien* an Händen und Füßen (bzw. den Akren* allgemein).
Akrotismus: Pulslosigkeit.
Akropar|ästhesie: Parästhesie* der Akren*.
Akrozephalus: Spitzschädel.
aktinische Strahlen: biologisch* wirksame kurzwellige (z. B. ultraviolette*) Strahlen. Auch Bez. für radioaktive* Strahlen.
Aktinium: ein chem. Element.
aktinogen: durch Strahlen bedingt.
Aktinomyces: →Aktinomyzeten.
Aktinomykom: umschrieb., bretthartes, tumorart. Infiltrat* bei Aktinomykose*.
Aktinomykose: durch Actinomyces*-Spezies hervorgerufene Infektionskrankheit mit bretthharten Infiltraten* (Aktinomykomen), Eiterungen u. Fisteln*. Im Eiter charakteristische Drusen*.
aktinomykotisch: durch Aktinomykose bedingt.
Aktinomyzeten: Strahlenpilze. Erreger der Aktinomykose* (meist Actinomyces israeli); Erzeuger verschiedener Antibiotika*.
Aktinomyzine: aus Aktinomyzeten gewonnene Antibiotika*.
Aktionsstrom: in erregbaren Strukturen bei deren Erregung auftretende u. ableitbare Potentialdifferenz* (= bioelektr. Strom).
aktiv: tätig, wirksam, eingreifend, auf eigenen Kräften beruhend.
Aktivator: 1) kieferorthopädischer* Korrekturapparat. – 2) Enzym*-Reaktionen einleitender bzw. beschleunigender Stoff.
aktivieren: i. S. einer Aktivierung wirken.
Aktivierung: Überführung in wirksame Form.
Aktivitätshypertrophie: Hypertrophie* durch vermehrten Gebrauch.
Akupunktur: Reiztherapie über die Haut

mittels Stichelung (dünne Nadeln) an typischen Punkten.

Akụstikus, Acusticus: Kurzform für N.* acusticus.

akustisch: Gehör bzw. Schall betreffend.

akut, acutus, -a, -um: plötzlich beginnend, hitzig, schnell verlaufend. **akutes Exanthem:** bei Infektionskrkht. (Masern, Scharlach, Röteln, Pocken, Windpocken, Rose) auftretender Hautausschlag.

Akzẹlerans: Accelerans, accelerans.

Akzeleratiọn: Beschleunigung, i.e.S. die der körperl. Reife.

Akzelerịn, Accelerin: wichtiger Stoff (Faktor V), der bei der Blutgerinnung* eine Rolle spielt.

akzentuịert: betont, verstärkt.

Akzẹptor: Empfänger; zur Anlagerung von Teilchen geeigneter Stoff.

akzessọrisch: hinzutretend, unterstützend, überzählig.

Akzessọrius: Kurzform für N.* accessorius. **A.pfropfung:** Vereinigung des gesunden N. accessorius mit dem peripheren* gelähmten Fazialis*-ast bei Fazialisdurchtrennung.

akzidentẹll: zufällig eintretend, unwesentlich. **a.e Herzgeräusche:** nicht organisch bedingte Herzgeräusche.

Al: Symbol für **Al**uminium.

Ạla: Flügel. **A. mạjor ọssis sphenoïdạlis:** großer Keilbein*-flügel (→ Taf. **1**, 3). **A. ọssis ịlii:** Darmbeinschaufel (→ Taf. **4**, 23).

Alaktasịe: eine angeb. Störung des KH*-Stoffwechsels. Laktose* kann nicht abgebaut werden.

Alakrimịe: Fehlen der Tränenbildung.

Alaktịe: Milchmangel.

Alalịe: Unvermögen, gegliedert zu sprechen, v.a. bei Störung der Sprachwerkzeuge.

Alanịn: eine Aminosäure*.

Alarmreaktiọn: Anfangsstadium des Adaptationssyndroms* mit Schock* u. Gegenschock*.

Alarmsyndrom: Adaptationssyndrom.

alạtus, -a, -um: geflügelt, flügelig abstehend, eine Ala* betreffend.

Alaun: Doppelsalz der Schwefelsäure; blutstillend u. adstringierend*.

Albers'-Schönberg' Krankheit, Marmorknochenkrankheit: mit Osteosklerose* (Osteopetrose*), Milztumor u. schwerer Anämie* einhergehende Krankheit.

Albert' Krankheit (spr. albẹhr): Achillobursitis.

Albinịsmus: angeborener Farbstoffmangel der Haut, Haare, Augen oder nur der Augen. **Albino:** Mensch oder Tier mit Albinismus.

Albright'(-McCune'-Sternberg') Syndrom (spr. ọlbrajt-mạkkjuhn): nicht erbliche embryonale* Entwicklungsstörung. Fibröse* Dysplasie* d. Knochen, Pigmentanomalien, sexuelle Frühreife.

Albugịnea: Kurzform für Tunica albuginea.

Albụmen: Eiweiß.

Albuminạte: Alkaliverbindungen der Eiweißkörper*.

Albumịne: bestimmte Eiweißarten im Blut u. anderen Körperflüssigkeiten.

albuminös: eiweißhaltig.

Albuminoịde: eiweißähnliche Körper, v. a. in Schutz- u. Gerüsteiweiß* (z.B. Elastin*, Keratin*, Fibrin*).

albumịno|zytolọgische Dissoziation: Eiweiß*-, insbes. Albumin*-vermehrung im Liquor* ohne entsprechende Erhöhung der Zellzahl.

Albumin|urịe: Auftreten von Albumin im Harn. Allgemein gebräuchl. Bez. für Proteinurie* (Adj. **albuminurisch**).

Albumọsen: Art von Eiweiß*-Abbauprodukten.

Albumosurie: Vorkommen von Albumosen* im Harn (z.B. bei Eiterungen).

albus, -a, -um: weiß.

Alcalịgenes: sporenlose, gramnegative* Stäbchen (Spaltpilzgattung).

Aldehỵd: sehr reaktionsfreudige organische* Verbindung mit einer oder mehreren $C\begin{smallmatrix}\diagup H\\ \diagdown\!\!\diagdown O\end{smallmatrix}$ -Gruppen.

Aldolạse: ein glykolytisches* Enzym* in Blut u. Leber.

Aldosterọn: ein Mineralokortikoid* der NNR*. Starker Effekt i.S. der tubulären* Rückresorption von Natrium* u. Kalium*. **A.ismus:** durch Hyperplasie* oder reaktiv bedingte Überproduktion von Aldosteron.

Aleppobeule: → Orientbeule.

Aleuk|ämien: Krankheiten, bei der die blutbildenden bzw. lymphatischen* Organe, aber nicht das Blut, Veränderungen wie bei Leukämie* zeigen (v.a. keine extreme Leukozytose*); (Adj. **aleukämisch**).
Aleukie: schwere Erkrankung mit Schwund der Thrombo*- und Granulozyten*. Nekrosen* des lymphoiden Gewebes.
Aleuron: Eiweiß der Getreidesamenschalen; fälschlich für Kleber gehalten.
Aleuronat: Weizenmehleiweiß.
Alexander'-Adams' Operation: Verkürzung der Mutterbänder vom Leistenkanal aus zur Beseitigung der Retroflexio* uteri.
Alexie: Leseschwäche; aufgehobenes Verständnis für Schriftzeichen; Wortblindheit →Aphasie.
Alexine: unspezifische Schutzstoffe im Blut gegen Bakterien.
Algesie: gesteigerte Schmerzempfindung.
algidus, -a, -um: kalt.
Algie: Schmerzempfindung.
Algor: Kälte. **A. mortis:** Leichenkälte.
alimentär; **alimentarius, -a, -um:** Ernährung oder Nahrung betreffend.
Alizaringelb: ein Indikator im pH-Bereich von 10–12.
Alkaleszenz: alkalische* Eigenschaft, Gehalt an Alkali*.
Alkali: zu den Alkalien * gehöriger Stoff.
Alkalien: Hydroxide* und kohlensaure Salze der Alkalimetalle* sowie auch andere alkalisch* reagierende Salze.
Alkalimetalle: Natrium, Kalium, Lithium, Rubidium, Caesium.
Alkalina: alkalische Mittel.
Alkalireserve: CO_2*-Bindungsvermögen des Plasmas* (unter anaeroben Bedingungen gemessen).
alkalisch: die Eigenschaft von Alkalien*, insbes. alkalische* Reaktion zeigend. **a.e Reaktion:** Eigenschaft von Alkalien*, roten Lackmusfarbstoff blau zu färben.
Alkaloide: stickstoffhaltige, alkaliähnliche, stark wirkende organische* Stoffe, die bes. in Pflanzen vorkommen, z.B. Atropin*, Kokain*, Morphin* u. Opium, Nikotin*.
Alkalose, Alkaliämie: Alkali*-vermehrung im Blut, d.h. Verschiebung des Säure-Basen-Gleichgewichts* zur alkalischen* Seite. **A., hypochlorämische***: durch Chlorverlust bedingte A. – **A., metabolische:** durch Alkalienresorption bzw. Säureverluste bedingte A. – **A., respiratorische:** durch Hyperventilation bedingte Alkalose.
alkalotisch: mit Alkalose* zusammenhängend.
Alk|aptone: an der Luft infolge Oxidation* schwarz werdende Abbauprodukte von Tyrosin* u. Phenylalanin*, z.B. Homogentisinsäure.
Alk|apton|urie: Ausscheidung von Homogentisinsäure* im Harn. Folge einer Eiweißstoffwechselstörung.
Alkohol(e), Alcohol: Kohlenwasserstoffe*, deren H*-Atome durch Hydroxylgruppen (–OH) ersetzt sind; i.e.S. Äthylalkohol (= Weingeist, Spiritus). **A. absolutus:** wasserfreier A. – **A. dilutus:** 70%iger Äthyl-A. – **A. methylicus:** Holzgeist.
Alkoholamblyopie: Sehstörung durch toxische* Schädigung des Sehnervs bei chron. Alkoholismus*.
Alkoholbestimmung aus dem Blut: → ADH, *Widmark*.
alkoholische Gärung: Zerlegung von Zukker durch Hefepilze unter Bildung von Alkohol und Kohlensäure.
Alkoholismus: Trunksucht, Alkoholvergiftung.
Alkoholparalyse: der progressiven* Paralyse ähnliche Erscheinungen bei chronischem* Alkoholismus*.
Allaitement mixte (franz.; spr. allätmañ mixt): Zwiemilchernährung.
Allantiasis: Wurstvergiftung.
Allantoin: ein Purin*-abkömmling.
Allanto|is: embryonaler Harnsack. Ausstülpung des embryonalen Enddarms.
Allel: durch Mutation* veränderter Erbanlagenträger (Gen*); an korrespondierenden Stellen eines Chromosomenpaars vorkommend (Allelenpaar; gegenseitige Beeinflussung i.S. der Dominanz* oder Rezessivität*).
Allergene: Stoffe, d.h. Eiweißkörper od. im Organismus an Eiweiß gekoppelte Nichtproteine, die als Antigene* nach

Berührung mit der Körperoberfläche od. nach Resorption in den Organismus zur Sensibilisierung* mit Antikörper*-bildung führen.

Allergid, kutanes: schubweise auftretende Knötchen u. Flecken der Haut infolge allergischer Vaskulitis*. → Mykid.

Allergie: veränderte Reaktionsweise des Organismus auf eine Substanz, i. e. S. auf ein Allergen*; i. w. S. alle immunopathol.*Reaktionen; auch Bez. für die allergischen Spätreaktionen im Gegensatz zur Anaphylaxie*.

allergisch: auf Allergie* beruhend, mit Allergie zusammenhängend. **a. e Krankheiten:** durch bestimmte Stoffe („Allergene") hervorgerufene, auf Überempfindlichkeit beruhende Krankheiten; z. B. Asthma, Heufieber, Nesselsucht usw.

Allergosen: → allergische Krankheiten.

Allgemeinnarkose: über das ZNS* herbeigeführte Betäubung des ganzen Organismus. → Narkose.

Allopathie: die Schulmedizin (im Gegensatz zur Homöopathie), insofern sie durch Medikamente entgegengesetzte Erscheinungen wie das zu bekämpfende Leiden hervorzurufen sucht.

Alloplastik: Transplantation* von alloplastischem Material (z. B. Elfenbein, Metalle, Plastikmaterial).

alloplastisch: → Alloplastik.

Allor|rhythmie: Rhythmusstörung des Herzens; unregelmäßiger Puls, regelmäßige Extrasystolen (je Normalschlag eine Extrasystole*).

Allotrio|phagie: Verzehr nicht zur Nahrung bestimmter bzw. ungewöhnl. Stoffe.

Alo|ë: eingedickter Milchsaft afrikanischer Aloëarten. Verw. bei nichtspastischer Obstipation*.

Aloïn: wirksamer Bitterstoff der Aloë. **A.-probe:** Nachweis von Blut durch Aloin.

Alopecia, Alopezie: Haarmangel, -ausfall. **A. areata:** umschriebener Haarausfall (mit runden kahlen Stellen). **A. furfuracea** oder **pityroïdes:** Haarausfall mit kleieförmiger Hautschuppung.

Alpdrücken: Beklemmungsgefühl beim Einschlafen oder im Schlaf, als ob die Brust von einem Tier oder Unhold zusammengedrückt würde.

Alpha-Strahlen: Heliumatome mit zweifach-positiver Ladung.

Alpha-Wellen: langsame Wellen im EEG* (8–13/Sek.).

ALS: Antilymphozytenserum.

Alterantia (Sg. **Alterans):** „umstimmende" Mittel, welche die allgemeine Körperbeschaffenheit und den Stoffwechsel* beeinflussen sollen.

Alteration: Veränderung, Störung, Gemütserregung.

Alternans: Kurzform für Pulsus alternans. **A., elektrischer:** Auftreten elektrokardiograph. Ermüdungszeichen in jedem 2. Kammerkomplex. **A., hämodynamischer:** bei jeder 2. Herzaktion auftretende Ermüdungszeichen: Abschwächung des Spitzenstoßes, der Herztöne, des Blutdrucks. **A., mechanischer:** A., hämodynamischer.

alternans, alternierend: abwechselnd.

Alternative: Wahl zwischen zwei Dingen.

Alterssichtigkeit: Presbyopie.

Althaea (officinalis): Eibisch; gegen Husten als Tee, Abkochung oder Auszug.

Alt-Tuberkulin, AT: das von *Robert Koch* (ATK) angereicherte, lösliche Gift von Tuberkelbakt. für die kutane* Tuberkulin*-reaktion.

Alumen: Alaun.

Aluminium, Al: 3wert. Element der Erdalkalimetallgruppe. **A. aceticum:** Aluminiumazetat. Adstringierende*, desodorierende*, antiphlogistische* Wirkung.

Aluminosis pulmonum: Einlagerung von Tonerdestaub in den Lungen.

alveolär: zu Alveolen* gehörig, mit Alveolen; alveolen-, schwamm-, wabenartig. **a. e Drüsen:** D., deren Ausführungsgang zu kleinen bläschenförmigen Ausbuchtungen (Alveolen*) führt.

Alveolar-echinokokkus: Echinococcus alveolaris. **-ektasie:** Erweiterung der Lungenbläschen*. **-pyorrhoe:** inkorrekte Bez. für die chron. eiterige Parodontitis. **-zellenkarzinom:** kleinknotiger, von peripheren Lungenalveolen ausgehender Lungentumor.

Alveolen: Vertiefungen, Ausbuchtungen, Fächer (z. B. der Zähne), Drüsenbläschen. → Lungenalveolen.

Alzheimer' Krankheit: präsenile*, degenerative* Erkrankung d. Großhirnrinde. Fehlhandlungen, Sprachstörungen, Merkschwäche.

Amalgame: Legierungen* mit Quecksilber. Verw. zu Zahnfüllungen.

Amanita muscaria: Fliegenschwamm; ein Giftpilz. **A. phalloïdes:** Knollenblätterpilz.

Amara (Sg. **Amarum**)**:** Bitterstoffe, -mittel; appetit-, verdauungsfördernd.

amarus, -a, -um: bitter.

Amastie: Fehlen einer oder beider Brustdrüsen als Mißbildung.

Amaurosis, Amaurose: Blindheit.

amaurotisch: blind. **a. e Idiotie:** → *Spielmeyer-Vogt* u. *Tay-Sachs.*

ambidexter, -tra, -um: mit beiden Händen geschickt.

ambivalent: doppelwertig.

Amblyopia, Amblyopie: Schwachsichtigkeit; wenn angeboren, ohne organ. Fehler des Auges.

Amblyo|skop: Übungsgerät zur Behandlung der schielbedingten Sehschwäche.

Amboß, Incus: ein Gehörknöchelchen* (→ Taf. **13**, 14).

Ambozeptoren: die thermostabilen* Bestandteile eines Immunserums*, durch deren Vermittlung die Komplemente* an die betr. Zellen oder Bakterien* verankert werden.

ambulant: umhergehend. A. heißt eine Behandlung oder Krkht., bei der die Kranken den Arzt aufsuchen können.

Ambulanz: Krankentransportwagen. Auch Krankenhausabtlg. mit Einrichtungen zur ambulanten Behandlung.

Ambulatorium: → Ambulanz.

Amelie: Mißbildung ohne Gliedmaßen.

Amelo|blastom: Adamantinom.

Amenorrhoe: Fehlen des Monatsflusses.

Amentia: akute Verwirrtheit, motorische* Unruhe, Sinnestäuschungen.

Ametropie: eine Refraktionsanomalie des Auges mit daraus resultierender Fehlsichtigkeit.

Amindiabetes: *Abderhalden'-Fanconi'* Syndrom.

Amine: vom Ammoniak (NH_3–) durch Ersatz der H-Atome ableitbare basische Verbindungen. **A., biogene:** physiolog. wichtige Verbindungen mit Aminogruppen, z. B. Wirkstoffe des Nervensystems (Azetylcholin*, Serotonin*).

Amino-azid|urie: Auftreten größerer Mengen von Aminosäuren* im Harn durch Störungen des Abbaus, z. B. Tuberkulose. **-gruppe:** $-NH_2$. **-peptidasen:** Enzyme*, die Peptide* abbauen. **-phenazolum:** ein dem Morphin* entgegenwirkender Stoff. Regt das Atemzentrum an. **-säuren:** bestimmte Eiweißkörperbausteine (etwa insgesamt 26 im Serum nachweisbar). Organische Säuren, in denen ein Wasserstoffatom H durch die Aminogruppe $-NH_2$ ersetzt ist. **A., essentielle:** die unentbehrl. Aminosäuren; vom menschl. Organismus nicht synthetisierbar.

Aminosäure(n)frequenz: Häufigkeit der regelmäßigen Wiederkehr einer Aminosäure* als Baustein eines Eiweißkörpers.

Aminosäure(n)sequenz: Aufeinanderfolge der Aminosäuren* im Eiweißmolekül. → Aminosäurenfrequenz.

Amitose: direkte Kern- und Zellteilung.

Ammoniak: ein stechend riechendes Gas (Verbdg. von Stickstoff und Wasserstoff). Abbauprodukt der Aminosäuren.

ammoniakalische Gärung: → Harngärung.

Ammoniakenzephalopathie: bei Leberzirrhose* auftretende Hirn- u. Nervenschädigung als Folge einer endogenen Ammoniak*-intoxikation*.

Ammonium: $-NH_4$ als Ion* der Ammoniumsalze. **A. carbonicum:** Hirschhornsalz, Riechsalz, engl. Salz (→ Ammoniumhydrogenkarbonat). **A. chloratum:** Salmiak. **A. sulfo|ichthyolicum:** Ichthyol.

Ammonium-bikarbonat: → -hydrogenkarbonat. **-chlorid:** Salmiak*. **-hydrogenkarbonat:** primäres Ammoniumkarbonat; in Wasser bei Erwärmung in CO_2 u. neutrales Ammoniumkarbonat zerfallendes Pulver (bzw. Kristalle). Bestandteil (mit Ammoniumkarbonat) des Hirschhornsalzes (→ A. carbonicum). **-karbonat:** an Luft unter Ammoniakabgabe zu Ammoniumhydrogenkarbonat zerfallende Substanz.

Amnesie Amnesia: Gedächtnisverlust. **A., anterograde:** Gedächtnislücke nach Wiedereintritt des Bewußtseins. **A., re-**

trograde: Gedächtnislücke für die Zeit vor Eintritt eines Bewußtseinsverlustes.
amnestisch: mit Amnesie* verbunden; → Aphasie. **a.er Symptomenkomplex:** → *Korsakow.*
Ammiographie: intrauterine* Darstellung des Feten* durch Kontrastmittelapplikation in die Amnion*-höhle.
Amnion: „Schafhaut", innerste Eihaut des Fetus*, von diesem durch einen mit Flüssigkeit (Amnionwasser) gefüllten Raum getrennt.
Amnio|skopie: Betrachtung (des Amnion*) der stehenden Fruchtblase mit Amnioskop (= zystoskopart. Gerät).
amniotische Deformierung: vor der Geburt verursachte Einschnürungen durch Eihautstränge.
Amoeba: Amöbe. **A. coli:** Entamoeba* histolytica.
Amöben: → Abb. Eine Ordnung der Protozoa*, die ihre Form durch Ausstrecken v. Pseudopodien* verändern können. **A.dys|enterie, A.enteritis:** durch Amöben verursachte Ruhr bzw. Darmentzündung.

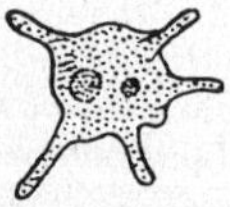

Amöbiasis: Krankheit durch Befall mit Amöben*.
amöboid: amöbenartig.
Amor lesbicus: lesbische* Liebe.
amorph: formlos; weder kristallin noch organisiert*.
Amotio: Ablatio. **A. retinae:** Netzhautablösung.
Ampère: Einheit der elektrischen Stromstärke. **A. meter:** Galvanometer*, das die Stromstärke direkt in Ampère angibt.
Amphet|amine: dem BTM*-Gesetz unterliegende „Weckamine", Appetitzügler u. Betäubungsmittel.
amphibol: in 2 Richtungen schwankend.
amphorisches Atmen: „Kruggeräusch"; Auskultations*-phänomen, das dem Geräusch beim Hineinblasen in einen Krug ähnelt.
amphoter: zweisinnig. **a.e Reaktion:** Reaktion nach bd. Seiten; rotes Lackmuspapier wird blau und blaues rot gefärbt, also Verhalten wie eine Säure* und Base*, z. B. Aminosäuren, Eiweiße.
Amplitude: Schwingungsausschlag, z. B. Pendel, Pulsdruck.
Ampulla: kleines bauchiges Gefäß, erweiterte Stelle, Ausbuchtung. **A. recti:** oberhalb des Afters befindl. Mastdarmerweiterung, in der sich der Kot sammelt. **A. Vateri:** erweitertes Endstück des Ductus* choledochus.
Amputatio, Amputation: Abnahme größerer Teile des Körpers; bes. Absetzung von Gliedmaßen mit Knochendurchsägung → Exarticulatio. **A. spontanea:** Abschnürung von Gliedern des Embryos* durch die Nabelschnur oder Eihautstränge.
Amputationsneurom: Neurom* an einem Nervenende in Amputations*-stümpfen.
amputieren: eine Amputation* ausführen.
Amygdala: Mandel.
Amygdalolith: Tonsillen*-stein.
Amylacea, Amylazeen: 1) die verschied. Stärkemehlarten. – 2) stärkereiche Nahrungsmittel.
Amylasen: Enzyme*, die pflanzl. u. tierische Stärke u. Glykogen (Polysaccharide*) abbauen (z. B. im Bauchspeichel als Alpha-Amylase).
Amylium nitrosum: Amylnitrit; ein gefäßerweiterndes Mittel.
Amyloid: bei langanhaltenden Eiterungen vorkommender Eiweißkörper. **A.-nephrose:** mit Ödemen*, Proteinurie*, Hypoproteinämie* einhergehende Amyloiderkrankung der Niere. → Glomerulonephrose.
Amyloidose: wachsartige oder speckige Entartung von Körpergeweben (bes. Milz, Leber, Niere, Darm), bedingt durch Ablagerung von Amyloid*.
Amylolyse: Überführung von Stärke in Zucker durch Enzyme* usw.
Amylopektinose Andersen: eine Glykogenose*.
Amylum: Stärke. **A. Oryzae:** Reisstärke. **A. Solani:** Kartoffelstärke. **A. Tritici:** Weizenstärke.
Amyotrophie: Muskelschwund.
amyotrophische Lateralsklerose: myatrophe (bzw. myantrophische) Lateralsklerose.
Ana|bolie, Anabolismus: Aufbaureaktio-

nen des Organismus, v. a. der Aufbau körpereigener Substanz.
Anabolikum (Pl. **Anabolika**): im Sinne der Anabolie* wirkende Substanzen.
anabol(isch): aufbauend; →Anabolie.
An|adenie: Drüsenschwund.
Anaemia, Anämie: „Blutlosigkeit", -armut, -leere, meist im Sinne von Verminderung der Erythrozytenzahl u. des Blutfarbstoffgehaltes der Volumeneinheit. Symptom verschiedener Krankheiten. **A., achlorhydrische:** hypochrome* A. durch Salzsäuremangel im Magensaft u. nachfolg. Eisenresorptionsstörung. **A., achylische:** hypochrome* A. infolge Achylia gastrica. **A., agastrische:** A. nach Magenresektion (Eisenmangel, B_{12}-Mangel). **A., aplastische:** durch Blutbildungsstörung bedingte A., beschränkt auf Erythrozyten (= Erythroblastophthise), oder alle korpuskulären* Elemente betreffend (= Panmyelophthise). **A., hämolytische:** Blutarmut durch gesteigerten Blutzerfall. **A., hyper|chrome:** A. mit erhöhtem Hämoglobin*-gehalt. **A., hypochrome:** A. mit vermindertem Hämoglobin*-gehalt. **A., makrozytäre:** hyperchrome* A. mit übergroßen Erythrozyten ($> 8\,\mu$), ohne Megaloblasten* im Mark. **A., megaloblastische:** hyperchrome* A. mit Megaloblasten* auch im Mark; z. B. die (kryptogenetische*) perniziöse* Anämie oder die A. nach Magenresektion*. **A. neonatorum:** leichteste Form des Morbus* haemolyticus neonatorum. **A., perniziöse:** megaloblastische* A. (hyperchrome*) mit Megaloblasten* im Mark infolge Mangels an Intrinsic-factor*. **A., sekundäre:** A., symptomatische. **A., siderochrestische:** meist hypochrome* Anämie infolge Störung der Eisenverwertung. **A., symptomatische,** A., sekundäre: A. infolge einer die Blutbildung, den Blutzerfall etc. beeinflussenden Grundkrankheit, z. B. bei bestimmten Infektionen.
anämisch: durch Anämie bedingt, blutarm, blutleer. **a. e Geräusche:** Herz- oder Gefäßgeräusche bei Blutarmut.
anaërob: ohne Luft (bzw. Sauerstoff) lebend oder erfolgend.
Anaërob(i)er: anaërobe* Bakterien usw.
An|aes|thesia, Anästhesie: Empfindungslosigkeit, -lähmung. Auch Bez. für Narkose. **A. dolorosa:** Auftreten spontaner* Schmerzen in empfindungsgelähmten Teilen.
Anäs|thesiologe, Anäs|thesist: auf Anästhesie*-verfahren spezialisierter Arzt.
Anäs|thetikum (Pl. **Anästhetika):** über das ZNS* oder durch Ausschaltung peripherer Nerven schmerzlindernd wirkende Mittel.
anäs|thetisch: empfindungslos (machend).
Ana|krotie: fühlbare Pulsverdoppelung durch Spaltung der Pulswelle im Anstieg.
anal (is, -e): zum After gehörig.
Anal-atresie: angeb. Afterunwegsamkeit. **-ekzem:** Ekzem im Afterbereich. **-fissur:** Hautschrunde im Afterbereich.
Analeptika (Sg. **Analeptikum**): das ZNS* anregende Mittel, z. T. mit betontem speziellen Effekt (z. B. Kreislaufanaleptika, Atemanaleptika).
analeptisch: anregend; → Analeptika.
Analg(es)ie: Aufhebung der Schmerzempfindung.
Analgetika (Sg. **Analgetikum**): schmerzlinderndes Mittel.
analgetisch: ohne Schmerzempfindung.
Anal-prolaps: Aftervorfall. **-striktur:** Afterverengung.
Analyse: Auflösung, Zerlegung; Zergliederung eines zusammengesetzten Ganzen, z. B. eines Krankheitsbildes, in seine Bestandteile; chem. Feststellung der Bestandteile eines Stoffes.
Analysator: analytische Funktionseinheit des Nervensystems, bestehend aus Rezeptor*, Leitungsbahn u. zugehörigem Hirnrindenbereich.
Ana|mnese: Vorgeschichte (einer Krankheit).
Ana|mnestik: Durchführung der Krankenbefragung zur Erstellung der Anamnese*.
anamnestisch: die Anamnese* betreffend.
Anankasmus: Zwangsvorgang, z. B. Zwangshandlung, Zwangsvorstellung.
ana partes aequales: Rezepturanweisung: „zu gleichen Teilen".
An|aphrodisiaka (Sg. **Anaphrodisiakum**): Mittel, die den Geschlechtstrieb herabsetzen.

Anaphylaxie: erworbene Überempfindlichkeit gegen (artfremde) Eiweißstoffe (z. B. fremdartige Sera), die schon vorher einmal eingespritzt worden waren (präparierte Allergie), oft mit letaler* Reaktion. → Allergie.

Ana|plasie: Umbildung von Zellen unter Verlust an Differenzierbarkeit.

Anarthrie: unartikuliertes (ungegliedertes) Sprechen bei unversehrten peripheren Sprachwerkzeugen.

Anasarka: Hautwassersucht.

Anastomose: natürl. oder künstlich herbeigeführtes Einmünden eines Hohlorgans in ein anderes. **A., antiperistaltische:** (Magen-)Darmanastomose mit gegenläufiger Peristaltik* der Hohlorgane. **A., arteriovenöse:** künstl. oder angeb. Verbindung zwischen Arterien u. Venen. **A., biliodigestive:** Gallengänge u. Magen-Darmtrakt verbindende A. **A., isoperistaltische:** (Magen-)Darmanastomose mit gleichsinniger Peristaltik* der vereinigten Hohlorgane. **A., latero-laterale:** Seit-zu-Seit-Anastomose. **A., portokavale:** Verbindung zwischen Pfortader* u. unterer Hohlvene*; Op. bei Pfortader*-hochdruck. **A., splenorenale:** op. Verbindung zw. Milz- u. Nierenvene bei Pfortader*-hochdruck. **A., termino-laterale:** End-zu-Seit-Anastomose. **A., termino-terminale:** End-zu-End-Anastomose.

Anastomosierung: Bildung einer Anastomose*.

Anatomie: 1) Zergliederungskunst (bei Leichen). – 2) die auf Leichenzergliederung gegründete Wissenschaft von der Form und dem Bau der Körperwelt. – 3) Gebäude für anatomische Zwecke.

Anatoxin: durch Formolzusatz etc. entgiftetes Toxin → Toxoid.

an|azid: ohne Säure.

An|azidität: Säurelosigkeit; spez. Fehlen von „freier" Salzsäure im Magensaft.

anceps: schwankend, zweifelhaft.

Ancylostoma duodenale: der im Dünndarm parasitierende Hakenwurm. Ruft Anämie* hervor. **Ancylostomiasis:** Erkrankung durch Ancylostoma* duodenale; klinisch: Anämie, Darmsymptomatik.

An|drogene: männliche Sexual*-hormone (z. B. Testosteron*, Adrenosteron*).

Androgynie: 1) Zwitterbildung. – 2) Bevorzugung von Frauen mit männlichen Zügen.

Androkortikoide: von der Nebennieren*-rinde gebildete virilisierende* Hormone* (→ Androgene).

Androsteron: ein männliches Sexualhormon (ein Steroidhormon*).

Androtropie: Bevorzugung des männl. Geschlechts bei Krankheiten etc. (Adj. **androtrop**).

An|enzephalus: Mißgeburt ohne Gehirn.

Anergie: Fehlen einer Reaktion auf ein Allergen*.

Aneurin: Vitamin B_1.

An|eurysma: umschriebene Erweiterung einer Schlagader. **A. arterio|venosum:** Gefäßgeschwulst, bei der Verbd. zwischen einer Schlagader und einer Blutader besteht, entweder direkt (bei gleichzeitiger Ausbuchtung der Blutader spricht man von Varix aneurysmaticus → Abb. a) oder indirekt mit eingeschaltetem Blutsack (A. varicosum → Abb. b). **A. cirsoides:** Ranken-A. Gefäß hierbei geschlängelt und ausgebuchtet.

A. dissecans: intramurales* Hämatom*. Blut dringt zwischen die einzelnen Gefäßwandlagen u. baucht diese aus. **A. spurium:** falsches A.; umschriebener Bluterguß, der durch ein Loch der Gefäßwand ausgetreten ist. **A. varicosum:** → A. arteriovenosum. **A. verum:** echtes A., an dem alle Wandschichten der Arterien beteiligt sind.

Anfallsparalyse: → *Lissauer*' Typus.

Anfrischen: Entfernung der oberflächlichen Schichten zweier Wundflächen, um deren komplikationsloses Zusammenwachsen zu ermöglichen. Am Bruchspalt die Entfernung eingeklemmter Weichteile u. minderwertigen Knochengewebes.

Angi|ektasie: Gefäßerweiterung.

Angiitis: Entzündung eines Gefäßes.

Angina: Hals-, Rachen-, Mandelentzündung. Entzündung der Gaumenmandeln und ihrer Umgebung. **A. abdominalis:** intermittierende heftige Bauchschmerzen bei Gefäßsklerose. **A. agranulocytotica:** → Agranulozytose. **A. diphtherica:** → Diphtherie. **A. follicularis** oder **lacunaris:** mit gelblichweißen Pfröpfen auf d. Mandeln verlaufende A. **A. fusospirillaris:** A. *Plaut-Vincent.* **A. herpetica:** durch Coxsackie*-A-Virus hervorgerufene A. mit Bläschen und Geschwüren auf Tonsillen und Gaumen. **A. Ludwigi** oder **Ludovici:** Zellgewebseiterung am Mundboden und Hals. **A. monocytotica:** → Monozytenangina. **A. pectoris:** Herzbräune, anfallsweise auftretende Schmerzen in der li. Brustseite, die in den li. Arm oder in den Bauch ausstrahlen. **A. Plaut-Vincent:** A. ulceromembranacea. **A. tonsillaris:** Gaumenmandelentzündung. **A. ulceromembranacea,** A. *Plaut-Vincent*: durch spindelförmige Bakterien u. Spirochäten gemeinsam verursachte geschwürige Mandelentzündung.

anginöse Sprache: die „kloßige" Sprache bei starker Mandelentzündung.

Angio|blastom(a): Geschwulst d. Gefäßgewebes.

Angi|odynie: Gefäßschmerz.

Angio|graphie: Methode zur Darstellung d. Gefäße durch Kontrastmittel.

angioid: gefäßartig, -ähnlich (z. B. gefäßähnl. Streifen am Augenhintergrund (als Ausdruck brauner Pigmente, die dort abgelagert werden; Zeichen eines angeb. Leidens).

Angiokardiographie: Röntgendarstellung von Herz und Gefäßen mit Kontrastmitteln* unter Einführung eines Katheters* ins Herz.

angiokardiographisch: mit Hilfe der Angiokardiographie*.

Angiologie: Lehre von den Gefäßkrankheiten u. deren Therapie* u. Prophylaxe*.

Angiom(a): Gefäßgeschwulst; aus neu entstandenen bzw. erweiterten Gefäßen bestehend. → Hämangiom, Lymphangiom. **A. (arteriale) racemosum:** Rankenangiom; mit geschlängelten u. erweiterten Gefäßen an Schleimhäuten, Schädel, Retina*. **A. cavernosum:** aus kavernösem* Gewebe bestehend. **A. simplex** oder **teleangi|ektodes:** unpräzise Sammelbez. für angeb. Gefäßmal, Muttermal.

Angiomatosis: erbliche Systemerkrankung* mit multiplen* Gefäßgeschwülsten. **A. retinae:** (*Hippel-Lindau*) ein- u. doppelseitig auftretende Hämangiome* in der Netzhaut*. Entsprechende Veränderungen in anderen Organen, bes. im Kleinhirn. **A. trigemino|cerebralis, A. trigemino|facialis:** *Sturge'-Weber'* Syndrom.

Angioneurosen: auf Störungen der nervösen Gefäßregulation beruhende Krankheiten mit Neigung zu krampfartiger Verengerung (Angiospasmus*) der Gefäße.

angioneurotisches Ödem: durch nervöse Einflüsse zeitweilig eintretendes Ödem* (*Quink*) der Haut, Schleimhäute usw.; oft allergisch.

Angioparalyse: Gefäßlähmung (Adj. **angioparalytisch**).

Angiopathie: Gefäßerkrankung.

Angiosarkom: von einer Gefäßwand ausgehendes Sarkom*.

Angiosklerose: Verhärtung der Gefäßwand (Adj. **angiosklerotisch**).

Angiospasmus: Gefäßkrampf (Adj. **angiospastisch**).

Ångström (spr. ongßtröm): schwedischer Physiker. Die von ihm eingeführte Maßeinheit 10^{-8} cm = 0,1 mμ wird heute als Ångström-Einheit (ÅE bzw. Å) bezeichnet.

Anguillulosis: Gewebekrkht.; durch den aus tropischen Gebieten ins Ruhrgebiet eingeschleppten Darmparasiten „Strongyloides (Anguillula) stercoralis" hervorgerufen.

Angularis|thrombose: Thrombose* der entlang der Nase zum inneren Augenwinkel ziehenden Vena angularis, z. B. bei Oberlippenabszessen.

Angulus: Winkel. **A. costae:** Rippenwinkel (→ Taf. **2**, 10). **A. infectiosus:** Faulecke, Rhagaden* am Mundwinkel → Perlèche. **A. iridocornealis:** Kammerwinkel; Winkel zwischen Hornhaut u. Regenbogenhaut* am Rande der vord. Augenkammer*. **A. Ludovici:** A. sterni. **A. mandibulae:** Unterkieferwinkel (→ Taf. **1**, 12). **A. oris:** Mundwinkel. **A. pubis:** Schamwinkel. **A. sterni:** Knochenleiste zwischen Handgriff und Körper des Brustbeins.

an|hämolytisch: nicht Blutkörperchen auflösend, z.B. Streptokokken*.
anhepatisch: ohne Beteiligung der Leber.
Anhidrosis: verminderte oder fehlende Schweißabsonderung.
Anhydrämie: Verminderung des Wassergehaltes im flüssigen Blut.
Anhydramnie: Mangel an Fruchtwasser.
Anhydrid: chemische Verbdg., die aus einer anderen durch Abspaltung von Wasser entsteht.
Anilin: ein im Steinkohlenteer usw. vorkommender organischer Stoff. **A.farbstoffe:** Teerfarbstoffe.
Anilismus: Anilinvergiftung.
Anima: Seele, Geist.
animal(is, -e), animalisch: tierisch; den körperl. Funktionen dienend.
animalische Lymphe: von Rind zu Rind fortgezüchtete originäre Lymphe*. **a.es Nervensystem:** Gehirn-Rückenmarksnerven, welche die willkürlichen Muskeln innervieren. → autonomes Nervensystem.
Anionen: → Ionen.
An|iridie: vollständiges oder teilweises Fehlen der Regenbogenhaut* (angeborene, meist doppelseitige Mißbildung).
An|isochromie: unterschiedl. Farbdichte der roten Blutkörperchen. → Polychromasie.
Anisokorie: ungleiche Pupillen*-weite.
Anisome|tropie: die – in geringen Grenzen übliche – Ungleichheit der Brechkraft beider Augen.
anisoperistaltisch: → Anastomose.
Anisotropie: Sehstörung mit Verzerrung aller im Sehraum befindl. Dinge.
Anisozytose: Vorhandensein verschieden großer Erythrozyten im strömenden Blut, Ausdruck gestörter Knochenmarksfunktion, meist gekoppelt mit Mikrozytose*.
Ankylo|blepharon: Verwachsung der Augenlider miteinander.
Ankylodaktylie: angeborene Fingerversteifung in Beugestellung.
Ankylose: Gelenkversteifung.
Ankylostoma: → Ancylostoma.
ankylotisch: Ankylose* zeigend.
Anode: die positive* Elektrode*; durch sie wird der elektr. Strom in den Körper geleitet. Wird in Lösungen von den negat. Ionen angestrebt. → Kathodenzuckung.
Anneliden: Ringelwürmer (z.B. Hirudo*).
An|odontie: Zahnlosigkeit bzw. fehlende Bildung einzelner Zähne. Oft angeboren, vererbbar.
Anomalie: Regelwidrigkeit, Abweichung von den Normen (in qualitativer u. quantitativer Hinsicht).
Anomalo|skop: Apparat zur Prüfung des Farbsinns.
An|onychie: Fehlen der Nägel an Fingern und Zehen.
anonymus, -a, -um: namenlos. – **Anonyma:** A. anonyma = Truncus* brachiocephalicus.
Anopheles: Gabelmücke. Überträgt die Erreger der Malaria*. Auch in Deutschland vorkommend.
An|ophthalmus: Fehlen des Augapfels.
Anopie, Anopsie: Nichtsehen infolge Funktionsausfalls des Gesichtsinns.
An|orchidie: Fehlen des (oder der) Hodens; auch deren Funktionsuntüchtigkeit.
ano|rectalis, -e; anorektal: After-Mastdarmbereich betreffend.
An|orexie: Appetitlosigkeit.
anorganisch: nicht organisch*, unbelebt, mineralisch. **a.e. Herzgeräusche:** nicht durch Klappenfehler bedingte H.
Anosmie: Fehlen des Geruchsinnes.
Anotie: Fehlen der Ohrmuschel.
Anovulatoria (Sg. **Anovulatorium**): die Ovulation* unterdrückende Präparate.
anovulatorisch: ohne Ovulation*. **a.er Zyklus:** Zyklus* ohne Ovulation*; Periodenblutung mit nur geringem Gewebsverlust seitens des Endometrium*.
Anox|ämie, Anoxy|hämie: Sauerstoffmangel im Blut.
Anoxie: ungenügende O_2-Versorgung der Gewebe.
anoxisch: auf Sauerstoffmangel beruhend.
Ansa: Schlinge, Nervenschlinge.
Ansatzstörungen: chronische Ernährungsstörungen bei Säuglingen, wobei Ansatz und Gedeihen mangelhaft sind, während Magen-Darmsymptome fehlen können.
Anschoppung: entzündliche Hyperämie*

der Lungen mit verlangsamter Blutströmung. 1. Stadium der Pneumonie.
Anserinus: Kurzform für Pes anserinus.
Antabus: Mittel gegen Alkoholmißbrauch.
Ant|agonismus: Gegensatz, entgegengesetzte Wirkung, gegenseitige Ausschließung.
Antagonisten: Organe (bes. Muskeln) oder Mittel von entgegengesetzter Wirkung.
Antalgika (Sg. **Antalgikum**): schmerzstillende Mittel.
Antazida (Sg. **Antazidum**): Mittel gegen vermehrten Säuregehalt.
ante: vor; **a. cenam** (bzw. cenas): vor der Mahlzeit (den Mahlzeiten); **a. finem:** vor dem Tode; **a. meridiem:** vor dem Mittag; **a. partum:** vor der Entbindung.
Antebrachium: Vorderarm, Unterarm.
Antefixation: bei Retroflexio* uteri operat. Fixierung des Uterus* in Anteflexion.
Anteflexio uteri: → Flexion.
antekolisch: vor dem Kolon, i.e. S. (d.h. bei der Gastroenterostomie*) vor dem Querkolon*.
Antemetika (Sg. **Antemetikum**): Mittel gegen Erbrechen.
Antepositio: Verlagerung nach vorn oder vor ein anderes Organ.
anterior: der vordere.
Anteversio, Anteversion: Neigung, Verlagerung oder Wendung nach vorn (→ Versio). **A. uteri:** Vorneigung des Uterus vor d. „Längsachse" des kleinen Beckens.
Ant|helix: Teil der Ohrmuschel (→ Taf. **13**, 3).
Anthelminthika (Sg. **Anthelminthikum**): Wurmmittel.
Anthidrotika (Sg. **Anthidrotikum**): Mittel gegen übermäßiges Schwitzen.
An|thrako|krene: kohlensäurehaltige Quelle.
Anthrakosilikose: Pneumokoniose* durch silikosehaltigen Kohlenstaub.
Anthrakosis pulmonum: Kohlenstaublunge.
Anthrax: Milzbrand. **A. contagiosus:** Milzbrandkarbunkel.
Anthropo-logie: Lehre vom Menschen. **-metrie:** Bestimmung d. Maßverhältnisse am menschl. Körper.
anthropomorph: menschenähnlich.
Anthropo-phobie: Menschenscheu. **-zoonose:** bei Mensch u. Tier vorkommende Krankheit.
Anti..., anti...: Gegen..., gegen....
antiadrenergisch: dem Adrenalin* entgegenwirkend.
antiallergisch: gegen eine Allergie* gerichtet.
antibakteriell: gegen Bakterien* gerichtet.
Antibiotika (Sg. **Antibiotikum**): Stoffe aus Mikroorganismen (Pilzen, Bakterien), die gegen krankmachende Einflüsse (Bakterien oder deren Gifte) gerichtet sind (Penizilline, Streptomyzin, Aureomyzin, Chloromyzetin, Pyozyanase u.a.m.). Auch synthetische u. halbsynthetische Präparate.
Antidepressiva (Sg. **Antidepressivum**): Psychopharmaka* mit depressionshemmender Wirkung.
Antidiabetika (Sg. **Antidiabetikum**): den Blutzucker (bei Diabetes* mellitus) senkende Mittel, z.B. Sulfonylharnstoffe; i.w.S. auch Insulin*-präparate.
antidiuretisches Hormon, ADH, Vasopressin: HHL*-Hormon; fördert renale* Wasserrückresorption in *Henle'* Schleife, distalen* Tubuli* u. Sammelröhrchen der Niere.
Antidot: Gegenmittel.
Anti|enzyme, Antifermente: im Serum* vorhandene Hemmstoffe für Enzyme*.
Anti|epileptikum (Pl. **Antiepileptika**): Mittel gegen epilept. Krampfanfälle bzw. epilept. Äquivalente*.
Antifebrilia: fiebersenkende Mittel.
Antifebrin: ein Fiebermittel (Azetanilid).
Antifermente: Antienzyme.
Antifibrinolysin: Inhibitor* des Fibrinolysins. **A.-Test**, AFT: AAR* zum Nachweis von Antikörpern* gegen hämolysierende Streptokokken* (→ Antistreptolysin-Reaktion).
Antiformin: aus Alkalihypochloritlösung und Alkalihydrat bestehende Lsg.; löst außer Tuberkel-B. alle Bakterien* im Auswurf auf.
Antigen: (Abk. für Antisomatogen) jede die Bildung von Antikörpern* anregende Substanz. Unterschieden werden: Voll-

antigen (aus Eiweiß*-trägersubstanz u. determinanter Gruppe, d.h. Polysaccharid* bzw. Lipoid* bestehend), Halbantigen (= Hapten-determinante Gruppe ohne Eiweißträger) u. Halbhaptene oder Haptide (z.B. Histamin*).

Antigen-Antikörper-Reaktion, AAR: reversible* Verbindung zwischen Antigen* und Antikörper* zu inaktivem Komplex bei Abwehr krankhafter Antigene. Klinisch evtl. als Allergie* oder Anaphylaxie* auftretend. Darstellbar als Präzipitations*-, Agglutinations*- und Komplementbindungsreaktion.

Antiglobulin: Antikörper* gegen ein Globulin*.

Antiglobulintest: (*Coombs*) 1) direkter A.T.: Nachweismethode von Antikörpern*, die an Erythrozyten* gebunden sind, ohne daß diese Bindung, zunächst durch Agglutination* oder Auflösung erkennbar ist. – 2) indirekter A.T.: Nachweismethode für frei im Serum befindliche Antikörper*, die zunächst an Erythrozyten* gebunden werden müssen, ehe man wie beim direkten A.T. vorgehen kann.

antihämophiles Globulin A: Faktor VIII der Blutgerinnung*.

antihämophiles Globulin B: Faktor IX der Blutgerinnung*.

antihämophiles Globulin C: Faktor XI der Blutgerinnung*.

antihämor|rhagisch: gegen Blutung und Blutungsneigung gerichtet.

Antihistaminika (Sg. **Antihistaminikum**): Präparate, die die Wirkung des Histamins* aufheben.

Antihyaluronidasen: im Körper durch Hyaluronidase* verursachte, gegen Hyaluronidase gerichtete Stoffe, z.B. bei rheumatischem Fieber*.

Antikat(h)ode: Metallkörper (positive Elektrode) gegenüber der Kathode* in Röntgenröhren*, der von den Kathodenstrahlen* getroffen wird und Röntgenstrahlen aussendet.

antiketogen: der Bildung von Ketokörpern (Ketonen*) entgegenwirkend.

Antikoagulantien (Sg. **Antikoagulans**): gerinnungshemmende bzw. Gerinnungszeit verlängernde Mittel (bei Thrombosen*, Embolien*), z.B. Heparin, Dicumarol, Hirudin.

Antikoagulationsfaktor: im Blutgerinnungs*-system ein der Gerinnung entgegenwirkender Faktor.

Antikörper, Ak, AK: streng spezif., im Blut kreisende (freie = **humorale A.**) oder an Zellen gebundene (= **sessile A.**) Eiweißstoffe; auf Antigen*-reiz gebildet u. sich durch hitzestabile Gruppe (= haptophore Gruppe) bei der Neutralisierung an diese bindend. Unterschieden werden ferner **blockierende** = **inkomplette A.**, nur in hochmolekularem Milieu wirksame, u. **komplette A.**, in NaCl-Milieu wirksame A. Ferner gibt es **Hetero-Ak.**, die gegen artfremdes Antigen, **Iso-Ak.**, die gegen arteigenes, körperfremdes Antigen und **Auto-Ak.**, die gegen körpereigenes Antigen gerichtet sind. **A.mangelsyndrom:** starke Anfälligkeit gegenüber bakteriellen Infekten des Respirations- und Darmtraktes. Rezidivierende* Infekte: Bronchopneumonie*, Otitis*, Enterokolitis*. Starke Verminderung oder Fehlen der γ-Globuline*. Unfähigkeit, Antikörper zu bilden.

Antikonzeptiva (Sg. **Antikonzeptivum**): Kontrazeptiva.

Antilymphozytenserum, ALS: Serum* mit einer darin vorhandenen Substanz mit der Fähigkeit zur Unterdrückung der körpereigenen Abwehr.

Antimon, Sb: ein nichtmetallisches Element; in Arzneimitteln gegen Tropenkrankheiten.

Antimykotika (Sg. **Antimykotikum**): gegen (pathogene*) Pilze wirksame Mittel.

Antineuralgika (Sg. **Antineuralgikum**): Mittel gegen Neuralgien*.

antiperistaltisch: → Anastomose.

Antiperniziosa|prinzip: → Intrinsic factor. **A.stoff:** im normalen Magensaft enthaltene und in der Leber gespeicherte Substanz, fehlt bei Anaemia perniciosa*.

Antiphlogistika (Sg. **Antiphlogistikum**): Mittel zur (örtlichen) Entzündungsbekämpfung.

antiphlogistisch: entzündungshemmend.

antipsychotisch: günstig auf Psychosen* wirkend.

Antipyrẹtika (Sg. **Antipyrẹtikum**): fiebersenkende Mittel.
Antiscabiọsa (Sg. **Antiscabiosum**): Krätzemittel.
Antisẹptik: Anwendung von Antiseptika* zur Reinigung von Wunden, zur Herstellung keimfreier Verbandstoffe, Instrumente und Hände. → Aseptik.
Antisepsis: → Antiseptik.
Antisẹptika (Sg. **Antiseptikum**): Mittel gegen Fäulnis bzw. Sepsis; keimtötende (chemische) Mittel.
Antiserum: spezif. Antikörper* enthaltendes Serum.
Antispasmọdika (Sg. **Antispasmodikum**), **Antispastika** (Sg. **Antispastikum**): krampfstillende Mittel.
Antistreptokokkenserum: ein Heilserum gegen Streptokokken*-erkrankungen (Eiterungen und Scharlach*).
Antistreptolysịn, ASL: Antikörper* (Gammaglobulin*) gegen Streptolysin*. **A.reaktion**, ASR: titrimetrisch faßbare AAR* zum Nachweis einer Infektion mit β-hämolytischen Streptokokken* (Rheumatismus*, Scharlach*).
Antithrombịn: → Thrombininhibitor.
Antitoxịne: Antikörper* gegen Toxine*.
Antitoxineinheit: → Immunitätseinheit.
Antitoxinserum: → Immunserum.
antitoxisch: gegen Gifte bzw. Toxine* wirksam.
An|trịtis: Entzündung des Antrum* mastoideum.
Antrophọre: mit Arzneimasse überzogene Metallspiralen, die in Körperhöhlen (bes. Harnröhre) eingeführt werden.
Antrotomịe: Eröffnung eines Antrum*; i.e.S. die Aufmeißelung des Warzenfortsatzes u. Ausräumung entzündeter Zellen bei Otitis* media, Mastoiditis*.
Antrozẹle: Ansammlung von Flüssigkeit in der Oberkieferhöhle.
Ạntrum: Höhle, Grotte, z.B. Magenhöhle. **A. Highmọri**: Oberkieferhöhle. **A. mastoïde|um**, A. tympạnicum: Hohlraum an der hinteren Paukenhöhlenwand, der zu den Warzenzellen* führt. **A. pylọricum**: der an den Pylorus* grenzende Magen*-abschnitt. **A. tympạnicum**: A. mastoideum.
anulạris, -e; anulạtus, -a, -um: ringförmig.
Anulozỵt: sich als Ringschatten darstellender Erythrozyt (bei Hb*-Mangel).
Ạnulus: ringförmiges Gebilde bzw. Öffnung. **A. crurạlis** oder **femorạlis**: Schenkelring. **A. fibrọsus**: → Zwischenwirbelscheibe. **A. inguinạlis**: Leistenring*.
An|urịe: Fehlen der Harnabsonderung.
Ạnus: After; kaudale Öffnung des Darms (am Ende des Mastdarms) (→ Taf. **22**, 8; **23**, 13). **A. prạeter(naturạlis)**: an nicht natürl. Stelle künstlich angelegter After. Nach anostomosierendem Dickdarmabschnitt z.B. als **A.p. sigmoïde|us** oder **transvẹrsus**, nach Lokalisation als **A.p. ilịacus** (zw. Nabel u. Beckenkamm), **perineạlis** (Damm) etc. bezeichnet; bei Ausleitung des zuführenden Schenkels als **einläufig**, bei Herausleitung beider Schenkel (d.h. der zu- u. abführenden Darmschlinge) als **doppelläufig** bezeichnet. → Darmfistel.
An|xịetas: Angst.
Aọrta: Hauptkörperschlagader. Entspringt aus linker Herzkammer, zieht erst nach oben (A. ascendens), dann bogenförmig nach hinten (Arcus aortae), dann abwärts (A. descendens) durch den Aortenschlitz des Zwerchfells in Abdomen* (A. abdominalis; vor dem 4 LW* endend) → Taf. **25**, 30; **21**, 11.
Aorten-aneurysma: umschriebene Aussackung der Aorta, meistens durch Lues*. → Aneurysma. **-bogen**: Arcus aortae. **-bogensyndrom**: vollständiger od. unvollständiger Verschluß der vom A.bogen ausgehenden Gefäße. Pulslosigkeit der oberen Extremitäten*; arterieller* Hochdruck* d. unteren Extremitäten*. **-herz**: durch Verbreiterung der li Herzkammer nach li ausladendes Herz (Entenform-Silhouette). **-insuffizienz**: unvollständiges Schließen der Aortenklappen. **-isthmusstenose**: Stenose* bis Atresie* des Isthmus* aortae, in der „Erwachsenenform" unterhalb des Ductus* Botalli, mit Hypertonie* im Armbereich u. Hypotonie* im Beinbereich als Leitsymptomen. **-klappe**: 3teilige Klappe am Aortenursprung. **-stenọse**: Enge der A.-klappen*.
Aortịtis: Entzündung der Aorta*.
Aọrtographịe: Kontrastdarstellung der Aorta* bzw. ihrer Hauptäste.

aortopulmonales Fenster: angeborene Lücke im die Aorta* u. Pulmonalis* trennenden Septum*.

AOS: **A**rbeitsgemeinschaft **O**steosynthese*. – Entwickelte eine Methodik der Fraktur*-behandlung, bei der der Knochen weitgehend ohne Umweg über Knochenkallus primär heilt.

Apathie: Teilnahmslosigkeit, seelische Unempfindlichkeit (Adj. **apathisch**).

apathogen: nicht pathogen*.

APC-Virus: Abk. für (engl.) **A**denoidal-**P**haryngeal-**C**onjunctival-Virus. Gruppenbezeichnung, abgeleitet aus führenden Symptomen bei durch Viren dieser Gruppe hervorgerufenen Infekten*.

Aperientia, Aperitiva (Sg. **Aperiens, Aperitivum**)**:** Abführmittel.

aperiodisch: unregelmäßig.

Apertur(a): Öffnung, Öffnungswinkel*. **A. piriformis:** vordere Nasenöffnung (→ Taf. **1**, 8).

Apex: Scheitel, Spitze.

Aphagie: Unvermögen zu schlucken.

Aphakie: Fehlen der Linse im Auge.

Aphano|zyten: ultramikroskopische Keime.

Aphasie: Verlust der Sprache bzw. des Sprachverständnisses infolge Gehirnerkrankungen, wobei die peripheren Sprachwerkzeuge unversehrt sind.

Aphonie: Stimm-, Tonlosigkeit.

Aphrasie: Sprachstörung; Unfähigkeit, richtige Sätze zu bilden.

Aphrodisiaka (Sg. **Aphrodisiakum**)**:** Mittel zur Steigerung des Geschlechtstriebes.

Aphthae, Aphthen: Munderkrankung, bes. bei Kindern, wobei graugelbe Bläschen mit rotem Saum auftreten. → *Bednar*.

Aphthen Riga': v.a. sublinguale* Granulationen* bei kachektischen* Säuglingen.

Aphthoid (Pospischill'): Komplikation im Verlaufe des Keuchhustens; besteht in plötzlicher linsengroßer Bläschenbildung im Gesicht oder an der Mundschleimhaut, am Zungenrücken und an der Lippen- und Wangenschleimhaut. Die Bläschengruppen bedecken sich mit einem dicken, weißen Belag.

apikal: zur Spitze gehörig.

Apikolyse: Lösung der Lungenspitze aus der Pleura*-kuppel im Rahmen d. operativen Kollapstherapie* der Tbk*.

Apiko|tomie: Wurzelspitzenresektion am Zahn.

Apitui|tarismus: Ausfall der Hypophysen*-tätigkeit.

Aplanatio: Abflachung, z.B. der Hornhaut (**A. corneae**) oder d. Linse (**A. lentis**).

aplanatisch: ohne sphärische* Aberration.

Aplasie: fehlende oder unvollkommene Bildung von Geweben oder Organen (Adj. **aplastisch**).

Apnoë: Atemstillstand. **A.reflex:** Hemmung der Atmung als Schutz gegen eingeatmete, reizende, gasförmige Stoffe.

apno|isch: mit einem Atemstillstand einhergehend; auch während eines Atemstillstands (auftretend).

Apo|chromate: sehr vollkommene mikroskopische Linsensysteme.

Apodie: Fehlen der Füße als Mißbildung.

Apo|enzym: → Enzym.

Apomorphin: ein aus Morphin erhaltenes Alkaloid*. Brech- und Hustenmittel.

Aponeurosis: Sehnenhaut; flächenhaftes, sehniges Gewebe. **A. musculi bicipitis brachii:** gültige Bez. für Lacertus fibrosus (die oberflächliche Ansatzsehne des M. biceps); → Taf. **15**, 9. **A. palmaris** bzw. **plantaris:** Sehnengewebe unter der Haut der Hohlhand bzw. Fußsohle.

Apophyse: Knochenauswuchs, -fortsatz, i.e.S. ein präpuberal* auftretender Knochenkern, der sich als Höcker, Fortsatz etc. einem Knochen auflagert.

Apophyseonekrose: asept. Nekrose* einer Apophyse*.

Apophysitis calcanea: schmerzhafte Entzündung der Apophyse des Fersenbeins, bes. bei Jugendlichen.

apoplektiform, apoplectiformis, -e: apoplexieartig. **a.e. Anfälle:** kurze Anfälle von Lähmungen und Bewußtseinsstörung ohne Gehirnblutung.

apoplektisch: mit Apoplexie* zusammenhängend. **a.er Habitus:** Körperbeschaffenheit, die eine Apoplexie erwarten läßt. **a.er Herd:** der Bluterguß, der eine Apoplexie verursacht hat. **a.er Insult:** Schlaganfall.

Apoplexia, Apoplexie: plötzliches,

„schlagartiges“ Aussetzen der Funktion eines wichtigen Organs, i.e.S. die **A. cẹrebri:** Schlagfluß, Schlaganfall; durch Gehirnblutung bedingtes, plötzliches, schlagartiges Aufhören der Gehirntätigkeit, die sich in Bewußtlosigkeit, Lähmungen usw. äußert. **A. cọrdis:** „Herzschlag“. **A. spinạlis:** Rückenmarksblutung. **A. ụteri:** blutige Durchsetzung d. Gebärmutterschleimhaut bei älteren Frauen mit Nekrose der befallenen Partien. **A. ụteroplacentạris:** schockartig verlaufende vorzeitige Plazenta*-lösung mit Blutung ins Myo*- u. Perimetrium*.

Apparạto|therapịe: Behandlung mit (gymnastischen usw.) Apparaten.

Apparạt(us): die zu einer funktionellen Einheit zusammengefaßten Organe. **A. alimentạrius** oder **digestọrius:** Verdauungstrakt. **A. respiratọrius:** Atmungsorgane. **A. urogenitạlis:** Harn- u. Geschlechtsapparat.

Append|ektomịe: Fortnahme des Wurmfortsatzes.

Appendicịtis, Appendizịtis: die akut (**A. acụta**) oder chron.-rezidivierend (**A. chrọnica**) verlaufende Blinddarmentzündung*, ihrer Art nach flüchtig (**fụgax**), katarrhalisch (**catarrhạlis**), eitrig (**purulẹnta**), phlegmonös (**phlegmonọsa**), gangräneszierend (**gangraenọsa**) u. evtl. zur Perforation (**perforatịva**) führend.

Appẹndix: Anhang. Oft gleichbedeutend mit Wurmfortsatz (= **A. vermifọrmis**; → Taf. **25**, 16). **A. epiplọïca:** fettläppchenähnliche Serosa*-ausstülpung des Dickdarms.

Appendizịsmus: Pseudoappendizitis*.

Appendizịtis: Blinddarmentzündung; → Appendicitis.

Ap|petẹnz: Verlangen, z.B. nach Nahrung.

Applikation: Anwendung physik. Maßnahmen u. Medikamente.

applizieren: anlegen usw., beibringen.

Appositiọn: Anlagerung.

Approbation: Bestallung (z.B. als Arzt, Apotheker).

approximatịv: annähernd.

Apraxịe: Unfähigkeit, bestimmte Bewegungen richtig auszuführen bzw. aufgehobenes Verständnis für den Gebrauch der Dinge.

Apros|exịe: krankhafte Unaufmerksamkeit.

Apros|opịe: Mißbildung, der das Gesicht fehlt.

Apsithyrịe: Stimmlosigkeit, wobei auch Flüsterstimme unmöglich ist.

Aptyalịsmus: Speichelmangel.

Apyr|exịe: Fieberlosigkeit.

Aq. (dest.): Aqua (destillata).

Aqua: Wasser, wäßrige Lösung, wäßriges Destillat*. **A. amygdalạrum amạrum:** Bittermandelwasser. **A. bidestillạta:** doppelt destilliertes Wasser, chemisch u. bakteriell rein. **A. Calcạriae, A. Cạlcis:** Kalkwasser; Adstringens. **A. chlorạta, A. Chlọri:** Chlorwasser. Enthält 0,4–0,5% Chlor. **A. destillạta:** destilliertes Wasser. **A. ophthạlmica:** Augenwasser. **A. phenolạta:** enthält 2%. Phenol; Desinfiziens. **A. Plụmbi:** Bleiwasser; Adstringens.

Aquaedụctus, Aquädukt: Wasserleitung; Kanal. **A. Sylvii, A. cẹrebri:** Kanal zwischen Hirnventrikeln* 3 u. 4. **A.-S.-Syndrom:** Symptomatik bei Prozeß in der Umgebung des Aquädukts (Blicklähmung, Schlaf- u. Pupillenstörung etc.).

Arachidọnsäure: eine ungesättigte essentielle Fettsäure.

Arachnidịsmus: nach Biß durch giftige Spinne auftretende Symptomatik; v.a. Konvulsionen*, Spasmen*, Hypotonie*, Lähmungen.

Arachnịtis: Entzündung der gefäßlosen Arachnoidea* (d.h. Gefäßeinsprossung mit begleitender entzündl. Reaktion) bei Leptomeningitis.

Arạchno|daktylịe: Spinnenfingrigkeit. Teilerscheinung einer allgem. Entwicklungshemmung des Stützgewebes. (*Marfan'* Syndrom): überlanger schmächtiger Körperbau, lange Gliedmaßen, schlechter Ernährungszustand. Häufig auch Mißbildungen an den Augen.

Arachnoïdea, -es: Spinnwebenhaut des Gehirns und Rückenmarks; zwischen harter Hirnhaut und Pia* mater.

Aräomẹter: Schwimmsenkwaage; Instrument zur Bestimmung des spezif.* Gewichts (→Abb.; → Urometer).

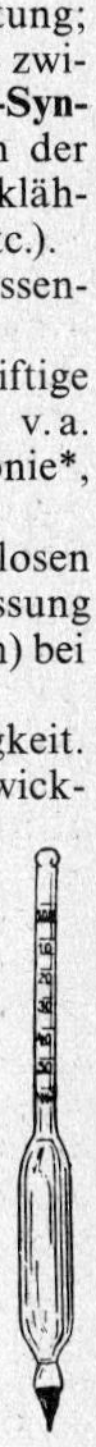

Aran' Gesetz (spr. arañ): „Schädelbrüche pflanzen sich auf dem kürzesten Weg fort".
Aran'-Duchenne' Krankheit (spr. arañdüschęnn): Muskelatrophie, spinale progressive.
ARBO-Viren: (engl. **Ar**thropod **Bo**rne Viruses) durch Stechmücken u. Zecken übertragene Viren; 3 Gruppen. In Mitteleuropa u. a. Erreger der Zeckenenzephalitis (CEE), ferner der Frühjahr-Sommer-Enzephalitis (RSSE).
Arborisationsblock: Reizleitungsstörung im Herzen durch Blockierung der Verzweigungen des *His*' Bündels.
arcifǫrmis, -e: bogenförmig.
arcuạtus, -a, -um: bogenförmig.
Ạrcus: Bogen. **A. aọrtae:** Aortenbogen (→ Taf. **25**, 30); von ihm gehen Truncus brachiocephalicus u. die li A. carotis communis u. subclavia ab. **A. pụbis:** Schambogen. **A. senịlis:** Greisenbogen, bogenförmige Trübung der Hornhaut nahe ihrem Rande bei alten Leuten. **A. vẹrtebrae:** Wirbelbogen (→ Taf. **2**, 2).
Ạrdor ventrịculi: Sodbrennen.
ARD-Viren: Gruppe der Adenoviren, Erreger einer Erkältungskrankheit (engl. **A**cute **R**espiratory **D**isease) mit Pharyngitis*, Laryngitis*, Konjunktivitis* u. Rhinitis*.
Ạrea, Areạl: Fläche, Bezirk, Gebiet. **A. Celsi:** Alopecia* areata.
Areflexịe: Fehlen der Reflexe.
aregeneratịve Reaktịon: durch Hemmung der Leukozytenbildung charakterisiertes Verhalten bei Intoxikationen*, Immunsuppression*.
Arẹola: Hof. **A. mạmmae:** Warzenhof.
argent|affịn: sich mit Silber verbindend; **a.e Zellen:** im Pankreas u. Magen-Darmtrakt (= gelbe Zellen = helle Zellen) vorkommende Zellen. Karzinoide Tumoren bildend (= **Argentaffinome**; → Serotonin).
argentophịl: argyrophil.
Argẹntum, Ag: Silber. **A. acẹticum:** Silberazetat (zur Ophthalmoblennorrhoe*-Prophylaxe bei Neugeborenen). **A. fịlum:** Silberdraht. **A. nịtricum:** salpetersaures Silber, Höllenstein. **A. proteịnicum:** Protargol.
Arginịn: eine basische* Aminosäure*; an der Harnstoff*-synthese beteiligt.
Argyll'-Robertson' Phänomen → *Robertson.*
Argyrịe, Argyrọsis: Graufärbung der Haut nach langem Gebrauch von Silberpräparaten.
argyrophịl, argentophil: durch Silber darstellbar, z. B. die retikulären* Gitterfasern des Ergastoplasma*.
Argyrọsis: Argyrie.
Arhythmie: → Arrhythmie.
Ariboflavinose, Alaktoflavinose: Vitamin-B_2-Mangelerscheinungen mit 1) Veränderungen der Haut u. Schleimhäute (Zunge, Schlund u. Speiseröhre) u. 2) Augensymptomen (Blepharitis*, Konjunktivitis*, Veränderungen der Hornhaut).
armiẹrter Lappen: durch Knochen, Knorpel, Draht etc. verstärkter Hautlappen (für Transplantation*).
Armstrong' Krankheit: bes. Form der Meningitis*; Viruserkrankung b. Kaninchen u. Ratten, auf den Menschen übertragbar.
Ạrnica montạna: Heilpflanze, aus der Arnikatinktur hergestellt wird.
aromatisch: angenehm würzig riechend oder schmeckend. **a.e Verbindungen:** Benzolverbindungen.
Arrẹctor: Aufrichter. **A. es pilọrum:** glatte Muskelfasern, welche die Haare aufrichten (Gänsehaut).
Arretiẹrung: Bewegungshinderung bzw. Vorrichtung hierzu.
Arrheno|blastọm: vermännlichender Ovariạltumor. Histologischer* Aufbau sehr verschieden.
Ar|rhythmịa, Arrhythmie: Störung einer rhythmischen* Tätigkeit; spez. unregelmäßiger Herzschlag und Puls.
Arrosiọn: das Annagen, Anfressen; bes. Zerstörung von Knochen, Gefäßen etc. durch geschwürige Vorgänge usw.
Ars (Gen. **artis**): Kunst (lege artis: nach den Regeln der Kunst).
Arsẹn, As: chem. Element; Gift. In zahlreichen Chemotherapeutika enthalten; → Arsenik.
Arsẹnik: Arsentrioxid (As_2O_3). Syn. für Arsen* und einige Arsenverbdg., bes.

arsenige Säure (weißer A.). In großen Dosen giftig.

Arsenvergiftung: 1) akute: Durchfälle, Kreislaufkollaps, zerebrale* Erscheinungen. 2) chronische: Gewebekrkht., Hautveränderungen evtl. Hautkrebs, Leberveränderungen, Störungen des Nervensystems.

D'Arsonval' Ströme: Teslaströme. Medizinische Anwendung (mit nur geringer Erwärmung) als **Arsonvalisation**, z. B. bei Neuralgien* u. Arteriosklerose*.

Artefakt: Kunstprodukt.

artefiziell; arteficialis, -e: künstlich entstanden.

arteigen, homolog: von einem Individuum der gleichen Art stammend.

Arterenol: körpereigener Stoff mit blutdrucksteigernder, vasokonstriktorischer* Wirkung.

Arteria, Arterie (Pl. **Arteriae**): Pulsader, Schlagader; ein Gefäß, in dem das Blut vom Herzen nach der Peripherie strömt.

Arterialisation: Umwandlung des venösen Blutes in arterielles* in den Lungen (Beladung mit Sauerstoff).

Arteri|ektasie: diffuse Schlagadererweiterung im Gegensatz zum lokalisierten Aneurysma*.

arteriell: zu einer Arterie gehörig, sauerstoffreich.

Arterienverkalkung: → Arteriosklerose.

Arteriitis: Schlagaderentzündung. **A. temporalis:** Entzündung der Kopfarterien, bes. der Schläfenschlagadern, mit Gefäßverhärtungen.

Arterio|graphie: Röntgendarstellung von Arterien durch Injektion* eines Kontrastmittels.

Arteriole: kleinste, vor d. Kapillaren* befindliche Arterie*.

arterio|mes|enterialer Darmverschluß: strangulierender Duodenalverschluß durch die Mesenterialwurzel* im Zusammenhang mit Volvulus*, Magen- u. Darmatonie* etc.

Arteriosklerose: degenerative* Erkrankung der Arterien* (Elastizitätsverlust, Wandverdickung mit Obstruktion* des Lumens, Kalkeinlagerung [= Aderverkalkung]) durch Ablagerung von Lipiden* (primär in die Intima*), nachfolg. Zerfall u. Nekrosen*. Selten Beginn primär in der Media* der Gefäße (= *Mönckeberg*' Typus). Folge: Durchblutungsnot, Gefäßrisse usw.

arteriovenös; arteriovenosus, -a, -um: eine Arterie* u. Vene* betreffend. **a. e Fistel:** angeb. oder artefizielle* Verbindung zw. einer Arterie* u. Vene* (unter Ausschluß der Endstrombahn). Oft kombiniert mit Aneurysma*.

Arthr|algie: Gelenkschmerz.

Arthrektomie: teilweise oder vollständige operat. Entfernung eines Gelenks.

Arthritis: Gelenkentzündung, kann akut* oder chronisch* verlaufen u. in seröser*, fibrinöser* oder eitriger Form auftreten. **A. deformans:** Arthropathie*, Arthrosis*. **A. gonorrhoïca:** Tripperrheumatismus. **A. rheumatica:** Gelenkrheumatismus. **A. sicca:** A. ohne Erguß*. **A. urica:** (Gelenk-)Gicht.

Arthro|dese: Herbeiführung einer knöchernen Vereinigung der Knochen eines Gelenks zwecks künstlicher Gelenkversteifung.

arthrogen: von einem Gelenk ausgehend.

Arthro-lith: Gelenkstein (= verkalkter oder zumindest sehr fester freier Gelenkkörper*). **-lyse:** Beweglichmachung eines versteiften Gelenks durch Zerschneiden der Gelenkkapsel usw. **-pathie:** Gelenkleiden, i.e.S. ein nichtentzündliches. **-plastik:** Bildung eines künstl. Gelenks. **-rise:** künstliche Anschlagsperre bei Gelenken durch operativ eingepflanzten Knochenspan zur Begrenzung von Bewegungen, die durch die Muskulatur nicht beherrscht werden. **-sen:** nichtentzündl. (v. a. degenerative*) Gelenkerkrankungen. **-sis deformans:** Abnutzungskrankheit von Gelenken mit Schwund der Knorpelschicht und Randwulstbildungen, dadurch Bewegungsbehinderung. **-tomie:** Gelenkeröffnung durch Schnitt.

Arthus' Phänomen: bei bestehender Sensibilisierung* die hyperergische* Entzündungsreaktion am Ort homologer* Antigen*-applikation.

articularis, -e: zu einem Gelenk gehörig.

Articulatio, Articulus: Gelenk(verbindung). **A.o sacro|iliaca:** Kreuz-Darmbeinfuge (→ Taf. **4**, 3).

Artikulation: 1) Gliederung. – 2) deutlich nach Buchstaben u. Silben gegliedertes Sprechen.
Aryt(a)enoideus: Kurzform für M. aryt(a)enoideus (ein Kehlkopfmuskel).
Arzberger' Birne: in den Mastdarm einzuführende Birne, durch die kühles Wasser geleitet wird (→ Abb.). Anw. bei Prostatitis*.

Arzneimittelabhängigkeit: süchtiges Verlangen nach Arzneimitteln, i.e.S. nach „Betäubungsmitteln".
Asbestose: Bergflachslunge. Krkht. durch Asbeststaubablagerung; Berufskrkht.
Ascaris lum|bricoides: gemeiner Spulwurm im menschlichen Dünndarm. Männchen 25, Weibchen 40 cm lang.
Ascaridiasis, Askaridiasis: Erkrankung durch Askariden* nach ovaler Infektion durch – in Eihülle befindl. – Larven.
ascendens: aufsteigend.
Aschheim'-Zondek' Reaktion: eine Schwangerschaftsreaktion; spritzt man Schwangerenharn Mäusen ein, so entstehen in deren Eierstöcken typische Veränderungen (Follikel*-reifung).
Aschner' Reflex: Pulsverlangsamung bei Druck auf die Augäpfel.
Aschoff'-Tawara' Knoten: knotige Anschwellung des Reizleitungssystems* des Herzens in der Vorhofscheidewand.
Asep|sis: Keimfreiheit; Fehlen von Sepsis*.
Aseptik: das Keimfreimachen (mit physikalischen oder chemischen Mitteln).
aseptisch: keimfrei. **a.e Eiterung:** E., die durch chemische Stoffe, nicht durch Bakterien entsteht. **a.es Fieber:** F., das ohne Infektion entsteht. **a.e Nekrose:** juvenile Knochennekrose*.
Asialie: fehlende Speichelabsonderung.
Askariden: Spulwürmer. → Ascaris lumbricoides.
Askaridiasis: Ascaridiasis.
Askorbinsäure: Vitamin C.
-askos: → Aszites.
ASL: Antistreptolysin.
Asomnie: Schlaflosigkeit.
Asparaginsäure: eine Aminosäure*.
Aspergillus: Kolbenschimmelpilz.
Aspergillose: durch Aspergillus erzeugte Krankheit der Atmungswege.
A|spermatismus: das Nichtzustandekommen einer Ejakulation*.
Aspermie: Fehlen des Spermas* bzw. der Spermien*.
asphyktisch: der Erstickung nahe.
Asphyxie: Pulslosigkeit, Atemstillstand, Scheintod; örtliche Asphyxie → *Raynaud.*
A. stadium: das toxische* (4.) Stadium der Narkose* mit Atemlähmung.
Aspiration: Ansaugung von Gasen, Flüssigkeiten od. festen Stoffen infolge Unterdrucks. →Fremdkörperaspiration.
Aspirationspneumonie: Form d. Bronchopneumonie*. Entsteht durch Verlegung eines Bronchus* infolge Aspiration.
Aspirator: Saugvorrichtung.
Aspirin: Azetylsalizylsäure.
Assimilation: 1) Aufnahme von Nahrungsstoffen, Abbau im Darm, Resorption u. Umwandlung zu Bestandteilen des lebenden Körpers; erst dann Übernahme in die Gewebssubstanz. – 2) Verschmelzung benachbarter Wirbel (= Assimilationswirbel).
Assozia|tion: Verknüpfung (von Bewegungen, Empfindungen, Vorstellungen).
assoziiert: verbunden, gleichsinnig.
Astasie: Unfähigkeit zu stehen.
Astereo|gnosie: Unfähigkeit zu tastendem Erkennen.
Asthenia universalis congenita: angeborene Körperschwäche mit schmalem Brustkorb, Enteroptose*, enger Aorta*, Bindegewebsschlaffheit usw.
Asthenie: Körperschwäche, Schlaffheit, verminderte Erregbarkeit.
Astheniker: Konstitutionstyp; schlanker Körperbau, grazile Muskeln u. Knochen.
asthenisch: zur Asthenie* gehörig, kraftlos. **a.e Bulbärparalyse:** Myasthenia* gravis pseudoparalytica. **a.er Habitus, a.e Konstitution:** Asthenia* universalis.
Asthen|opie: Sehschwäche; Ermüdung des Auges bei anhaltendem Nahsehen.
Asthma: anfallsweise Atemnot. **A. bronch(i)ale:** durch Krampf der Bronchialmuskeln und des Zwerchfells bedingt. **A. cardiale:** A. durch Blutstauung in den Lungen infolge Herzleidens. **A. nocturnum:** nächtl. Asthma (mit Alpdrücken).
asthmogene Punkte: Stellen (in der Nase usw.), deren Reizung Asthma auslöst.

Astig|matismus: ungleiche Krümmung der brechenden Medien des Auges (bes. der Hornhaut). Das undeutliche Sehen als Folge hiervon (da auf der Netzhaut kein scharfes Bild entsteht) wird „Stabsichtigkeit“ genannt.
Astragalus: Talus.
Astro|blastom(a): maligne Form des Astrozytoms*.
Astrozyt: mit sternförmigen Fortsätzen ausgestattete Glia*-zelle.
Astrozytom: Form eines Glioms* (aus Astrozyten* bestehend); bei Kindern häufig Kleinhirntumor, bei Erwachsenen Großhirntumor.
Asyn|ergie: mangelhaftes Zusammenwirken zwischen den Synergisten; auch Syn. für Ataxie*.
Asynklitismus, vorderer und **hinterer:** Vorder- bzw. Hinterscheitelbeineinstellung*.
Asy|stolie: mangelhafte (oder ausbleibende) Systole* des Herzens bei Herzschwäche.
As|zendens: Kurzbez. f. Colon ascendens.
Aszendenten: Vorfahren, Verwandte in aufsteigender Linie. **Aszendenz:** Gesamtheit der Aszendenten.
Aszites: Bauchwassersucht; Ansammlung von freier Flüssigkeit in der Bauchhöhle (in zusammengesetzten Wörtern durch anhängen von -askos gekennzeichnet).
AT: Alt-Tuberkulin.
ataktisch: Ataxie* zeigend. **a. er Gang:** unsicherer, stampfender G. mit Schleuderbewegung der Beine.
Ataraktika (Sg. **Ataraktikum**)**:** Beruhigungsmittel; dämpfende Psychopharmaka* (= Psychosedativa*, Tranquilizer*).
Atavismus: Rückschlag; Auftreten von Eigenschaften früherer Entwicklungsstufen.
Ataxie: Störung des geordneten Zusammenwirkens der Muskeln.
Atel|ek|tase: unvollständige oder fehlende Entfaltung der Lungenbläschen.
Atemdepression: Verringerung der Atmung; inkorrekt gelegentl. auch Bez. für Atemstillstand.
Atemgrenzwert: das bei willkürlicher Beschleunigung u. Vertiefung der Atmung maximal erreichte Atemminutenvolumen*.
Atemminutenvolumen: das pro Minute aus- bzw. eingeatmete Luftvolumen.
Atemkalk: Barium- oder Natronkalk zur CO_2-Bindung (→ Absorber).
Atemsekundenvolumen: → Atemstoßtest.
Atemspende: künstliche Beatmung einer asphyktischen* Person durch einen Helfer mittels Einblasens der eigenen Ausatemluft (mit oder ohne Tubus*) über Mund oder Nase in die Lunge (Mund-zu-Mund bzw. Mund-zu-Nase-Beatmung).
Atemstoßtest, *Tiffeneau'* Test**:** Lungenfunktionsprobe mit Bestimmung der Relation des maximalen Exspirationsvolumens*/Sekunde (= Atemsekundenvolumen*) zur aktuellen Vitalkapazität*.
Atemvolumen: pro Atemzug ein- u. ausgeatmetes Luftvolumen.
Atemzugvolumen: → Respirationsluft.
Atherom(a): Grützbeutel, Balggeschwulst; Zyste* mit breiartigem Inhalt.
A. der Arterien(wand): Entartung der Wand von Schlagadern, wobei ebenfalls breiartige Massen entstehen (Atheromatose).
Atheromatose: → Atherom (der Arterien[wand]).
Atherose: Atherom der Arterien.
Athero|sklerose: Arteriosklerose*, die mit Atherose* verbunden ist.
Athetose: Nervenkrankheit, wobei unablässig langsame, wurmartige, geschraubte evtl. krampfartige Bewegungen – bes. der Finger und Zehen – erfolgen.
Athyreose, Athyreosis: Fehlen der Schilddrüse oder Ausfall ihrer Tätigkeit und dadurch bedingte Erkrankung.
Atlas: der oberste Halswirbel.
Atmen, bronchiales: Bronchialatmen.
Atmen, sakkadiertes: ruckweise Inspiration*.
Atmen, vesikuläres: Vesikuläratmen.
Atmung, assistierte: durch Beatmungsgerät in der Inspirationsphase unterstützte Spontanatmung. → A., kontrollierte.
Atmung, kontrollierte: künstl. maschinelle Beatmung bei künstl. oder patholog.

Atemstillstand (O_2-Einblasung über Tubus*).
Atmung, künstliche: durch Thorax*-kompression (manuell*, Eiserne* Lunge, Biomotor), elektr. Reizung der Atemmuskeln, passive Zwerchfellbewegungen (*Eve*'* Wippe) oder intermittierende Lufteinblasung unter Überdruck (Beatmungsgerät, Balggerät, Mund-zu-Mund- oder -zu-Nase-Beatmung) künstlich herbeigeführte Lungenbelüftung.
Atmungs-ferment (Warburg'): Enzym*, das die Übertragung des Sauerstoffs innerhalb der Zellen bewirkt. Das A. ist dem Häm(oglob)in* nahe verwandt. **-quotient:** Verhältnis der Inspirations- zur Exspirationsluft.
Atome: die kleinsten Teilchen der chemischen Elemente*. → Moleküle.
Atonie: Mangel an Tonus* und dadurch bedingte Erschlaffung bzw. verminderte Erregbarkeit der Gewebe. Auch mangelhafte Zusammenziehung (z. B. des Herzens, der Gebärmutter).
atonisch: Atonie* zeigend, durch A. bedingt, schlaff.
Atopie: in den USA noch gebr. Bez. für Allergie* (bei d. Antikörper* nicht nachweisbar sind), z. B. atopische Rhinitis*.
atoxisch: nicht giftig.
ATP: **A**denosin**tri****p**osphorsäure.
atraumatisch: nicht bzw. wenig verletzend. **a. e Naht:** Naht mit Nadeln, an die das Nahtmaterial „angeschweißt" ist. Infolge Verzicht auf Nadelöhr u. durchgezogenen Faden feinere Stichkanäle (Gewebsschonung).
Atresia, Atresie: Verschluß einer natürlichen Körperöffnung. **A. ani:** blind endender After. **A. oesophagi:** Ösophagusatresie. **A. recti:** Fehlen des unteren Mastdarms bei normaler Aftergrube.
atretisch: Atresie* zeigend.
atrial: den Herzvorhof betreffend.
Atrichia (sis), Atrichie: Haarmangel.
atrioventrikulär: die Vorhöfe (→ Atrium) u. Kammern (→ Ventriculus) des Herzens* betreffend. **a. es Bündel,** *His'* Bündel: in der Vorhofscheidewand zur Kammerscheidewand des Herzens ziehender Teil des Reizleitungssystems* des Herzens. Bei Unterbrechung a. v.-Block.
Atrioventrikular-klappen: der zwischen Vorhof u. Kammer des re bzw. li Herzens gelegene Klappenapparat (Mitralis, Trikuspidalis). **-knoten:** *Aschoff'-Tawara*'* Knoten des Reizleitungssystems.
Atrium: Vorraum, Vorhof. **A. cordis dextrum** und **sinistrum:** rechte und linke Herzvorkammer (Vorhof).
Atrophia, Atrophie: Ernährungsstörung, Schwund, Abmagerung, Abzehrung. **A. nervi optici:** Sehnervenschwund.
atrophieren: abmagern, verkümmern.
atrophisch: Atrophie* zeigend, schlecht ernährt, abgemagert. → Lähmung.
Atropin (um): Alkaloid* in der Tollkirsche.
Attacke: Anfall.
attenuiert: abgeschwächt, mit herabgesetzter Virulenz*.
Attikus: Recessus* epitympanicus.
Attonität: Bewegungslosigkeit bei gewissen Geisteskrankheiten.
Atypie: atypisches Aussehen oder atyp. Funktion.
atypisch: vom Durchschnitt, vom Typus* abweichend, regellos.
Au: Symbol für Gold (**Au**rum).
Audio-gramm: graph. Wiedergabe der bei der -metrie* erfaßten Werte. **-logie:** Lehre von der Physiologie und der Diagnostik des Hörens. **-meter:** Gerät zur Prüfung des Hörvermögens. **-metrie:** Messung des Hörvermögens.
Auerbach' Plexus: Plexus myentericus.
aufsteigend: nach dem Zentrum* oder einem höher gelegenen Abschnitt eines Organsystems hin fortschreitend bzw. verlaufend (gebr. z. B. für Nervenbahnen, die hirnwärts laufen).
Auge, Oculus: das (menschliche) Sehorgan, bestehend aus: 1) dem optischen Apparat mit Abbildungssystem (Hornhaut*, Linse*, Glaskörper), Blende (Iris*) u. Akkomodationssystem (Ziliarmuskeln* u. Linse) sowie dem Empfangsorgan (Netzhaut*, Sehnerv*), 2) den Hilfsvorrichtungen (Augenmuskeln*, Gefäße) u. 3) Schutzorganen (Lider, Tränenapparat) → Taf. **14**.
Augen-bindehaut, Konjunktiva: Schleimhaut, welche Innenfläche der Augenlider und Vorderfläche des Augapfels (ohne

Hornhaut) überzieht. **-druck, intraokularer:** Augeninnendruck. Der im Augeninnern herrschende Druck. → Tonometer, Glaukom. **-druckversuch:** → *Aschner*. **-höhle:** Orbita. **-kammer:** Raum zwischen Hornhaut, Vorderfläche der Iris* und Linse* (vordere A. (→ Taf. **14**, 2) bzw. zwischen Hinterfläche der Iris, Linse und Zonula* ciliaris (hintere A.). **-muskeln:** 1) äußere A.: die den Augapfel bewegenden geraden u. schrägen Muskeln; Ursprung in der Augenhöhle. – 2) innere A.: der Akkomodationsmuskel (M. ciliaris) u. die Irismuskeln, die die Pupille verengen bzw. erweitern als glatte Muskeln in der Uvea (M. sphincter bzw. dilatator pupillae).

Aura: Vorbote, Vorgefühl; Erscheinung, die einem Anfall (von Epilepsie, Migräne usw.) unmittelbar vorhergeht, z.B. in Form akust. Halluzinationen* (**A., akustische**), opt. Halluzinationen (**A., optische**), Mißempfindungen in Form einer Dys*-, Hyper*- oder Parästhesie* (**A., sensible**) oder vegetativer Symptome (**A., vasomotorische**).

Aureomycin(um): Antibiotikum* von Streptomyces aureofaciens in einer bestimmten Wachstumsphase gebildet; gegen Bakterien, bestimmte Rickettsien und einige große Viren.

Auricula: 1) Ohrmuschel (→ Taf. **13**, 1); auch Ohrläppchen. – 2) re oder li Herzohr (**A. dextra** oder **sinistra atrii**; → Taf. **25**, 27).

aurikulär: 1) zum Ohr gehörig. – 2) die Herzvorhöfe betreffend.

Aurikularanhänge: in der Ohrgegend befindliche Hautanhängsel; überzählige Ohrläppchen.

Aurikularisphänomen (Mendel'): Druckempfindlichkeit der hinteren Wand des äußeren Gehörganges bei beginnender Meningitis*.

Auris: Ohr. **A. externa:** äußeres Ohr mit Ohrmuschel u. äußerem Gehörgang; der Schalleitung dienend. **A. interna:** Innenohr, bestehend aus Cochlea* (Schnecke) u. häutigem Schneckengang (Ductus cochlearis), Vestibulum* (Vorhof) und dem Bogengangs*-system. **A. media:** Mittelohr, bestehend aus Paukenhöhle* mit Gehörknöchelchen*, Ohrtrompete u. Warzenfortsatz*-zellen.

Aurum, Au: Gold.

ausheben: Klinikjargon für Gewinnung von Mageninhalt mittels eines Schlauches, z.B. bei Behandlung von Vergiftungen, bei Magenausgangsverengung.

Auskultation: Behorchung des Körpers, um Schallerscheinungen (Herztöne, Atemgeräusche usw.) wahrzunehmen.

auskultatorisch: im Zusammenhang mit der Auskultation.

auskultieren: behorchen.

Auslöschphänomen (Schultz'-Charlton'): bei Scharlach* Auslöschen des Exanthems* durch Serum* von Genesenden um Injektionsstelle innerhalb 6–18 Std.

Aussatz: Lepra.

Ausscheider, Sekretor: Person, die mit ihren Sekreten* 1) Blutgruppensubstanz (bes. im Speichel) oder 2) Bazillen ausscheidet.

Austauschtransfusion: Blutübertragung mit Ersatz des größten Teils des Pat.-blutes durch Frisch- oder Zitratblut (bei Erwachsenen auch Konservenblut); z.B. wird bei Neugeborenen mit Erythroblastose* aus der Nabelvene jeweils eine kleine Menge kindl. Blutes mit Rh-Antikörper abgesaugt u. durch gruppengleiches, Rh-negatives (ohne Rh-Antikörper) ersetzt; auch bei Vergiftungen, schweren Verletzungen, Verbrennungen usw.

autistisches Denken: ungeordnete, durch Gefühle und Triebe beeinflußte Denkweise.

Auto|ag|glutination: Blutkörperchenverklumpung im eigenem Serum.

Autoaggressionskrankheit: Sammelbez. für Krankheiten, die auf Bildung von Autoantikörpern* zurückgehen (auf Organautoantikörper z.B. die sympathische Ophthalmie*, auf Hämoautoantikörper z.B. die Kälteagglutinin*-krankheit).

Auto|ana|mnese: vom Kranken selbst angegebene Anamnese*.

Autoantigen: aus körpereigenem Eiweiß gebildetes bzw. entstandenes Antigen*.

Autoantikörper: Antikörper*, die gegen körpereigene Antigene* gerichtet sind.

auto|chthon: an Ort und Stelle entstanden, nicht durch äußere Einflüsse bedingt.

Auto|di|gestion: Selbstverdauung.
autogen: von selbst entstehend.
autogenes Training: (*J. H. Schultz*) Übungen zur Entspannung des Organismus u. zur Beseitigung von Verwicklungen u. Unregelmäßigkeiten im Ablauf physiologischer* Funktionen*. Methode der Selbsthypnose.
Autographismus: Dermographie.
Auto|hämo|therapie: Eigenblutbehandlung.
Autoimmunkrankheit: Autoaggressionskrankheit*; i.e.S. die Schädigung eigener Blutkörperchen durch körpereigene Antikörper*.
Autoinfektion: Selbstansteckung, wobei im Körper vorhandene, bis dahin unschädliche Bakterien pathogen* werden. Auch Autoinokulation*.
Auto|in|okulation: Selbstüberimpfung.
Autointoxikation: Vergiftung durch im Körper selbst gebildete Stoffwechselprodukte; z.B. Urämie*.
Autoklav: Dampfkochtopf* mit Überdruck zur Keimfreimachung.
autolog: dem gleichen Individuum entstammend (z.B. autologes Gefäßtransplantat).
Autolysate: durch Digestion* von Bakterienkulturen gewonnene Impfstoffe.
Autolyse: Abbau von Zellbestandteilen u. -produkten durch zelleigene Enzyme* innerhalb oder außerhalb des Körpers. (Adj. **autolytisch**).
Autolysine: Stoffe, die körpereigene Zellen aufzulösen vermögen.
Automatie: Unabhängigkeit vom Willen oder von äußeren Reizen oder von zentraler Innervation. **automatisch:** Automatie zeigend, auf Automatie beruhend; selbsttätig.
autonom: auf innere Veranlassung hin, selbständig. **a. es Nervensystem,** vegetatives Nervensystem: Gesamtheit der Nerven, welche dem Willen entzogen sind, u. die die Regelung der Lebensfunktionen (Stoffwechsel, Verdauung, Atmung, Sekretion usw.) besorgen.
Autonosode: aus sterilisierten körpereigenen Ausscheidungs- u. Krankheitsprodukten hergestellter Impfstoff.
Autoplastik: Plastik*, wobei das Material dem eigenen Körper des Kranken entnommen wird. → Heteroplastik.
Autoprothrombin I: Faktor VII der Blutgerinnung*. – **A. II:** Faktor IX der Blutgerinnung. **A. III:** Faktor X der Blutgerinnung. Im Serum* u. Plasma* vorhanden, durch Thrombokinase* u. Faktor VII aktiviert.
Aut|opsie: Leichenschau, Leichenöffnung.
Auto(r)referat: Eigenbericht.
Autoserotherapie: Eigenserumbehandlung*.
Autosit: der selbst lebensfähige Individualteil einer Zwillingsbildung*.
Auto|sug|gestion: Beeinflussung durch eigene (falsche) Vorstellungen.
autotoxisch: auf Autointoxikation* beruhend.
Autotransfusion: 1) Überleitung von Blut von einer Körperstelle zu einer anderen (durch Tieflagerung des Kopfes, Auswickeln der Glieder durch Binden usw.). – 2) Retransfusion*.
Autotransplantat: Transplantat*, dessen Spender u. Empfänger identisch sind.
Autovakzine: Impfstoff, der aus Keimen hergestellt wird, welche aus dem Körper des Kranken selbst stammen.
Autovakzination: Behandlung mit Autovakzinen*.
Auxiliaratmung: Atmung unter Zuhilfenahme der Muskulatur des Halses und Schultergürtels, bes. beim Asthma*-anfall; durch Aufstützen erleichtert.
Auxopathie: Wachstumsstörung.
av: atrioventrikulär. **avL, avR, avF:** Symbole für *Goldberger'** Ableitungen.
a.-v.: gebr. Abkürzung für arteriovenös.
Avidität: Anziehungskraft, Vereinigungsbestreben; oft = Affinität*.
avirulent: nicht virulent*.
Avit|aminose: Mangelkrankheit durch Fehlen eines oder mehrerer Vitamine; meist Hypovitaminose.
Avulsio(n): gewaltsame Trennung; auch Selbstverstümmelung, das Ausreißen von Gliedern, Organen.
Axilla: Achselhöhle.
Axillarlinien: Linien, die man sich von der Mitte bzw. vom vorderen oder hinteren Rand der Achselhöhle nach unten gezogen denkt.

Axiom: Grundsatz; Satz, der keines Beweises bedarf.
Axis, Epistropheus: 2. Halswirbel.
Axon: Achsenzylinder einer Nervenzelle (→ Neurit).
Axono|tmesis: Quetschung eines Nervs mit Untergang des Axon* bei Erhaltung der bindegewebigen Hüllen.
Axolemm: Hülle des Achsenzylinders (Axon*) eines Nervs.
Azephalus: Mißgeburt ohne Kopf.
Azetate: Salze der Essigsäure.
Azetessigsäure: Intermediärprodukt* des Fett- u. Aminosäuren*-stoffwechsels; vermehrt bei Diabetes* mellitus.
Ayerza' Krankheit: primäre* Sklerose* der Lungengefäße, v. a. der Arterien*. → Pulmonalsklerose.
Azeton: Dimethylketon. Produkt unvollständiger Verbrennung von Fetten u. Aminosäuren*. **A.ämie, A.urie:** Vorkommen von Azeton im Blut bzw. Harn. Bei Zuckerkrankheit (Diabetes* mellitus).
Azetylcholin: „Vagusstoff"; wird bei Reizung parasympathischer* Nerven an ihren Endigungen frei, tritt in die Blutbahn und wird dort durch das Enzym* Cholinesterase sehr rasch wieder zerstört.
Azidität: Säuregehalt, Säuregrad.
Azidi|metrie: Aziditäts*-messung.
azidophil: saure Valenzen* bevorzugend, sich mit sauren Farbstoffen färbend.
Azidose, Acidosis: Vermehrung saurer Stoffwechselprodukte im Blut, z. B. bei Stoffwechselkrankheiten* (= **metabolische A.**) oder erschwerter CO_2-Abatmung (= **respiratorische A.**).
azinös: traubenförmig.
Azoo|spermie: Fehlen der Samenzellen in der Samenflüssigkeit.
Azot|ämie bzw. **Azoturie:** Vermehrung des Stickstoffs im Blut bzw. Harn.
Azya|no|blepsie, Tritanopie: Farbenblindheit für blaue Farben.
azygos: unpaarig (z. B. Vena azygos).
Azy|stie: Aplasie* der Harnblase.

B

B: Symbol für Bor u. Blutgruppe „B“ (im AB0-System*).
Ba: Symbol für **Ba**rium.
Baastrup' Krankheit: periostotische* Verdickung der sich berührenden („kissing spine“) u. Nearthrosen* bildenden Dornfortsätze der LWS* infolge Hyperlordose*.
Babes'-Ernst' Körperchen: stark färbbare K. in Diphtheriebakterien.
Babẹsien, Piroplasmen: an Plasmodien* erinnernde, in Erythrozyten* lebende Einzeller; Erreger der Babesiose*.
Babesiọse: durch Babesien* hervorgerufene tierische Erkrankung.
Babinski' Phänomen: träge Aufwärtsbewegung der großen Zehe bei Reizung der Fußsohle. Symptom bei gewissen Rükkenmarkskrkhtn.; bei Säuglingen physiologisch.
Bacịlli medicạti: Arzneistäbchen. **B. urethrạles:** Stäbchen für die Harnröhre.
Bacịllus: → Bazillen. **B. anthrạcis:** der aërobe, stäbchenförmige Milzbrand*-erreger. **B. Calmette-Guerin** (spr. kalmẹtt-gerạhñ): abgeschwächter boviner Typ des Tuberkelbazillus*.
Bacitracịnum, Bazitrazin: gegen grampositive* Bakterien, Gonokokken* und Meningokokken* wirksames Antibiotikum*.
Backpointer (engl.; spr. bạckpointer): mechan. oder opt. Vorrichtung an Betrachtungsgeräten zur Anzeige des Austrittspunktes des Zentralstrahls.
Bacteriacẹae: Brevibacteriaceae.
Bactẹrium: alte Bez. für Brevibacterium, s.a. Bakterien. **B. cọli commụne:** Escherichia coli. **B. enteritịdis:** verschiedene Salmonellen*, i.e.S. die Salmonella enteritidis.
Bacteroịdes: Saprophyten* des Verdauungs- u. Urogenitaltraktes*. In seltenen Fällen pathogen*.
Bähung: feucht-warmer oder heiß-trockener Umschlag.
Bạelz' Syndrom: schmerzlose Cheilitis* glandulạris apostematọsa mit Schwellung, Rhagaden*- u. Borkenbildung.
Baer' Handgriff: manuelle* Bauchdekkenraffung zur Plazenta*-expression*.
Bagạsse: Zuckerrohrabfälle.
Bagassọse: meist gutartige Pneumokoniose nach Inhalation* von Bagasse (= extrahiertes getrocknetes Zuckerrohr).
Baillart' Blutdruckmessung (spr. bajlạhr): Messung d. Blutdrucks i. d. Zentralarterie u. Zentralvene d. Netzhaut* durch Kompression* des Augapfels.
Baịnbridge' Reflex (spr. bejnbrid*sch*): Tachykardie* u. Blutdruckanstieg bei Druckerhöhung in herznahen Venen.
Bajonettverschluß: → Abb.

Baker' Zyste (spr. bejker): Hernie der Synovialis des Kniegelenks (in der Kniekehle).
Bakteri|ämịe: Vorkommen von Bakterien im Blut.
Bakteriämịd: Effloreszenz* bei Bakteriämie*.
Bakteriazẹen, Bacteriaceae: nach neuerer Nomenklatur Brevibacteriaceae (-zeen).
Baktẹrien: Sammelbez. für sämtl. Mikroorganismen*; i.e.S. stäbchenförmige, sporenlose, einzellige Mikroben*, die sich durch Spaltung vermehren (= Schizomyzeten); s.a. Bacterium. **B. flọra:** Gesamtheit der einen Ort besiedelnden Erreger. **B. rụhr:** Bazillenruhr. **B. stamm:** fortgezüchtete Reinkultur von B. mit bestimmten Eigenschaften.
Bakteriologe: Arzt, der bakteriologische* Untersuchungen usw. ausführt.
Bakteriologie: Lehre von den Bakterien.
bakteriologisch: Bakterien betreffend.
Bakteriolyse: Auflösung von Bakterien.

Bakteriolysine: Lysine* für Bakterien.
Bakteriophagen: virusähnliche Gebilde, die Bakterien* befallen u. sich in ihnen vermehren.
Bakterio|phobie, Bazillophobie: krankhafte Angst vor Mikroben*.
Bakteriostase: Hemmung der Bakterien*-vermehrung durch Schädigung der Erreger (Adj. **bakteriostatisch**).
Bakteriostatika (Sg. **Bakteriostatikum**): i. S. der Bakteriostase* wirkende Mittel.
Bakteriotoxine: Bakteriengifte (→ Endotoxine, Ektotoxine).
Bakterium: → Bacterium, Bakterien.
Bakteri|urie: Ausscheidung von Bakterien* im Harn.
bakterizid: Bakterien* vernichtend.
BAL: **B**ritish-**A**nti-**L**ewisit; ein Gegenmittel bei Schwermetallvergiftungen.
Balanitis: Entzündung der Eichel (Glans* penis). Meist mit Posthitis* kombiniert (= Balanoposthitis).
Balanoplastik: Plastik im Bereich der Glans* penis.
Balanopos|thitis: → Balanitis.
Balantidiasis: Enterokolitis* durch Balantidium* coli.
Balantidium coli: einzelliger Dickdarmparasit des Schweins; Erreger der Balantidiasis*.
Baldy'-Franke' Operation: eine Methode der Uterus*-antefixation*.
Balken: Corpus callosum (→ Taf. **10**, 2).
Balkenblase: Hypertrophie* der Harnblasenmuskulatur m. deutl. Hervortreten d. Muskelbalken unter d. Schleimhaut.
Ballismus: meist einseitig auftretende unwillkürliche Schleuderbewegung der Arme.
Ballisto|kardio|graphie, BKG: Ableitung u. Registrierung (**Ballistokardiogramm**) der verschiedenen, durch die ballist. Kräfte des Herzens hervorgerufenen Rückstoßbewegungen des Körpers („Messung" der mechan. Herzleistung).
balloniert: gebläht.
Ballonkatheter: Katheter* mit (endständigem) aufblasbarem Ballon; i. w. S. auch Ballonsonde*.
Ballonsonde: Sonde mit aufblasbarem Ballon, z. B. *Miller'-Abbott'* Sonde, *Blakemore'-Sengstaken'* Sonde.
Ballonspritze: Spritze, die statt eines Kolbens einen Ballon zum Ansaugen und Ausspritzen der Flüssigkeit besitzt.
Ballottement (franz.; spr. ballottmañ): Erscheinung bei in einer Flüssigkeit schwimmendem Körper (z. B. Kindskopf im Fruchtwasser, Kniescheibe bei Erguß): auf Stoß ausweichend, dann wieder an den tastenden Finger anschlagend.
Balneo-loge: Arzt, der sich mit -logie beschäftigt. **-logie:** Lehre von den Bädern und ihren Wirkungen. **-therapie:** Anwendung von Bädern zu Heilzwecken.
Balneum: Bad.
Balo' Krankheit: demyelinisierende* Enzephalomyelopathie* (Form der Polysklerose*?).
Balsamika (Sg. **Balsamikum**): Balsame zu Heilzwecken.
banal: gewöhnlich, nichtssagend, unbedeutend.
Bancroft' Filarie (spr. bankroft): Wuchereria bancrofti.
Bandage (franz.; spr. bandasche): therapeutischer* oder prophylakt. Verband oder Mieder aus elastischem oder halbsteifem Material.
Bandl' Ring: Kontraktionsring.
Bandscheibe: die aus einem äußeren Faserring (Anulus* fibrosus) u. einem gallertigen Kern (Nucleus* pulposus) bestehende Zwischenwirbelscheibe.
Bandscheiben-hernie, -schaden, -vorfall: bruchartiges Hervortreten des Bandscheibenkerns (zunächst noch von Faserringresten umgeben) in den Wirbelkanal, gegen die angrenzenden Wirbelkörper oder die Nervenwurzeln.
Bandwürmer: Zestoden (z. B. Diphyllobothrium, Taenia, Echinococcus). Eine Ordnung der Plattwürmer.
Bang' Bakterium: Brucella abortus.
Bang' Krankheit: Infektion mit dem *Bang'* Bakterium, das bei Rindern seuchenhaften Abort, bei Menschen eine fieberhafte Allgemeinerkrankung bewirkt. → Bruzellose.
Banti' Krankheit: Anämie*, Leuko- bzw. Panzytopenie*, Hepatosplenomegalie* mit Subikterus* u. (3. Stadium) Leberzirrhose. **B.' Syndrom:** *B.'* Krankheit. **B.' Zirrhose:** Leberzirrhose b. *B.'* Krankheit.

Banting' Kur (spr. bänting): Entfettungskur durch Entziehung von Kohlenhydraten und namentlich von Fett.
Bar|äs|thesie: Schwereempfindung, Druckempfindung.
Bárány' Versuch: 1) Nystagmus*-prüfung im Zusammenhang mit heftigen Drehungen auf einem Drehstuhl. – 2) Zeigefingerversuch. – 3) Methode d. Kalorisationsprüfung*.
Barbitalismus: chronischer Mißbrauch von Barbituraten.
Barbitalum, Acidum diaethylbarbituricum: ein Barbitursäurederivat (Schlafmittel).
Barbiturate: Salze der Barbitursäure.
Barbitursäure, Acidum barbituricum: pharmakologisch durch hypnotische* u. sedative* Wirkung ihrer zahlreichen Derivate* wichtige Säure.
Bardeleben' Binde, Bardella: Wismut-Amylum-Binde gegen Verbrennungen.
Barium, Ba: ein Erdalkalimetall*. **B.-kalk:** ein Atemkalk. **B. sulfat:** stark radioaktive Strahlen absorbierende Verbindung. Kontrastmittel für Magen-Darmuntersuchungen.
Barlow: → *Möller-Barlow*.
Baro|gnosis: Gewichtssinn.
Barorezeptoren: auf mechan. Reizung (Dehnung, Druck) eingestellte Rezeptoren*, z. B. in Aorta* u. Karotissinus*.
Baro|trauma: bei schnellem Luftdruckwechsel eintretender Schaden. → Caisson-Krankheit.
Barre: Wulst am Harnblasenausgang.
Barr' Körper: Chromatin*-körper an der Innenseite der Kernmembran der menschl. Zelle; vorwiegend (>6%) in weibl. determinierten* Zellen vorkommend (d. h., daß die Auszählung einer bestimmten Zellzahl die Diagnose des Geschlechts („Kerngeschlecht") erlaubt.
Bartholin' Drüsen: Glandulae* vestibulares majores (→ Taf. **22**, 11). **Bartholinitis:** Entzündung derselben; besonders bei Tripper*.
Bartonella: polymorpher*, aërober*, gramnegativer*, begeißelter Organismus; Erreger der Bartonellose*.
Bartonellose: südamerikan. Infektionskrankheit mit Fieber, Anämie*, Exanthem* (Erreger: Bartonella*).
Barylalia, Barylalie: schwerfällige Sprache.
Barytose: Barium*-staublunge.
basal, basalis, basilar: auf die Basis* bezüglich.
Basalgangli|en: auf das End- u. Zwischenhirn verteilte Vorderhirn*-kerne* (→ Nucleus caudatus, Nucleus lentiformis, Thalamus, Tuber cinereum).
Basaliom(a): Basalzellenkrebs. Von den Basalzellen der Epidermis* ausgehender Krebs*. Wächst nur langsam, meist lange Zeit gutartig.
Basalis: die bleibende basale* Schicht des Endometrium*, von der aus sich die Funktionalis* nach Abschluß der Menstruation* regeneriert. **basalis, -e:** → basal.
Basalsekretion: Nüchternsekretion; für den Grundstoffwechsel ausreichende Sekretion*.
Basaltemperatur: morgens nach Aufwachen gemessene Temperatur.
Basedow' Krankheit (spr. Basedoh): Schilddrüsenüberfunktion, v. a. mit Struma*, Tachykardie* u. Exophthalmus* (= Merseburger Trias*), Grundumsatzerhöhung, Tremor*. **B.' Krise:** thyreotoxische Krise.
Basen: alkalisch* reagierende Stoffe, die mit Säuren unter Wasserabspaltung Salze bilden.
Basilaris: Kurzform für Arteria basilaris; aus der Vereinigung der bds. A. vertebralis (in den Querfortsätzen der Halswirbel zum Schädel verlaufend) hervorgehend.
basilaris, -e: an der Basis*, unten liegend.
Basilarmeningitis: Hirnhautentzündung am Schädelgrund; meist tuberkulös.
Basilica: → Vena.
Basiotriptor: geburtshilfl. Instrument zur Basiotripsie*.
Basiotripsie: Perforation* u. Verkleinerung des kindl. Schädels (mit anschließender Extraktion*).
Basis: Grund, Grundlinie, unterer Teil eines Organs. **B. cordis:** Herzbasis (mit Abgang bzw. Einmündung der großen Herzgefäße). **B. cranii:** Schädelbasis.
basisch: zu einer Base* gehörig, basen-

artig. **b.e Farbstoffe:** Salze von Farbbasen, die bes. Zellkerne und Bakterien färben; z.B. Fuchsin, Methylenblau. **b.e Reaktion:** alkalische* Reaktion.

Basisnarkotikum: zur Einleitung bzw. als Grundlage einer Allgemeinbetäubung dienendes Narkotikum*.

Basophile: Kurzform für basophile* Granulozyten*.

basophil: basische* Farbstoffe leicht annehmend, z.B. basophile Punktierung der Erythrozyten*, basophile Granulozyten*.

Basophilie: 1) Anfärbbarkeit mit basischen* Farbstoffen. – 2) Vermehrung basophiler* Granulozyten*.

Basophobie: Furcht zu gehen (wegen Schmerzen usw.).

Basozytom: Adenom* der basophilen* Zellen (Basozyten) der Hypophyse* (bei *Cushing'* Syndrom).

Bassen'-Kornzweig' Syndrom: Abetalipoprotein-Syndrom, Abetalipoproteinämie.

Bassini' Operation: eine Radikaloperation* bei Leistenbruch*.

Bastard: Nachkomme zweier Individuen verschiedener Arten bzw. Erbanlagen.

bathmotrop: auf die Erregbarkeit des Herzens einwirkend; negativ b. = Verringerung, positiv b. = Erhöhung der Erregbarkeit.

Bathy|ästhesie: Tiefensensibilität.

Bauch, akuter: → Abdomen, akutes.

Bauch-aorta, Aorta abdominalis: der unterhalb des Zwerchfells* gelegene Teil der Aorta*, der mit der Aortengabel (Aortenbifurkation) endet (→ Taf. **21**, 11). **-deckenreflex,** BDR: auf Beklopfen der Bauchdecken (über aufgelegtes Lineal) erfolgende Kontraktion* derselben; → Bauchhautreflex. **-eingeweide:** die in der -höhle* gelegenen Eingeweide (→ Taf. **25**). **-fell,** Peritoneum: eine seröse* Haut, welche die Innenflächen der Bauch- und Beckenwand auskleidet (parietales Blatt) u. auch die Oberfläche der in sie eingestülpten Bauchorgane überzieht (viszerales Blatt; → Taf. **20** u. **21**; **23**, 4, 23). **-hautreflex,** BHR: Fremdreflex*; Bauchhautverziehung auf schnelles latero*-mediales Bestreichen derselben. **-hoden:** Hoden, der durch Entwicklungsstörung in der Bauchhöhle geblieben ist (Kryptorchismus). **-höhle:** Cavum abdominis. **-höhlenschwangerschaft:** → Extrauteringravidität. **-muskeln:** M. obliquus externus abdominis, M. o. internus abdominis, M. rectus abdominis u. M. transversus abdominis (→ Taf. **15**, 8, 21, 23; **21**, 3, 4). **-spalte,** Gastroschisis: Bauchdekkendefekt mit medialer* Spaltbildung u. Vortreten der -eingeweide. **-speichel:** → Pankreas*-saft. **-speicheldrüse:** Pankreas*. **-wandbruch:** in der Mittellinie des Bauches oder seitl. davon gelegene Hernie* (Rektusdiastase*, epigastr. Hernie).

„Bauernfänger“: Hülse aus geflochtenen Strohstreifen, deren Weite sich durch Zug bis zu festem Sitz verringert. Zur Streckungsbehandlung an Fingern und Zehen.

Bauernwetzel: Mumps.

Bauhin' Klappe: Valva* ileocaecalis.

bazillär: durch Bazillen* verursacht.

Bazillen: ursprünglich syn. mit dem aus dem Griechischen abgeleiteten Wort Bakterien. Jetzt eingeengt auf Stäbchen mit der Fähigkeit, Sporen* zu bilden. **-ruhr:** richtiger Bakterienruhr; durch B. verursachte Form der Ruhr. → Amöbendysenterie. **-träger:** → Keimträger.

Bazillophobie: → Bakteriophobie.

Bazill|urie: Ausscheidung von Bazillen* im Harn.

Bazillus: → Bacillus.

Bazitrazin: Bacitracin.

BCG: (von franz. = **b**acille **C**almette-**G**uérin) apathogene* Variante boviner* Tuberkelbakterien*; als Lebendvakzine zur Tuberkulose*-schutzimpfung verwandt.

Beatmung: → Atmung.

Beau' Linien (spr. boh)**:** quere Rillen im Nagel bei Wachstumsstörung.

Becher' Zahl: aus der 24h-Harnmenge errechnete Orientierungszahl über die Nierenfunktion.

Becherzelle: becherförmige schleimabsondernde Epithelzelle des Verdauungstraktes.

Bechterew' Krankheit, Spondylarthritis ancylopoetica: eine chronisch-fortschreitende Wirbelsäulenversteifung.

Becken, Pelvis: durch Verbindung des Kreuzbeins, der Darm*-, Scham*- u. Sitzbeine* gebildeter ringförmiger Knochengürtel (→Taf. **4**). Es kann u.a. im Verhältnis zum kindl. Kopf (= **enges B.**) oder zur anatom. Norm (= **verengtes B.**), in sagittaler* Richtung (= **plattes B.**) verengt oder infolge Erweichung in verschiedener Form, z.B. der eines Kartenherzens, eingedrückt sein (= **osteomalazisches B.**) – Als **kleines B.** wird der oben vom -eingang begrenzte Teil des B. bezeichnet.

Becken-ausgang: untere Öffnung des kleinen Beckens (→ -eingang). **-boden:** das kleine Becken nach unten abschließende Muskel- u. Faszien*-platte. **-ebene:** in verschiedener Höhe des Beckens gedachte Ebenen am bzw. im kleinen Becken* beim Weibe. **-eingang:** obere, von Promontorium*, Linea* terminalis u. Symphyse* begrenzte Öffnung des kleinen Beckens. **-endlage:** Fruchtlage*, bei der das Becken vorangeht, u. zwar als Fuß-, Steiß- oder Knielage. **-hochlagerung:** →Abb. **-stütze:** Vorrichtung, um bei Operationen und Verbänden das B. leicht zugänglich zu machen. Abb. zeigt eins der vielen Modelle.

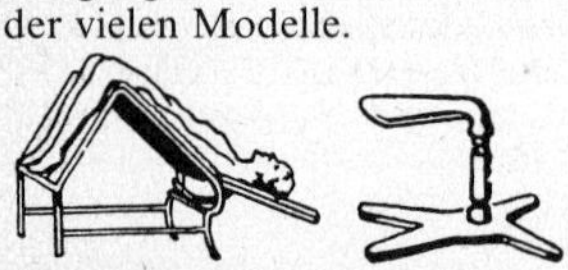

Bednar' Aphthen*: kleine Geschwüre am harten Gaumen bei Säuglingen.

Behçet' Syndrom: rezidivierende Iridozyklitis* u. Schleimhautgeschwüre im Bereich des Mundes u. der Genitalorgane; meningitische* bzw. enzephalomyelitische* Begleiterscheinungen.

Bei-eierstock: Paroophoron. **-hoden:** Paradidymis. **-nebenniere:** überzählige Organe aus versprengtem Nebennieren*-gewebe. **-schilddrüsen:** Glandulae* parathyroideae.

Belastung, erbliche: Anlage zu Nerven*-, Geisteskrankheiten usw. bei Leuten, in deren Aszendenz* gleiche oder ähnliche Krankheiten schon vorgekommen sind. **B., konvergẹnte:** gleichzeitige B. von väterlicher und mütterlicher Seite.

Belastungs-deformität: 1) Knochenverbildung durch Druck, Muskelzug usw. – 2) Degenerationszeichen*. **-proben:** Funktionsprüfungen eines Organs bei bestimmten Anforderungen an dasselbe.

Belegzellen: Salzsäure produzierende Zellen der Schleimhaut des Magens.

Bell' Lähmung: einseitige periphere* Fazialis*-lähmung; wahrscheinlich rheumatisch. **B.' Phänomen:** Aufwärtsbewegung des Augapfels beim Versuch, das Auge bei Fazialislähmung zu schließen.

Belladonna: Atropa Belladonna (Tollkirsche); → Atropin.

Belloq' Röhrchen: Instrument zum Ausstopfen der Nase vom Rachen aus (→ Abb.).

Bence-Jones' Eiweißkörper (spr. bẹnzdschọuns): pathologischer Eiweißkörper im Harn bei bestimmten Geschwulstbildungen (→ Myelome).

Benedict' Probe: Verfahren zum Nachweis von Zucker im Harn (mittels Kupferverbindungen).

Benedikt' Syndrom: durch Erkrankung des Nucleus* ruber Okulomotoriuslähmung* auf d. Seite des Krankheitsherdes u. starkes Zittern der Extremitäten* der anderen Seite.

Bengạlrosa: ein Teerfarbstoff. – Fälschl. Bez. für den Fluoreszeinfarbstoff „Rose bengal", der auch radioaktiv* markiert diagnost. angewendet wird.

benị|gne, benịgnus, -a, -um: gutartig.

Benignität: Gutartigkeit.

Béniqué (franz.; spr. benikẹh): Maßeinheit f. Katheter* (Umfangsmessung); 1 B = $^1/_6$ mm. **B.'Sonden:** massive Zinnsonden zur Behandlung von Harnröhrenverengerungen.

Bẹnnet' Fraktur: eine besondere Basisfraktur* des 1. Mittelhandknochens*.

Benzidịn: eine organische* Base*; Inhalationsgift. **B.probe:** eine Blutnachweismethode.

Benzol: C_6H_6, Grundkörper aromatischer* Verbindungen; aus Steinkohlenteer gewonnen. **-anämie:** durch Benzol*-intoxikation* bedingte Anämie* infolge Knochenmarksaplasie*. **-leukämie:**

durch Benzol*-intoxikation bedingte lymphat.* u. myeloische* Leukämie*. **-myelopathie:** toxische Knochenmarkschädigung durch chron. Benzoleinwirkung als (pseudo-)aplastische Anämie*.

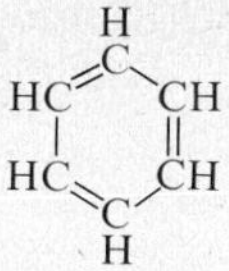

Benzolring

-vergiftung, akute: Schwindel, Kopfschmerzen, Atemnot, Zyanose*; **-vergiftung, chronische:** B.anämie, B.leukämie, B.myelopathie.

Bergkrankheit: Höhen- od. Fliegerkrkht. Über 3000 m Höhe Störung des Allgemeinbefindens, unüberwindl. Müdigkeit, Schlaflosigkeit, Herzklopfen, Ohnmachtsanfälle.

Bergmanns-ellenbogen: berufsbedingte Bursitis* über d. Ellbogen. **-knie:** Meniskopathie* bei Bergleuten unter Tage. **-krankheiten:** bei Untertagearbeit auftretende typ. Krankheiten der Bergleute (z. B. -ellenbogen, -knie, i. e. S. die Ancylostomiasis).

Beribẹri: eine in Japan, Indien (in Ländern, in denen Reis die Hauptnahrung ist) heimische, schwere Polyneuritis* mit Lähmungen, Wassersucht, Kräfteverfall usw.; hervorgerufen durch Mangel an Vitamin* B_1.

Berkefeld' Filter: bakteriendichtes Wasserfilter aus Kieselgur.

Berlin' Trübung: akutes Ödem* der Netzhaut*, das sich in wenigen Tagen zurückbildet, z. B. bei Commotio*.

Berman' Rohr: Polyäthylenrohr zum alloplastischen* Speiseröhrenersatz.

Bernheim' Syndrom: rechtsventrikuläre Stenose*, bedingt durch Vorwölbung des Kammerseptums in die re Kammer. Rechtsinsuffizienz bei linksseitiger organischer Herz*-erkrankung (z. B. Aortenklappenfehler, Hypertonie*).

Bernsteinsäure: Zwischenprodukt des Zitronensäurezyklus*. Salze → Sukzinate.

Berylliose: Berylliumkrankheit. Akut als Konjunktivitis*, Bronchitis*, Dermatitis* u. Pneumonie*; chron. B. → Berylliosis pulmonum.

Berylliọsis pulmọnum: durch Beryllium*-staub bedingte Pneumokoniose*.

Beryllium: chem. Element, kann Haut- u. Lungenerkrankungen etc. verursachen (→ Berylliose).

Beschäftigungsneurosen: Nerven- und Muskelstörungen als Folge beruflicher Tätigkeit; z. B. Schreibkrampf, Arbeitsschmerzen.

Beschneidung: Entfernung der Vorhaut* aus rituellen oder ärztlichen Gründen.

Besnier'-Boeck'-Schaumann' Krankheit (spr. besnịeh-buck), *Boeck'* Krankheit: benigne generalisierte Granulomatose* unklarer Ätiologie*; bes. bevorzugt Lunge, Haut, Lymphknoten, Skelett; seltener an Augen u. Parotis.

Bessau' Nahrung: Bifidusmilch.

Bestialismus, Bestialität: 1) tierische Rohheit. – 2) Sodomie*.

Betäubungsmittel: bestimmte Arzneien, deren Verschreibung durch Ärzte, Zahn- u. Tierärzte u. deren Abgabe in Apotheken durch die „Betäubungsmittel-Verschreibungsverordnung" gesetzlich geregelt sind. Kurzform: BTM.

Beta-rezeptoren: auf Adrenalin* ansprechende sympathische* Rezeptoren* mit meist hemmender, am Herzen fördernder Wirkung. **-rhythmus:** → Elektroenzephalogramm. **-wellen:** EEG*-Wellen mit Frequenz von 14-30/Sek. u. 10-30 µV Amplitude. **-zellen:** basophile* Zellen* des HVL*; ferner B-Zellen* des Pankreas*.

Betatrọn: Elektronenschleuder. Gerät zur Erzielung „schneller" Elektronen*. Anw. zur Bestrahlung von bösartigen, tief sitzenden Geschwülsten.

Beuge-kontraktur: Sperrsteife* eines Gelenks in Beugestellung. **-muskeln:** Beuger.

Beuger: Muskel, der Beugung bewirkt.

Bewegungsstörung: durch Gelenk-, Muskel- oder Nervenleiden bedingte Störung des normalen Bewegungsablaufs (= **arthro-, myo-** bzw. **neurogene B.**). Je nach Lokalisation der Läsion* einer neurogenen B. werden unterschieden: **nervale** (peripherer* Nerv), **extrapyramidale** (extrapyramidales* System), **pyramidale** (Pyramidenbahn*), **zerebellare Bewegungsstörung** (Kleinhirn*).

Bezoạr: Haarball, bestehend aus verschluckten Haaren.

Bezold'-Jarisch' Reflex: reflektorisches

Absinken des Blutdrucks (infolge eines Depressor*-reflexes) und Bradykardie* nach Myokard*-infarkt*.
Bezold' Mastoiditis: Entzündung des Warzenfortsatzes* mit Eiterdurchbruch nach dem Hals zu.
B-Galle: die bei der Duodenalsondierung erst auf Reiz entleerte Blasengalle*.
bi|carbonicus, -a, -um: doppeltkohlensauer.
Bi|ceps, Bizeps: Kurzform für die zweiköpfigen Muskeln, i.e.S. den des Oberarms. → biceps.
biceps: zweiköpfig, -gipfelig, z. B. Musc. biceps des Oberarms (→ Taf. **15**, 5) oder des Oberschenkels (→ Taf. **17**, 17, **18**, 2).
bicornis, -e: zweihörnig, -höckerig, z. B. Uterus* bicornis.
bicuspidalis, -e: zweizipflig, mit 2 Spitzen versehen, z. B. Valva* atrioventricularis sinistra (= Mitralis*).
Bier' Stauung: künstliche Stauungshyperämie durch Anlegung einer elastischen Binde.
Biermer' Anämie: perniziöse Anämie*; → Anaemia.
bifidus, -a, -um: zweigeteilt, in 2 Teile gespalten (→ Spina bifida).
Bifidusmilch, *Bessau'* Nahrung: bes. präparierte Milch; fördert Entwicklung normaler Darmflora* beim kuhmilchernährten Säugling.
Bifokalgläser: Brillengläser, die im unteren Teil zum Sehen für die Nähe, im oberen für die Ferne dienen.
Bifurkation: Gabelung in zwei Äste, Zweiteilung (→ Bauchaorta).
Bigeminie, Bigeminus: Doppelschlägigkeit des Pulses.
Biglas: symmetr. gekrümmte Linse, z. B. bikonkaves oder -konvexes Brillenglas.
Bikarbonat: saures kohlensaures Salz.
bikonkav, bikonvex: beidseitig konkav* bzw. konvex*. → Biglas, Linsen.
Bi|kus|pidalis: Kurzform für Valva* bicuspidalis (= **Bikuspidalklappe**). → Mitralis.
bilateral(is, -e): zweiseitig, beiderseits.
b. symmetrisch: in 2 spiegelgleiche Hälften zerlegbar.
Bil|harzia: Schistosoma.
Bilanzversuch: Prüfung der Resorption* anhand der Ermittlung der Differenz zwischen der oral* zugeführten Menge eines Stoffs u. dessen Ausscheidung im Stuhl.
Bil|harziose, Schistosomiasis: Pärchenegelerkrankung der Harnwege (= Urogenitalbilharziose), des Darms (= Darm-B.) u. der Gefäße (= Gefäß-B.). Verbreitung durch Schistosomen*-eier.
biliär, biliar(is, -e): die Galle(nwege) betreffend; gelegentl. auch i. S. von biliös* gebraucht.
biliös, biliosus, -a, -um: gallig. **b.e Pneumonie:** mit Gelbsucht verbundene Lungenentzündung.
biliodigestiv: Gallenwege u. Verdauungstrakt betreffend.
Bilirubin: roter Gallenfarbstoff. Hämoglobin*-abbauprodukt (als solches als primäres bzw. unkonjugiertes B. bezeichnet). Nach Bindung an Glukuronsäure, d. h. als Glukuronid, in der Galle – u. nach Rückresorption* im Darm – auch im Blut als sekundäres = direktes = konjugiertes B. erscheinend u. als solches durch die Probe nach *van den Bergh** nachweisbar. **B.ämie:** erhöhter B.spiegel im Blut = Hyperbilirubinämie. **B.enzephalopathie:** durch Hyperbilirubinämie bedingter Hirnschaden. **B.urie:** B.ausscheidung im Harn.
Bilis: Galle.
Biliverdin: grüner Gallenfarbstoff; Vorstufe des Bilirubins*.
Billroth' Batist: ein gelber, wasserdichter Verbandstoff. **B.'Magenresektion:** Antrum*-Pylorus*-resektion mit Vereinigung des Magenstumpfes mit dem Duodenum* („Billroth I") oder einer Jejunum*-schlinge („Billroth II").
Bi|lob|ektomie: Entfernung von 2 Lungenlappen (bzw. von 2 Organlappen).
Bindearm: → Brachia colliculi.
Bindegewebe: Füll- u. Stützgewebe des Körpers. Begleitgewebe der Gefäße u. Nerven. Regulationszentrum der Organzellen (?); fibrös, gallertig, faserig etc.
Bindehaut: Konjunktiva.
Bing' Reflex: Plantarflexion* bei Beklopfen des Fußgelenkes auf der Streckseite, Zeichen für Schädigung der Pyramidenbahnen*. **B.'Versuch:** im Augen-

blick, da eine auf den Schädel gesetzte Stimmgabel nicht mehr wahrgenommen wird, verschließt man ein Ohr u. läßt beobachten, ob die Empfindung wieder erscheint (sekundäre Empfindung); einseit. Verkürzung der sekund. Empfindung spricht für Schalleitungsstörung.

Bin|ọculus, Binokulus: Bindenverband für beide Augen (→Abb.).

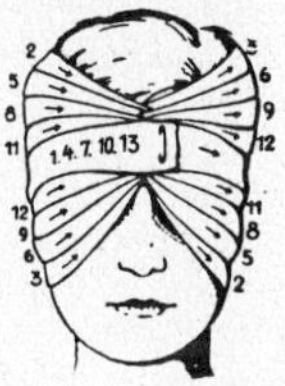

binokular: mit beiden Augen, für bd. Augen.

Biochemie: Lehre von der chemischen Zusammensetzung der Lebewesen und von den chemischen Vorgängen in ihnen (Adj. **biochemisch).**

biochemische Heilmethode (Schüssler'): gemäß der Hypothese, alle Krankheiten beruhen auf einer Störung des Mineralstoffwechsels, Behandlung mit den entsprechenden Mineralsalzen.

bịoelektrisches Potentịal: das – registrierbare – elektr. Potential (Aktionsstrom) erregbarer Strukturen.

Bioflavonọide: Gruppe antiallergisch*, antihämorrhagisch*, antiphlogistisch* u. östrogen* wirksamer Flavon*-verbindungen. Bisherige Bez.: Vitamin P (Permeabilitätsfaktor*).

biogẹn: von einer organischen Substanz stammend, für den Aufbau wesentlicher Stoffe wichtig.

Biokatalysatoren: Sammelbegriff für Enzyme*, Vitamine*, Hormone*.

Bioklimatik, Bioklimatologie: Lehre von der Wirkung des Klimas u. Wetters auf Mensch, Tier und Pflanze.

Biologie: Lehre vom Leben.

biologisch: Biologie* oder Lebewesen betreffend. **b.e Eiweißdifferenzierung:** Erkennung von Blut- und Eiweißarten durch Komplementbindung* oder Präzipitinreaktion*. **b.es Grundgesetz:** Schwache Reize fachen dic Lebenstätigkeit an, mittelstarke fördern sie, starke hemmen sie, stärkste heben sie auf. **b.e Heilmethode:** betrachtet d. Kranken als Ganzes u. verwendet vorwiegend „natürliche" Heilmittel. **b.e Probe:** → *Oehlecker*.

Biomotor: nach außen starrwandige Glocke, die luftdicht über den Leib geschnallt wird und künstliche Atmung*, zugleich auch Einfluß auf den Blutkreislauf ausübt.

Biop|sie: Entnahme lebenden Gewebes mit dem Messer, mit Rekordspritze* u. Punktionskanüle oder durch Probebohrung zur mikroskop. Schnelldiagnose.

Biose: 1) Monosaccharid mit 2 O_2*-Atomen; auch Bez. f. Disaccharid*. – 2) Organkrankheit.

Biotịn, Vitamin H: von der Darmflora* synthetisiertes Vitamin*; für die Haut wichtig. Beteiligung an Zitronensäurezyklus* u. Fettsynthese*.

Bio|tropịe: Wirksamkeit auf Lebensfunktionen (Adj. **biotrop**).

biparie|taler Durchmesser: Abstand der beiden Scheitelbeine, querer Schädeldurchmesser.

bipartịtus, -a, -um: zweigeteilt, aus 2 Teilen bestehend (z. B. Patella* bipartita, eine angeb. Fehlbildung d. Kniescheibe).

Bi|phalan|gịe: Zweigliedrigkeit eines Fingers.

biphạsisch: in 2 Phasen verlaufend.

bipolạr: mit 2 Polen oder Fortsätzen. → monopolar. **b.e Ableitung:** Ableitung bioelektr.* Potentiale mit 2 differenten* Elektroden*. **b.e Nervenzelle:** Nervenzelle mit 2 getrennten Neuriten*.

Bisexualität: das zweigeschlechtl. Fühlen; Zweigeschlechtlichkeit. → homosexuell.

Bismutum: Wismut. **B. subnịtricum:** basisches* Wismutnitrat.

bitemporạl(is, -e): beide Schläfen betreffend; → Hemianopsie.

Bitot' Flecke (spr. bitọh): weißliche Verfärbung der Bindehaut im Lidspaltenbereich bei Xerophthalmie*.

Bittersalz: Magnesium sulfuricum; Abführmittel.

Bitterwasser: Mineralwässer*, die Magnesiumsulfat enthalten; abführende u. galletreibende Wirkung.

Biurẹtreaktion: auf violetter Farbe des komplexen Cu-Salzes des Biurets beruhende Nachweismethode für Eiweißstoffe*, Peptide*, Peptone*.

Bizeps: Kurzform für M. biceps (→ Taf. **15**, 5; **17**, 17). **B.sehne:** Aponeurosis musculi bicipitis brachii (= Lacertus fibrosus; → Taf. **15**, 9).

BKG: **B**allisto**k**ardio**g**raphie, **B**allistokardiogramm.

BKS: **B**lut**k**örperchen**s**enkungsreaktion.

Bläschenatmen: Vesikuläratmen.

Blakemore'-Senstaken' Sonde (spr. blejkmohr): Doppelballonsonde* mit 3 Lumina; zur Kompression blutender Ösophagus*-varizen*.

Blalock'-Taussig' Operation (spr. blälock): Zufuhr arteriellen Blutes in die stenosierte Pulmonalarterie* bei *Fallot'* Tetralogie durch terminolaterale* Anastomosierung* der Subklavia* mit der Lungenarterie (= künstl. Ductus arteriosus* Botalli).

bland: reizlos (z.B. Diät); ruhig verlaufend (z. B. Delirien). → Embolus.

Blase: 1) Harnblase. – 2) Fruchtblase*.

Blasen-achalasie: ungenügende Öffnung des Harnblasenausgangs mit daraus resultierender Entleerungsstörung. **-atonie:** Aufhebung des Tonus* der Blasenwand mit Entleerungsstörung. **-automatie:** Blasenentleerung allein durch spinale* Reflexe* (bei einer Querschnittslähmung* oberhalb D = Th XI). **-autonomie:** allein durch intramurale* Ganglien* gesteuerte Entleerung der von allen nervalen* Impulsen* gelösten Harnblase*. **-ektopie:** Vorverlagerung der Harnblase in die Bauchdecken als kongenitale* Mißbildung. **-ex(s)trophie:** Blasenmißbildung bei Bauchspalte; Blase offen, über d. Symphyse nach außen gestülpt. **-galle:** konzentrierte, auf Reize aus der Gallenblase* entleerte Galle* (= B-Galle). **-hals:** Übergang der Blase in die Harnröhre. **-mole:** Entartung der Chorion*-zotten, wobei gallertige Bläschen entstehen. **-papillom:** gutartiger(?) Harnblasentumor. **-schnitt:** Eröffnung der Harnblase durch Schnitt. → Zystotomie, Sectio. **-sprengung:** künstliche Eröffnung der Fruchtblase* zur Geburtseinleitung. **-sprung:** Platzen der Fruchtblase* bei der Geburt. **-stich:** Punktion* der Harnblase. **-tamponade:** Verstopfung der Harnblase durch Blutgerinnsel. **-wurm:** Zystizerkus.

Blastom(a): Gewächs, echte Neubildung, Geschwulst.

Blasto|myzeten, Saccharomycetes: Sproßpilze; pathogen für Mensch u. Tier.

Blastomykosen: durch Sproßpilze* (Blastomyzeten) hervorgerufene Krankheiten, z. B. die europäische B. (= Torulose), die nord- u. südamerik. B. (mit kutanen*, pulmonalen* und gastrointestinalen* Symptomen*).

Blastopathie: in den ersten zwei Wochen nach Befruchtung auftretende Kyemopathie* mit ausgeprägten Fehlbildungen.

Blastula, Keimblase: blasenförm. frühes Stadium der Keimentwicklung, aus dem sich die Gastrula* entwickelt.

Blaud' Pillen (spr. bloh): Pilulae.

Blauprobe: Kontrolle der Ausscheidung i. v. applizierten Indigokarmins (erscheint als blauer Farbstoff im Harn) als Nierenfunktionsprobe; → Chromozystoskopie.

Blaukreuz: Diphenylarsinchlorid, giftiger Gaskampfstoff.

Blausäure: Zyanwasserstoff (säure); sehr giftig (Lähmung der Zellatmung).

Blausucht: Morbus* caeruleus.

Blei, Pb: weiches, 2- u. 4wert. Metall; Element der Kohlenstoffgruppe.

Blei|an|ämie: normochrome* hämolytische* Anämie* mit Polychromasie* und basophiler* Tüpfelung der Erythrozyten* sowie Anisozytose.

Bleichsucht: → Chlorosis.

Blei-krankheit: → Bleivergiftung. **-kolorit:** fahlgelbe Blässe infolge Anämie*, Gefäßspasmen u. Ikterus*. **-saum:** blauschwarzer Saum am Zahnfleischrand bei B.-vergiftung. **-tetraäthylvergiftung:** akute* Bleivergiftung mit Hypotonie*, Verwirrtheit, Koma*, Lähmungen (der Augenmuskeln*, Fibularis*, Radialis*). **-vergiftung,** Saturnismus: akute* (→ Bleitetraäthylvergiftung*) oder chron.*, meist berufliche Vergiftung; typ. Anämie*, Amblyopie*, Arthralgien*, Enzephalopathie*, Koliken*, Haut- und Zahnfleischverfärbung, Lähmungen und Schrumpfniere*. **-wasser:** Aqua Plumbi.

Blennor|rhagie: schleimig-eitrige Absonderung, spez. der Bindehaut* (= Blepharoblennorrhoe).

Blennor|rhoe: → Blennorrhagie.

Blenorrhoea neonatorum: Bindehaut*-

entzündung beim Säugling durch Gonokokken.

Blenn|urie: schleimiger, Schleim enthaltender Harn.

Blephar|adenitis: Liddrüsenentzündung.

Blepharitis: Lidrandentzündung.

Blepharo-blennorhoe: → Blennorrhagie. **-chalasis:** Erschlaffung der Lidhaut. **-klonus:** klon.* Lidkrampf. **-plastik:** Plastik* an den Lidern. **-plegie:** Lähmung der Lider, bes. der oberen. **-r|rhaphie:** Hochnähen des Unterlides. **-spasmus:** Lidkrampf*. **-tonus:** tonischer* Lidkrampf. **-xysis:** Ausquetschen von Trachom*-körnern.

Blickkrampf: Schauanfall.

Blicklähmung: Ausfall von Augenmuskel*-paaren mit Hemmung gegensinniger (= B., dissoziierte) oder gleichsinniger (= B., konjugierte oder assoziierte) Augenbewegungen u. entsprechender Deviation*.

Blinddarm, Caecum, Zäkum: der am unteren Ende geschlossene Anfangsteil des Dickdarms, in den seitl. der Dünndarm mündet (→ Taf. **25**, 17). **B.entzündung:** E., die im Blinddarm (Typhlitis) und zwar fast ausschließl. an dessen Wurmfortsatz (Appendizitis oder Epityphlitis) entsteht u. von hier aus auf das angrenzende Bauchfell (Perityphlitis, Periappendizitis) und das retroperitoneale* Bindegewebe (Paratyphlitis) übergehen kann.

Blinder Fleck: Eintrittsstelle des Sehnervs in die Netzhaut. Hier besteht keine Lichtempfindung (physiologisches* Skotom*).

Blindheit: Amaurose.

Blitz-Nick-Salaam-Krämpfe: Form epileptischer* Krämpfe bei Kleinkindern (ruckart. Zusammenzucken, Nicken u. Hochwerfen der Arme).

Block: Unterbrechung einer Leitung (→ Herzblock), eines Stoffwechselprozesses (→ Enzymblock). Kurzform für Blockade*.

Blockade, Blockierung: künstl. Unterbrechung einer Funktion; im klin. Jargon Begriff für die Unterbrechung der Nervenleitung.

Blocker: → Bronchusblocker, Alpharezeptorenblocker.

Blockwirbel: durch Verschmelzung von Wirbeln oder Wirbelanlagen entstandener Wirbel.

Blount' Syndrom (spr. blaunt): Osteochondrosis deformans tibiae.

Blumberg' Zeichen: Loslaßschmerz* (der rechten Bauchseite) bei Appendizitis*.

Blut, Sanguis: das rote, in den Blutgefäßen kreisende, gerinnbare, aus Zellen (Erythro-, Leukozyten, ferner Thrombozyten) u. Blutplasma bestehende „flüssige Organ".

Blut-ader: → Vena. **-alkoholbestimmung:** → *Widmark*, ADH. **-bank:** Organisation zur Entnahme, Untersuchung, Bevorratung und Verteilung von Blutspenden. **-bild:** Hämogramm. **-druck:** Druck des strömenden Blutes auf die Gefäßwand mit Maximum in der Systole* (= systolischer B.) u. Minimum in d. Diastole* (= diastolischer B.). **-druckabfallkrise:** plötzliches Absinken des Blutdrucks* auf patholog.* Werte. **-druckkrise:** plötzl. Anstieg des Blutdrucks*. **-drüsen,** innersekretorische Drüsen: drüsenartige Organe ohne Ausführungsgang, die ihre Stoffe direkt ins Blut abgeben, z. B. Nebennieren*, Schilddrüse*, Thymus*, Hypophyse* usw.

Bluter: an Bluterkrankheit* leidende Person.

Blutergelenk: Hämarthros* bei Blutern*.

Bluterguß: Hämatom.

Bluterkrankheit, Hämophilie: Anlage zu schwer stillbaren Blutungen, die von selbst oder nach geringen Verletzungen eintreten.

Blut-faktoren: den Erbgesetzen unterworfene agglutinable* Blutkörperchen-eigenschaften, z. B. M, N, P u. a.; → Rh-Faktor. **-farbstoff:** Hämoglobin*. **-faserstoff:** Fibrin*. **-fleckenkrankheit:** idiopathische Purpura*.

Blutgerinnung: Erstarren des aus einem Blutgefäß entnommenen oder ausgetretenen Blutes. Zur Zeit unterscheidet man folgende Phasen, in denen verschiedene Faktoren wirksam sind: 1) Vorphase: die Thrombozyten produzieren, wenn sie zerstört werden, die Thrombozytenfaktoren. Diese bilden mit Kalziumionen (Ca), Prokonvertin (Faktor VII), antihämophilem Globulin A (Faktor VIII), antihäm. Globulin B (Faktor IX) u. antihäm. Globulin C (Faktor XI) die aktive Blutthrombokinase = **Thromboplastin** (Faktor III). Erste Phase: Faktor III bewirkt zusammen mit Proakzelerin (Faktor V) Ca-Ionen (Faktor IV) die Bildung des Faktors VI (Akzelerin), der das in der Leber gebildete **Prothrombin** (Faktor II) in **Thrombin** überführt. Zweite Phase: Thrombin verwandelt nun **Fibrinogen** (Faktor I) in **Fibrin** (Bildung eines Blutgerinnsels). Dritte Phase: Zusammenziehen der Fibrinfäden und Auspressen des Serums, Bildung des Blutkuchens. Als vierte oder Nachphase wird die Fibrinolyse* angesehen. **Blut-geschwür:** Furunkel*. **-gruppen:** angeborene (vererbte), konstante Antigen*-eigenschaften der Erythrozyten*. Gestatten Einteilung in 4 Gruppen (A, B, AB, 0). Bedeutungsvoll, z.B. bei der Übertragung von Blut, weil nur „passendes" Blut übertragen werden darf. **-körperchen:** die zelligen Bestandteile des Blutes, rote (Erythrozyten*), weiße oder farblose (Leukozyten*). → Senkungsreaktion. **-körperchenmerkmale:** außer den klassischen A-, B-, Null-Blutgruppen besitzen die Erythrozyten noch weitere serologisch* bestimmbare Merkmale, Eigenschaften oder Faktoren, von denen jeweils 2 oder mehr gekoppelt und in ein System einzuordnen sind. Bezeichnung durch Buchstaben oder Namen: MNS; P, Rh (Rhesus*), *Duffy*, *Kell-Cellano*, *Lewis*. **-körperchensenkungsreaktion,** BKS: B.körperchensenkungsgeschwindigkeit. **-körperchensenkungsgeschwindigkeit,** BSG: auf Eiweißverschiebungen im Blutplasma basierende Labilitätsprobe* mit Erfassung der Sedimentationsgeschwindigkeit der Ery in Zitrat*- oder Oxalatplasma*. **-konserven:** keimfreie Abfüllungen von Spenderblut mit gerinnungshemmenden und konservierenden Zusätzen. **-kuchen:** Blutgerinnsel als Ergebnis der Blutgerinnung*. **-kuchenretraktion:** durch Angabe des %satzes des abgeschiedenen Serums aus der Gesamtmenge des entnommenen Blutes charakterist. Retraktion* eines Blutgerinnsels. **-leere, künstliche:** → *Esmarch*, *Momburg*. **-leiter:** Sinus (2). **-mole:** abgestorbene, mit Blut durchsetzte menschl. Frucht. **-pfropf:** → Thrombus, Embolus. **-plättchen,** Thrombozyten: kleinste Körperchen im Blut; vielleicht Zerfallsprodukte roter Blutkörperchen. → -gerinnung. **-plasma:** der flüssige Teil des ungeronnenen Blutes. **-schatten:** ausgelaugter Erythrozyt*. **-serum:** die bei Gerinnung des Blutes ausgepreßte Flüssigkeit; außer Fibrinogen* alle Plasma*-Eiweißkörper* enthaltend. **-stammzelle:** → Mutterzelle. **-sturz:** starke Blutung, bes. aus der Lunge. **-transfusion** = **-übertragung:** a) direkte Methode, b) indirekte Methode → Transfusion. **-vergiftung:** Septikämie*, Pyämie* oder Toxikämie*.

Blutungszeit: Zeit bis zum Aufhören einer durch 3 mm tiefen Stich hervorgerufenen Blutung.

Blutzucker: Traubenzuckergehalt des Blutserums. Erhöht bei Diabetes* mellitus. Bestimmung → *Crecelius-Seiffert*, *Hagedorn-Jensen*.

Boas'-Oppler' Bazillen: Milchsäure bildende Bazillen (Lactobacillus acidophilus) im Magensaft bei Karzinom* usw.

Boeck' Krankheit (spr. buck): → *Besnier-Boeck-Schaumann*.

Böhler' Schraubenzuggerät: verstellbares Drahtrohrgestell zur Extension* von Extremitäten* bei der Reposition* von Frakturen*.

Böttger' Probe: alkalische Wismutlösung mit zuckerhalt. Substanz gekocht wird zu schwarzem Wismut reduziert.

Bogengänge: drei kreisförmige, mit dem Vorhof des Ohrlabyrinths verbundene Knochenröhrchen. In diesen knöchernen B. (→ Taf. **13**, 12) liegen die häutigen B. (als wesentl. Bestandteil des Gleichgewichtssinnes); Ductus semicirculares.

Bogengangsfensterung: Neubildung der Fenestra* ovalis; → Fensterungsoperation.

Bogensäge: → Abb.

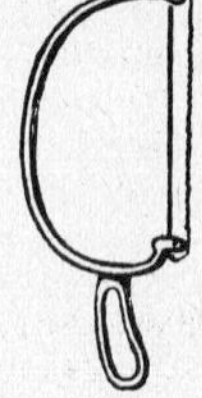

Bogenspalte: → Spina bifida.

Bolen' Test: Beurteilung der Agglutination* der Erythro-

zyten* in einem auf einen Objektträger aufgebrachten Blutstropfen.
Bolus: Bissen. **B. alba:** weißer Ton.
Bolzung: Knochenbolzung.
Bonnevie'-Ullrich' Syndrom: Fehlbildung der weibl. Keimdrüse. Pterygium* colli, Mißbildungen an d. Extremitäten.
Booster-Effekt (spr. buhster): Erhöhung der Immunität mit früherem u. steilerem Anstieg des Antikörper*-titers* durch Auffrischungsimpfung (Booster-Dosis) bzw. natürliche Infektion* nach länger zurückliegender Schutzimpfung.
Bor, B: 3wertiges chem. Element.
Borane: Wasserstoffverbindungen des Bors. Raketentreibstoffe; sehr giftig.
Borax: borsaures Natrium. **B.weinstein:** Tartarus boraxatus.
Borborygmi (Sg. **Borborygmus**): gurrende Geräusche, Kollern im Darmkanal.
Bordetella pertussis: der Erreger des Keuchhustens*.
Bordet'-Gengou' Bakterien (spr. bordeh*sch*añguh): Bordetella pertussis.
Bornholmer Krankheit: in Deutschland seltene fieberhafte Erkrankung d. Brust-, Zwerchfell- u. Bauchmuskulatur. Erreger: Coxsackie-Virus*.
Borrelia vincentii: mit Fusobacterium fusiforme gemeinsam bei *Plaut'-Vincent'* Angina vorkommende Borrelie*.
Borrelien: langgezogene spiralige Bakterien* (Spirochäten*).
Bose' Haken u. **Sperrelevator:** 2 Instrumente für die Tracheotomie* (→ Abb.).

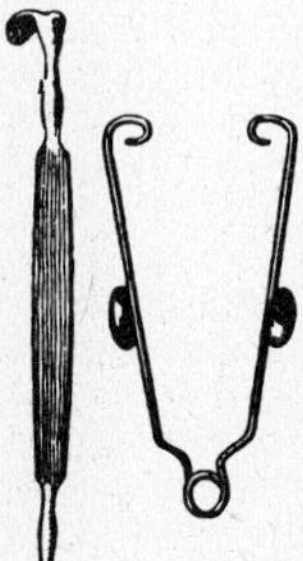

Bothriozephalose: Fischbandwurmerkrankung; Erreger Bothriozephalus.
Bothriozephalus: Diphyllobothrium* latum.
Bothrops: Gattung trop. Giftschlangen (Lanzenottern).
Bottyan' Antigen: Extrakt aus Granulomen* von Zähnen (Test für Fokalinfektion*).
Botulismus, Allantiasis: Lebensmittelvergiftung durch das Ektotoxin* eines Bazillus* (Clostridium botulinum), der sich in Wurst und luftdicht verschlossenen Konserven vermehrt.
Bougie (spr. bu*sch*ih): stabförmiges Instrument, das in Körperhöhlen (Harnröhre usw.) zur Untersuchung u. Behandlung (bes. Dehnung) eingeführt wird. Schmelzbougies sind mit einer bei Körperwärme schmelzenden Arzneimasse bestrichen oder daraus hergestellt.
Boutonnière (spr. butonniähr): äußerer Harnröhrenschnitt.
bovinus, -a, -um: das Rind betreffend, Rinder....
Bowman' Drüsen (spr. baumän): Glandulae olfactoriae. **B.' Kapsel:** kugelförm. Hülle um die Glomeruli* der Niere. **B.' Membran:** Glashaut, Grenzschicht zwischen Hornhaut*-epithel* u. Hornhautparenchym*. **B.' Sonde:** stumpfe S. in versch. Stärken; Anwendung bei Stenose* des Tränenkanals (→ Abb.).

Boyden' Test: Agglutinations*-test mit Hilfe präparierter Erythrozyten* (z. Nachweis von Autoantikörpern*).
Bozeman'-Fritsch' Katheter: ein doppelläufiger Katheter für Uterusausspülung (→ Abb.).

Br: Symbol für **Br**om.
Brachia colliculi superioris (und **inferioris**): Bindearme; von Vierhügelplatte* abgehende Wülste.
Bra|chi|algia (-ie): Armschmerz, Brachialneuralgie*.
brachialis, -e: zum Oberarm gehörig. Gefäß-, Muskel-, Nervennamen.
Brachialislähmung: Lähmung des Plexus* brachialis.
Brachialneuralgie: Neuralgie* in Oberarmnerven.
brachiocephalicus, -a, -um: Arm u. Kopf betreffend.
Brachioradialis: Kurzform für M. brachioradialis (→ Taf. **15**, 10).
Bracht' Handgriff: geburtshilfl. Handgriff bei Beckenendlage (→ Kindslage). Kind wird um die Symphyse* „herumgehebelt".
Brachy-basie: kleinschrittiger Gang. **-daktylie:** Kurzfingrigkeit. **-genie,** Re-

trogenie: Kürze des Unterkiefers. **-gnathie:** Kürze des Oberkiefers. **-kephalie,** -zephalie: → -zephalus. **-melie:** Mikromelie. **-menorrhoe:** kurze Regelblutung. **-ösophagus:** zu kurzer Ösophagus (als angeb. Mißbildung), begleitet von Fehlentwicklung des Hiatus* oesophageus. **-phalangie:** Kurzgliedrigkeit der Finger- bzw. Zehenglieder. **-r|rhachie:** Kürze der Wirbelsäule. **-zephalus:** Kurzkopf, Rundschädel.

Brady-ar|rhythmie: langsame Arrhythmie. **-arthrie:** langsame, buchstabierende Sprechweise. **-kardie:** langsame Herztätigkeit. **-kinesie:** allgem. Bewegungsverlangsamung. **-lalie:** Bradyarthrie. **-phrenie:** Verlangsamung der geistigen Funktionen. **-trophie:** allgemeine Verlangsamung der Stoffwechselvorgänge.

Bräune: volkstümliche Bezeichnung für Mandelentzündung, Croup, Diphtherie usw. Herzbräune: Angina pectoris.

Bragard' Zeichen: 1) Ischias*-schmerz bei Zehen- oder Fuß-Dorsalflexion* am gehobenen (Hüftbeugung) gestreckten Bein. – 2) Druckschmerz des Meniskus bei Streckung u. Außen- bzw. Innenrotation im Kniegelenk als Zeichen für Abriß.

Braille' Schrift (spr. braj): aus 1–5 erhabenen Punkten in 6-Punktanordnung bestehende Blindenschrift.

Branchen (spr. brañschen): die beiden Arme eines zangen- oder scherenartigen Instruments.

branchiogen: vom Kiemenbogen*, von einer Kiementasche ausgehend.

Brand: Absterben von Teilen des lebenden Körpers. Dabei treten Farbenveränderungen ein, ähnlich wie bei verbranntem Gewebe. Gewebe zersetzen sich meist durch Infektion (= **feuchter B.**) oder trocknen ein (= **trockener B**.).

Braun' Anastomose: am Fußpunkt der Anastomosenschlinge bei GE angelegte Seit-zu-Seit-Anastomose. **B.' Haken:** Instrument zur Dekapitation*. **B.' Pfropfung:** Übertragung von *Thiersch'* Läppchenfragmenten (Eindrücken in Granulationen*) zur Beschleunigung der Epithelisierung* von Wunden. **B.' Schiene:** Metallschiene zur Ruhigstellung von Bein- u. Fußverletzungen.

Braxton Hicks' Wendung (spr. bräxten): → *Hicks* (kombinierte Wendung* auf den Kopf).

Brechdurchfall: Ernährungsstörung (bei Säuglingen) mit Durchfall und Erbrechen.

Brechungs-fehler, -zustand: → Refraktion.

Brechweinstein: Tartarus* stibiatus.

bregmaticus, -a, -um: mit dem Vorderhaupt zusammenhängend, dieses betreffend.

Breitbandantibiotika: Antibiotika* mit breitem Wirkspektrum.

brennende Füße: → Burning feet-Syndrom.

Brennpunkt: Punkt, in dem sich Strahlen, die parallel auf einen gekrümmten Spiegel od. eine Linse fallen, vereinigen.

Brennweite: Entfernung d. Brennpunktes vom Mittelpunkt eines Spiegels od. einer Linse.

Brenztraubensäure: Zwischenprodukt d. Kohlenhydratstoffwechsels.

Brevibacteriaceae: eine Familie der Ordn. Eubacteriales*; Gattungen: Brevibacterium*, Kurthia*.

Brevibacterium, Bacterium: kurze, meist unbewegl. unverzweigte Stäbchen, Pigmentbildner.

Bride: Verwachsung(sstrang).

Briesel: Thymusdrüse.

Bright' Krankheit (spr. breit): chronische Nierenentzündung.

Brill' Krankheit: 1) Fleckfieber*-rezidiv nach Jahren, mit leichtem Verlauf, serologisch* mit Rickettsien*-agglutination* sowie *Weil'-Felix'* Titern. – 2) *Brill'-Symmers'* Krankheit: eine chronische Drüsenerkrankung.

Brillenhämatom: symmetrischer Bluterguß unter die Haut der Lider; einseit. Erguß: Monokelhämatom.

Brinson' Syndrom (spr. brinsen): aseptische* Knochennekrose* des 3. Keilbeins* der Fußwurzel.

Brisement forcé (franz.; spr. birsmañ forßeh): gewaltsames Bewegen versteifter Gelenke oder schief geheilter Knochen in Narkose*.

Brissaud' Syndrom (spr. brißoh): Hemispasmus facialis alternans.

Brittle-Diabetes (engl.; spr. brittl): labiler* Diabetes* mellitus.
Broca' Formel: Ein erwachsener Mann soll soviel kg wiegen, wie er cm über 1 m groß ist. **B.' Zentrum:** motorisches Sprachzentrum*.
Brocq' Krankheit: münzen- bis handtellergroße, scharf begrenzte Herde auf der Haut; histologisch: Parakeratose*.
Brom: ein nichtmetallisches Element*. Verwendung in Sedativa*.
Bromakne: Acne bromica.
bromatus, -a, -um: adj. Bez. für Bromid*.
Bromid(e): Salz(e) der Bromwasserstoffsäure.
Brom|idrosis: stinkender Schweiß.
Bromismus: Bromvergiftung; Kennzeichen: Schlafsucht, Teilnahmslosigkeit, Konzentrationsschwäche.
Bromomenorrhoe: Abgang ungewöhnl. riechenden Menstruationsblutes.
Bromsulfaleïn, Bromsulphthaleïn: in alkal.* Milieu blauvioletter Farbstoff. Abbau u. Ausscheidung durch Leber. Für verschiedene Leberfunktionsproben* benutzt (z.B. Diagnose von Gallengangsverschlüssen).
Bronchen: Bronchien.
Bronchi: die Bronchien*, i. e. S. nur die beiden Hauptäste der Luftröhre (rechter u. linker Bronchus), die ihrerseits in die kleineren Bronchien* übergehen.
bronchial(is, -e): die Bronchien* betreffend, zu ihnen gehörend.
Bronchial-asthma: → Asthma. **-atmen:** helles, scharfes Atemgeräusch; normal über Luftröhre; krankhaft über verdichteten Lungenteilen u. -höhlen. **-baum:** Gesamtheit der Bronchien* (re und li Hauptbronchus*, Stammbronchus li, Lappen- u. Segmentbronchien, Bronchiolen). **-drüsen:** Lymphdrüsen* neben den Bronchien*. **-fremitus:** → Fremitus. **-karzinom:** Krebsgeschwulst der Lunge. **-katarrh:** katarrhalische* Entzündung der Schleimhaut der Bronchien*. **-toilette:** Maßnahmen zur Säuberung des Bronchialbaums*.
Bronch(i)ektase, Bronch(i)ektasie: Erweiterung der Bronchien*.
Bronchien: die Äste des Bronchialbaumes*, i.e.S. die Hauptbronchien*.
Bronchioli: kleine Bronchien, als **B.terminales** luftleitend, als **B.respiratorii** mit Alveolarbläschen an Atmung beteiligt.
Bronchiolitis: Entzündung der kleinen Bronchien*.
Bronchitis: Entzündung der Schleimhaut der Bronchien*. **B. capillaris:** Bronchiolitis. **B. catarrhalis:** Bronchialkatarrh. **B. crouposa** od. **fibrinosa:** mit fibrinösen Abscheidungen. **B. foetida:** mit fauligen Zersetzungsvorgängen. **B. plastica** oder **pseudomembranacea:** B. fibrinosa. **B. putrida:** B. foetida. **B. serosa:** Bronchorrhoe*.
Broncho-blennorhoe: chronische Bronchitis* mit eitrigem Auswurf. **-dilatatoren:** die Bronchien* erweiternde Mittel. **-graphie:** Röntgendarstellung des Bronchialbaumes* nach Einbringung eines Kontrastmittels*. **-lith:** Bronchialstein. **-mykose:** Pilzerkrankung der Bronchien*. **-phonie:** Verstärkung der (über dem Brustkorb auskultierten*) Stimme; bei Lungenentzündung, die von einem Bronchus* ausgeht. Meist katarrhalischer* Natur. **-rrhoe:** Bronchitis* mit reichlicher Absonderung. **-rrhoe serosa:** chronische Bronchitis mit viel dünnflüssigem, schaumigem Auswurf. **-skopie:** Besichtigung der größeren Bronchien* mittels einer besonderen Röhre (Bronchoskop). **-spasmus:** Krampf der Bronchialmuskeln bei Asthma*. **-staxis:** Bronchusblutung. **-tomie:** Eröffnung der Luftwege, spez. eines Bronchus*. **-zele:** zystische* Bronchiektase*.
Bronchuli: Bronchiolen.
Bronchulitis: Bronchiolitis.
Bronchus: Hauptbronchus*; i. w. S. jeder Ast des Bronchialbaumes*. **B. lobaris:** Lappenbronchus. **B. principalis:** Hauptbronchus (re bzw. li). **B. segmentalis:** Segmentbronchus, Ast des B. lobaris.
Bronchus-blocker: Abstopfballon für Bronchien*. **-lavage** (franz.; spr. lawasch): Spülung des Bronchialbaumes*. **-ruptur:** Zerreißung eines Bronchus*, auch Abriß.
Bronzediabetes: gemeinsames Vorkommen von Pigmentzirrhose der Leber (= Leberzirrhose* mit Bronzeton d. Haut) u. Pankreaszirrhose (= Zuckerkrankheit).

Bronzekrankheit: *Addison'* Krankheit.
Brown'-Séquard' Syndrom (spr. braunßehkahr): gleichseitige Bewegungs- und gegenseit. Empfindungslähmung bei halbseitiger Querschnittsverletzung des Rückenmarks*.
Brucella: Gattung unbewegl. Kurzstäbchen. **B. abortus Bang:** Erreger der *Bang'**-Krankheit. **B. melittensis:** Erreger der Brucellose*.
Bruch: 1) Knochenbruch. → Fraktur. 2) Eingeweidebruch. → Hernia.
Bruch-band: (nach Maß gefertigter) Hüftring mit federnder Pelotte*, die die Bruchpforte* komprimiert*, um Unterleibsbrüche zurückzuhalten (→ Abb.). **-einklemmung:** Abklemmung d. im Bruchsack* liegenden Teile, bes. Darmschlingen. Bei letzteren teils durch Anhäufung von Kotmassen bedingt, die d. abführende Darmrohr zusammenpressen (Koteinklemmung, Incarceratio stercoracea), teils durch Mißverhältnis zw. Menge des Bruchinhalts zu der zu engen Bruchpforte (elastische Einklemmung, Incarceratio elastica). **-inhalt:** Dünndarm, Netz usw. **-pforte, -ring:** Stelle, an der ein Eingeweidebruch austritt. **-sack:** die abnorme Ausstülpung d. Bauchfells (bzw. anderer seröser Häute bei Hernien). **-sackhals:** der in der Bruchpforte liegende Teil des -sacks. **-schnitt:** → Herniotomie.

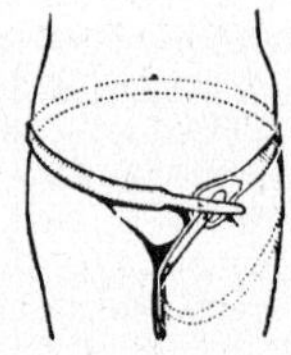

Brücke: 1) Pons. – 2) Zahnlücken überbrückender, vom Restgebiß gestützter Zahnersatz.
Brückenhaube: Tegmentum.
Brudzinski' Nackenzeichen: Beugung der Beine im Hüft- u. Kniegelenk nach passiver Kopfneigung; z. B. bei Meningitis*.
Bruit (franz.; spr. brü): Geräusch. **B. de diable** (spr. djabl): Nonnengeräusch*. **B. de pot felé** (spr. poh fäleh): Geräusch* des zersprungenen Topfes; ähnl. Geräusch bei Beklopfen eines Hydrozephalus*.
Brust-bein, Sternum: Knochen, an dem die Rippen vorn ansetzen (→ Taf. **2**, 13). **-bräune:** Angina* pectoris. **-fell:** → Pleura, Pleuritis. **-muskel:** Musculus pectoralis. **-wandableitung:** Ableitung* der Herzströme zur Registrierung (EKG*) durch Elektroden*, die im Thorax*-bereich angelegt werden. Symbole v_1–v_7. → *Nehb'*, *Wilson'* Brustwandableitung.
Brutschrank: Behälter, in dessen Innerem eine bestimmte gleichbleibende Temperatur erzeugt wird. Zur Bakterienzüchtung usw. → Couveuse.
Bruxismus: nächtl. Zähneknirschen.
Bruzellose: durch Brucella*-arten (Bakterien) hervorgerufene Krankheit, z. B. *Bang'* Krankheit.
BSG: **B**lutkörperchen**s**enkungs**g**eschwindigkeit.
BSP: **B**rom**s**ulfo**p**hthalein.
BTM: **B**e**t**äubungs**m**ittel. → Opiumgesetz.
Bubo: entzündliche Anschwellung der Leistendrüsen (u. a. Lymphknoten), bes. bei Geschlechtskrankheiten und Pest*.
Bubonenpest: bes. mit (Leisten-) Lymphknoten*-schwellungen einhergehende Pest*.
Bubonuli: kleine Knötchen bzw. schankerartige Geschwüre am Rücken des Penis* infolge Lymphgefäßentzündung.
buccalis, -e: die Wange (bucca) bzw. die Wangenseite betreffend.
Bucky' Blende: objektnahe Rasterblende an Röntgen*-aufnahmegeräten.
Budd'-Chiari' Syndrom: durch Lebervenenverschluß (Thrombose*) Stauungsleber, Aszites*, Milzvergrößerung.
Budin' Regel: ein Flaschenkind soll tgl. nicht mehr als $^1/_{10}$ seines Körpergew. an Kuhmilch erhalten, jedoch höchstens 0,6 Liter.
Buelau' Dränage: dauernde Heberdränage* bei Pleura*-empyem*.
Bürette: an Gestell befestigte, graduierte, durch Hahn verschließbare Glasröhre zum Abmessen von Flüssigkeitsmengen (→ Abb.).

Buerger' Krankheit, *Winiwarter'-Buerger'* Krankheit: eine die Gefäße verschließende Krankheit (Thrombangiitis obliterans).
Bürker' Zählkammer: Erythrozyten*-zählkammer.

Bürstenbad: kräftige Bürstung des Körpers in lauwarmem Bad. Tonisierung von Herz u. Gefäßen.

bukkal: → buccalis. **B. abstrich:** Wangenschleimhautabstrich (zur Geschlechtsbestimmung anhand Drumsticks* etc.).

Bukowina-Fieber: durch Zecken übertragbare hämorrhag.* Enzephalitis*.

bulbär: zur Medulla* oblongata oder zur Bulbärparalyse* gehörig. **B.paralyse:** Lähmung infolge Erkrankung der Medulla* oblongata. Betrifft hauptsächlich Zungen-, Gaumen-, Lippen-, Kehlkopf- u. Schlundmuskeln.

Bulbus: Zwiebel, knollige Anschwellung. Auch Bez. für Medulla* oblongata. Oft = B. oculi. **B. aortae:** Erweiterung der Aorta* dicht über ihrem Ursprung. **B. duodeni:** der erste Abschnitt des Duodenums. **B. oculi:** Augapfel. **B. olfactorius:** knolliges Gebilde an der Hirnbasis (als Teil des Riechhirns). **B. urethrae:** Anschwellung des hinteren Endes des Schwellkörpers* der Harnröhre.

Bu|limie: krankhafter Heißhunger.

Bulla: Blase.

Bullosis: Blasenbildung.

bullosus, -a, -um: mit Blasenbildung einhergehend.

Bullrich'Salz: doppeltkohlensaures Natrium.

Bunnell' Naht (spr. bannl): ausziehbare Sehnennaht mit Stahldraht („Senkelnaht"). **B.' Niemandsland:** für Sehnennaht ungeeigneter Bereich der Hohlhand (etwa in Ausdehnung d. Sehnenscheiden).

Bunsen' Brenner: Gasbrenner, bei dem durch seitliche Luftzufuhr eine vollständige Verbrennung des Kohlenstoffes, somit eine schwach leuchtende, aber sehr heiße Flamme entsteht.

Buph|thalmus: abnorme Vergrößerung d. Augapfels (an das Ochsenauge erinnernd), hervorgerufen durch erhöhten Augeninnendruck.

Burdach' Strang: Fasciculus cuneatus.

Burning feet-Syndrom (engl.; spr. börningfiet): Syndrom der brennenden Füße; v.a. infolge Vitamin-B-Mangels.

Burns' Syndrom (spr. börns): aseptische* Knochennekrose* des distalen* Endes der Ulna* (→ Taf. **6**, **8**).

Bursa: Tasche, Beutel. Meist = **B. mucosa:** Schleimbeutel. **B. omentalis:** hinter dem Magen gelegene Netz*-tasche.

Bursitis: Schleimbeutelentzündung. **B. praepatellaris:** Entzündung des Schleimbeutels vor der Kniescheibe.

Burso-graphie: Kontrastdarstellung* eines Schleimbeutels. **-lith:** Schleimbeutelkonkrement*. **-pathie:** Schleimbeutelerkrankung.

Busse'-Buschke' Krankheit: Kryptokokkose.

Butyrum Cacao: Oleum* Cacao.

BW(S): **B**rustwirbel(säule).

Bypass (engl.; spr. beipaß): künstl. Kollateralkreislauf*; mittels Gefäßprothese* oder Gefäßtransplantats.

Byssinose: Pneumokoniose* bei Menschen, die mit Baumwolle arbeiten.

B-Zellen: Insulin* produzierende Zellen des Pankreas*; auch die Betazellen* des HVL* (= basophile Zellen).

C

C: 1) chem. Symbol für Kohlenstoff. – 2) Abk. für Celsius. → Rhesusfaktor.
Ca: 1) chem. Symbol für Calcium*. – 2) Abk. für Carcinoma.
Cabot' Ringe: zarte, kreis- oder schleifenförmige Gebilde in Erythrozyten* bei verschiedenen Anämien*.
Caecum: Blinddarm (→ Taf. **25**, 17) **C. mọbile:** abnorm bewegl. Blinddarm*.
Caesium, Cs: chem. Element; 1wertiges Alkalimetall*; Verw. in Photozellen, Röntgenröhren*.
Café-au-lait-Fleck (franz.; spr. kafẹh-ohlạ̈h): Naevus spilus.
Caffey' Syndrom (spr. käffi): aseptische* Knochennekrose* mehrerer, meist aller Metatarsalia*.
Caisson-Krankheit (franz.; spr. käßọñ): Lähmungserscheinung., Gelenkschmerzen etc. nach zu schnellem Übergang aus einem unter erhöhtem Druck stehenden Milieu in eine Atmosphäre mit Normaldruck (z.B. nach Tauchen, Arbeiten im Caisson [Tauchglocke] etc.).
Cal: → Kcal (Kilogrammkalorie).
cal: → gcal (Grammkalorie).
Cạlamus: Rohr. **C. scriptọrius:** unteres Ende der Rautengrube*.
Calcạne|us: Fersenbein, ein Fußwurzelknochen (→ Taf. **9**, 14); → Kalkaneus.
Calcạria: Kalk. **C. chlorạta:** Chlorkalk. **C. extịncta** od. **hydrạta:** gelöschter Kalk. **C. saccharạta:** Zuckerkalk; aus gelöschtem Kalk und Zucker bereitet. **C. ụsta:** gebrannter Kalk.
calcịficans: Kalk bildend, einlagernd.
Calcicọsis: → Kalzikose.
Calcinọsis: Kalkablagerung in sonst kalkfreien Geweben; begrenzt (**C. lọcalisạta**) oder überall (**C. gẹneralisạta**).
Cạlcium, Ca: ein alkalisches* Erdmetall, → Kalzium. **C. chlorạtum:** Kalziumchlorid, Chlorkalzium. **C. glucọnicum:** Kalziumglukonat; Injektionspräparat. **C. sulfụricum:** Gips. **C. thiosulfụricum:** Kalziumthiosulfat; Injektionspräparat.
Cạlculus: Steinchen.
Caldwell'-Luc'Operation (spr. kọldwelllük): radikale* Kieferhöhlen*-operation; breite Eröffnung der Vorderwand der Kieferhöhle, dann Entfernung eines Stückes ihrer nasalen* Wand unter der unteren Nasenwurzel.
Calịculi gustatọrii: Geschmacksknospen* von Zunge, Gaumen u. Schlund.
callọsus, -a, -um: schwielen-, kallus*-artig. Mit schwielig verdickten Rändern (Geschwüre).
Callọsitas: Hautschwiele.
Cạllus: Schwiele; → Kallus. **C. luxụrians:** überschießende Kallusbildung.
Calmette'-Guérin' Bazillus: (spr. kalmẹttgerẹñ): → Bacillus.
Cạlor: Hitze, Wärme.
Cạlva, Calvạria: Schädelkalotte.
Calvé'-Legg'-Perthes' Krankheit (spr. kalvẹh): → *Perthes'* Krankheit.
Calvé' Syndrom: Vertebra plana.
Calvịties: Alopecia.
Calx: Ferse.
Cạlyces renạles: kleine (Kelchgruppen bildende) oder große, zum Nierenbekken* überleitende Nierenkelche*.
Cambric (engl.; spr. kạ̈mbrik): starkes leinwandartiges Gewebe aus Baumwolle für Binden.
Cạmera: Kammer. **C. antẹrior bụlbi:** vordere Augenkammer (→Taf. **14**,2). **C. postẹrior bụlbi:** hintere Augenkammer, begrenzt von Glaskörper*, hinterer Iris*-fläche u. Ziliarkörper*.
Cạmphora: Kampfer; eigenartig riechende Stoffe in gewissen Pflanzen.
Canạles semicirculạres ọsse|i: die knöchernen Bogengänge* → Ductus semicirculares.
Canalịculi bilịferi: Gallenkapillaren (= feinste Gallengänge).

Canaliculus: kleiner Kanal. **C. chordae tympani:** vom Fazialiskanal (Canalis* facialis) zur Paukenhöhle* (→ Taf. **13**, *7*) ziehender Kanal für die Chorda* tympani.
Canaliculusprobe: nach Einspritzen von Spülflüssigkeit in d. unteren Tränenröhrchen, tritt diese bei Dakryozystostenose* aus d. ob. Tränenpünktchen wieder aus.
Canalis: Kanal, Gang. **C. adductorius,** Adduktorenkanal: von der Leiste zur Kniekehle ziehender Kanal f. Femoral*-gefäße. **C. alimentarius:** Verdauungskanal. **C. carpi:** Handwurzelkanal. **C. cerebrospinalis:** der die Schädelhöhle u. den Wirbelkanal umfassende Hohlraum. **C. cervicis uteri:** Zervikalkanal (→ Taf. **23**, 6). **C. facialis:** Kanal im Schläfenbein für d. Gesichtsnerven. **C. inguinalis:** Leistenkanal*. **C. pyloricus:** Pförtnerkanal.
Cancer: Krebs. **C. aquaticus:** Noma. **C. en cuirasse** (franz.; spr. añküraß): um den ganzen Brustkorb ausgebreiteter Krebs, der durch Schrumpfung diesen einengt.
Cancroid: → Krankroid.
Candida albicans: Pilz, Erreger des Soors.
Candidose, Moniliasis: Soor.
Canicola-Fieber, Stuttgarter Hundeseuche: Krkht. mit akutem Beginn, Kopfschmerzen, Meningismus. Erreger: Leptospiren.
Caninus: Dens caninus (Eckzahn).
Canities: graues oder weißes Haar.
Cannabiosis: Hanffieber.
Cannabinomanie: Haschischsucht.
Cannabismus: chronische Haschisch*-vergiftung.
Canthariden: Spanische Fliegen, Blasenkäfer. Hautreizendes Mittel.
Capillar: →Kapillar....
Capillitium: Gesamtheit der Kopfhaare.

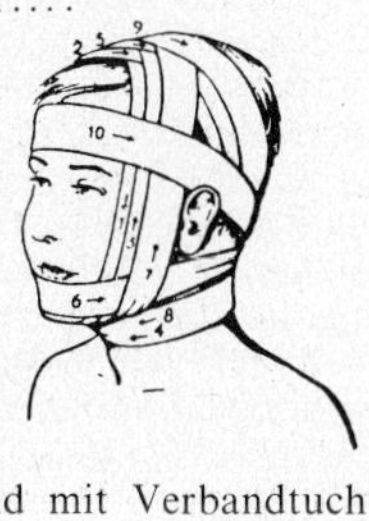

Capistrum: Kinnverband, Halfterbinde (→ Abb.).
Capitatum: Os capitatum = Kopfbein (→ Taf. **8**, 6).
Capitium: mützenartiger Kopfverband mit Verbandtuch (→ Abb.).
Capitulum: Köpfchen; → Caput. **C. humeri,** Oberarmköpfchen (→ Taf. **5**, 12).

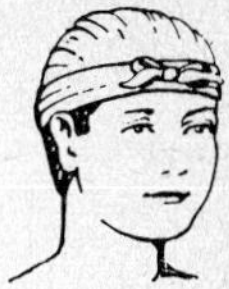

Caplan' Syndrom: Silikose* u. Arthritis* bei Grubenarbeitern.
Capsula: Kapsel, Umhüllung. **C. adiposa renis:** Nierenfettkapsel. **C. interna:** → innere Kapsel.
Capsulae: Kapseln zum Einschluß schlecht schmeckender Arzneien, z. B. aus Gelatine (**C. gelatinosae**).
Capsulitis: Kapselentzündung.
Caput: Kopf, Gelenkkopf. **C. costae:** Rippenköpfchen (→Taf. **2**, *7*). **C. femoris:** Oberschenkelkopf (→Taf. **4**, *7*). **C. fibulae:** Wadenbeinköpfchen (→Taf. **18**, 5; **7**, 1). **C. humeri:** Oberarmkopf (→ Taf. **5**, 1). **C. Medusae:** Schlängelung u. Wulstung der den Nabel umgebenden Blutadern bei Stauung im Pfortader*-gebiet. **C. obstipum:** Schiefhals*. **C. quadratum:** eckiger Schädel bei Rachitis*. **C. radii:** Radiuskopf (→Taf. **6**, 5). **C. succedaneum:** Kopfgeschwulst der Neugeborenen; blutig-seröses Ödem* der vorliegenden Weichteile des kindlichen Schädels. **C. ulnae:** Ellenkopf (→ Taf. **6**, 8).
Carbo: Kohle. **C. animalis:** Tierkohle*. **C. Li|gni:** Holzkohle. **C. medicinalis:** Kohle als arzneiliches Präparat.
Carboneum: Kohlenstoff.
carbonicus, -a, -um: kohlensauer.
Carbunculus: Karbunkel. **C. mali|gnus:** Milzbrandkarbunkel*.
Carcinom(a), Ca, Karzinom, Krebsgeschwulst, Krebsgeschwür: bösartige Geschwulst, die aus Epithel*-zellen* besteht u. oft geschwürig zerfällt. → Metastasen. **C. colloides:** Gallertkrebs*. **C. durum:** Szirrhus. **C. fusocellulare:** Spindelzellkarzinom. **C. in situ,** Oberflächenkarzinom: sehr frühes Stadium des Krebses mit Atypie* der Zellen etc. Noch kein Einbruch in die unter dem Epithel* gelegenen Schichten. **C. medullare:** Markschwamm*. **C. papillare:** Zottenkrebs. **C. uteri:** Gebärmutterkrebs.
Card...: → Kard....
Cardia: → Kardia.

cardịacus, -a, -um: zum Herzen oder Magenmund gehörend.
Cardịagra: Angina pectoris.
cardịalis, -e: das Herz betreffend.
Cardiopạlmus: Herzpalpatation.
Cardiazolkrampf: Behandlungsverfahren bei Schizophrenie mit Cardiazol.
Cardiolipịn: internationales Referenzpräparat bei Komplementbindungs- und Flockungsreaktionen auf Lues. Aus Herzmuskel isoliert.
Cạries: → Karies.
Carịna trachẹae: Karina.
Carlens' Tubus: Doppellumentubus* mit Möglichkeit zur Blockade* eines Hauptbronchus*.
carnivọr, karnivor: fleischfressend.
Cạro luxụrians: „wildes Fleisch"; Granulationsgewebe.
Carọtis: Arteria carotis; → Karotis.
Carpạlia: Ossa carpalia, Handwurzelknochen (→ Taf. **8**).
Carpus: Handwurzel.
Carrẹl' Naht: typische, die Intima* auskrempelnde Gefäßnaht.
Cartilạgo: Knorpel. **C. aryt(a)enoịdea:** Gießbeckenknorpel* (→ Taf. **12**, 4). **C. costạlis:** Rippenknorpel (→ Taf. **2**, 12). **C. cricoịdea:** Ringknorpel (→ Taf. **11**, **3**). **C. epiglọttica:** den Kehldeckel (→ Taf. **10**, 16) bildender Knorpel. **C. sẹpti nạsi:** Septumknorpel. **C. thyroịdea:** Schildknorpel* (→ Taf. **11**). **C. trachẹalis:** Luftröhrenknorpel (→ Taf. **11**, 4).
Caruncula: kleiner (fleischiger) Hautbürzel. **C. lacrimạlis:** die am inneren Augenwinkel gelegenen Tränenwärzchen.
Cạrus: tiefes Koma.
caseọsus, -a, -um: käsig. → Vernix.
Casper' Katheter: Blasenkatheter mit 4flügeliger abstehender Krone (Kronenkatheter*).
Castellạni' Lösung: farblose oder rosa Lösung zur Lokalbehandlung von Hautkrankheiten (Dermatomykosen*, Ekzeme*).
Castle' Faktor (spr. kạhßl): Intrinsicfactor.
Catalạse: → Katalase.
Cataracta, Katarakt, „grauer Star": jede Art von Trübung der Augenlinse. **C. complicạta:** gleichzeitig mit od. als Folge anderer Augenerkrankungen. **C. corticạlis:** Rindenstar (Abb. d.). **C. matụra:** reifer Star. **C. nucleạris:** Kernstar (Abb. c). **C. polạris:** Trübung an einem Pol d. Linse (Abb. a). **C. punctạta:** punktförmige Trübungen in der Linsenrinde.

C. secundạria: Nachstar; entwickelt sich nach Staroperationen durch Zurückbleiben von Linsenresten. **C. senịlis:** Altersstar. **C. traumạtica:** Trübung infolge eines Traumas*, z. B. Contusio* bulbi. **C. zonulạris:** Schichtstar. Trübung zwischen Linsenkern und -rinde (Abb. b).
Catạrrhus: Katarrh. **C. vernạlis:** Frühlingskatarrh.
Catẹchu: Extrakt aus Holz von Acacia-Arten u. a. Pflanzen; Adstringens*.
Catgut (engl.; spr. kạttgut): aus getrocknetem Dünndarm von Schafen und Ziegen hergestellte Fäden zur Wundnaht. Werden leicht resorbiert.
Cats|cratch disease (engl.; spr. kạtskrätsch disịes): Katzenkratzkrankheit.
Cauda: Schwanz. **C. epididymidis:** das Ende des Nebenhodens*; Hauptsamenspeicher. **C. equịna:** Nervenwurzeln, die vom Ende des Rückenmarks im Wirbelkanal abwärts ziehen u. zusammen einem Pferdeschweif ähneln.
caudạlis, -e: → kaudal.
caudạtus, -a, -um: geschwänzt.
Cạusa: Ursache.
Cạva: → Vena cava.
Cave!: Vorsicht! Vermeide!
Cavẹrna: → Kaverne.
Cavernịtis: Schwellkörper*-entzündung.
Cavernọma: Angioma* cavernosum.
cavernọsus, -a, -um: kavernös*.
Cạvitas: Höhlung, Höhle.
Cạvum: Höhle, Hohlraum. **C. abdọminis:** von Zwerchfell, WS, Bauchmuskeln u. Becken begrenzter Hohlraum für die Baucheingeweide. **C. articulạre:** Gelenkhöhle. **C. crạnii:** Schädelhöhle. **C. Douglạsi:** → Excavatio. **C. epidurạle:** Epiduralraum. **C. mediastinạle:** Mittelfellraum. **C. ọris:** Mundhöhle. **C. peritonẹi:** Peritonealhöhle* (→ Taf. **20** u. **21**). **C. pleụrae:** Pleurahöhle*. **C. Rẹtzii:** *Retzius'* Raum. **C. tỵmpani:** Pauken-

höhle (→Taf. **13**, *7*). **C. uteri:** Gebärmutterhöhle (→ Taf. **23**, 2).
cc.: Abkürzung f. zerkleinert (**c**on**c**isus).
Cd: Symbol für Kadmium.
CEE-Virus: Virus der (zentral-)europäischen Zeckenenzephalitis (engl. **C**entral **E**uropean **E**ncephalitis).
Cellano: Bezeichnung für ein Blutkörperchenmerkmal. → *Kell*.
Cellula: kleiner Hohlraum, Zelle*. **C-e mastoideae:** Warzenzellen*.
Cellulitis: Zellgewebsentzündung.
Cementum: Wurzelzement.
Centr...: → Zentr... .
Centrum tendineum: zentrale Sehnenplatte des Zwerchfells.
Cephalaea, Cephalalgia: → Zephalalgie.
Cephalica: Kurzform für Vena cephalica.
Cera: Wachs.
Ceratum: Wachssalbe.
Cerclage (franz.; spr. ßerkla*sch*e): kreisförmige Umschlingung, z. B. Drahtnaht bei Kniescheibenbruch.
cerebellaris, -e: zerebellar, aufs Kleinhirn bezüglich.
Cerebellum: Kleinhirn (→ Taf. **10**, 4).
cerebralis, -e: zerebral, aufs Gehirn bezüglich.
Cerebrose: Galaktose.
Cerebroside: → Zerebroside.
cerebrospinal(is), -e: zu Gehirn u. Rückenmark* gehörig. → Liquor, Meningitis.
Cerebrum: Enzephalon*, Gehirn, spez. Großhirn (→Taf. **10**, 3).
Ceruloplasmin: → Coeruloplasmin.
Cerumen: Ohrenschmalz.
cervicalis, -e: den Hals, die Zervix eines Organs betreffend.
Cervix: → Zervix. Oft = **C. uteri:** der untere schmale Teil der Gebärmutter unterhalb des inneren Muttermundes (→ Taf. **24**, 6).
Cestoda, Cestodes: Bandwürmer (→ Zestoden).
C-Galle: nach Abschluß der reflektorischen Gallenblasenkontraktion ins Duodenum* abfließende Lebergalle*; 3. Portion der D-Sonde*.
Chalazion: Hagelkorn; Entzündung der *Meibom'* Drüsen*.
Chalikosis: Lungenerkrankung durch Einatmung von Kalkstaub.
Chalkosis: Verkupferung des Auges, durch kupferhaltige intraokulare* Splitter bedingt.
Chamä-pros|opie: Breitgesichtigkeit. **-rhinie:** Breitnäsigkeit. **-staphylie:** flacher, niedriger Gaumen.
Chamberland' Kerze (spr. tschämberländ): bakteriendichte Filterkerze aus Porzellan.
Chamomilla: Kamille.
Charcot' Gelenk (spr. scharkoh): bizarr deformiertes Gelenk bei Tabes*. **Ch.' Krankheit:** myatrophische* Lateralsklerose. **Ch.' Zeichen:** Zittern der Hände bei *Basedow*' Krankheit.
Charcot'-Leyden' Kristalle: spitze, achteckige K. im Auswurf bei Asthma* bronchiale, bes. im Anfall. **Ch.'-Marie' Syndrom,** neurale Muskelatrophie: meist auf Fuß u. Unterschenkel beschränkte fortschreitende Muskelatrophie*.
Charrière (franz.; spr. scharriähr): Maßeinheit für Katheter (1 Ch. = $^1/_3$ mm ∅).
Charta cerata: Wachspapier. **Ch. sinapisata:** Senfpapier; mit entöltem Senfpulver überzogenes Papier.
Chasmus: Gähnkrampf.
Chassaignac' Luxation (spr. schaßäñjak): Verrenkung des Radiusköpfchens (→ Taf. **6**, 5) mit nachfolg. Scheinlähmung des Armes (**Ch.' Lähmung**).
Chediak' Reaktion: ein Suchtest (mit Trockenblut) auf Syphilis* (Schnellreaktion).
Cheilitis: Lippenentzündung. **Ch. glandularis (Volkmann'):** tiefe Form der Lippenentzündung durch Infektion* der Speicheldrüsen* der Unterlippe; evtl. vereiternd (**Ch. gl. apostematosa**).
Cheilo-genio|s|chisis: Lippen-Kinnspalte. **-gnathopalato|s|chisis:** Lippen-, Kiefer-, Gaumenspalte, Wolfsrachen. **-plastik:** Lippenplastik. **-s|chisis:** Lippenspalte, Hasenscharte. **-sis:** chron., mit Schuppung u. Einrissen einhergehender Lippenprozeß.
Cheima|phobie: krankhaft gesteigerte Angst vor Kälte.
Cheir...: → Chir... .
Cheirospasmus: Schreibkrampf.
Chelate: komplexe organ.* zyklische*

Verbindungen mit Metallen (z. B. Chlorophyll, Hämoglobin).
Chelatbildner: Chelate bildende Substanzen. Zur Dekorporierung* von Metallionen geeignet.
Chemie: Lehre von der stofflichen Zusammensetzung der Körper.
Chemikalien: chemische Verbindungen bzw. Präparate.
Chemismus: chemischer Vorgang. Spez. Gesamtheit der chemischen Vorgänge im lebenden Körper.
Chemo|lyse: Auflösung durch chemische* Reaktion.
Chemorezeptor: chemisch erregbarer Rezeptor*.
Chemosis: ödematöse* Schwellung der Augenbindehaut, bes. der des Augapfels.
Chemotaxis: Bewegung von Organismen auf chemische Reize zu (**positive Ch.**) oder von diesen fort (**negative Ch.**).
Chemotherapie: Behandlung mit chemischen Mitteln, spez. mit solchen, die Infektionserreger stark, den Körper möglichst wenig schädigen.
Chenopodium-Öl: → Oleum chenopodii.
Cheyne'-Stokes' Atmen: (spr. tschähnstohks): eine Atmung, bei der immer nach einer längeren Pause die Atemzüge allmählich tiefer und dann wieder flacher werden. Bei Herz- und Gehirnleiden.
Chiasma: Kreuzung. **Ch. opticum:** Sehnervenkreuzung (auf dem Keilbein*, vor der Hypophyse*). **Ch.-Syndrom:** bitemporale Hemianopsie* und Optikus*-atrophie.
Chilaiditi' Syndrom: Darm-Interposition* zwischen Leber u. Zwerchfell.
China(rinde): Rinde v. Cinchona-Arten.
Chinidin: ein Alkaloid* der Chinarinde.
Chinin: → Chininum. **Ch.rausch:** Schwerhörigkeit, Ohrensausen, Schwindel, Erbrechen nach Chiningebrauch.
Chinin(um): das wichtigste Alkaloid* der Chinarinde. Fiebermittel usw.
Chir|agra: Gicht der Hand.
Chiro|praktik: erstmals 1895 angegebenes Verfahren, durch bestimmte Handgriffe Subluxationen* von Wirbeln zu beseitigen, um dadurch den auf die Nervenwurzeln des betreffenden Segmentes* ausgeübten Druck zu beheben.
Chirospasmus: → Cheirospasmus.
Chir|urgie: Zweig der Medizin, der Leiden auf mechanischem Wege, v.a. aber operativ, zu heilen sucht.
Chitoneurom: Nervenscheidentumor.
Chlamydozoen: Viren der Poxvirusgruppe*.
Chloasma: lokalisierte Braunfärbung der Haut, z.B. bei *Basedow*'* Krkht. (**Ch. basedowicum**) oder während der Schwangerschaft (**Ch. uterinum**).
Chlor, Cl: gasförm. Element; gelbgrünes Gift; Gas; Desinfiziens.
Chlor|ämie: Zunahme des Chlorid*-gehaltes des Blutes (bei Nierenversagen).
Chloräthyl: Aether* chloratus.
Chloral(hydrat): ein Schlafmittel.
Chloramine: Stickstoff-Chlorverbindungen; Desinfektionsmittel.
Chloramphenicol(-um): Chloromyzetin; Antibiotikum* (aus Streptomyces-Pilzen, aber auch synthetisch hergestellt).
chlorarme Diät: kochsalzarme Diät.
chloratus: bei Chemikalien Bezeichnung für Chloride*.
Chlorhämin: Abkömmling des Hämoglobins. Die Ch.-Kristalle dienen zum gerichtl. Nachweis von Blut.
Chlorhydrie: die durch die Magenschleimhaut erfolgende Salzsäureproduktion.
Chloride: Salze der Chlorwasserstoffsäure (Salzsäure).
Chlornatrium: Kochsalz.
Chloro|form: ein schnell wirkendes, süßlich riechendes Inhalationsnarkotikum* mit nur geringer Narkose*-breite.
Chloro|leuk|ämie, Chloroleukose: Form der myeloischen* Leukämie* mit grünl. Infiltraten*.
Chlorom, Chlorosarkom: bösartige, in der Schnittfläche grünliche Knochengeschwulst, i.e.S. leukäm. Knochenmarkgeschwulst. **Ch., myeloisches:** → Chloromyeloblastom.
Chloro|mycetin, Chloromyzetin: ein Chloramphenikol*-Präparat.
Chloro|myelo|blastom, myeloisches Chlorom: nahezu nur aus Myeloblasten* bestehendes Chlorom*.
Chlorophyll: grüner Blattfarbstoff, dem Blutfarbstoff verwandt.

chloropriv: mit Chlor*-verlust, -verarmung verbunden.
Chlor|opsie: Grünsehen, z. B. bei Digitalis*-überdosierung.
Chlorosarkom: Chlorom.
Chlorosis, Chlorose, Bleichsucht: Bluterkrankung, bei der die Bildung des Blutfarbstoffs (Hb*) herabgesetzt ist.
Chlorpromazin: ein Phenothiazin*-derivat (Sedativum*, Antihistaminikum*).
Ch.-Ikterus: bei Ch.-Medikation* vorkommender cholestatischer* Ikterus*.
Chlorwasserstoffsäure: Salzsäure.
Chlumsky' Lösung: antiseptische* Lösung aus Phenol (30), Kampfer (60) u. Alkohol (10).
Choanen: die hinteren, in den Nasenrachenraum* mündenden Nasenöffnungen.
Chol|ämie: Übertritt von Gallenbestandteilen ins Blut, der Ikterus* usw. bedingt.
Cholagoga: galletreibende Mittel.
Cholal|hämie: erhöhter Gallensäurespiegel im Blut.
Cholangien: Gallengänge; i. e. S. die intrahepatischen*.
Cholangio-duodeno|stomie: Anastomose* zwischen einem größeren Gallengang u. dem Duodenum*. **-entero|stomie:** Anastomose zwischen einem der größeren Gallengänge* u. dem Dünndarm*, meist als -jejunostomie.
cholangiogen: von den Gallengängen* ausgehend.
Cholangio-graphie: Kontrastdarstellung* der Gallenwege*. **-jejunostomie:** Anastomose* (Anastomosierung) zwischen Gallengängen* u. Jejunum* (**-enterostomie**).
Cholangiolitis: Entzündung der feinsten Gallengänge (= Cholangiolen).
Cholangiom: Gallengangskarzinom; i. w. S. Gallengangstumor überhaupt.
Cholangio-manometrie: Messung des in den Gallengängen* herrschenden Drucks. **-radiomanometrie:** Kombination von -manometrie* u. -graphie*. **-stomie:** operative Anastomose* zwischen einem Gallengang und anderen Organen. **-tomie:** operative Eröffnung eines Gallengangs.
Cholangitis: Entzündung der Gallengänge.
Cholaskos: ikterischer * Aszites*; i. e. S. das Vorhandensein von Galle im Peritonealsack.
Chole|bilirubin: das physiolog.* in Leber u. Lebergalle vorkommende „direkt" reagierende Bilirubin*.
Cholecyst...: → Cholezyst....
Choledocho-duodeno|stomie: operativ angelegte Anastomose* zwischen Choledochus* u. Duodenum*. **-jejunostomie:** operativ angelegte Anastomose* zwischen Choledochus* u. Jejunum*. **-lithiasis:** Vorkommen von Gallensteinen im Choledochus*. **-skopie:** intraoperative* Betrachtung des Inneren des Choledochus* mit speziellem Endoskop* (= **Choledochoskop**). **-stomie:** Anastomosierung* des Choledochus*. **-tomie:** operative Eröffnung des Choledochus*.
Choledochus: Kurzform f. Ductus* choledochus. **Ch. dränage:** entlastende Galleableitung aus dem Ch., z. B. mit *Kehr*' T-Drän. **Ch. zyste:** umschriebene scharf abgesetzte Erweiterung des Ch., evtl. im Papillen*-bereich.
Choleglobin: Abbauprodukt des Hämoglobins*. Vorstufe des Bilirubins*.
cholekinetisch: die Fortbewegung der Galle bewirkend.
Cholelithiasis: Gallensteinleiden.
Cholelitho|tripsie: Zertrümmerung der Gallensteine.
Chol|emesis: Galleerbrechen.
Cholera asiatica: durch den *Koch*' Kommabazillus* bedingte epidemische (echte) Ch. **Ch. infantium:** Brechdurchfall der Kinder. **Ch. nostras:** einheimischer Brechdurchfall; gewöhnlich vereinzelt auftretend.
Choleratyphoïd: typhöser* Zustand nach dem eigentlichen Choleraanfall.
Cholerese: Gallenabsonderung.
Choleretika: Gallenabsonderung fördernde Mittel.
Choleriker: → Temperament.
Cholerine: meist leichter verlaufende Form der Cholera*. Auch Cholera* nostras.
Cholestase: Stauung d. Gallenflüssigkeit.
Chole|stea|tom(a): Perlgeschwulst* zwischen Arachnoidea* u. Gehirnrinde. **Ch. des Gehörganges:** Epidermispfropf*.
Cholesteatose: Cholesterin*- u. Choleste-

rinester-Ablagerung in Geweben u. Organen, i. e. S. in der Gallenblase (Stippchengallenblase).

Cholesterin: Sterin in Galle, Gallensteinen, Nebenniere, Gehirn, Blut usw.; z. T. frei, z. T. als einwertiger hochmolekularer, oberflächenaktiver Ester (Cholesterinester) vorkommend. **-esterasen:** Enzyme, die in den Stoffwechsel der Cholesterinester eingreifen. **-speicherkrankheit:** *Hand'-Schüller'-Christian'* Syndrom. **-steine:** Gallensteine, vorwiegend aus Ch. bestehend.

Cholethorax: galliger Pleura*-erguß.

Cholezyst-ektasie: Erweiterung d. Gallenblase. **-ektomie:** Herausschneiden der G. **-endese:** ideale Cholezystotomie (d. h. mit anschließ. Verschluß d. Gallenblase). **-enteroanastomose:** Herstellung einer Verbindung zw. Gallenblase und Dünndarm. **-itis:** Entzündung der Gallenblase.

Cholezysto|duodeno|stomie: Anastomose* (auch die op. Anastomosierung*) zwischen Gallenblase* u. Duodenum*. **-enteroanastomose:** Vereinigung von Gallenblase u. Dünndarm*. **-gastroanastomose:** operative Verbindung zwischen Gallenblase u. Magen. **-graphie:** Röntgen-Kontrastdarstellung* der Gallenblase. **-pathie:** Gallenblasenleiden. **-plexie:** Befestigung der G. an der Bauchwand. **-stomie:** Befestigung der eröffneten G. in der Bauchwand (Bildung einer äußeren Fistel*). **-tomie:** Eröffnung der G. zur Entleerung von Steinen.

Cholin: Reizstoff des Nervus vagus.

Cholinergika: wie Cholin wirkende, also Vagus*-reizende Mittel, z. B. Pilocarpin*, Azetylcholin*.

cholinergisch: auf die Reizübertragungsstoffe des Vagus* (Cholin*, Azetylcholin*) ansprechend.

Cholo|ptose: Gallenblasensenkung.

Cholsäure: eine Gallensäure; an Glykokoll* (Glykocholsäure) oder Taurin* (Taurocholsäure) gebunden vorkommend.

Chol|urie: Vorkommen von Gallenbestandteilen im Harn.

Chondrektomie: Entfernung von Knorpelsubstanz.

Chondritis: Knorpelentzündung.

Chondro-dys|plasie: Störung der Knorpelbildung. Oft syn. mit **-dys|trophie:** Wachstumsstörung des Knorpels an der Verknöcherungszone der Knochen (mit Verkürzung des Längenwachstums); eine Systemerkrankung des Skeletts.

chondroid: knorpelähnlich.

Chondrokranium: der knorplig vorgebildete Teil des Schädels (v. a. Basis).

Chondrolyse: Auflösung von Knorpelgewebe.

Chondrom(a): gutartige Knorpelgeschwulst.

Chondromalazie: Knorpelerweichung.

Chondromatose: Auftreten zahlreicher Chondrome*.

Chondropathia(-ie): Knorpelerkrankung. **Ch. patellae:** isolierte Ch. des Kniescheibenknorpels (bei Jugendlichen).

Chondrosarkom: v. a. im Epiphysen*-bereich vorkommende bösartige Knorpelgeschwulst.

Chondrotomie: Knorpeldurchschneidung. Spezielle *Freund'** Operation.

Chopart' Exartikulation (spr. schopahr): E. des Fußes im **Ch.' Gelenk,** das zwischen Fersen- u. Sprungbein einerseits, Würfel- u. Kahnbein andererseits liegt (→ Taf. **9**).

Chorda: Strang. **Ch. dorsalis:** Achsenorgan des Embryo*; Rest als Nucleus* pulposus erhalten. **Ch. tympani:** ein Nerv, der vom Gesichtsnerv durch die Paukenhöhle* zum Zungennerv zieht. **Ch. teroinguinalis:** Lig. teres uteri. **Ch. venerea:** anhaltende schmerzhafte Erektion* bei Tripper*.

Chordae tendineae: Sehnenfäden von der freien Spitze der Papillarmuskeln* zu den Rändern der Atrioventrikularklappen*. **Ch. vocales:** Stimmbänder.

Chord|ektomie: Herausschneiden des Stimmbandes.

Chorditis: Entzündung der Stimmbänder. **Ch. nodosa:** Sängerknötchen.

Chordom: aus Zellen der Chorda* dorsalis entstandene Geschwulst.

Chordo|tomie: operative Durchtrennung eines Strangsystems im Rückenmark*, i. e. S. der Vorderseitenstrangbahn.

Chorea (minor): Veitstanz, Neurose*, die durch unwillkürliche Muskelzuckungen

und zwecklose Bewegungen gekennzeichnet ist. **Ch. hereditaria chronica:** *(Huntington)* erbliche Ch., die erst im reifen Alter auftritt und unheilbar ist.
chorei|form: der Chorea* ähnlich.
Chorioblastom: Chorionepitheliom.
Chorioïdea, Chorioïdes: Aderhaut des Auges. Gefäßreiche Membran zw. Sklera* u. Retina (Netzhaut*; →Taf. **14**, 10).
Chorioiditis: Aderhautentzündung.
Choriomeningitis, lymphozytäre: virusbedingte grippale Erkrankung mit meningitischen* Symptomen*.
Chorion: Zottenhaut; dem Amnion* außen anliegende Eihaut mit zottenartigen Fortsätzen, die sich an d. Bildung der Plazenta* beteiligen. **Ch.epitheliom:** sehr bösartige Geschwulst, die sich aus Chorion*-zotten (bes. bei Blasenmole*) entwickelt. **Ch.gonadotropin,** HCG: vom Chorion* abgesondertes, v. a. den Gelbkörper (aber auch andere Keimdrüsen*) stimulierendes Hormon*; Vork. im Schwangerenharn (Grundlage der *Aschheim'-Zondek'** Reaktion).
Chorioretinitis: Entzündung der Ader*- und Netzhaut* des Auges.
Choristie: Miß- oder Fehlbildung infolge embryonaler* Verlagerung von Gewebskeimen.
Choristom: in hyperplastischer* Form auftretende Choristie*; evtl. auch geschwulstartig (= **Choristoblastom**).
Christmas-Faktor (spr. kristmeß): Faktor IX der Blutgerinnung*.
Chrom, Cr: chem. Element* (Schwermetall); Salze: Chromate.
chromaffin: mit Chromsalzen färbbar. **ch.es System:** System chromaffiner* Zellen in verschiedenen, vom Sympathikus* abgeleiteten Organen.
Chromaffinom: von Phäochromkörperchen* ausgehender Tumor*.
Chromatide: die paarige Längshälfte des Chromosoms*.
Chromatin: leicht färbbare Substanz im Zellkern. In Reifungsphasen zu Chromosomen* zusammengeformt; v. a. aus DNS*- u. wenig RNS*-bestehend. **Ch.-körper:** die üblichen kleinen Ch.körnchen an Größe überragende Gebilde; → Geschlechtschromatin.
chromatin|negativ: Fehlen des Geschlechtschromatins* (→ *Barr'* Körper).
chromatisch: auf Farben bezüglich.
Chromatodys|opsie: Farbenfehlsichtigkeit.
Chromatographie: (die ursprüngl. durch Farben sichtbar gemachte) Trennung von Stoffen infolge verschiedener Wanderungsgeschwindigkeit in feinporigen adsorbierenden Medien.
chromatophil: leicht färbbar, Farben annehmend.
Chromatophoren: Farbstoff(körnchen) enthaltende Zellen.
Chromat|opsie: Farbensehen (Sehen der ungefärbten Gegenstände in bestimmten Farbtönen).
Chromatose: durch Farbeinlagerung verändertes Aussehen der Haut.
Chrom(h)idrose: Absonderung von gefärbtem Schweiß.
chromogen: Farbstoff bildend.
chromophil: leicht färbbar.
chromophob: schlecht färbbar.
Chromoproteïde: aus Proteid* u. Farbstoff zusammengesetzte Eiweißkörper, z. B. Hämoglobin*, Zytochrome* etc.
Chrom|opsie: Chromatopsie.
chromosomal: Chromosomen* betreffend. **ch.es Geschlecht:** das nach Ausstattung des Organismus bzw. dessen Zellen mit Gonosomen* zu erwartende Geschlecht.
Chromosomen: aus dem Chromatin* des Zellkerns entstehende Gebilde, welche die Erbanlagen enthalten. **Ch.arme:** Hauptabschnitte des Chromosoms*. **Ch.-deletion:** Verlust eines Ch.stücks. **Ch.-karte:** graph. Darstellung der Gen*-anordnung im Chromosom*. **Ch. konjugation:** Ch.paarung. **Ch.reduktion:** Rückkehr der Ch. zur haploïden* Zahl (bei der Bildung der Geschlechtszellen).
Chromosomopathie: auf Chromosomen*-anomalien bzw. -veränderungen beruhende Krankheit.
Chromozysto|skopie: nach Injektion von Farbstoff Beobachtung der Harnausscheidung mit dem Zystoskop*; eine Nierenfunktionsprüfung.
Chromsäure oder **Chromtrioxid:** Verbdg. von Chrom mit Sauerstoff; Ätzmittel.

Chromsiderose: Chromlunge (eine Pneumokoniose*).
chronisch; chronicus, -a, -um: lange dauernd, sich langsam entwickelnd.
Chrysarobin: Bestandteil eines indischen Pflanzenpulvers; gegen Hautleiden.
Chrysosis: Goldablagerung nach längerer Goldtherapie.
Chrysotherapie: Behandlung mit Goldpräparaten.
Chvostek' Zeichen: 1) Zuckungen der vom Fazialis* innervierten* Gesichtsmuskeln auf Beklopfen des Nervs vor dem Ohr als Zeichen der Übererregbarkeit des Nervensystems. – 2) bei chron. Lebererkrankungen auftretende Hypotrichose* der Schamgegend u. der Axilla*.
chylös: aus Chylus* bestehend, milchig trüb.
Chyl|askos, Chyloperitoneum: Vorliegen chylöser Flüssigkeit in der Bauchhöhle.
Chylo-peritone|um: Chylaskos. **-pneumothorax:** Chylothorax. **-ptoë:** Husten mit chylösem* Auswurf. **-thorax:** Chylus*-ansammlung in der Pleurahöhle.
Chyl|urie: Entleerung eines chylusartigen Harns, z. B. bei Bilharziose*.
Chylus: Milchsaft; der durch Fettgehalt milchig aussehende Inhalt der Lymphgefäße des Darms (Chylusgefäße), weiterhin des Ductus* thoracicus.
Chymus: Speisebrei, der nach beendeter Magenverdauung in den Dünndarm* tritt.
Ci: Symbol für Curie.
Cicatrix: Narbe.
Cignolin: Ersatzmittel für Chrysarobin*.
Cilia: 1) Augenwimpern. – 2) die feinen Haare (Wimpern) der Flimmerzellen* und Infusorien*.
Ciliar ... : → Ziliar ... .
ciliaris, -e: 1) zu den Wimpern oder Lidern gehörig. – 2) wimpernartig.
Cilium: Wimper, → Cilia.
Cingulum: gürtelförmiger Verband.
Cinnamomum: Zimt.
Cionitis: Entzündung der Uvula*.
circinatus, -a, -um: kreisförmig.
Circu... : → Zirku... .
Circulus: Kreis, Ring. **C. arteriosus cerebri (Willisii):** arterielles Anastomosensystem an der Hirnbasis. **C. vitiosus:** gleichzeitiges Bestehen zweier krankhafter Zustände, die sich gegenseitig in steigendem Maße ungünstig beeinflussen.
Circumcisio: Umschneidung, Beschneidung*.
Circumferentia: Umfang.
circumflex (-us, -a, -um): herumgebogen.
circumscriptus, -a, -um: umschrieben.
Cirso|desis: Venenverödung (bei Krampfadern) durch Ligatur*.
Cisterna, Zisterne: erweiterte Stelle, Hohlraum. **C. chyli:** Erweiterung des Ductus* thoracicus an der Einmündung zuführender lumbaler u. mediastinaler Äste. **C. magna:** die große Zisterne zw. Kleinhirn* u. Rückenmark* (**C. cerebellomedullaris**).
citissime: schnellstens (→ cito).
cito: schnell; Vermerk für Apotheker zur Sofortanfertigung bei bedrohlichen Zuständen.
Citocholreaktion: eine Flockungsreaktion auf Syphilis* unter Verwendung eines präparierten Rinderherzextraktes.
Citrin: Vitamin P; ein Vitamin*, das unabhängig vom Vitamin C zur Gefäßabdichtung nötig ist. → Bioflavonoide.
Citrovorumfaktor: Wachstumsfaktor des Vitamin-B-Komplexes, der für die Reifung der roten Blutkörperchen erforderlich ist.
Cl: Symbol für Chlor.
Clauden: ein blutstillendes Mittel.
Claudicatio: Hinken. **C. intermittens:** anfallsweises Hinken infolge Durchblutungsstörungen, die zu schmerzhaftem Sauerstoffmangel der betr. Muskulatur führen. **C. spontanea:** → Hinken*, freiwilliges. **C. venosa intermittens:** akute Achselvenensperre (*Paget'-v. Schroetter'* Syndrom).
Claustrum: Teil des Linsenkerns*.
Clavacin: antibiot. Wirkstoff aus Aspergillus clavatus.
Claviceps purpurea: Mutterkornpilz*; → Secale cornutum.
Clavicula: Schlüsselbein (→ Taf. **3**, 1; **15**, 26).
Claviformin: antibiot. Wirkstoff aus Penicillium claviforme.
Clavus: Hühnerauge. **C. hystericus:** heftiger umschr. Kopfschmerz bei Hysterie.

Clearance (engl.; spr. klirenß): → Klärwertbestimmung.
Climax: Klimakterium.
Clip: Klipp.
Clitoris: Kitzler (→ Taf. **22**, 1–3).
Clivus: Hügel. **C. Blumenbachii:** Abdachung durch Keilbein*- u. Hinterhauptbein*-körper im Innern des Schädels.
Clivuskanten-Syndrom: Augensymptome bei Kompression des N.* oculomotorius unmittelbar nach seinem Austritt aus dem Hirnstamm*.
Cloaca: → Kloake.
Clostridium: aërobe* bis aërotolerante Sporenbildner; u. a. Erreger des Gasbrands* (v. a. Cl. histolyticum, novyi, perfringens [mit zahlreichen Typen] u. septicum).
Clunes: Gesäß.
Co: Symbol für Kobalt (**Co**baltum).
CO: Formel für Kohlenoxid.
CO_2: Formel für Kohlendioxid.
Coagulen: ein blutstillendes Mittel.
Coagulum: Blutgerinnsel.
Coalitio: Verschmelzung zweier Organe (Organanlagen) zu einer Einheit.
Coarctatio: Lumeneinengung eines Organs, i. e. S. **C. aortae:** Aortenisthmusstenose.
Cobal|amine, Kobalamine: Substanzen mit Wirkung des Vitamin* B_{12}.
Cocain(um), Kokain: Alkaloid* in Blättern des Cocastrauchs (Amerika); Anästhetikum*.
Cocarb|oxylase: Pyrophosphat des Thiamins* (ein Enzym* im Blut, das den Abbau der Brenztraubensäure* bewirkt).
Coccaceae: Kokken, kugelförmige zu den Spaltpilzen* zählende Mikroben*.
Coccidioides: sporenbildender Pilz; Erreger der Kokzidioidomykose*.
Coccus: → Kokken.
coccygealis, -e: das Steißbein (Coccyx) betreffend.
Coch|lea: Schnecke; spiraliger Kanal im Ohrlabyrinth (→ Taf. **13**, 10).
cochlearis, -e: zur Schnecke gehörend.
Cocktail, lytischer: → lytisch.
Codein(um): ein Alkaloid im Opium; v. a. als Hustenmittel.
Coeliotomia: Eröffnung der Bauchhöhle = Laparotomie. **C. vaginalis:** C. vom vorderen oder hinteren Scheidengewölbe aus.
Coeruloplasmin: kupferbindender Serum-Eiweißkörper.
Coeruloplasmose: *Wilson'* Syndrom.
Coferment: Koferment.
Coffeïnismus: Vergiftung durch Koffein (→ Coffeinum).
Coffein(um): Alkaloid* in Kaffee, Tee Mate, Kolanüssen usw.
Coffey' Operation (spr. koffi): Harnleitereinpflanzung in den Dickdarm*.
Cohabitatio: Beischlaf.
Coïtus, Koitus: Beischlaf. **C. interruptus** oder **reservatus:** unterbrochener C. (ohne Samenerguß in d. Scheide). **C. suspectus:** C. mit einer vermutlich geschlechtskranken Person.
Colatura: das Durchgeseihte.
Cole' Tubus (spr. koul): manschettenloser Endotrachealtubus* mit verdicktem oropharyngealem* Teil; für Säuglinge.
Colchicin(um): Alkaloid* im Samen der Herbstzeitlose (Colchicum autumnale).
Colica, Kolik, Leibschneiden: plötzliche anfallsweise Schmerzen im Darm, weiter auch in jedem anderen Unterleibsorgan. Volkstüml. spricht man sogar von „Kopfkolik" usw. **C. hepatica:** Gallenkolik. **C. mucosa:** Darmkolik, wobei im Stuhl häutige und röhrenförmige Gebilde entleert werden. **C. renalis:** Nieren(stein)kolik. **C. saturnina:** Bleikolik. **C. verminosa:** Wurmkolik; durch Reiz von Eingeweidewürmern.
colicus, -a, -um: zum Kolon* gehörig.
Colitis, Kolitis: Entzündung des Kolon*. **C. pseudomembranacea:** Colica* mucosa. **C. ulcerosa:** geschwürige Form der C.
Colla: Leim.
Colliculitis: Entzündung des Colliculus* seminalis.
Colliculus seminalis, Samenhügel: eine Vorwölbung im hinteren Abschnitt der Harnröhre beim Mann mit Mündung des bds. Ductus* ejaculatorius.
Collip' Einheit: Einheit der Aktivität des Hormons* der Nebenschilddrüse*.
colloïdalis, -e: kolloidal.
Collum: Hals, verschmälerter Teil (z. B. eines Röhrenknochens, Hohlorgans). **C.**

anatọmicum: Furche u. Rand des Caput* humeri (→ Taf. **5**, 2). **C. chirụrgicum:** die unterhalb der Tubercula humeri gelegene Furche (→ Taf. **5**, 8). **C. fẹmoris:** Schenkelhals (→ Taf. **4**, 10). **C. ụteri:** Cẹrvix ụteri.

Collutọrium: Mundspülwasser.

Cọlon, Grimmdarm, Intestinum colon: am Caecum* beginnender, bis zum Rektum* reichender Teil des Dickdarms, mit aufsteigendem, quer verlaufendem, absteigendem u. S-förmigen Teil (C. ascendens, transversum, descendens, sigmoides). Teilw. mit Gekröse (→ Mesokolon, Mesosigma). → Taf. **20**, 4; **21**, 5, 6; **25**, 10, 12, 18, 19.

Cọlor: Farbe.

Colụmna: Säule; im Rückenmark* die als Vorder-, Seiten- u. Hintersäule (**C. antẹrior, laterạlis** bzw. **postẹrior medụllae spinạlis**) bezeichneten Seitenteile der grauen Substanz, die gemeinsam den beidseit. Längsbalken des „H" der grauen Substanz bilden. **C. renạlis:** multiples Gebilde im Bereich der Niere* (Rindenanteile, die sich zwischen die Nierenpapillen bzw. die Pyramiden nierenbeckenwärts vorschieben); → Taf. **19**, 7. **C. vertebrạlis:** Wirbelsäule.

Cọma: → Koma.

Combụstio: Verbrennung.

Comedọnes: Mitesser; Pfröpfe aus verhornten Epithelzellen und Talg in den Ausführungsgängen von Talgdrüsen, die auf der Haut als dunkle Punkte erscheinen; v. a. bei Seborrhoe.

Commissụra, Kommissur: Verbindung, i. e. S. aus Verbindungsbahnen zwischen gleichartigen Strukturen des ZNS bestehende Gebilde.

Commọtio: Erschütterung. **C. cẹrebri:** Gehirnerschütterung. Reversible* Veränderungen des ZNS* infolge stumpfer Schädelverletzung. Leitsymptome: Bewußtlosigkeit, retrograde* Amnesie*, vegetative* Störungen. **C. cọrdis:** stumpfes Herztrauma mit funktionellen Störungen des Herzens.

commụnicans: verbindend.

commụnis, -e: gemeinsam.

Compạcta: → Kompakta; → Spongiosa.

Compliance (franz.; spr. kompliạñz): die elast. Komponente der Lunge u. des sie umgebenden Thorax*, darstellbar als Quotient aus Lungenvolumen u. intrapulmonalem Druck.

compọsitus, -a, -um: zusammengesetzt.

Comprẹssio: Druck. **C. cẹrebri:** Quetschung des Gehirns durch gesteigerten Gehirndruck* oder bei Contusio* cerebri. – Auch der gesteigerte Hirndruck* selbst.

Comprẹssor: Muskel, der einen Körperteil zusammenpreßt.

Conạmen sui|cịdii: Selbstmordversuch.

Cọnchae nasạles: Nasenmuscheln* (→ Taf. **10**, 20).

concịsus, -a, -um, cc.: zerkleinert (mittelfein).

concọmitans: begleitend. → Strabismus.

Concrẹtio: Verwachsung, Verklebung, bes. von seriösen Häuten, z. B. der beiden Blätter des Perikards* (**C. pericạrdii**; → Pericarditis).

Concụbitus: Beischlaf.

Condịcio: Bedingung. **C. sịne qua non:** unerläßliche Bedingung.

conduplicạto cọrpore: → Partus.

Condylọma acuminạtum, spitzes Kondylom*, Feigwarze: zapfenförmige bzw. blumenkohlartige Geschwülste bei Tripper usw. **C. lạtum:** breites Kondylom, nässende Papel*; bes. am After bei Syphilis* (Hahnenkamm-, Blumenkohl-artig).

Cọndylus: Gelenkknorren; rundliche Erhabenheit an Enden langer Knochen, z. B. **C. laterạlis** bzw. **mediạlis tịbiae** = äußerer u. innerer Schienbeinhöcker (→ Taf. **7**, 2, 4).

cọnfluens: zusammenfließend.

Congelạtio: Erfrierung.

congenitạlis, -e; congẹnitus, -a, -um: kongenital*, angeboren.

Congẹstio: Blutwallung, Anschoppung.

Congrẹssus: Coitus*.

Ciniịsmus: Vergiftung durch Schierling (Conium maculatum).

conjugạlis, -e: ehelich.

Conjugạta, Konjugata: Beckendurchmesser in der Medianebene* von vorn nach hinten. **C. extẹrna:** von Grube unter Dornfortsatz* des letzten Lendenwirbels zum vorderen Rand der Schambeinfuge* (→ *Michaelis'* Raute).

C. vẹra: kürzeste Entfernung zwischen Schambeinfuge* u. Promontorium*.

Conjunctịva: Tunica conjunctiva (= Bindehaut des Auges). **C. bụlbi:** Augapfelbindehaut, reicht vom Hornhautrand bis zur oberen u. unteren Umschlagsfalte u. geht dort in die **C. palpebrạrum** (= **tạrsi**), die Lidbindehaut, über.

Conjunctivịtis, Konjunktivitis: Augenbindehautentzündung. **C. blennorrhọïca** = C. gonorrhoica. **C. eczematọsa** = C. phlyctaenulosa. **C. folliculạris:** mit Vortreten der Follikel* der Bindehaut als weißliche oder blaurote Körnchen. **C. gonorrhọïca:** Augentripper; durch Gonokokken* bedingt. **C. granulọsa:** Trachom*. **C. phlyctae|nulọsa:** mit Bildung von Phlyktänen*; oft bei Skrofulose*. **C. photoelẹctrica:** durch kurzwellige Strahlen bedingte Bindehautentzündung. **C. vernạlis:** Frühjahrskonjunktivitis.

Conn' Syndrom: vermehrte Produktion von Aldosteron*; Hypertonie*, Polyurie*, Polydipsie*, tetanische Erscheinungen, Parästhesien* u. a. m.

Constipạtio: Stuhlverstopfung.

Constịtuens: der die Form einer Arznei bedingende Bestandteil; z. B. Wasser bei Lösungen, Fett bei Salben.

Constrịctio: Zusammenschnürung. **C. cọrdis:** durch Schrumpfung bei Concretio* cordis bedingte Herzeinschnürung.

Constrịctor: Muskel, der Körperhöhlen oder -öffnungen verkleinert oder verschließt.

Consụmptio: Abzehrung.

contagiọsus, -a, -um: ansteckend.

Contạgium: Ansteckung, Ansteckungsstoff. **C. animạtum** oder **vịvum:** belebter Ansteckungsstoff (Bakterien* usw.).

Contigụitas: Berührung, Nachbarschaft. Ausbreitung **per contiguitạtem:** A. durch Berührung der ursprünglichen Herde mit anderen, bisher nicht befallenen Gewebeteilen.

Contịnua: Kurzform f. Febris* continua.

Continụitas: Kontinuität, unmittelbarer Zusammenhang, Stetigkeit. Ausbreitung **per continuitạtem:** A. durch unmittelbar mit dem ursprünglichen Herd zusammenhängende Teile (örtl. Fortschreiten).

cọntra: gegen.

Contractụra: Kontraktur*. **C. palmạris:** *Dupuytren'** Kontraktur.

contrạctus, -a, -um: zusammengezogen, verkrümmt.

Contrecoup (franz.; spr. koñtrkụh): Gegenstoß, indirekte Erschütterung eines Körperteils, z. B. des Gehirns mit Bildung eines Quetschungsherdes (C.-Herd).

Contụsio: Quetschung. **C. bụlbi:** Augapfelprellung. **C. cẹrebri:** Hirnquetschung infolge Aufprallens der anliegenden Hirnpartien auf den knöchernen Schädel, auch durch Contrecoup*; oft gleichzeitig Commotio. **C. cọrdis:** Herzprellung bei Thoraxtrauma; Myokardblutungen. **C. medụllae spinạlis:** Quetschung des Rückenmarks*. Neurolog. Ausfälle bis zur Querschnittslähmung*. **C. thorạcis:** Thoraxprellung bis -quetschung mit Rippenserienbrüchen, Organzerreißungen, Pneumothorax* und Mediastinalemphysem*.

Cọnus: Kegel. **C. medullạris:** Endteil des Rückenmarks*. **C. temporạlis:** schläfenseitige sichelförm. Netzhaut*-atrophie* um die Papille*.

Convụlsio, Konvulsion: heftiger, ausgebreiteter klonischer* Krampf.

Cooley' Anämie: → Thalassämie.

Coombs' Test: → Antiglobulintest.

Cooper' Schere: eine über die Fläche gebogene Schere (→ Abb.).

Copulạtio: dauernde Verschmelzung zweier Zellen oder einzelliger Lebewesen zwecks Fortpflanzung.

Cor: Herz. **C. adipọsum:** Fettherz. **C. bovịnum:** sehr stark vergrößertes Herz. **C. mọbile:** Wanderherz, abnorm verschiebbares Herz. **C. pẹndulum:** Tropfenherz*. **C. pulmonạle:** Hypertrophie* des re Ventrikels* als Folge einer Drucksteigerung im Lungenkreislauf durch primären* Lungenprozeß. Im EKG* charakteristische Veränderungen.

Cọrium: Korium.

Cọrnea, Kornea: Hornhaut des Auges; die durchsichtige Haut in der Mitte der Vorderfläche d. Augapfels (→ Taf. **14**, 1).

Cornet' Pinzette: Pinzette zum Anfassen

von Objektträgern; auch zum selbsttätigen Halten von Deckgläsern (→ Abb.).

Cornu: Horn, hornförmige Bildung oder Ausbuchtung (z. B. an den Hirnventrikeln*, im Bereich der grauen Substanz des Rückenmarks*). **C. cutane|um:** Hauthorn.

Corona: Kranz. **C. glandis:** ringförmiger Wulst um die Basis der Eichel. **C. Veneris:** papulöses* Syphilid* an der Stirn.

Coronar...: → Koronar....

Corpus (Pl. **Corpora**): Körper; z. B. Schaft oder wesentl. Teil eines Knochens, Hauptabschnitt vieler Organe. **C. albicans:** Gelbkörper*-narbe im Ovar*. **C. aliënum:** Fremdkörper. **C. amygdaloïdeum:** Mandelkern; ein Ganglion* im Gehirn (→ Basalganglien). **C. callosum:** Balken, Balkenkörper; Teil des Kommissuren*-systems d. Gehirns (→ Taf. **10**, 2). **C. cavernosum:** Schwellkörper. **C. ciliare:** Ziliarkörper, Strahlenkörper (des Auges) mit Ziliarmuskeln (→ Augenmuskeln); → Taf. **14**, 6. **C. liberum:** freier (Gelenk-)Körper. **C. lute|um:** Gelbkörper; innersekretorische* Drüse, Produzent des Gelbkörperhormons (= Progesteron). **C. mamillare:** an der Basis des Gehirns (hinter der Hypophyse*) gelegene paarige Vorwölbung des Zwischenhirns*. **C.a oryzoïdea:** Reiskörperchen (reiskornartige Fibrin*-gebilde in Sehnenscheiden u. Gelenken). **C. papillare:** Stratum* papillare. **C.a quadrigemina:** Vierhügel. **C. striatum:** Streifenkörper; ein Basalganglion*. **C. uteri:** der oberhalb des inneren Muttermundes* gelegene Hauptteil der Gebärmutter (→ Taf. **23**, 3; **24**, 5). **C. ventriculi:** Hauptteil des Magens (zwischen Mageneingang u. ausgang). **C. vertebrae:** Wirbelkörper (→ Taf. **10**, 10; **2**, 6). **C. vitre|um:** Glaskörper (→ Taf. **14**, 8).

Corpuscula: kleine Körperchen. **C. nervosa terminalia:** Nervenendkörperchen. **C. renis:** Glomeruli* der Niere. **C. tactus:** *Meißner'** Körperchen.

Corrigens (Pl. **Corrigentia**): → Korrigens.

corrosivus, -a, -um: ätzend.

Cortex: Rinde, äußere Schicht von Organen. **C. cerebri:** Hirnrinde. **C. glandulae suprarenalis:** Nebennierenrinde. **C. renis:** Nierenrinde (→ Taf. **19**, 10).

Corti' Organ: Endapparat des Hörnervs in der Cochlea*.

cortical(is, -e): zur Rinde gehörig, Rindensubstanz, z. B. des Gehirns, der Nebenniere usw. **Corticalis:** Rindenschicht.

Cortison: Hormon der Nebennieren*-rinde.

Corynebacterium diphtheriae: Diphtheriebazillus.

Coryza: Schnupfen.

Costa(e): Rippe(n)*.

costalis, -e: auf Rippen bezüglich.

Coudé-Katheter (franz.; spr. kudäh): im Spitzenbereich gebogener Katheter*.

Coulomb: Einheit der elektr. Ladung.

Cournand' Katheter (spr. kurnañ...): schattengebender Katheter* zur Einführung ins Herz; Spitze um 45° abgebogen.

Courvoisier' Zeichen (spr. kurvoasiäh): vergrößerte, aber nicht schmerzhafte Gallenblase.

Couveuse (franz.; spr. kuvöse): offenes Wärmebettchen für schwächliche Neu- bzw. Frühgeborene.

Cowper' Drüsen (spr. kauper): Glandulae* bulbo|urethrales. **Cowperitis:** Entzündung der Gll. bulbourethrales.

Coxa: Hüfte. **C. plana:** abgeflachter Hüftkopf. **C. valga:** Schenkelhalsverbiegung, bei welcher der Winkel zwischen Schenkelhals u. Schaft größer als normal ist u. der Trochanter* niedriger steht. **C. valga luxans:** unvollständig luxierte C. v. als Form der angeb. Hüftluxation. **C. vara:** Klumphüfte; hier ist Winkel zwischen Schaft u. der (nach abwärts verbogene) Hals des Oberschenkelknochens kleiner als normal; Trochanter* steht höher (Abb. b; Abb. a ist normal).

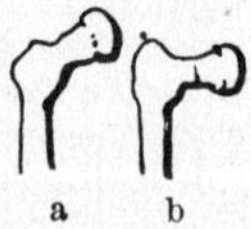

a b

Coxalgia: Hüftschmerz.

Coxarthritis: Hüftgelenkentzündung.

Coxarthrosis: → Koxarthrose.

Coxitis: → Koxitis. **C. infectiosa:** durch Infektionskrankheit (z. B. Gonorrhoe*, Syphilis*, Tuberkulose*) bedingte Hüftgelenkentzündung (**C. gonorrhoica, syphilitica, tuberculosa**).

Coxsackie-Virus (engl.; spr. kuksäkih): Gruppen A und B, Erreger verschiedener Krankheitsbilder; Ursache für Angina herpetica*, Bornholmer Krkht.*, aseptische Meningoenzephalitis*, Dreitagefieber*.
Cr: Symbol für Chrom.
Cramer' Schienen: biegsame, leiterartige Drahtschienen.
Crampus, Krampus: Muskelkrampf, z. B. Wadenkrampf.
Cran... : → Kran....
cranialis, -e: kopfwärts, an Stelle von superior gebraucht bei Gebilden des Halses u. Rumpfes.
Cranium: knöcherner Schädel.
C-reaktives-Protein, CRP: Eiweißkörper (α-Globulin), im akuten Stadium verschiedener entzündl. Krkhtn. im Serum auftretend.
Crawford'-Adams' Prothese (spr. kraford-ädams): alloplastische* Hüftkappe.
Crecelius'-Seifert' Methode: auf Reduktion von Pikrinsäure* basierende grobe Blutzuckerbestimmung.
Credé' Handgriff: Entfernung der (bereits gelösten) Nachgeburt durch Druck auf den oberen Teil der Gebärmutter. **C.' Prophylaxe**: Einträufelung von 1 %iger Höllensteinlösung in die Augen Neugeborener zur Verhütung von Tripperansteckung, gesetzlich vorgeschrieben. **C.' Salbe**: Salbe mit kolloidalem* Silber.
Cremaster: Musculus cremaster. → Kremaster....
Cremor Tartari: Tartarus* depuratus.
Crena ani: Afterfurche (zwischen beiden Gesäßhälften).
Crepitatio: Knarren, Knistern; reibendes Geräusch zwischen Knochenfragmenten* als sicheres Fraktur*-zeichen.
Crescendo (ital.; spr. kräschändo): Geräusche, deren Intensität* zunimmt; z. B. 1. Ton bei Mitralstenose*.
cribriformis, -e: siebartig.
Crico-arytaenoideus: Musculus c. lateralis (= ein Stimmritzenschließer) bzw. M. c. posterior (= Stimmritzenöffner). **-thyroideus**: Musculus cricothyroideus (= Stimmbandspanner). **-tomia,** Krikotomie: Ringknorpelspaltung.
Crigler-Najjar: → *Najjar*.
cricoides: ringförmig.
Crinis: Haar.
Crista: Kamm, Leiste. **C. iliaca**: Darmbeinkamm (Taf. **4**, 5; **16**, 17). **C. tuberculi majoris**: Leiste des Großhöckers des Oberarms (Taf. **5**, 5). **C. tuberculi minoris**: Leiste des Kleinhöckers des Oberarms (Taf. **5**, 6).
Crocidismus, Krozidismus: Flockenlesen.
Crohn' Krankheit: Enteritis regionalis (Ileitis terminalis).
Crotonismus: Vergiftung durch Krotonöl.
Croup: → Krupp.
Crouzon' Krankheit (spr. krusoñ): Anomalie des Hirn- u. Gesichtsschädels; Turmschädel, flache Orbitae*, weiter Augenabstand, „Papageiennase", Unterentwicklung des Oberkiefers.
cruciatus, -a, -um: gekreuzt.
CRP: C-reaktives Protein.
crudus, -a, -um: roh, unbearbeitet, zäh.
Cruor sanguinis: Placenta* sanguinis.
Crura: → Crus.
cruralis, -e: zum Unterschenkel gehörig.
Crus (Pl. **Crura**; Gen. cruris): Schenkel, Wulst; i. e. S. der Unterschenkel. **C. cerebri**: dem Zwischenhirn* basal* aufliegender paariger Wulst; führt Nervenbahnen von d. Rinde (Pyramidenbahn). **C. valgum**: Einwärtskrümmung d. Unterschenkel. **C. varum**: O-Bein durch Verbiegung des Unterschenkels.
Crush-Syndrom (engl.; spr. krasch): nach Verschüttung, ausgedehnten Muskelquetschungen auftretende Nierenschädigung mit Harnverhaltung, in schweren Fällen Urämie*.
Crusta: Kruste, Borke, Schorf.
Crux: Kreuz, Plage.
Cryptococcosis: → Kryptokokkose (Sproßzellen-bedingte Krankheit).
Cu: Symbol für Kupfer (= **Cuprum**).
cubitalis, -e: zum Ellenbogen gehörig.
Cubitus: Ellenbogen. **C. valgus**: X-Ellenbogen, bei dem der herabhängende Arm einen unter 160° betragenden, nach außen offenen Winkel bildet.
Cuboideum, Kuboid: Kurzform f. Os cuboideum (Würfelbein; → Taf. **9**, 10).
Culex: eine Gattung der Culicidae.

Culicidae: Stechmücken, Schnaken.
Cumulus: Haufen. **C. oophorus:** Eihügel (Zellanhäufung im reifen Follikel* des Ovars*, das Ei tragend).
cuneïformis, -e: keilförmig.
Cune|us: keilförm. Hirnrindengebiet im Hinterhauptlappen; Sehbezirk.
Cuprum: Kupfer. **C. sulfuricum:** schwefelsaures Kupfer, Kupfervitriol.
Curare: amerikanisches Pfeilgift; Hilfsmittel bei der Narkose* zur Erzielung größerer Entspannung der Muskulatur bei niedriger Dosierung des Narkotikums*.
Curette (franz.; spr. kürett), Kürette: ringförmiges (stumpfes oder scharfes) Instrument an langem Stiel zum Abkratzen krankhaft. Schleimhautwucherungen, bes. im Uterus (→ Abb.). Die Operation wird als **Kürettieren, Curettage** od. **Curettement** (spr. küretasche, küretmañ) bezeichnet.

Curie-Einheit (franz.; spr. kürie), Ci: 1 Curie ist die mit 1g Radiumelement im Gleichgewicht stehende Emanation*.
Curschmann' Maske: Mund und Nase bedeckender Blechtrichter mit Vorkammer, in die mit arzneilicher Flüssigkeit getränkte Watte kommt (→ Abb.). **C.' Spiralen:** korkenzieherartig gewundene Schleimfäden im Auswurf bei Asthma*. **C.' Trokar:** T. zur Punktion bei Hautwassersucht (→ Abb.).

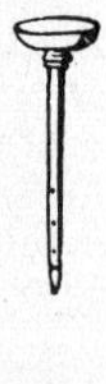

Curvatura: Krümmung. **C. major** und **minor:** der untere bzw. obere Rand des Magens (→ Taf. **25**, 6 und *7*).
Cusco' Spekulum*: ein zweiklappiges Scheidenspekulum (→ Abb.).

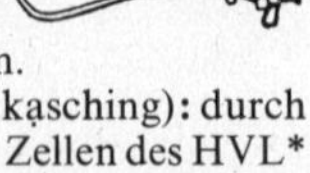

Cushingoïd (engl.; spr. kaschingoïd): passageres *Cushing*' Syndrom.
Cushing' Syndrom (spr. kasching): durch Tumor der basophilen* Zellen des HVL* hervorgerufenes (*C.*' S. im e. S.) oder auf hormonaktivem NNR-Tumor basierendes Krankheitsbild, u. a. mit starken Fettablagerungen, Osteoporose, Nachlassen der Keimdrüsentätigkeit einhergehend.
Cuspis: Spitze, Segel der Herzklappe.
cutane|us, -a, -um; kutan: die Haut betreffend.
Cutis: Haut (aus Epidermis* u. Korium* bestehend). **C. anserina:** Gänsehaut. **C. marmorata:** blaurote Fleckung der Haut bei Abkühlung.
Cuticula: Häutchen; i. e. S. das vom dorsalen Nagelfalz u. dem Eponychium* bedeckte feine Keratinhäutchen.
Cyan...: → Zyan....
Cyano|kobal|amin, Cyanocobalaminum: Vitamin* B_{12}. Wichtig f. Erythrozyten*-reifung. Mangelsymptome: perniziöse Anämie*.
Cycl...: → Zykl....
Cyclitis: → Zyklitis.
Cyclodialysis: → Zyklodialyse.
Cyclopropan: gasförmiges Narkose*-mittel; explosiv.
Cyst...: → Zyst....
Cysteïn: eine Aminosäure, Eiweißkörperbaustein.
Cysticercus: Blasenwurm; Finnenzustand* gewisser Bandwürmer, bestehend aus einer Blase, in die der spätere Bandwurmkopf eingestülpt ist. **C. bovis:** Finne von Taenia* saginata. **C. cellulosae:** Finne von Taenia* solium. **C. racemosus:** sich im Gehirn entwickelnder C. cellulosae (ohne Finnenbalg); traubiges Gebilde. **C. multilocularis:** 1) C. racemosus. – 2) alveoläre Form des Echinokokkus*.
Cystico...: zum Ductus* cysticus gehörig.
cysticus, -a, -um: zystisch*, blasenartig, mit Bildung (kleiner) Zysten einhergehend; zur Blase (z. B. Gallenblase; → Ductus* cysticus) gehörig.
Cystin: → Zystin.
Cystinosis: angeb. Anomalie des Zystin*-stoffwechsels.
Cystis fellea: Vesica fellea.
Cystitis: → Zystitis.
Cystom(a): Zystengeschwulst (aus zahlreichen Zysten* bestehend).
Cyto...: → Zyto....
Czerny' Naht (spr. tscherny): fortlaufende 3schicht. (alle Schichten erfassende) 2reihige Naht des Darms oder Magens mit darüber gelegter seroseröser Naht.

D

D.: 1) Dioptrie*. – 2) Symbol für „dorsal" (= thorakal), z. B. D_1 als erstes thorakales* Rückenmarksegment. – 3) Rezepturanweisung = da, detur od. dentur (gib, ist oder sind zu geben), auch Dosis. – 4) → Rhesusfaktor.

Dacnomanịa: Beißwütigkeit.

DaCosta' Syndrom: Atemnot, Schwindelgefühl, Tachykardie* bei rel. geringer Anstrengung u. bei Gemütserregungen.

Dämpfung: Vorhandensein von dumpfem (absolute D.) oder gedämpftem (relative D.) Klopfschall. → Perkussion.

Dạkin' Lösung: eine ca. 1,5 %ige Lösung von unterchlorsaurem Natrium. Zur Behandlung infizierter Wunden.

Dạkryo-adenịtis: Tränendrüsenentzündung. **-helkọse:** ulzerative Erkrankung des Tränenapparates. **-lịth:** Tränenstein; Konkrement* in den Tränenwegen. **-r|rhọe:** Tränenfluß. **-zẹle:** Tränensack*-erweiterung. **-zystịtis:** Tränensack*-entzündung. **-zystoblennorrhọe:** schleimige oder eitrige Absonderung aus dem Tränensack. **-zysto|rhino|stomịe:** operative Wiederherstellung eines Tränenweges bei verstopftem Ductus* nasolacrimalis. **-zystostenọse:** Stenose* der Tränenwege. **-zystosyringo|tomịe:** Tränengang*- bzw. Tränensack*-inzision* (zur Bildung einer Ableitungsfistel).

Dakryọm: Tränenpünktchenschwellung.

Dạkryops: Tränendrüsen*-Retentionszyste*.

Daktylịtis: Fingerentzündung.

Daktylo-grạmm: Fingerabdruck. **-grypọse:** Fingerverkrümmung.

Damm, Perineum: Gegend zwischen After u. äußeren Genitalien (Vorderdamm), zwischen Steißbein u. After (Hinterdamm); → Taf. **22**, 7; **23**, 14.

Dampf-kochtopf: verschließbares Gefäß, in dem Wasserdampf entwickelt wird; z. B. zum Desinfizieren. → Autoklav. **-resistenz:** Widerstandsfähigkeit von Bakterien und Sporen gegenüber Dampfeinwirkung von 100° C.

Daniels' Biopsie: Skalenus*- biopsie.

Darm-atonịe: Verlust des Tonus der -muskulatur; führt zu paralyt. Ileus*. **-bein,** Os ilium: ein Beckenknochen (→ Taf. **4**); mitbeteiligt an der Bildung der Hüftpfanne. **-beingrube,** Fossa iliaca: von der -beinschaufel bauchseitig gebildete Grube (→ Taf. **4**, 4). **-beinkamm,** Crista iliaca: die obere kantige Begrenzung der -beinschaufel (→ Taf. **4**, 5; **16**, 17). **-beinmuskel:** Musculus iliacus (→ Taf. **16**, 15). **-beinschaufel,** Ala ossis ilii: flügelartig ausladender Teil des -beins (→ Taf. **4**, 23). **-beinstachel:** am vorderen u. hinteren Ende des -beinkamms befindl. Knochenvorsprünge (z. B. vorderer oberer = Spina iliaca anterior sup.; → Taf. **4**, 6; **15**, 20; **16**, 14). **-bilharziọse:** → Schistosoma. **-brand,** Jejunitis necroticans: schwere Entzündung des Leerdarms*. Von der Darmschleimhaut auf die Darmmuskulatur übergehend u. oft zum Durchbruch in die freie Bauchhöhle führend. **-dialyse:** über den Darm vorgenommene Blutentschlackung bei Nierenversagen. **-fell:** das den Darm umgebende Peritoneum* (→ Serosa). **-fistel:** jede abnorme Verbdg. des Darmhohlraums mit der Körperoberfläche oder einem inneren Organ, spez. wenn nur eine seitl. Öffnung d. Darmwand besteht, während beim Anus praeter der Darm gänzlich unterbrochen ist. Künstliche D. wird zwecks Entleerung des Darms oder Zufuhr von Nahrung angelegt. **-flora:** Gesamtheit d. Bakterien* in einem Darm. **-peristạltik:** über den Plexus* myentericus u. submucosus gesteuerte fortlaufende Kontraktionswellen des Darms. **-pech:** Mekonium. **-resektion:** Ausschneidung eines Stückes des Darms (evtl. nur der Darmwand), worauf die freien Ränder miteinander vernäht werden. **-spiegel:** im Röntgenbild sichtbarer Flüssigkeitsspiegel im Darm bei Ileus*. **-trakt:** der aus den verschiedenen Darmabschnitten bestehende Teil d. Verdauungstraktes. **-wandbrüche:** Hernien*, deren Inhalt nur von einem Teil der Darmwandung gebildet wird.

Darrow' Lösungen: Infusionslösungen für die Kaliumersatztherapie bei Kleinkindern.

Dasyma: Hypertrichose.

Daturismus: Vergiftung durch Datura stramonium (Stechapfel), v. a. auf Hyoszyamin*- u. Atropin*-wirkung beruhend.

Dauer-ausscheider: Personen, die nach Überstehen einer Infektionskrkht. dauernd Krankheitskeime* ausscheiden. **-fraktur,** Ermüdungsbruch: durch übermäßige Dauerbelastung bedingter, auf „Materialermüdung" zurückgehender Knochenbruch. **-katheter,** Verweilkatheter: K., der längere Zeit in der Blase liegen bleibt, um dauernden Harnabfluß zu erreichen.

Davidsen'-Kjerulf'-Jensen' Lösungen: Infusionslösungen für die Kaliumersatztherapie bei Kleinkindern.

Daviel' Löffel: löffelartiges Instrument zum Herausholen von Starresten usw. (→ Abb.).

D. c. f.: Rezepturanweisung; → detur cum formula.

Débridement (franz.; spr. debridmañ): Durchtrennung von Verwachsungen (→ Bride); Nekrosenabtragung.

DDT: Dichlor-Diphenyl-Trichlormethylmethan: Berührungsgift für Insekten.

debil: geistesschwach.

Debilität: Debilitas (mentalis).

Debilitas: Schwäche. **D. cordis:** Herzschwäche. **D. mentalis:** Geistesschwäche (geringen Grades).

Debré-de Toni'-Fanconi' Syndrom: Fett- u. Glykogen*-speicherung in der Leber. Renale Rachitis*, Phosphaturie*, Glykosurie*, Aminoazidurie*.

Décanulement (franz.; spr. dekanülmañ): Herausnahme einer Kanüle; Kanülenentwöhnung.

Decholin-Zeit: Zeit zwischen i. v. Verabfolgung von Decholin u. Auftreten eines bitteren Zungengeschmacks (gemessen i. Rahmen einer Kreislaufuntersuchung).

Decidua, Membrana decidua: „hinfällige Haut"; gewucherte Schleimhaut der schwangeren Gebärmutter, bes. der Teil, der sich bei der Geburt loslöst und die äußerste Eihülle bildet.

Decoctum: Abkochung.

Décollement (franz.; spr. dekolmañ): durch stumpfes Trauma verursachte Hautabscherung.

decrepitus, -a, -um: abgelebt, gebrechlich.

Decubitus: Wundliegen, Durchliegen, Druckgeschwür, Druckbrand.

Defäkation: Kotentleerung.

Defatigatio: Ermüdung.

Defekt: Fehlen eines Teils, Mangel, Lücke. Psychischer D.: geistige Schwäche auf einem bestimmten Gebiete.

Défense musculaire (franz.; spr. defañß müskülär): Muskelabwehr; Spannung der Bauchmuskeln über entzündlichen Herden des Bauchfells.

Deferentitis: Entzündung des Ductus* deferens.

Deferves|zenz: Entfieberung.

Defibrillation: Beseitigung des Kammerflimmerns* oder -flatterns* durch elektr. Stromstoß (Elektroschock) bzw. entsprech. Medikation*. → Kardioversion.

Defibrinieren: Entfernung von Fibrin* aus frisch entnommenem Blut durch Schlagen mit Stäbchen oder Schütteln mit Glasperlen.

Definition: Begriffsbestimmung.

Deflexionshaltung: Streckhaltung des kindl. Kopfes unter der Geburt.

Deflexionslagen: Vorderhaupts-, Stirn-, Gesichtslagen (= Kopflagen, bei denen der Kopf des Kindes eine Deflexionshaltung* zeigt).

Defloration: Entjungferung.

Defluvium capillorum: Haarausfall.

deformans: verunstaltend, mit Verunstaltung verbunden.

Deformation, Deformierung, Deformität: Abweichung von der natürlichen Form, Verbiegung, Verunstaltung, Mißbildung (Adj. **deformans**).

Degastro|stomie: operative Beseitigung einer Gastrostomie*.

Defrontalisation: Leukotomie.
Degeneratio, Degeneration: Entartung. Verschlechterung bezüglich Entwicklung u. Leistungsfähigkeit.
Degenerationszeichen: gewisse körperliche Mißbildungen (Schädelasymmetrien, Anomalien der Ohrmuschel usw.) und funktionelle Störungen (Schielen, Stottern usw.), z.B. bei Geisteskranken, erblich Belasteten.
degenerativ: mit Degeneration* einhergehend oder darauf beruhend.
Deglutition: Schluckbewegung.
Degranulation: Schwinden von Körnchen (= Granula*).
Dehiszenz: Auseinanderweichen, Klaffen von Gewebe (Wundrändern).
Dehydratation: 1) Wasserverarmung. – 2) Dehydratisierung (Abspaltung von lose gebundenem Wasser; Vorgang bei enzymatischen Prozessen).
Dehydrierung: Abspaltung von Wasserstoff aus einer Verbindung.
Dejektion: Entleerung von Auswurfstoffen (**Dejektionen, Dejecta**), bes. Kotentleerung.
Déjerine'-Sottas' Syndrom (spr. descheräñ): neurale Muskelatrophie.
Dekadenz: Verfall, Verschlechterung.
Dekalzifikation: Entkalkung.
Dekantieren: Abgießen der über einem Niederschlag stehenden Flüssigkeit.
Dekapitation: eine Art der Embryotomie*, wobei der Kopf des Kindes vom Rumpf getrennt wird.
Dekapsulation: Entkapselung, z. B. Ausschälen der Niere aus ihrer Kapsel.
Dekompensation: Nachlassen der eine Organschwäche ausgleichenden Kräfte bzw. Mechanismen.
dekompensiert: nicht ausgeglichen (→ Dekompensation).
Dekomposition: schwere Ernährungsstörung beim Säugling.
Dekompression: Nachlassen eines Drukkes; Druckentlastung.
Dekompressivtrepanation: Trepanation* zur Herabsetzung des Gehirndrucks*.
Dekorporierung: Ausscheidung einer in den Körper eingebrachten oder im Körper abgelagerten Substanz.
Dekortikation: Abtragung einer Organhülle (bzw. -schwarte); Entfernung der Rindensubstanz eines Knochens.
Dekre|scendogeräusch: kontinuierlich abnehmendes Geräusch. → Crescendo.
Dekubitalgeschwür: → Decubitus.
Delhi-Beule: → Orientbeule.
delirant: mit Delir(ium)* einhergehend, durch Delir bedingt.
Delir(ium): rasch verlaufende geistige Störung mit traumartiger Trübung des Bewußtseins, Sinnestäuschungen, Aufregungszuständen und Irrereden. **D. furibundum:** Tobsucht. **D. potatorum** oder **tremens:** Säuferwahnsinn, Verwirrtheit mit Zittern, Unruhe, Sinnestäuschungen.
Delta: griechischer Buchstabe von Dreieckform. **D.aktivität:** langsame, polymorphe* u. polyrhythmische* EEG*-Wellen; keine Symmetrie in den Hemisphären. **D.muskel:** Musculus deltoideus. **D.rhythmus:** → Elektroenzephalogramm. **D.welle:** träge Vorschwankung des QRS*-Komplexes im EKG* bei WPW*-Syndrom.
Deltoide|us: Kurzform für Musculus* deltoideus.
Demarkation: Abgrenzung krankhafter (besonders entzündlicher, brandiger) Prozesse.
Dementia, Demenz: Blödsinn, Geistesschwäche. **D. paralytica:** progressive* Paralyse* der Irren. **D. praecox:** Jugendirresein; Geistesstörungen, die kurz nach der Pubertät* beginnen u. zu einem eigenartigen Zustand geistiger Schwäche führen. **D. senilis:** Altersblödsinn. **D. traumatica:** nach Hirntrauma auftretende D.; schwer steuerbare Aggressivität*.
Demenz: Dementia.
Demyelinisierung: Myelin*-verlust der Nervenfasern (Adj. **demyelinisierend).**
Denaturieren: Veränderung der natürl. Beschaffenheit eines Stoffes, z. B. durch Zusätze, irreversible Prozesse (z. B. Eiweißausflockung) oder durch physikal. Faktoren.
Dendrit: verästelter, nach der Zelle hin (von Neuriten* übernommene) Impulse vermittelnder Ausläufer von Ganglienzellen*. → Neuron.
dendritisch: verzweigt, verästelt.
Denervierung: Isolierung eines Organs,

einer Muskelgruppe oder einer Extremität durch Entfernung seiner Nerven.

Dengue-Fieber: akute Infektionskrkht. der Tropen- u. Subtropen; eigentümlich geschraubter Gang, rheumatische Beschwerden. Erreger: ARBO-Viren.

Denis Browne' Operation (spr. denibraun): eine zweizeitige Operation der Hypospadie*. Bildung einer künstl. Harnröhre aus Haut des Penis* u. Hodens*.

Denny-Brown' Syndrom (spr. dennibraun): Thrombose* der Arteria carotis interna, hypotone Genese* zerebraler Funktionsausfälle.

Dens: 1) dem Atlas* als Achse dienender Fortsatz des 2. Halswirbels (= Axis).– 2) Zahn (→ Dentes).

dentalis, -e: zu den Zähnen gehörig.

Dentalinfektion: → fokale Infektion.

Dentes: Zähne. **D. canini:** Eckzähne. **D. decidui:** Milchzähne. **D. incisivi:** Schneidezähne. **D. molares:** Backenzähne. **D. permanentes:** bleibende Zähne. **D. praemolares:** in jedem Kieferquadranten der 4. u. 5. bleibende Zahn.

Dentin: Zahnbein; Grundsubstanz der Zähne, welche die Pulpa*-höhle umgibt.

Dentitio: das Zahnen, der Zahndurchbruch. **D. difficilis:** Beschwerden beim Durchbruch der Milchzähne oder der Weisheitszähne.

dentogen: von den Zähnen herrührend, ausgehend.

Depigmentierung: Pigment*-verlust.

Depilation: Enthaarung.

Depletion: Entleerung.

Depolarisation: Beseitigung bzw. Änderung des an einer Membran herrschenden Potentials.

Depot: Ablagerung. – Bedeutet als erster Teil eines Präparate-Namens, daß dieses Medikament nur allmählich vom Körper abgebaut und wirksam wird (z. B. bei Insulin, Penizillin).

Depravation: Verfall.

Depressio, Depression: 1) vertikale Abwärtsbewegung des Auges. – 2) Herabdrücken, Eindrücken, Vertiefung, Niederdrücken. – 3) seelische Niedergeschlagenheit, Abspannung.

Depressionsimmunität: durch unstimmenden Einfluß einer vorangegangenen Infektion* gesteigerte Immunität* (mit entsprechend milderem Verlauf einer Zweitinfektion).

depressiv: auf Depression* bezüglich.

Depressor: ein depressorischer* Nerv.

depressorische Nerven: N., die durch Herabsetzung der Erregbarkeit der Gefäßzentren den Blutdruck senken; „Blutdruckzügler".

depuratus, -a, -um: gereinigt.

Dercum' Krankheit: schmerzhafte Fettanhäufung.

Derivantia: ableitende Mittel.

Derivat: Abkömmling; chemische Verbindung, die aus einer anderen entstanden ist.

Derma: Haut.

Derm|abrasion: Hautfräsung.

dermal: in der Haut gelegen, mit der Haut in Zusammenhang stehend.

Dermis: Corium.

Dermatitis: Hautentzündung. **D. ammonicalis:** Windelekzem. **D. congelationis:** durch Erfrierung bedingte Hautveränderungen. **D. eczematosa:** Ekzem. **D. exfoliativa:** zu großflächiger Abhebung der Epidermis* führende D. **D. seborrhoides:** seborrhoisches Ekzem. **D. simplex:** die meist akut auftretende entzündl. Reaktion d. Haut auf verschiedenart. Noxen*; mit klass., evtl. die Bildung von Blasen einschließenden Entzündungszeichen. **D. solaris:** Sonnenbrand. **D. venenata:** D. durch Berührung hautreizender Stoffe, z. B. giftiger Pflanzen. **D. vesiculosa:** mit Blasenbildung einhergehende D. – Zweites Stadium des Ekzems*.

dermatogen: von der Haut herrührend, durch die Haut bedingt.

Dermatographie: → Dermographie.

Dermatol: basisches Wismutgallat. Wundstreupulver.

Dermato-loge: Arzt f. Hautleiden. **-logie:** Lehre von den Hautkrankheiten.

Dermatom: 1) Hautsegment. – 2) Schneidgerät zur Gewinnung von Hauttransplantaten.

Dermato-mykose: Pilzerkrankung der Haut. **-myositis:** mit Muskelschmerzen u. Ausbildung livider Hautflecken einhergehende Krankheit; eine Kollage-

nose*. **-phyten:** Hautpilze. **-plastik:** Ersatz von Hautdefekten. **-sen:** Hautkrankheiten.
dermatotrọp: auf die Haut gerichtet; die Haut bevorzugend.
Dermogrạph: Fettstift zum Beschreiben der Haut.
Dermographiẹ, Dermographismus: Nachrötung oder Quaddelbildung der Haut bei Bestreichen mit stumpfen Gegenständen.
Dermoịde, Dermoidzysten: Zysten*, deren Wand die Beschaffenheit der äußeren Haut zeigt, und die auch Anhangsgebilde der Haut (Haare, Nägel, Zähne usw.) enthalten können. Bes. in Eierstöcken*.
Dermolyse: blasige Abhebung von Kutis* u./oder Epidermis*.
dermotrọp: → dermatotrop.
Derotatiọn: Beseitigung einer (unpassenden) Drehung.

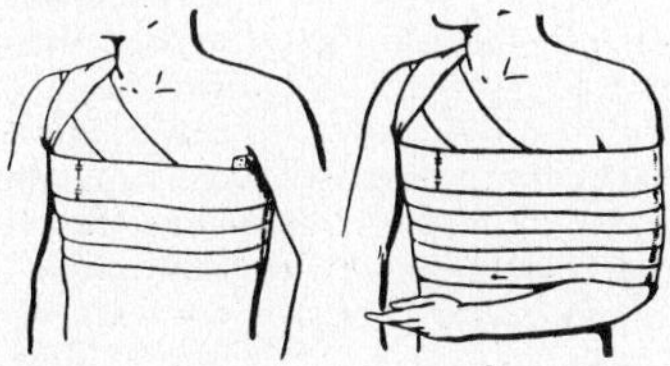

a b

Desault' Verband (spr. dẹsohlt): V. mit Kissen in der Achselhöhle bei Schlüsselbeinbrüchen (→ Abb. a-c).

c

Descemet' Membran: hinterste Schicht der Kornea*.
Des|cemetozele: → Keratozele.
de|scẹndens: herabsteigend, abstammend. → Deszendenten.
De|scẹnsus: das Herabsteigen, die Senkung. **D. tẹstis:** physiolog. Verlagerung d. Hodens in den Hodensack (→ Kryptorchismus). **D. ụteri:** Gebärmuttersenkung. **D. vagịnae:** Scheidensenkung, -vorfall.
Des|champs' Nadel, Deschamps (spr.) dạschañ): Nadel an langem Stiel, um in der Tiefe zu nähen oder zu unterbinden (→ Abb.).

desensibilisieren: unempfindlich machen; die allerg.* Reaktionsbereitschaft herabsetzen (z.B. durch Allergen*-verabfolgung).
Desinfektion: Vernichtung ansteckender krankheitserregender Bakterien. → Sterilisation.
Desinfịziens (Pl. **Desinfiziẹntia**): chem. Mittel zur Desinfektion*.
Desinsektion: Ungezieferbekämpfung.
Desinvagination: Beseitigung einer Invagination* (operativ-manuell, per Einlauf).
de|skriptịv: beschreibend.
Des|marres' Lidhalter u. **Lidklemme** (spr. dämạrr): → Abb. a und b.

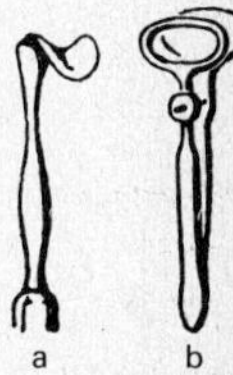

a b

Desm(at)urgie: Verbandlehre.
desmogẹn: von bandförm. Strukturen bzw. Organen, vom Bindegewebe ausgehend.
Desmoịd: zu Rezidiven* neigender Bindegewebstumor.
Desmokrạnium: die auf bindegewebiger Grundlage entstandenen Schädelknochen.
Desobliteration: operat. Maßnahmen zur Beseitigung einer Gefäß*-obliteration*.
desodorịeren: schlechten Geruch beseitigen oder überdecken.
desolạt: trostlos.
desorientiert: nicht orientiert*, verwirrt.
Desoxycholsäure: eine Gallensäure.
Desoxidation: Sauerstoffentziehung.
Desoxyribonukleinsäure, DNS: Bestandteil des Zellkerns, gebildet aus d. mehrfach vorhandenen Baustein Base (Adenin*, Guanin*, Thymin*, Zytisin*), Ribose* u. Phosphorsäure. Als spiralige Doppelkette (Doppelhelix) angeordnet. Codesystem f. die Bildung körpereigenen Eiweißes*.
De|squamạtio(n): Abschuppung d. Haut. **D. furfurạcea:** kleienförmig. **D. lamellọsa** oder **membranạcea:** in Form größerer Blättchen.
De|stillạt: die bei Destillation* erhaltene Flüssigkeit.

Destillation: Überführung einer Flüssigkeit (zur Befreiung von Beimengungen) durch Erhitzen in den gasförmigen Zustand und aus diesem durch Abkühlen wieder in den flüssigen.
destruierend, destruktiv: zerstörend, bösartig.
De|szendenten: Nachkommen, Verwandte in absteigender Linie. Direkte D.: Kinder, Enkel usw.
Deszendenz: Abstammung, Nachkommenschaft.
deszendierend: (her)absteigend.
Deszensus: → Descensus.
determinante Gruppe: Hapten.
Determinanten: kleinste Teilchen des Keimplasmas, bewirken Differenzierung d. Zellen u. Körperteile.
Detritus: Gewebstrümmer, Zerfallsmassen; Überreste zerfallener Zellen.
Detrusor-spasmus: Krampf des M. pubovesicalis (= M. detrusor); hat Miktions*-erschwerung zur Folge. **-schwäche:** Schlaffheit des M. detrusor; hat kraftlosen Harnstrahl zur Folge.
Detumes|zenz: Abschwellung.
detur, D: Rezepturanweisung: „es ist zu geben", „es soll gegeben werden".
detur cum formula, d.c.f.: Rezepturanweisung: „Arznei mit Wiedergabe der Rezeptformel auf dem Etikett abgeben!".
Deuter|an|omalie: Grünsehschwäche als Form der Farbenanomalie*.
Deuter|an|op(s)ie: Gründblindheit als Form der partiellen Farbenblindheit*.
Deviation: Abweichung, Ablenkung. → Septumdeviation.
devital: leblos.
Dexio...: → Dextro....
dexter, -tra, -trum: rechts, rechter.
Dextran: Polysaccharid*, dient als Blutplasmaersatz.
Dextrine: intermediäre* Abbauprodukte der Stärke.
Dextro-depression: Schrägbewegung des Auges nach rechts unten. **-elevation:** Schrägbewegung des Auges nach rechts oben. **-gramm:** Rö-Darstellung der re Herzhälfte u. der zugehörigen Gefäße. **-kardie:** Verlagerung des Herzens nach rechts. **-phorie:** unwillkürl. Blickabweichung nach rechts. **-positio:** Rechtsverlagerung, -lage (**D. uteri:** Verlagerung des Uterus* nach rechts von der Mittellinie).
Dextrose: Traubenzucker* (= Glukose).
Dextroversion: Seitwärtsbewegung des Auges nach rechts.
Dezeleration: Verlangsamung.
Dezibel: logarithmisch abgestufte Maßeinheit für die Schallempfindung.
Dezidua: → Decidua.
Di: Abk. für **Di**phtherie.
Diabetes (mellitus): Zuckerharnruhr, Zuckerkrkht.; dauernde Ausscheidung von Traubenzucker enthaltendem Harn, verbunden mit starkem Durst- u. Hungergefühl u. schweren Ernährungsstörungen; Blutzucker*-erhöhung. Bei Stoffwechselentgleisung Koma*. **D. insipidus:** einfache Harnruhr. Hier wird ein abnorm reichlicher (nicht zuckerhaltiger) Harn von geringer Konzentration ausgeschieden.
Diabetiker: ein an Diabetes* Leidender.
Dia|docho|kinese: geordneter Ablauf rasch wechselnder antagonistischer* Bewegungen, z. B. der Pro- u. Suppination*.
Diät: die zur Erhaltung oder Erlangung der Gesundheit erforderl. Lebensweise; auch Krankenkost, Kostordnung.
Diätetik: Lehre von der passenden Ernährungs- und Lebensweise; Gesundheitslehre.
diätetische Kur: Heilverfahren durch bestimmte Regelung der Kost (Mast-, Entfettungs, Milch-, Traubenkur usw.).
Dia|gnose, Diagnosis: Erkennung und Benennung einer Krankheit. **D. ex juvantibus:** auf den Therapie-Effekt gestützte Diagnose. **D. per exclusionem:** durch den mögl. Ausschluß anderer Krankheiten gestellte Diagnose.
Dia|gnostik: Lehre von der Erkennung der Krankheiten.
dia|gnostizieren: eine Diagnose stellen.
Diagramm: schematische Zeichnung zur Darstellung bestimmter Verhältnisse.
diakondylär: transkondylär.
Dialyse: Ablösung, Abtrennung. **D., extrakorporale:** apparativ außerhalb des Körpers vorgenommene Entschlackung des Blutes bei Nierenversagen.
Diameter: Durchmesser.
Diamond'-Blackfan' Anämie (spr. deia-

mond-bläckfän): seltene, angeborene, chronisch verlaufende Anämie*. Im Knochenmark starke Herabsetzung der Erythroblasten*-zahl (Erythroblastenphthise), Verminderung d. Retikulozyten.
Diapasma: Streupuder.
Diapedese, Diapedesis: Durchtritt von Blutkörperchen durch die Wand der Kapillaren.
Diaphano|skopie: Durchleuchtung von Körperhöhlen von innen nach außen, z. B. am Kopf zur Tumor*-diagnose.
Diaphorese: Hautausdünstung, i.e.S. die Schweißsekretion.
Diaphoretika: schweißtreibende Mittel.
Diaphragma: 1) Scheidewand. – 2) Zwerchfell* (→ Taf. **25**, 1). – 3) Blende.
Diaphyse: das Mittelstück von Röhrenknochen.
diaplazentar: unter Passage der Plazenta*.
Diapositiv: photographisches Positiv auf durchsichtiger Unterlage (bes. Glas).
Diar|rhoe: Durchfall.
dia|sklerale Durchleuchtung: Durchleuchtung des Augeninnern mit einer der Sklera* aufgesetzten kleinen Glühlampe.
Diastase: 1) Enzym*, das Kohlenhydrate in Dextrin* und Maltose* umwandelt. –2) das Auseinanderweichen.
Diastema: durch anomalen Abstand der Zähne bedingte Lücke im Gebiß.
Diastemato|gnathie: Gnathoschisis.
Diastole: rhythmische Erweiterung eines Organs, bes. des Herzens und der Gefäße.
Diastolikum: diastolisches Geräusch.
diastolisch: zur Diastole* gehörig.
Di|ataxie: beidseitig auftretende Ataxie*.
Dia|thermie: Anwendung von Hochfrequenzströmen*, um Körperteile in ihrem Innern zu erwärmen. Auch zum Durchbrennen bzw. Zerstören von Geweben (bei Anwendung einer kleinen differenten Elektrode = chirurg. Diathermie). → Elektrotomie.
Diathese: Neigung des Körpers zu krankhaften Reaktionen auf sonst unschädliche Umwelteinflüsse.
Diaz' Syndrom: juvenile* (aseptische*) Knochennekrose* des Talus*; → *Mouchet'*, *Caffey'* Syndrom.
Di|azet|urie: Ausscheidung von Diazetsäure (= Azetyl-)Essigsäure im Harn.
Di|azo-körper: durch Diazoreaktion* nachweisbare Stoffwechselschlacken im Harn; bei bestimmten Krkhtn. vermehrt. **-reaktion:** Rotfärbung des Harns auf Zusatz von Diazoreagens* (aus Sulfanilsäure, Salzsäure, Natriumnitrit, Ammoniak) bei Vermehrung der Diazokörper (z. B. bei Typhus, Phthise).
Dichlorbenzol: Halogen*-kohlenwasserstoff mit narkotischer Wirkung, der auch lokale Reizerscheinungen u. Leberschädigungen verursachen kann.
Dicho|tomie: Teilung in 2 gleiche Teile.
Di|chroismus: Zweifarbigkeit.
dichroitisch: zweifarbig.
Dichromasie, Dichromat|opsie: angeborene Farbensinnstörung, bei der nur 2 von den 3 Farbkomponenten im Spektrum erkannt werden können. Die Träger dieser Farbsinnesstörungen heißen **Dichromaten.**
Dick' Probe (Test): intrakutane* Einspritzung von *Dick'* Toxin (ein Scharlachstreptokokken-Toxin; verursacht örtliche Entzündung, aber nicht bei Scharlach*-immunen).
Dickdarm: mit dem Caecum* (Blinddarm) beginnender, über das Colon* (Grimmdarm) u. Rectum* (Mastdarm) zum Anus* reichender Teil des Darms. **D.band:** Taenia coli (→ Taf. **25**, 14). **D.zwischenschaltung:** Anastomosierung eines isolierten Dickdarm*-segmentes mit Hohlorganstümpfen zur Überbrükkung von Defekten.
Dicker Tropfen: Schnellmethode zur Auffindung von Malariaparasiten*.
Dicrocoelium dendriticum (D. lanceolatum), Fasciola lanceolata: kleiner Leberegel; in gemäßigten Zonen der nördl. Halbkugel vorkommend.
Dicumarol: ein Antikoagulans*.
Didym|algie: Hodenschmerz.
Didymus: 1) Zwilling. – 2) Hoden.
Diego: erbl. Blutgruppen*-eigenschaft. Symbol: Di (a+), Di (a–).
di|enzephal: das Zwischenhirn (= Diencephalon*) betreffend.
Diencephalon, Dienzephalon: Zwischenhirn (bestehend v. a. aus Hypophyse*, Epiphyse*, aus Thalamus* u. Hypothalamus*); mit III. Gehirnventrikel*.

Dienzephalose: degenerative Erkrankung d. Zwischenhirns; führt zu vegetativen* Organfunktionsstörungen.
Dietl' Krise: Nierenkolik mit Fieber u. Schüttelfrost.
Dietrich' Syndrom: juvenile* (aseptische*) Knochennekrose* der Mittelhandknochen*-köpfchen II u. III.
Dieulafoy' Krankheit (spr. djölafoa): toxisch* bedingte blutende Erosionen* u. Ulzera* des Magens.
different: verschieden, ungleich. **d.e Elektrode:** Reizelektrode*. **d.e Mittel:** stark wirkende Mittel.
Differentialblutbild: mikroskopische Untersuchung eines gefärbten Blutausstrichs zur Ermittlung des prozentualen Anteils der einzelnen Leukozyten*-formen.
Differentialdiagnose: Abgrenzung einer Krankheit von anderen ähnlichen.
Differenz: Unterschied. **D.ierung:** Unterscheidung; Sonderung.
diffizil: schwierig, peinlich, sorgfältig.
difform: mißgestaltet.
diffundieren: sich ausbreiten, ausgießen. → Diffusion.
diffus(us, -a, -um): ausgebreitet, ausgedehnt, ohne scharfe Grenzen, zerstreut.
Diffusion: gegenseitige Durchdringung zweier (flüssiger oder gasförmiger) Körper bis zur völligen Einheitlichkeit.
digastricus, -a, -um: zweibäuchig, z. B. der M. digastricus, der vom Warzenfortsatz (über Zungenbein) zum Unterkiefer verläuft.
Digby Leigh' Ventil (spr. digby lei): die Rückatmung der Ausatemluft verhinderndes Ventil für Intubationsnarkosen bei Säuglingen u. Kleinkindern.
Di|gestion: Verdauung.
Digestions|trakt: Verdauungskanal.
Digestivum (Pl. **Digestiva**): Verdauung fördernde Mittel.
digital: → digitalis.
Digitalis: Fingerhut, z. B. der wollige, gelbe oder rote (**D. lanata, lutea** oder **purpurea**), aus denen herzwirksame Glykoside* gewonnen werden.
digital(is, -e): die Finger betreffend; mit den Fingern.
Digitalismus: Vergiftung mit Digitalis* purpurea oder lanata bzw. mit ihren Glykosiden*.
Digitaloide: Digitalis*-ähnlich wirkende Glykoside*, z. B. Strophantin*.
Digitalysatum: ein Digitalispräparat.
digitatus, -a, -um: fingerförmig.
Digitoxin: giftiges Glykosid* in Digitalis.
Digitus (Pl. **Digiti**): Finger, Zehe. **D. clavatus:** Trommelschlegelfinger. **D. mortuus:** abgestorbener (= blasser, kalter, dabei sehr schmerzender) Finger. **D. superductus:** über die Nachbarzehe geschlagene Zehe.
Di|gnität: Wert, Bedeutung (→ Malignität*, Benignität).
Dihybrid: Bastard*, dessen Eltern in zwei Merkmalen verschieden sind.
Dihydrotachysterin: Bestrahlungsprodukt von Ergosterin*; Vitamin-D-Wirksamkeit.
Dike|phobie: krankhafte Angst vor Rechtsstreitigkeiten.
Dikrotie, Dikrotismus, dikroter Puls: Doppelschlägigkeit des Pulses.
Diktyoma retinae*: seltene, meist bösartige Augengeschwulst.
Dilatation: Erweiterung, Ausdehnung.
Dilatator: 1) Muskel, der eine Öffnung erweitert. – 2) Instrument zur Erweiterung von Hohlräumen und Kanälen. → Bougie.
dilatieren: erweitern.
Dilution: Verdünnung.
dilutus, -a, -um: verdünnt.
Dimercaprolum: BAL.
Di|optrie: die Einheit der Brechkraft von Linsen. Eine Linse, deren Brechkraft 1 D beträgt, hat eine Brennweite von 1 m („Meterlinse"). Eine Linse von 2 D hat die Brennweite 0,5 m.
diotisch: beidohrig.
Diphtherie, Di: eine zu Nekrose* führende Entzündung von Schleimhäuten u. Wunden. Di schlechtweg ist Rachen-Di, die durch spezifische „Diphtheriebakterien" bedingt ist und mit schweren Allgemeinerscheinungen (Septikämie*, Lähmungen usw.) verbunden sein kann. **D.-bazillus,** Corynebacterium diphtheriae: gerade bzw. leicht gebogene, an Enden aufgetriebene Stäbchen. Erreger der Di.

Diphtheroid: Diphtherie*-ähnliche Entzündung, die durch Strepto*- und Staphylokokken* entsteht.
Diphyllobothrium latum: breiter Bandwurm, Fischbandwurm.
Di|plakusis: Doppelhören.
Diplegie: doppelseitige Lähmung.
Diplobacillus: eine Bakterien*-gattung; die entsprechenden Erreger kommen paarweise vor.
Diplococcus: Doppelkokkus; 2paarig verbundene Kokken. → Gonokokken. **D. intracellularis meningitidis**: Erreger der epidemischen Genickstarre. **D. pneumoniae**: Erreger der Pneumonia* fibrinosa.
Diploë: zw. der äußeren u. inneren Platte der flachen Schädelknochen gelegene Spongiosa*; i. w. S. auch die Knochen des Schädeldachs.
diploid: zweifach; mit zwei Chromosomen*-sätzen (d. h. mit doppeltem Chromosomensatz = normale Zahl bei Körperzellen im Gegensatz zu Keimzellen beim Menschen).
Diplopie: Doppelsehen.
Diplo-podie: Mißbildung mit Verdoppelung des Fußes. **-spondylie**: Spina* bifida.
Dipsomanie: periodische Trunksucht, „Quartalssaufen" Geisteskranker.
Dipylidiasis: Erkrankung durch den Hundebandwurm (Dipylidium caninum).
Dirofilariasis: beim Menschen nur selten vorkommende Infektion durch Fadenwürmer der Gattung Dirofilaria.
Disaccharid: aus 2 Monosaccharid*-molekülen bestehender Zucker, z. B. Rohrzucker*.
Dis|cisio: → Diszision.
Discus: Scheibe. **D. articularis**: faserigknorplige Scheibe in Gelenken. **D. intervertebralis**: Zwischenwirbelscheibe. **D. nervi optici**: Sehnervenpapille.
Disease (engl.; spr. disies): Krankheit.
diskontinuierlich: unterbrochen, unzusammenhängend.
Diskopathie: Erkrankung d. Bandscheibe (Discus* intervertebralis).
Dislocatio: Verlagerung, Verschiebung. **D. ad axim**: Fragment*-verschiebung i. S. der Achsenknickung. **D. ad latus**: seitl. Verschiebung von Fragmenten* gegeneinander. **D. ad longitudinem**: mit Bildung eines klaffenden Spalts verbundene Fragment*-verschiebung (= D.a.l.cum distractione) oder aber Ineinanderstauchung (= D.a.l.cum contractione). **D. ad peripheriam**: Verdrehung von Fragmenten* gegeneinander.
Dislokation: → Dislocatio; gelegentl. auch synonym für Luxation*.
dispensieren: Arzneien bereiten und ausgeben.
Di|spersion: Farbenzerstreuung.
Dis|position: Empfänglichkeit für gewisse Einflüsse bzw. Krankheiten.
dissecans: aufschneidend, durchtrennend.
Dissectio, Dissektion: Zerschneidung, Spaltung, Unterbrechung. **D.sligatur**: Umschnürung des unteren Ösophagus*-abschnittes über eingelegter Prothese*. Führt zur Unterbrechung der dort gelegenen Varizen*.
Dissemination: Ausbreitung eines Krankheitsprozesses in die Nachbarschaft in Form kleiner zerstreuter Herde.
disseminiert: zerstreut, über einen größeren Bezirk verbreitet.
Dissimilation: Umsatz, Abbau, Verbrauch von Körpersubstanz.
Dissimulation: bewußte, evtl. auf Vorteile abzielende Verheimlichung von Krankheitserscheinungen, Gebrechen usw.
Dissolutio: Auflösung, Zersetzung.
Dissoziation: Aufspaltung, Trennung, Zerlegung, Lockerung des Zusammenhangs, Störung der Assoziation*. **D., albuminozytologische**: Vermehrung von Liquor*-Eiweiß* bei normaler Zellzahl.
dissoziiert: getrennt, verschieden. **d.e Empfindungslähmung**: Ausfall d. Wärme- u. Schmerzempfindung bei erhaltener Berührungsempfindung.
distal(is, -e): peripherwärts gelegen.
Distensionsluxation: Luxation* durch Überdehnung der Gelenkkapsel.
Di|stichiasis: doppelte Wimpernreihe am Lid.
Distomum: eine alte Bez. für eine Gattung der Saugwürmer.
Dis|torsion: Verstauchung.
Distraktion: das Auseinanderziehen.
Diszision: Spaltung, Trennung.

Dittel' Stift: Dehnsonde für Harnröhrenöffnung.
Dittrich' Pfröpfe: kleine übelriechende Pfröpfe im Auswurf bei Lungengangrän* u. Bronchitis* putrida.
Diurẹse: Harnabsonderung, -ausscheidung.
Diureseversuch nach Kauffmann: Verabreichung von stdl. 150 ml dünnem Tee bei horizontaler Lage des Patienten und stdl. Harnentleerung von 7–10 Uhr. Dann wird für 3 Std. das Fußende des Bettes um 25 cm erhöht; stdl. Fortsetzung von Flüssigkeitszufuhr, Harnentleerung und Messung, um festzustellen, ob verborgene, durch Herzkrkht. bedingte Ödeme ausgeschwemmt werden. Bei Nierenkrkht. → *Vollhard'* Versuch.
Diurẹtikum (Pl. **Diurẹtika**): Diurese* förderndes Mittel.
diụrnus, -a, -um: am Tage erfolgt, einen Tag dauernd.
divẹrgens: auseinandergehend; → Strabismus.
Divergẹnz: das Abweichen, Auseinanderweichen.
divergịeren: auseinandergehen.
Divertịculum, Divertikel: Ausstülpung, blind endigendes Anhängsel von Hohlorganen.
Divertịkel: Diverticulum.
Divertikulịtis: Divertikel*-entzündung.
Divertikulọse: gehäuftes Vorkommen von Divertikeln*, meist im Dickdarm*.
Divụlsio: Zerreißung.
Dizẹphalus: zweiköpfige Mißgeburt.
DNS: Abk. für **D**esoxyribo**n**uklein**s**äure, Bestandteil des Zellkerns.
Dogma: Lehrsatz, Glaubenssatz, herrschende Meinung.
Dolạbra: Hobel(span)binde. Abb. zeigt eine D. currens (a), D. reversa (b).

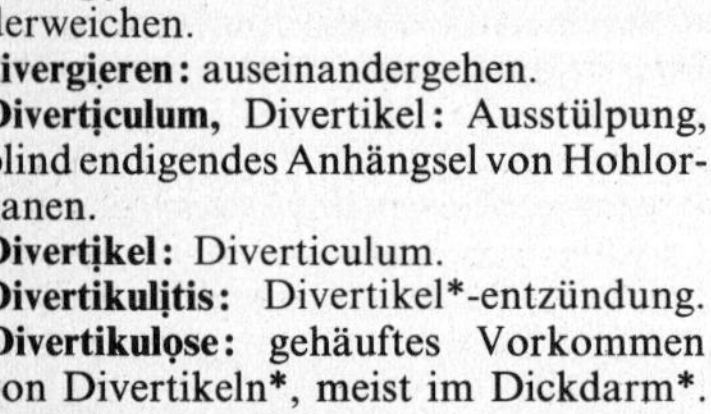

Dold' Trübungsreaktion: eine Schnellreaktion auf Syphilis*.
Dolicho|cẹphalus (-zephalus): Langschädel, Langkopf.
Dọlor: Schmerz.
Dolọres osteọcopi terebrạntes: bohrende, bes. nachts auftretende (**D. o. noctụrni**) Knochenschmerzen bei Syphilis*.
dominạnt: überdeckend (Erbanlage).
Dominạnz: beherrschendes Überwiegen einer Erbanlage über eine andere.
dominieren: vorherrschen.
Doppelballonsọnde: mit 2 aufblasbaren Ballons ausgestattete Sonde (→ *Blakemore*).
Doppelbildung: Zwillingsbildung.
Doppelbindung: zweifache Bindung zweier Atome (z. B. C=C), so z. B. bei ungesättigten Fettsäuren.
Dọppelhelix: Bez. für die Doppelspindelanordnung der DNS*.
Doppelhohlnadel: Hohlnadel, in der sich eine stumpfe Kanüle* befindet, die bei der Punktion* zurückgezogen, dann vorgeschoben wird.
Doppellumensonde: Sonde mit 2 Lumina (z. B. nach *Miller-Abbott*).
Doppellumentubus: Endobronchialtubus* mit 2 gesonderten Lumina.
Doppelmißbildung: Zwillingsbildung* mit (äußeren u. inneren) Mißbildungen.
Doppel(mund)tubus: 2 S-förmig miteinander verbundene Rachentuben (zur Intubation das eine, zur Beatmung durch Retter das andere Ende).
Doppelsehen: Diplopsie.
Doppelsonde: mit 2 Lumina ausgestattete Sonde (→ Doppellumensonde).
Dopplung: Naht einer durchtrennten Faszie* usw. derart, daß ein Lappen von dem anderen teilweise bedeckt wird (→ Abb.).

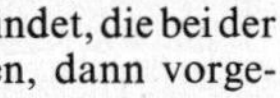

Dornfortsatz, Processus spinosus: vom Wirbelbogen nach dorsal spitz vorspringender Fortsatz (→ Taf. **2**, 3; **10**, 11).
Doromanịe: krankhaftes Bedürfnis, jemanden zu beschenken.
dorsạl(is, -e): zum Rücken od. zur Rückseite gehörig. Auch die Segmente des Rückenmarks* (Bezeichnung mit D) betreffend.

Dorsal-flexion: Beugung der Hand nach dem Handrücken zu bzw. des Fußes nach oben. **-wirbel:** Brustwirbel.
dorsoventral: vom Rücken nach dem Bauche zu.
Dorsum: Rücken, Rückseite.
Dosis, D.: Gabe; eine bestimmte (dem Kranken zu verabfolgende) Menge eines Arzneimittels **D. letalis:** tödliche Dosis. **D. refracta:** verkleinerte Dosis, Teil-D.
Douglas' Raum, Douglas (spr. daglеß): → Excavatio recto- und vesicouterina (Taf. **23**, 8 u. **23**, 24). **D.' Abszeß:** Eiteransammlung in der Bauchfellfalte zwischen Gebärmutter u. Mastdarm.
Douglas|skopie: Endoskopie* des *Douglas'* Raums.
Dover' Pulver: Pulvis* Ipecacuanhae opiatus.
Dracontiasis: durch Medinawurm (Dracunculus* medinensis) verursachte jukkend-ulzerierende* Hauterkrankung.
Dracunculus medinensis, Medinawurm: in der Unterhaut des Wirtes (Mensch oder Tier) lebender Fadenwurm*.
Dränage: → Drainage.
Dragées (franz.; spr. dra*sch*ehs): Pillen mit Zuckerüberzug.
Dragstedt' Operation: eine Vagotomie*-methode.
Drahtextension: Methode der Knochenbruchbehandlung: Zugvorrichtung mit Hilfe eines durch den Knochen gebohrten Drahtes u. des daran befestigten Spannbügels. → Extensionsverband.
Drain, Drän: Ableitungsrohr; → Drainage.
Drainage (franz.; spr. dräna*sche*): Ableitung von Wundabsonderungen sowie Flüssigkeitsansammlungen aus Körperhöhlen durch Einlegung von Röhren (Drains [spr. dräns]) aus Kautschuk usw., die gewöhnl. mit seitl. Öffnungen (Fenstern) versehen werden. **D.lage:** Bauch- oder Halbseitenlage von Pat., die nicht selbst Rachen- u. Luftwege von Sekret freihalten können, so daß die Hüftpartie am höchsten liegt, Kopf u. Füße tiefer. Der Winkel zur Waagerechten braucht nur ca. 10° zu betragen.
Drakunkulose: → Dracontiasis.
Drasticum: → Drastika.
drastisch: kräftig wirkend, stark abführend.
Drastika (Sg. **Drastikum**): stark wirkende Abführmittel.
Drehkrämpfe: durch klonische* Krämpfe gewisser Nackenmuskeln bedingte Drehbewegungen des Kopfes.
Drehprüfungen: zur Untersuchung des vestibulären* Gleichgewichtsapparates.
Dreiecksbein, Os triquetrum: ein Handwurzelknochen (→ Taf. **8**, 9).
Dreigläserprobe: Harn wird in drei Gläsern getrennt aufgefangen. Zur Feststellung des Ortes von Harnwegsentzündungen.
Dreitagefieber: 1) durch Coxsackie*-Viren (v. a. deren B-Gruppe) hervorgerufene exanthemat.* Krankheit (Exanthema subitum). – 2) Malaria tertiana. – 3) Pappataci-Fieber.
Dressler' Myokarditis: Postmyokardinfarkt-Syndrom.
Drogen: einfache Arzneistoffe pflanzl. oder tier. Herkunft.
dromotrop: auf die Erregungsleitung gerichtet (positiv d. = beschleunigend, negativ d. = verlangsamend).
Drosselvene: Vena* jugularis.
Druck-brand: Decubitus. **-differenzverfahren:** → Überdruck, Unterdruck. **-fallkrankheit:** bei schnellem Nachlassen atmosphär. Überdrucks auftretende Symptome (Aëroembolismus*, Blutungen, Lähmungen). **-osteosynthese:** → Osteosynthese. **-puls:** der langsame, volle, gespannte Puls bei Gehirndruck*. **-punkte:** *Valleix'** Punkte bzw. Nervenpunkte*.
Drüse: Glandula*, auch inkorr. Bez. für Lymphknoten*.
Drüsenfieber: fieberhafte Krkht. mit Angina*, Drüsenschwellungen, Blutveränderungen usw.; → *Pfeiffer*.
Drumstick (engl.; spr. dramstick): trommelschlegelart. Chromatin*-anhängsel d. Leukozyten*-kerns. Ermöglicht Erkennung des Chromatins* bei der Diagnose des Geschlechts (z. B. bei Intersexen*).
Drusen: von Aktinomyzeten* u. anderen Erregern gebildete Körner im Eiter u. im erkrankten Gewebe.
D-Sonde: Duodenalsonde*.
Dubin'-Johnson' Krankheit: im jugend-

lichen Alter auftretender chronisch-idiopathischer* Ikterus* mit Pigment*-ansammlungen in der Leber. Prognose* gut.
dubiosus, -a, -um; dubiös: zweifelhaft, verdächtig.
Duchenne'-Aran' Lähmung (spr. düschenn-arañ): eine fortschreitende Atrophie* der Muskulatur von Hand u. Arm.
Duchenne'-Erb' Lähmung (spr. düschenn): Lähmung der unteren Nervenwurzeln des Plexus* brachialis.
Duchenne'-Landouzy' Atrophie (spr. düschenn-lañdusi): progressive* Muskeldystrophie (→ Dystrophie) der Gesichts- u. Schultergürtelmuskeln.
Ducroquet' Korsett (spr. dükrokeh): der Streckung der WS* dienendes Korsett mit an Bügeln befestigter *Glisson'** Schlinge.
Ductuli biliferi: Gallengänge.
Ductus: Gang, Kanal, Ausführungsgang. **D. arteriosus Botalli:** embryonale*, evtl. persistierende* Vbdg. zw. Aorta* u. Pulmonalarterie*. **D. Botalli:** D. arteriosus. **D. choledochus:** der durch Vereinigung des D. hepaticus u. cysticus entstandene Gallengang*. **D. cochlearis:** der mit Endolymphe* gefüllte häutige Schneckengang. **D. cysticus:** Ausführungsgang der Gallenblase. **D. deferens:** Samenleiter*. **D. ejaculatorius:** Endabschnitt des D. deferens, in den vor dem Samenhügel auch die Samenbläschen* münden. **D. hepaticus:** Ausführungsgang der Leber. **D. nasolacrimalis:** Tränennasengang*. **D. omphalo(mes)entericus:** Dottergang. Embryonale Verbdg. von Darm u. Dottersack. **D. par|otide|us:** Ausführungsgang der Ohrspeicheldrüse. **D. semi|circulares:** die 3 mit dem Utriculus* kommunizierenden häutigen, halbkreisförmigen, miteinander verbundenen, in den Hauptebenen des Raumes im Innenohr gelegenen Bogengänge des Gleichgewichtsorgans. **D. thoracicus:** Milchbrustgang; Hauptstamm des Lymphgefäßsystems.
Dührssen' Tamponade: Ausstopfung von Scheide, evtl. auch Gebärmutter, mit Jodoformgaze bei Blutungen.
Dünndarm, Intestinum tenue: der Hauptteil des Darms, der vom Pylorus* bis zur Valva* ileocaecalis reicht (→ Duodenum, Jejunum, Ileum).
Duffy (spr. daffy): Bezeichnung für ein Blutgruppen*-system. Abk. Fy^a bzw. Fy^b.
Duhring' Krankheit: Dermatitis herpetiformis, Hautkrkht. durch Jodstoffwechselstörung.
Duke' Methode (spr. djuhk): Verfahren zur Bestimmung der kapillaren* Blutungszeit: 3–4 mm tiefer Einstich, alle 15–30 Sek. Abtupfen des austretenden Blutes.
Dumping-Syndrom (engl.; spr. damping): in Zusammenhang mit den Mahlzeiten bei Magenoperierten auftretende Müdigkeit, Neigung zu Ohnmachten, Kopfschmerzen, Übelkeit usw.
Dunkeladaption: Anpassung des Auges an geringe Helligkeitsgrade.
Dunkelfelduntersuchung: mikroskop. Untersuchung mit D.-Kondensor u. Objektivblende, welche die Objekte (z. B. Spirochäten*) hell auf dunklem Untergrund erscheinen läßt.
duodenal(is, -e): zum Duodenum* gehörend.
Duodenalsonde, D-Sonde: Gummischlauch mit durchlöcherter Metallkapsel (Olive) am unteren Ende. Letztere wird verschluckt und gelangt bei Seitenlagerung ins Duodenum*.
Duodenitis: Zwölffingerdarm*-entzündung.
Duodeno|stomie: Anlegung einer Fistel am Duodenum*.
Duodenotomie: Schnitteröffnung des Duodenum* (zur Revision, bei Anastomosen-Op. etc.).
Duodenum: Zwölffingerdarm* (→ Taf. **20**, 10).
Duplay' Krankheit (spr. düplej): Periarthritis* humeroscapularis.
duplex, duplicatus, -a, -um: (ver-)doppelt.
Duplicitas: → Zwillingsbildung.
Duplikatur: Verdopplung, Doppelbildung.
dupliziert: (ver-)doppelt. **d.e. Bewegungen:** Widerstandsbewegungen.
Duplizität: doppeltes Vorkommen. → Zwillingsbildung.
Dupuytren' Kontraktur (spr. düpuitrañ):

Schrumpfung der Fascia* palmaris mit Beugekontraktur der Finger.
Dura (mater): die äußerste, fibröse* Hülle des Gehirns* („harte Hirnhaut") und Rückenmarks*.
dural: zur Dura* gehörend.
Dyke'-Young' Anämie (spr. dajk-jang): schwere erworbene hämolytische* Anämie* mit Vermehrung der Makrozyten*, gesteigerter Erythropoese* u. Milztumor.
dynamisch: Kräfte oder Bewegungen betreffend. **d.es Schielen:** → Heterophorie.
Dynamo|meter: Kraftmesser.
Dynamometrie: Messung des Druckes in den Kapillaren* der Netzhaut*.
Dys|akusis: Schwerhörigkeit, Störung in der Hörempfindung.
Dysarthrien: Störungen der Artikulation* infolge ZNS*-Schädigung.
Dysbakterie: Störung in der Zusammensetzung d. Darmflora, hauptsächlich die Kolibakterien betreffend.
Dysbasie: erschwertes Gehen, Hinken.
Dys|chondro|plasie: Chondrodystrophie.
Dys|chromat|opsie: Farbenblindheit.
Dys|chromie: Veränderung d. Haut- u. Haarfarbe.
Dys|enterie: Ruhr*.
Dysfunktion: gestörte Funktion.
Dysgenesie: Fehlentwicklung.
Dysgenitalismus: mangelhafte Entwicklung der Geschlechtsorgane sowie die durch verminderte innere* Sekretion* derselben bedingten Erscheinungen; → Dystrophia adiposogenitalis.
dysglandulär: auf gestörter Funktion endokriner* Drüsen* beruhend; hormonal gestört.
Dysgnathie: Normabweichung der Kiefer.
Dyshidrosis: 1) anomale Schweißabsonderung. – 2) Entzündung d. Schweißdrüsen, juckend, Bildung von Bläschen an Händen u. Füßen.
Dys|ionie: Störung des physiol.* Ionen*-gleichgewichts.
Dyskinesie: Bewegungsstörung.
Dyskranio|pygo|phalangie: *Ullrich'-Feichtinger'* Syndrom.
Dyskrasie: fehlerhafte Mischung der Körpersäfte. Für Krankheiten (Syphilis*, Tuberkulose*, Krebs* usw.) gebräuchlich, bei denen der ganze Körper in Mitleidenschaft gezogen ist.
Dyslalie: Sprachstörung, Stammeln.
Dysmelie: Extremitätenfehlbildung.
Dysmenor|rhoe, Dysmenorrhoea: erschwerte oder schmerzhafte Monatsblutung. **D.a membranacea:** D. mit Abscheidung häutchenartiger Fetzen.
Dysmetrie: Störung willkürlicher Bewegungsabläufe bezügl. des Ausmaßes; → Hypo- u. Hypermetrie.
dys|ontogenetisch: auf fehlerhafter Entwicklung d. Frucht beruhend.
Dysostose, Dysostosis: Störung des Knochenwachstums.
Dysostosis craniofacialis: → *Crouzon.*
Dyspar|eunie: schmerzhafter bzw. erschwerter Geschlechtsverkehr.
Dyspepsie: Verdauungsstörung mit Appetitlosigkeit, Aufstoßen, Brechreiz.
Dysphagie: schmerzhafte Schlingstörung. → *Plummer'-Vinson'* Syndrom.
Dysphonie: Stimmbildungsstörung, rauhe, heisere Stimme.
Dysplasia, Dysplasie: Fehlbildung, benannt nach den fehlgebildeten Organen, z. B. ektodermale*, oder nach der Art der Fehlbildung, z. B. exostotische. **D. coxae congenita:** angeb. Luxation* der Hüfte.
Dyspno|e: erschwerte Atmung.
dyspnoisch: von Dyspnoe*geplagt, nach Atem ringend.
Dysprotein|ämie: krankhafte Störung im Verhältnis der einzelnen Proteine* im Blutplasma.
Dysr(h)aphie: Störung der Entwicklung der Wirbelsäule einschl. der Entwicklung des Neuralrohrs* (Spina* bifida, Rachischisis* mit Myelo*- bzw. Meningozele* etc.).
Dysrhythmie: Rhythmusstörung (der Herzaktion, der EEG*-Wellen etc.).
Dyssyn|ergie: gestörter Synergismus* (= Ataxie*).
Dysthyreose (-osis): abnorme Funktion der Schilddrüse* und ihre Folgen.
Dys|tokie: regelwidrige Geburt; Geburtsschwierigkeiten.
Dys|tonie: Fehlspannung; → Tonus.
D., neurovegetative: Gleichgewichtsstörung innerhalb des vegetativen* Nervensystems. **D., neurozirkulatorische:** Blut-

versorgungsstörung durch Störung der Gefäßtonisierung.

Dys|tọpia, Dystopịe: Verlagerung.

Dystrọphia, Dystrophịe: Ernährungsstörung. **D. adipọso|genitạlis:** abnormer Fettansatz der Haut. Verkümmerung der Geschlechtsorgane, vermind. Knochenwachstum, kindlicher Habitus* usw. Hypophysen*-erkrankung. **D. musculọrum progressịva:** eine Art des fortschreitenden Muskelschwundes.

Dysurịe: Störung der Harnentleerung.

E: Abk. für 1) Energie. – 2) Emmetropie. – 3) Symbol eines Erythrozyten*-faktors. der durch im Aalblut vorkommendes Anti-E-Agglutinin nachweisbar ist. → Rhesusfaktor.
Ea.R., EAR: Entartungsreaktion.
Eberthella: nicht gasbildende Arten von Salmonellen*.
Ebolalie: Sprachstörung mit Einschaltung sinnloser Laute in Wörter.
Ebolo|phrasie: Sprachstörung mit Einschaltung sinnloser Wörter in Sätze.
Ebrietas: Trunkenheit.
Ebriositas: Trunksucht.
Ebstein' Syndrom: Vitium* der Trikuspidalklappe* mit offenem Foramen* ovale.
Eburneatio, Eburnifikation: Verdichtung des Knochengewebes.
ECG: → Elektroenzephalogramm.
Echinococcus, Echinokokkus: Dünndarmparasit bei Karnivoren*; auch Finne* dieser Parasiten; beim Menschen (als Zwischenwirt) die sog. Echinokokkose hervorrufend. **E. alveolaris:** Finne* des E. multilocularis. **E. cysticus:** Finne des E. granulosus. **E. granulosus:** Taenia echinococcus. **E. multicysticus:** Finne des E. granulosus, aus zahlreichen Blasen bestehend. **E. multi|locularis:** bei Fuchs, Hund u. Katze schmarotzender Darmparasit. Beim Menschen als Finne (E. alveolaris) vorkommend. **E. multivesicularis:** E. alveolaris. **E. uni|locularis:** E. cysticus. **E. vesicularis:** E. cysticus.
Echo-enzephalo|graphie: auf Echolotprinzip basierende Gehirn- bzw. Schädeluntersuchung mittels Ultraschall. **-kinesie:** Trieb Geisteskranker, gesehene Bewegungen nachzuahmen. **-lalie** oder **-phrasie:** dgl., gehörte Worte mechanisch zu wiederholen. **-praxie:** -kinesie.
ECHO-Viren (engl. **E**nteric **C**ytopathogenic **H**uman **O**rphan Viruses): sich im Darm ansiedelnde Viren der Picorna*-Gruppe; rufen u. a. Erkrankungen des Respirationstraktes* u. Meningitiden* hervor.
Economo' Krankheit: Encephalitis* epidemica.
Eczema: → Ekzem(a).
EDG: 1) Elektrodermatogramm. – 2) Elektrodurogramm (→ EEG).
EEG: Elektroenzephalogramm.
Effemination: Vorhandensein weiblicher Eigenschaften bei Männern.
efferens, efferent: herausleitend.
Efferenz: über Neuriten* peripherwärts geleitete Erregung aus ZNS*-Strukturen.
Efflores|zenz: Grundbestandteil eines Hautausschlages, und zwar Flecken, Quaddeln, Blasen, Bläschen, Pusteln, Papeln u. Knötchen.
Effort-Syndrom: *Da Costa'* Syndrom.
Egesta: Entleerungen; bes. Stuhl, Erbrochenes.
Ehlers'-Danlos' Krankheit: durch Verminderung des subkutanen* Fettgewebes, übermäßige Verschieblichkeit der Haut mit Bildung anhaltender Falten beim Abheben, erhöhte Zerreißbarkeit der Hautgefäße u. Überstreckbarkeit der Gelenke charakterisiertes Krankheitsbild.
Eichel: Glans.
Eierstock, Ovar: paarige weibl. Keimdrüse; unter Kontrolle des HVL* (→ FSH, LTH) Reifung von Follikeln* u. damit von Eiern (→ Taf. **24**, 13). **E.band,** Ligamentum ovarii proprium: ein Band zw. Eierstock u. Uterus*. **E.gefäße:** Arteria u. Vena ovarica (→ Taf. **24**, 14).
Eifollikel: im Ovar* gelegenes Bläschen; aus dem Keimepithel hervorgehend, das Ei enthaltend; Hormonbildungsstätte. → *Graaf*.

Eigenblut- u. **Eigenserumbehandlung:** Wiedereinspritzung von Blut bzw. Serum, das vom Patienten selbst stammt.
Eihäute: die den Fetus* umgebenden Hüllen, bestehend aus (von innen nach außen) Amnion*, Chorion*, Decidua*.
Eihautstich: Anstechen der Eihäute* durch den Muttermund hindurch, so daß das Fruchtwasser* abfließen kann.
Eileiter, Tuba uterina, Tube, Salpinx: Kanal, der jederseits vom obersten Teile der Gebärmutter* bis nahe zum Eierstock* verläuft (→ Taf. **24**, 2, 17). Am freien Ende mit Fransen (Fimbriae tubae; → Taf. **24**, 15). **E.mündung:** das zum Ovar* gerichtete freie Ende des E. (Ostium abdominale tubae uterinae); → Taf. **24**, 16.
Eingeweide: Viscera. **E.schädel:** Splanchnokranium. **E.senkung:** Splanchnoptose.
Einschlußkörperchen: eigenartige Zelleinschlüsse bei Viruskrkht. im Kern, im Zytoplasma oder in beiden.
Einschneiden des Kopfes: Sichtbarwerden des Kopfes zwischen den Schamlippen bei der Geburt.
Eintagsfieber: Febris ephemera.
Einthoven' Ableitung: Standardableitung des EKG*; entspricht dem *E.'* Ableitungsdreieck (→Abb.). RA = rechter Arm; LA = linker Arm; LB = linkes Bein.

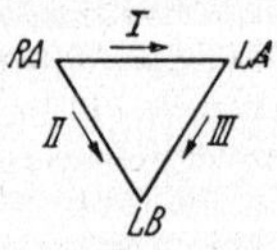

Eisenmangelanämie: eine hypochrome Anämie*, die durch Eisenmangel in der Nahrung oder mangelhafte Resorptionsfähigkeit aus dem Darm verursacht wird.
Eisenmenger' Komplex: angeb. Herzfehler mit Ventrikelseptumdefekt*, reitender* Aorta*, Hypertrophie* des re Ventrikels* u. Pulmonalsklerose*. **E.' Syndrom:** Fortbestehen des embryonalen* Widerstandshochdrucks der Lungenarterien bei angeb. Herzfehlern. Sympt.: Früh- oder Spätzyanose, Angina pectoris, Belastungsdyspnoe, evtl. Hypotonie. Rö: erhebl. Pulsationen d. Hilusgefäße.
Eiserne Lunge: Apparat zur Beatmung bei Eintritt einer Atemlähmung, z. B. bei Poliomyelitis*. → Lunge, Eiserne.
Eisessig: 96%ige Essigsäure.
Eiter-erreger: Eiterung erregende Bakterien; bes. Staphylo*- u. Streptokokken*. **-körperchen:** die zelligen Elemente im Eiter; größtenteils ausgewanderte weiße Blutzellen.
Eiweiß, Eiweißkörper, -stoffe: aus Aminosäuren* aufgebaute hochmolekulare Verbindungen. Grundbausteine der lebenden Substanz. → Proteine, Proteide.
Eiweißhydrolysat: durch Hydrolyse* erhaltene Aminosäuren*-gemische für therapeut. Zwecke.
Eiweißverlustsyndrom, enterales: exsudative* Gastroenteropathie*.
Ejakulat: Gemisch der Sekrete von Prostata*, Samenbläschen*, *Cowper'** Drüsen u. der Nebenhoden*, sowie der aus den Hoden* stammenden Spermien*.
Ejakulation, Ejaculatio: das Ausspritzen der Samenflüssigkeit aus der Harnröhre. **E.o praecox:** vorzeitiger Samenerguß.
Ek|chondrom, Ecchondrosis: Knorpelauswuchs.
Ekchymose, Ecchymosis: umschriebene kleine Blutung unter die Haut oder Schleimhaut.
EKG: Elektrokardiogramm.
Eklampsie, Eclampsia: mit Bewußtlosigkeit einhergehende, epilepsieart. Krämpfe b. Schwangeren, Gebärenden u. Wöchnerinnen. **E.a infantium:** schwere Krämpfe im Kindesalter aus verschiedensten Ursachen.
Eknoia: Geisteskrankheit.
Ekphyma: Auswuchs.
Ekstase: Verzückung.
Ekstrophie: Exstrophie.
Ektasie: Erweiterung, Ausbuchtung.
Ekthym, Ecthyma: großpustulöser Hautausschlag mit Bildung eines scharf begrenzten Geschwürs.
Ekto|antigen: 1) an der Bakterienoberfläche befindl. Antigen*. – 2) dem Organismus von außen zugeführtes Antigen*.
Ektoblast: → Ektoderm.
Ektoderm: äußeres Keimblatt* beim Ei, aus dem sich Haut, Haare, Zähne, Nervensystem, Teile der Sinnesorgane u. Anfangs- u. Endteil des Darmes bilden.
ektodermal: vom Ektoderm* stammend, das Ektoderm betreffend.

Ektodermosen: Erkrankungen der vom Ektoderm* abstammenden Gebilde.
Ekto|enzym: mit einem Sekret* (= Sekretenzym*) abgesondertes Enzym*.
Ektokardie: angeborene Verlagerung des Herzens aus der Brusthöhle.
Ektomie: operative Entfernung (Herausschneiden) eines Organs.
Ektoparasit: Schmarotzer an der Oberfläche des Wirtes.
Ektopie, Ectopia: anormale Lage (von Organen oder Geweben), Verlagerung an atyp. Stelle. **Ectopia portionis:** Pseudoerosion* der Portio*.
Ektosit: Ektoparasit.
Ektotoxin: → Exotoxin.
Ektozo|on: tierische Ektoparasiten*.
Ektrodaktylie: angeb. Fehlen bzw. Verstümmelung der Finger.
Ektropion: → Ektropium.
ektropionieren: ein Augenlid umstülpen.
Ektropium, Ektropion: Umstülpung d. Schleimhaut nach außen, z. B. d. Muttermunds*-lippen oder des freien Randes eines Augenlids, bes. des unteren.
Ekzem, Eczema: Unverträglichkeitsreaktion der Haut (= Dermatitis eczematosa) mit verschiedenart. Grundformen, die auch nach- od. nebeneinander auftreten können. **E., endogenes:** angeb. Neigung zur ekzematösen Hautreaktion, evtl. kombiniert mit Asthma* bronchiale, allerg.* Rhinopathie*. **E., exogenes:** E. vulgare. **E.a herpeticatum Kaposi':** mit Herpes* simplex massiv superinfiziertes einfaches Ekzem; mit schwerer Alteration* des Allgemeinzustandes. **E., impetiginöses:** durch Auflagerung eitriger Krusten verändertes, meist aus pustulösem Ekzem hervorgegangen. **Eczema madidans:** nässendes E. **E. marginatum:** durch einen Pilz verursachter Ausschlag in der Leistengegend usw. **E. pediculosum:** durch Läuse verursacht. **E. rubrum:** E. mit Rötung u. Schwellung, Anfangsstadium des gewöhnl. Ekzems. **E. seborrhoicum, E., seborrhoisches:** E., das von einer Seborrhoea* sicca ausgeht u. bes. behaarten Kopf, Brust u. Arme befällt. **E. vulgare:** durch äußere Schädlichkeiten (exogenes E.) bzw. deren Wirkung auf die Haut ausgelöstes E.; charakterist. Nebeneinander verschiedenartiger Primär- u. Sekundäreffloreszenzen*.
Ekzematisation: Ekzembildung als Folgeerscheinung, z. B. nach Kratzen.
Elastance (franz.; spr. elastañß): ein Maß für die elast. Widerstände von Lunge u. Thorax*.
Elastin: Gerüsteiweiß*-körper, Bausteine des elastischen Bindegewebes.
Elastose: Vermehrung elastischer Fasern; Einlagerung von Elastin*. – Auch Syn. für die Degeneration* elast. Fasern.
Electuarium (Pl. **Electuaria):** Latwerge; brei- od. teigartige Mischung pulverförmiger Stoffe mit Honig, Sirup od. Fruchtmus. **E.a Sennae:** Senna- oder Abführ-Latwerge.
elektiv: mit Auswahl geschehend, nur in bestimmter Richtung erfolgend.
Elektrode: Pol eines elektr. Stromkreises. Insbesondere die damit verbundenen Vorrichtungen für Zu- u. Ableitung des Stromes in bzw. an d. Körper. → Anode, Katode. **E., aktive (= differente):** die kleinfläch., örtl. erregende bzw. zur Ableitung dienende E. – **E., inaktive (= indifferente):** den Stromkreis schließende, selbst nicht reizende oder registrierende Elektrode.
Elektro-defibrillation: → Defibrillation, Kardioversion. **-dermatogramm:** Messung u. Registrierung des Hautwiderstandes; tageszeitliche Schwankungen, abhängig vom Feuchtigkeitsgrad d. Haut. **-diagnostik:** Anwendung der Elektrizität zu diagnostischen Zwecken, z. B. zur Prüfung der Muskel- u. Nervenerregbarkeit. **-durogramm,** EDG: → **-enzephalogramm,** EEG: Kurve* elektrischer Ströme, die die Funktion d. Hirnnervenzellen begleiten u. bei geschlossenen Augen von der intakten Kopfhaut abgeleitet werden. Je nach dem Ort, an dem die Elektroden liegen, unterscheidet man das Elektrokortikogramm (ECG) als kortikale* Ableitung, die durale* Ableitung (EDG) u. weitere Ableitungen wie das Elektrothalamogramm (EThG). Die Ableitungen können unipolar* oder bipolar* vorgenommen werden. Beim sog. α-Rhythmus beträgt die Frequenz der Wellen 8–13/Sek., beim β-Rhythmus 14 bis 32/Sek.,

δ-Wellen haben eine Frequenz von 0,5–3/Sek. bzw. bei ϑ 4–7/Sek. **-enzephalographie:** (*Berger*) elektrische Aufzeichnung der Hirnrindentätigkeit. **-kardiogramm** (EKG): Kurve* d. elektr. Ströme im tätigen Herzen (→ Abb.); Abweichungen von d. Normalform sind charakteristisch für bestimmte (Herz-) Krkhtn. → Ableitung. **-kardioskop:** Kardioskop.

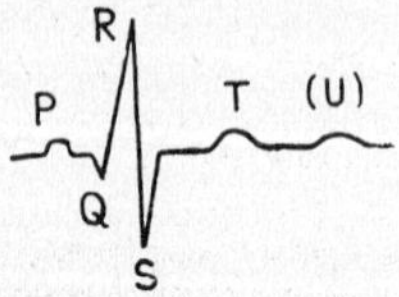

-kaustik: chirurg. Diathermie*; → **-koagulation:** Zerstörung von Gewebe durch bipolaren Diathermie*-strom. **-konversion:** Kardioversion. **-kortikogramm,** ECG: → -enzephalogramm. **-krampftherapie:** -schock. **-lunge:** Gerät z. Übertragung atemsynchroner Reize auf die Atemhilfsmuskeln (u. das Zwerchfell*). **-lyse:** Wirkung des elektrischen Stroms auf (gelöste) Elektrolyte* (→ Ionen). Medizinisch angewandt zur Gewebszerstörung, Enthaarung usw. **-lyte:** Säuren, Basen*, Salze, wenn sie (in Wasser usw.) gelöst sind u. für Leitung des elektrischen Stromes in Betracht kommen. **-lythaushalt:** Aufnahme, Verteilung u. Ausscheidung der für den Körperhaushalt lebenswichtigen Elektrolyte, v. a. Na^+, K^+, Mg^{++}, Ca^{++}, Cl^-, $-HPO_4^{--}$.

elektromotorische Kraft: die Kraft, welche Elektrizität in Bewegung setzt. **e. Punkte:** Punkte der Körperoberfläche, von denen aus die einzelnen Muskeln u. Nerven am besten elektrisch gereizt werden können.

Elektromyogramm, EMG: durch Aufzeichnung der Muskelpotentiale gewonnenes Kurvenbild; läßt vorübergehende od. dauernde Leistungsstörungen im Bereich der motorischen Nervenfasern unterscheiden.

Elektronen, Negatronen: die allerkleinsten mit Elektrizität geladenen Bestandteile der Materie. **E. mikroskop:** Apparat zur Vergrößerung dünner, wasserfreier mikroskop. Objekte mittels Elektronenstrahlen.

Elektro-okulogramm, EOG: Aufzeichnung der elektr. Potentiale der Retina*. **-ophthalmogramm:** Registrierung d. Augenbewegungen. **-pathologie:** Lehre von den krankhaften Reaktionen auf elektrische Reize, ferner von den Erkrankungen durch Blitzschlag u. elektr. Starkströme. **-pherogramm:** -phoresediagramm. **-phorese:** analyt. Methode. Wanderung elektrisch geladener – kolloidaler – Teilchen im elektr. Feld eines flüssigen Mediums; z. Trennung von Naturstoffen in der Analyse. **-phoresediagramm:** Aufzeichnung der Wanderungsgeschwindigkeit verschiedener Eiweißkörper im elektrischen Feld bei der Elektrophorese.

elektrophrenische Atmung: künstliche A. durch Kontraktion des Zwerchfells auf Grund rhythm. Erregung des N. phrenicus durch elektr. Strom.

Elektro-punktur: Einstich mit nadelförmiger Elektrode*, durch die ein elektrischer Strom geführt wird. **-retinogramm,** ERG: Aufzeichnung der Stromschwankungen, die bei Belichtung der Netzhaut entstehen. **-schock:** Behandlungsverfahren bei Schizophrenie* durch Wechselstromverabfolgung (= Erzeugung epileptischer Krampfanfälle). – Auch Bez. für die Defibrillation* mittels Wechselstroms. **-thalamogramm:** → Elektroenzephalogramm. **-therapie:** Anwendung der Elektrizität zu Heilzwecken. **-tomie:** chirurg. Schneiden mittels aktiver – durch Diathermiestrom erhitzter – Elektrode* (Nadel, Lanzette, Schlinge).

Element: Grundbestandteil, Grundstoff, Urstoff, einfachster Teil. In der Chemie ein nicht mehr in einfachere, unter sich gleiche Bestandteile zerlegbarer Stoff. **E., markiertes:** mittels radioaktiven* Isotops* markiertes Element.

Elephantiasis: unförmige Verdickung einzelner Körperteile (bes. untere Gliedmaßen und äußere Geschlechtsteile) infolge örtlicher Lymphstauungen.

Elévateur (franz.; spr. elewatöhr): Lidhalter*.

Elevation: Hochhebung, Verlagerung nach oben (kopfwärts).

Elevatorium: Instrument zum Emporheben eingedrückter Knochenteile usw.

Elimination: Entfernung, Ausscheidung.

Eliminationskost: der Ausschaltung nutritiver* Allergene* dienende Kost; als zunächst sehr einfache – langsam aufbauende – Suchkost* bzw. als Heilkost.
Elle: → Ulna (→ Taf. **8**, 1).
Ellen-bogenfortsatz: Olecranon (→ Taf. **6**, 1). **-kopf,** Caput ulnae: handgelenknahe Verdickung der Elle (→ Taf. **6**, 8). **-rauhigkeit:** Tuberositas ulnae (Taf. **6**, 4).
Elliot' Trepanation: druckentlastende Operation bei Glaukom*. In die Sklera* wird an der Hornhautgrenze mit dem Trepan* ein Loch zum Abfluß des Kammerwassers* gesetzt (Fistel*-bildung).
Elliptozytose: erbl. Anomalie* der Erythrozyten*, die elliptisch geformt sind (**Elliptozyten**).
Ellis'-Damoiseau' Linie (spr. ...damoasoh): in der mittleren Achsellinie kulminierende parabelförm. Begrenzungslinie eines Pleuraergusses*.
Elongatio: Verlängerung. **E. colli:** krankhafte Verlängerung der Cervix* uteri.
Ely' Zeichen: einseit. Schambein*-hochstand als Zeichen einer Erkrankung des gleichseit. Sakroiliakalgelenks*.
Elytr|atresie: Atresie* der Vagina*.
Elytro-blennorrhoe: Blennorhoea* neonatorum. **-laparotomie:** vaginale* Laparotomie*.
Emaciatio: Abmagerung.
Emanation: 1) Ausdünstung. – 2) Ausstrahlung. Radioaktives* Gas, das durch Zerfall von Radium usw. entsteht.
Emanatorium: Apparat bzw. Raum zur Einatmung von Radiumemanation.
Emasculatio: Kastration* bei Männern.
Embol|ektomie: operative Entfernung eines Embolus* aus einem Gefäß*.
Embolie: Verstopfung von Blutgefäßen durch einen Embolus*.
Embolus: Gefäßpfropf; der eine Embolie* verursach. Pfropf. Meist losgelöste Stücke von Thromben* („Blutpfropf"), Geschwulstteilchen, Bakterien*, Fetttröpfchen, Luftblasen usw. **E., blander:** ein nichtinfektiöser E., der keine Eitererreger, Geschwulstteilchen usw. enthält. **E., reitender:** auf der Teilungsstelle eines großen Gefäßes* in 2 kleinere sitzender Thrombus*.
Embryo: der Keim im Beginn der Entwicklung; beim Menschen bis zum Ende des 3. Monats. → Fetus.
Embryo-kardie: stark beschleunigte Herztätigkeit im Pendelrhythmus (wie beim Fetus). **-logie:** Lehre von der Entwicklung des Individuums vor der Geburt. **-pathie:** Sammelbegriff für Fruchtschädigungen infolge Erkrankung der Mutter während des 1.–3. Schwangerschaftsmonats.
embryonal(is, -e): zum Embryo* gehörig, unentwickelt.
Embryotomie: Zerstückelung des Kindes (spez. des Rumpfes) bei der Entbindung.
Emery' Test: eine modifizierte WaR*.
Emesis: Erbrechen.
Emetika (Sg. **Emetikum**)**:** Brechmittel.
EMG: Elektro**m**yo**g**ramm.
Emigration: Auswanderung. → Diapedese.
Eminentia: Erhebung, Vorwölbung; z. B. **E. intercondylaris** (Zwischenhöckervorsprung; → Taf. **7**, 3).
Emissarium: den Schädelknochen perforierender, Venen* (= Venae emissariae) nach außen führender Kanal.
Emissio: Entleerung. **E. seminis:** Ejakulation*.
Emmen|agoga (Sg. **Emmen|agogum**)**:** menstruationsfördernde Mittel.
Emmet' Operation: Anfrischung und Naht von seitlichen Rissen der Cervix* uteri.
Emme|tropie: Normalsichtigkeit; regelrechter Bau bzw. Brechungszustand des Auges.
Emollientia (Sg. **Emmoliens**)**:** erweichende Mittel.
Emotion: starke Gemütsbewegung.
emotional: gefühlsbetont; mit Emotion* zusammenhängend.
Empfindungslähmung (-störung), dissoziierte: Aufhebung bzw. Abschwächung der Schmerz- u. Temperaturempfindung bei erhaltener Fähigkeit, Berührungen wahrzunehmen u. bei ungestörter Tiefensensibilität*.
Emphysem(a): Aufblähung. **E. pulmonum:** Lungenemphysem. Übermäßige dauernde Erweiterung der Lungenalveolen, so daß Vergrößerung der Lunge u. Verminderung ihrer Ein-, bes. aber Aus-

atmungsfähigkeit besteht. **E. subcutaneum:** Hautemphysem.
empirisch: auf Empirie (d. h. Erfahrung und Experimenten), nicht auf Spekulationen, Theorien, Berechnungen beruhend.
Emplastrum: Pflaster.
Empro|stho|tonus, Episthotonus: Spannung des Körpers mit Vornüberneigen. Gegenteil: Opisthotonus*.
Empyem(a): Eiteransammlung in Körperhöhlen oder einem Hohlorgan. **E. necessitatis:** Pleuraempyem, das die Brustwand durchbricht.
Emulsion: milchähnliche Arzneibereitung, die unlösliche Stoffe (Öle, Fette, Harze, Kampfer usw.) in sehr feiner und gleichmäßiger Verteilung („emulgiert") enthält.
Enamelum: Zahnschmelz.
Enanthem: Ausschlag an Schleimhäuten.
Encephalitis, Enzephalitis: Gehirnentzündung. **E. epidemica, E. lethargica:** eine Viruserkrankung des ZNS*, die mit auffallender Schlafsucht einhergeht.
Encephalomyelitis disseminata: Polysklerose.
Encephalon: Gehirn; jenseits Medulla* oblongata beginnender oberer Abschnitt des ZNS* mit Rhombencephalon*, Metencephalon*, Mesencephalon*, Diencephalon* u. Telencephalon*. → Enzephalo....
Encephalopathia saturnina: Hirnerkrankung durch chron. Bleivergiftung.
En|chon|drom: Knorpelgeschwulst.
Endangi(i)tis: Entzündung der Gefäßinnenwand. **E. obliterans:** → Thrombangiitis obliterans, Endarteriitis.
Endaortitis: Entzündung der Intima* der Aorta*.
Endarter|ektomie: Ausschneidung („Ausschälung") der Intima* einer Arterie*.
Endarteriitis: Entzündung der Intima* von Arterien. **E. chronica deformans:** Arteriosklerose*. **E. obliterans:** E., die zum Verschluß des betr. Gefäßes führt.
Endemie: Ortsseuche, Landeskrkht.; in gewissen Gegenden ständig oder zeitweise herrschende Krkht.
endemisch: eine Endemie* betreffend; als Endemie auftretend.
endermal, endermatisch: in der Haut, in die Haut.
Endhirn: Telencephalon.
Endo' Agar: Spezial-Agarnährboden zur Unterscheidung der Laktose*-spaltenden Koli*-bakterien von anderen Darmerregern.
Endo|bronchialtubus: in den Bronchialbaum* einführbares Beatmungsrohr.
Endocarditis: Entzündung der Herzinnenhaut. **E. lenta:** durch Streptococcus viridans hervorgerufene, schleichend verlaufende E. **E. ulcerosa:** führt zu geschwürigem Zerfall der betr. Stellen. **E. verrucosa:** führt zu warzigen thrombotischen* Auflagerungen auf den Klappen.
Endocardium: → Endokard.
Endoenzym: Zellenzym (→ Enzym*).
endogen: im Innern, im Körper selbst, bzw. durch innere Ursachen entstehend.
Endokard, Endocardium: Herzinnenhaut (Adj. **endokardial**).
Endokardfibrose: Fibroelastose.
Endokarditis: → Endocarditis.
endokrin: mit innerer* Sekretion*.
endokrinogen: ursächlich mit der inneren Sekretion* zusammenhängend.
Endokrino-logie: Lehre von der inneren Sekretion*. **-pathie:** Erkr. innerer Drüsen. **-se:** durch Dysfunktion* endokriner* Drüsen entstehende Organkrankheit.
endolaryngeal: innerhalb des Kehlkopfs*.
Endolymphe: Flüssigkeit im häutigen Ohrlabyrinth*.
Endometriose: Vorkommen von Uterus*-schleimhaut außerhalb ihres normalen Sitzes, z. B. innerhalb der Muskulatur der Gebärmutter.
Endometritis: Entzündung d. Gebärmutterschleimhaut. **E. dissecans** oder **exfoliativa:** Dysmenorrhoea* membranacea.
Endometrium: Gebärmutterschleimhaut.
endonasal: innerhalb der Nase.
Endoneurium: bindegewebige Schicht, die die *Schwann'* Scheide peripherer* Nerven einhüllt.
Endoparasiten: Entozoen* bzw. Endophyten*.
Endophlebitis: Entzündung der inneren Venenhaut.
Endophyten: pflanzliche Parasiten* im Inneren anderer Pflanzen oder Tiere.

Endo|salpingitis: Entzündung der Eileiter*-schleimhaut (= Tubenkatarrh).
Endoskop: Instrument für Endoskopie*.
Endoskopie: Untersuchung einer Körperhöhle (z. B. Harnröhre und Blase) durch Hineinleuchten bzw. Einführung eines mit Lichtquelle versehenen Betrachtungsinstruments in dieselbe (Adj. **endoskopisch**).
endosomatisch: innerhalb des Körpers.
Endosporen: die gewöhnlichen, im Innern von Zellen entstehenden Sporen*.
End|ost: die die Markhöhle der Knochen auskleidende Bindegewebs*-haut.
Endo|thel: → Endothelium.
Endotheliom(a): eine sarkomartige* Geschwulst, die von Endothelien* ausgeht.
Endotheliose: Retikuloendotheliose.
Endothel(ium): das einschichtige Epithel* an der Oberfläche von Binnenräumen (serösen Höhlen, Gefäßen usw.).
Endotoxine: im Bakterien*-leib enthaltene Toxine*.
Endotracheal-katheter: in die Trachea* (das Tracheobronchialsystem*) einführbarer Katheter (→ *Metras*). **-tubus:** für die Intubationsnarkose* entwickelter, in die Trachea* (evtl. Hauptbronchen) einführbarer, meist mit Gummiballon zur Abdichtung versehener Tubus*.
End-zu-End-Anastomose: Vereinigung der eröffneten Enden zweier Hohlorgane bzw. Hohlorganabschnitte.
End-zu-Seit-Anastomose: Anastomosierung des eröffneten Endes eines Hohlorgans mit einem anderen Organ bzw. Organabschnitt durch Einpflanzung in dessen seitl. Wand.
Enface-Nische (franz.; spr. añfahß): eine Ulkusnische*.
Englische Krankheit: Rachitis*.
Enko|prese: Einkoten.
En|ophthalmus: Zustand, bei dem der Augapfel abnorm tief in der Augenhöhle liegt.
Ent|amoeba: eine Gattung der Amöben*. Mikroskopisch klein. **E. coli:** im Dickdarm vorkommend; harmlos. **E. dysenteriae** oder **histolytica:** Erreger der Amöbenruhr. **E. tetragena:** eine Abart der vorigen.
Entartungsreaktion: das regelwidrige Verhalten motorischer* Nerven u. Muskeln bei elektrischer Reizung.
Entbindungslähmung: → Geburtslähmung.
Ente: Harnglas für bettlägerige männliche Kranke.
Entengang: Watschelgang.
enteral: die Därme bzw. Eingeweide betreffend.
Enteritis: Darmentzündung, -katarrh. **E. membranacea:** Colica* mucosa. **E. necroticans:** Darmbrand*. **E. regionalis,** *Crohn'* Krkht.: mit extremer Lumeneinengung des Darms einhergehende segmentale Entzündung v. a. des Ileum* terminale.
Entero|anastomose: Herstellung eines Verbindungsweges zw. 2 Darmschlingen.
Enterobius vermicularis: Oxyuris vermicularis.
enterochromaffin: argentaffin.
Entero|epiplo|zele: Darmnetzbruch; Hernie mit Darm u. Netz als Inhalt.
entero-gen: vom Darm ausgehend. **-hepatisch:** innerhalb der Leber; die Leber u. den Darm betreffend.
Entero-kinase: Kinase* im Darmsaft, der Trypsinogen in Trypsin* umwandelt. **-kokken:** zu den Streptokokken* gehörende normale Darmbakterien. **-kolitis:** Entzündung des Dünn-* u. Dickdarms*. **-kystom:** im Wandaufbau dem Verdauungstrakt entsprechende Zyste als Rest des Ductus* omphaloëntericus bzw. im Zusammenhang mit einer Teilverdoppelung des Darms. **-lith:** Darm-, Kotstein. **-pexie:** Annähung von Darmabschnitten zur Fixierung, z. B. an die Bauchwand. **-ptose:** Herabsinken des Darms, bes. des Colon* transversum, auch anderer Baucheingeweide. **-spasmus:** Krampf der Darmmuskulatur. **-stenose:** Darmverengung. **-stomie:** Anlegung einer Darmfistel bzw. eines Anus* praeternaturalis. **-tom:** Darmschere, -klemme. **-tomie:** Darmschnitt; künstliche Eröffnung des Darmes.
enterotrop: auf den Darm gerichtet, den Darm bevorzugend.
Entero-zele: Darmbruch. **-zo|en:** tierische Darmschmarotzer.
Ent|helminthen: Eingeweidewürmer.

Ento|dẹrm: inneres Keimblatt*.
ent|ọptische Erscheinungen: Wahrnehmung von Dingen, die im eigenen Auge liegen (Hornhaut-, Linsen-, Glaskörpertrübungen usw.).
ent|ọtische Geräusche: G., die im Gehörorgan selbst entstehen.
Ento|zọ|en: tierische Schmarotzer im Inneren anderer Tiere.
En|trọpium: Lideinstülpung; Einwärtsdrehung des Lidrandes.
Entwesung: Ungeziefervernichtung.
Entzündung: örtliche Gewebsveränderung mit Rötung, erhöhter Eigenwärme, Schwellung u. Schmerz sowie Funktionsstörung als 5. klass. Zeichen. Bei entspr. Intensität u. Ausdehnung von Allgemeinerscheinungen begleitet.
Enu|cleạtio, Enukleation: Ausschälung. **E. bulbi:** Ausschälung des Augapfels, wobei die Kapsel erhalten bleibt.
En|ụrẹsis: unwillkürliches Harnlassen. **E. noctụrna:** Bettnässen.
Enzephalịsmus: Reizerscheinungen i. S. der Enzephalitis.
Enzephalịtis: → Encephalitis.
Enzephalo-graphie: Röntgendarstellung der Gehirnventrikel* durch Lufteinblasung. **-malaziẹ:** Gehirnerweichung. **-meningịtis:** mit Meningitis* kombinierte Enzephalitis*. **-myelịtis:** Gehirn-Rückenmarks*-entzündung (Adj. **enzephalomyelitisch). -myelographiẹ:** mit Myelographie* kombinierte -graphie*. **-myokardịtis-Virus,** EMC-Virus: Virus, das eine Poliomyelitis*-ähnliche Erkrankung (mit Herzbeteiligung) hervorruft.
Enzẹphalon: Gehirn (→ Encephalon).
Enzephalo-pathie: Hirnerkrankung, Hirnleiden, -schädigung. **-pneumographiẹ:** -graphie unter Verwendung von Luft als Kontrastmittel. **-rrhagiẹ:** Gehirnblutung. **-se:** (nichtentzündl.) Hirnerkrankung; Hirnschädigung. **-zele:** Gehirnbruch; Vortreten von Teilen des Gehirns od. seiner Häute durch Lücken des Schädels.
Enzym, Ferment: natürl. Katalysator* in Sekreten* (Ektoenzym) u. Zellen (Endoenzym). Vork. als Proteintyp (ohne andere Faktoren wirksam) oder als Proteidtyp (aus einem spezif. Protein [= Apoenzym] u. prosthetischen Gruppen [= Koenzym, Kosubstrat] zusammengesetztes sog. Holoenzym, das evtl. noch zusätzlicher Faktoren = Kofaktoren, z.B. Ionen* zur Wirkungsentfaltung bedarf). **E.block:** Hemmung des Ablaufs einer Stoffwechselreaktion durch Fehlen bzw. Ausschaltung eines Enzyms*. **E.-defekt:** angeborenes Fehlen eines Enzyms. **E.diagnostik:** Analyse der Aktivität von Enzymen z. Erfassung krankheitsbedingter Abweichungen. **E.inhibitor:** Hemmstoff für Enzyme.
Enzymopathie: Enzym*-mangelkrankheit.
enzymopẹnisch: auf Enzym*-mangel beruhend.
EOG: **E**lektro**o**kulogramm; **E**lektrophthalmogramm.
Eosinophịle: Kurzform für eosinophile* Zellen.
eosinophịle Zellen: Leukozyten* mit Körnchen, die sich bes. gut mit Eosin, einem roten Teerfarbstoff färben. → Eosinophile.
eosinophiles Lungeninfiltrat: Infiltrat* in den Lungen, z.B. wenn Askariden*-larven durch sie hindurchwandern.
Eosịnophiliẹ: vermehrtes Vorkommen eosinophiler* Zellen im Blut.
Ep|endẏm: die Auskleidung der Hirnhöhlen (Gehirnventrikel*) und des Zentralkanals des Rückenmarks*.
Ephebogenẹse: Gestaltwandel d. Jugendlichen in der Pubertät*.
Ephebophiliẹ: homosexuelle Neigung zu Jünglingen.
Ephedrịn: ein adrenalinähnliches Alkaloid*.
Ephelịdes, Ephelịden: Sommersprossen.
ephemẹr: eintägig, vorübergehend.
Ephemẹra: Eintags-, Erkältungsfieber.
Ephetonịn: synthet. Ephedrin.
Epicạrdium: Epikard.
Epicọndylus: Epikondylus.
Epidemie: Seuche; infektiöse Krkht., die plötzlich in einer Gegend ausbricht und gleichzeitig viele Leute befällt.
Epidemiologie: Lehre von den Seuchen.
Epidẹrmis: Oberhaut. **E.-Kutislappen:** Vollhautlappen. **E.pfropf:** Perlgeschwulst* des Gehörgangs (Cholesteatom).

Epidermoidalbildungen: von der Epidermis* abstammende Gebilde (Haare, Nägel, Zähne usw.).
Epidermolysis bullosa hereditaria: erbliche Krkht., bei der schon auf geringe Reize hin Blasen auf der Haut entstehen.
Epidermophyten: pflanzliche Schmarotzer auf der Haut.
Epidermophytie: Pilzerkrankung d. Haut.
Epididymis: Nebenhoden.
Epididymitis: Nebenhodenentzündung.
Epiduralanästhesie, Periduralanästhesie: Ausschaltung der Spinalnerven* durch Verabfolgung eines Lokalanästhetikums* in den Epiduralraum* zwischen Kreuz- und Steißbein.
epidurales Hämatom: Bluterguß zwischen harter Hirnhaut* u. Schädeldach.
Epiduralraum: Raum zwischen Dura* u. Schädel bzw. Wandung des Wirbelkanals; → epidurales Hämatom.
Epigastralgie: Schmerzen im Epigastrium*.
epigastricus, -a, -um; epigastrisch: das Epigastrium* betreffend.
Epigastrium: mittlerer Teil des Oberbauchs (zw. Schwertfortsatz und Nabel).
Epiglottis: Kehldeckel (→ Taf. **10**, 16 u. **11**, 1; **12**, 3).
Epikanthus: sichelförmige Hautfalte am inneren oder äußeren Augenwinkel. → Mongolenfalte.
Epikard(ium), Epicardium: der das Herz überziehende (mit der Herzwand verwachsene) Teil des Herzbeutels.
Epikardia: abdominaler* Abschnitt der Speiseröhre oberhalb der Kardia*.
Epikondylitis: Entzündung (meist) des äußeren E. des Humerus (Epicondylus lateralis humeri; → Taf. **5**, 13) bzw. der Ansatzpunkte von Streckmuskeln der Hand, seltener auch des inneren E. (= Epicondylus medialis humeri; → Taf. **5**, 10).
Epikondylus, Epicondylus: Höcker am unteren Ende des Femur* und Humerus*, ulnar und radial (→ Taf. **5**, 10 und 13); Ursprung von Hand- u. Fußmuskeln.
Epikrise: Schlußbetrachtung, Endurteil über abgelaufenen Krankheitsfall.
Epikutanprobe: Allergie*-probe durch Auftragung der fragl. Substanz auf die Hautoberfläche.
Epilation: Entfernung von Haaren.
Epilepsia, Epilepsie: Fallsucht. **E.,fokale:** *Jackson'* Epilepsie. **E.,genuine,** E., idiopathische: erbliche Fallsucht. **E. gravior:** E. major. **E.,idiopathische:** E.,genuine. **E. larvata:** epileptische* Äquivalente. **E. major:** der „große", „klassische" epileptische Krampfanfall (Grand mal). **E. minor** od. **mitior:** epilept. Anfall mit kurzer Trübung oder Aufhebung des Bewußtseins und wenig ausgeprägten Krämpfen, dafür evtl. mit epileptischen* Äquivalenten.
epileptiform: epilepsieartig.
epileptisch: Epilepsie* betreffend, durch Epilepsie bedingt.
e.e Äquivalente: statt typischen epileptischen Anfalls vorkommende körperliche u. bes. geistige Störungen. **e.es Irresein:** verschiedenartige geistige Störungen, die nach epilept. Anfällen auftreten oder diese ersetzen oder sich allmählich bei Epileptikern ausbilden.
epileptogene Zone: Körpergegend, durch deren Reizung epileptische Anfälle ausgelöst werden.
epileptoid: epileptiform.
epilieren: Haare entfernen.
Epi|nephrektomie: Nebennieren*-entfernung.
Epinephrin: das Hormon* des Nebennierenmarks* (= Adrenalin).
Epineurium: die den ganzen Nerv, d. h. die Gesamtheit seiner Faserbündel, umgebende bindegewebige Hülle.
Epipharynx: Nasenrachenraum (→ Pharynx).
Epiphora: Tränenträufeln.
Epiphyse: 1) Gelenkende langer Röhrenknochen*. – 2) Zirbeldrüse.
Epiphysenlösung: Trennung d. Knochenzusammenhanges an d. Epiphyse* durch Unfall oder Systemerkrankung des Knochens (z. B. Syphilis*).
Epiphyseolyse: Epiphysenlösung.
Epiphyseonekrose: → Knochennekrose*, juvenile.
Epiphyten: pflanzliche Ektoparasiten*.
epiploisch: das Netz* (= Epiploon) betreffend.

Epiploitis: Entzündung des Netzes* (= Epiploon).
Epiploon: Netz, i. e. S. das große Netz* (→ Taf. **20**, 5).
Epiplozele: Netzbruch.
Episio-kleisis: operativer Verschluß des Scheideneingangs. **-rrhaphie:** Verschluß oder Verengerung des Scheideneingangs durch Naht. **-tomie:** Scheidendammschnitt zur Erweiterung des Geburtskanals.
Epi|skleritis: langdauernde, knötchenförmige, umschriebene Entzündung* des Bindegewebes zwischen Sklera* und Augenbindehaut.
Epi|spadia(-ie): Mündung der Harnröhre auf dem Rücken des Penis* oder Fehlen ihrer oberen Wand.
Epispastika (Sg. **Epispastikum**)**:** Zugmittel. Umfassen die Rubefacientia*, Vesikantia* und Suppurantia*.
epistatisch: Bez. für eine Erbanlage, wenn sie das Erscheinen einer anderen überdeckt, die nicht zum gleichen Erbanlagepaar gehört.
Epistaxis: Nasenbluten.
Epis|thotonus: Emprosthotonus.
Epi|stropheus: → Axis.
Epithel: ein nur aus Zellen (ohne Interzellularsubstanz*) bestehendes, gefäßloses Gewebe.
epithelial: zum Epithel* gehörig, aus E. bestehend.
Epitheliom(a): aus Epithelzellen bestehende Geschwulst. Hierzu gehören z.B. Papillome*, Adenome*, Kankroide*. **E. adenoides cysticum:** im Gesicht um die Pubertäts*-zeit sich entwickelnde erbsgroße, graugelbe Knötchen. **E. contagiosum:** Molluscum contagiosum.
Epithelisation, Epithelisierung: Epithelbildung.
Epithelkörperchen: Glandulae* parathyroideae.
epitheloid: epithelartig.
Epithese: kosmet. Ersatzstück für die Bedeckung von Defekten, insbes. im Gesichtsbereich.
Epituberkulose: wahrscheinlich durch Atelektase* hervorgerufene, unspezif. Verschattung im Röntgenbild um Tbk*-Herde bei Kindern.
Epityphlitis: Appendizitis.
Epizoen: Ektozoen*. **Epizoonosen:** durch E. verursachte Krankheiten.
Epizysto|tomie: Sectio alta.
epochal: einen größeren Zeitabschnitt betreffend.
Eponychium, Nagelhäutchen: das sich – in Fortsetzung des Nagelfalzes – auf die Nagelplatte legende feine Häutchen.
Ep|oophoron: Nebeneierstock.
Eppinger' Sternchen: Spinnennävus.
Ep|ulis: breit auf dem Kiefer aufsitzende od. gestielte Zahnfleischgeschwulst.
equinus, -a, -um: einem beim Pferd vorkommenden Gebilde ähnlich (z. B. Pes equinus = Pferdefuß = Spitzfuß).
Erb' Punkt: Stelle seitlich am Halse, von wo aus durch Druck auf den Plexus* brachialis die *Duchenne'-Erb'* Lähmung (bzw. Reizung der betr. Muskeln) erzeugt werden kann.
Erb' Zeichen: erhöhte Reizbarkeit peripherer* Nerven (auf galvan. Strom), insbes. des N.* ulnaris u. medianus, als Zeichen einer Tetanie*.
Erbgrind: Favus.
Erbsenbein, Os pisiforme: ein Handwurzelknochen (→ Taf. **8**, 8).
Erbsensuppenstuhl: gelber dünnflüssiger Stuhl mit krümligem Bodensatz, z. B. bei Typhus*.
Erdalkalimetalle: Barium*, Kalzium*, Strontium*. Oxide der E. = Erdalkalien = alkalische* Erden.
Erden: verschiedene Metalloxide. **E., alkalische:** Oxide der Erdalkalimetalle. **E., saure:** Erdsäuren. **E., seltene:** Seltenerden.
Erdsäuren, saure Erden: Sauerstoffverbindungen des Niobs, Tantals u. Vanadiums.
erektil: einer Erektion* bzw. Anschwellung fähig.
Erektion: das Anschwellen; bes. das Steifwerden des Penis* (aber auch der Klitoris), bedingt durch starke Füllung der Schwellkörper* mit Blut.
Eremo|phobie: krankhafte Angst vor dem Alleinsein.
erethisch: reizbar, erregbar.
Erethismus: krankhafter Reiz- oder Erregungszustand.

ERG: Elektroretinogramm.
Ergastoplasma, endoplasmatisches Retikulum: schlauchartiges Hohlraumsystem im Zelleib mit körnigem Besatz (→ Ribosomen).
Ergocalciferol(um): Vitamin D_2. Wichtig für Kalzium*-stoffwechsel. Mangel führt zu Rachitis*, Tetanie*, Osteomalazie*. → Ergosterin.
Ergometrie: Messung d. Arbeitsleistung mit bestimmten Apparaten (Ergograph, Ergometer oder Ergostat).
Ergosterin: Provitamin D_2.
Ergot|amin: wesentlicher Wirkstoff im Mutterkorn (Secale* cornutum).
Ergotismus: Vergiftung mit Secale* cornutum.
ergotrop: leistungssteigernd wirkend.
Erguß: Flüssigkeitsansammlung in Körperhöhlen; → Exsudat, Ödem, Transsudat.
Erholungsfähigkeit: Einsetzen von Gegenreaktionen von seiten des lebenden Gewebes nach Bestrahlungen.
Erlenmeyer' Kolben: Glaskölbchen für Laboratoriumsarbeiten.
Ermüdungsbruch: Dauerfraktur.
ero|gene Zonen: Körperstellen, deren Reizung Wollustgefühle hervorruft.
Erosio, Erosion: Abschürfung; umschriebener Verlust d. Deckepithels einer Schleimhaut. **E. corneae:** oberflächliche Abschürfung der Augenhornhaut. **E. glandularis:** der E. vera ähnliches Bild der Portio*, bedingt durch Ektopie* der Zervix*-schleimhaut. **E. vera:** echte Portio*-erosion, bedingt durch umschriebenen Epithel*-defekt (→ E. glandularis).
erosivus, -a, -um: mit Erosions*-bildung verbunden.
erotisch: Liebes- und Geschlechtsleben betreffend.
Eroto|mania(-ie): Liebeswahnsinn.
Errata: Irrtümer; z.B. Druckfehler.
erraticus, -a, -um; erratisch: zu unregelmäßigen Zeiten auftretend (z. B. Schüttelfröste).
Erector, Errektor: Kurzform für M.* errector spinae (= M. e. trunci), den aus zahlreichen Muskeleinheiten bestehenden langen Rückenstreckmuskel zw. den Dornfortsätzen der Wirbelkörper (→ Taf. **2**, 3), den Rippen u. Querfortsätzen (→ Taf. **2**, 1; → Taf. **21**, *7*).
Eructio: das Aufstoßen.
E-Ruhr: besondere Art der Bakterienruhr. → Amöbendysenterie.
Eruption: Hautausschlag.
Ery: Kurzform für Erythrozyt*(en).
Erysipelas, Erysipel: Rose. Von Wunden ausgehende, durch Streptokokken* bedingte Erkrankung der Haut u. manchmal auch der Schleimhäute mit scharf begrenzter Rötung und hohem Fieber. **E. migrans:** Wanderrose; verbreitet sich allmählich flächenhaft über größere Teile des Körpers.
Erysipeloid: erysipelartige Rötung durch Berührung von kl. Wunden mit rotlaufinfiziertem tierischem Gewebe.
Erythem(a): Hautrötung. **E. ab acribus:** durch reizende Stoffe bedingt. **E. caloricum:** durch starke Hitze bedingt. **E. exsudativum multiforme:** Hautausschlag mit hellroten, etwas erhabenen, rundlichen, versch. großen Effloreszenzen*. **E. induratum:** schmerzlose, bläulichrote Knoten in der Haut der unteren Gliedmaßen. **E. infectiosum acutum,** Ringelröteln, Fünfte Krankheit: exanthematische Infektionskrankheit; Masern*- bis Röteln*-ähnl. Exanthem*, zu landkartenförm. Figuren konfluierend*. **E. iris:** Abart des E. exsudativum multiforme, wobei gerötete, konzentrische Kreise entstehen. **E. nodosum:** blaurote, schmerzhafte Geschwülste, meist an Unterschenkeln; gewöhnlich von Fieber u. rheumat. Erscheinungen begleitet. **E. solare:** durch Sonnenstrahlen bedingt. Sonnenbrand.
exanthematisch: mit Exanthem einhergehend.
Erythematodes: neuere Bezeichnung für Lupus erythematodes. **E. acutus,** E. visceralis, Lupus erythematodes disseminatus: entzündl. Erkrankung des Bindegewebes mit Infiltrat*-bildung um die Gefäße. Klinisch: Erytheme*, Exantheme*, Hautgeschwüre, Gelenkbeschwerden, Pleuritis*, Pneumonie*, Herz-, Leber- u. Milzerkrankung. Im Blut LE-Zellen*. **E. chronicus discoides:** chron. Hauterkrankung mit Erythem*, follikuläre Hyper-

keratose*, Teleangiektasien* u. Atrophie*. Oft in Schmetterlingsform. **E. disseminatus:** → E. acutus. **E. visceralis:** E. acutus.

Erythemdosis: Hauterythemdosis.

Ery|thrämie: 1)echte essentielle Erythroblastose*. – 2) dauernde Polyzythämie*.

Erythrasma: durch Microsporon* minutissimum bedingtes Hautleiden, bei dem gelbe oder braunrote Flecke entstehen.

Erythroblasten: noch kernhaltige Vorstufe der roten Blutkörperchen im Knochenmark; werden bei schweren Anämien* in d. Blutstrom ausgeschwemmt.

Ery|thro|blasto|phthise: chronische Blutkrankheit. → *Diamond-Blackfan.*

Erythroblastose: Auftreten von Vorstufen d. Erythrozyten* im Blut. Bei Neugeborenen verursacht durch „Unverträglichkeit" (nur Einzelfälle) zwischen mütterlichem u. kindl. Blut, die zum Abbau des letzteren, Ausschwemmung von Erythroblasten* aus dem Knochenmark u. anderen Krankheitszeichen führt. → Rhesusfaktor; Morbus haemolyticus neonatorum.

Erythroderma, Erythrodermie: Hautkrankheit, die mit ausgedehnter Rötung und Schuppung der Haut einhergeht.

Erythrolyse: Auflösung roter Blutkörperchen.

Erythromel|algie: anfallsweise Schmerzen, Rötung und Schwellung der Gliedmaßen, bes. der Zehen.

Erythromycin(-zin): ein Antibiotikum*.

Erythropathien: zusammenfassender Name für die erblich durch Anomalien* d. Erythrozyten* bedingten Blutkrkhtn., z. B. Thalassämie*.

Erythrophobie: Furcht zu erröten.

Erythropoese: Bildung der Erythrozyten*.

Erythropsie: das Rotsehen („Chromatopsie in Rot").

Ery|thro|zyt, Normozyt: das aus dem Retikulozyten* hervorgegangene reife rote Blutkörperchen (∅ 0,008 mm).

Erythrozytolyse: Erythrolyse.

Erythrozytopathie: die verschiedenen angeborenen oder erworbenen Erkrankungen der Erythrozyten* (als Hämoglobinopathie* und Enzymopathie*).

Erythrozytose: Vermehrung der roten Blutkörperchen.

Esbach' Albuminimeter: ein Eiweißmeßapparat zur Messung des Eiweißgehalts des Harns. **E.' Reagens:** Zitronensäure 2, Pikrinsäure 1, Wasser 97. Fällt aus eiweißhaltigem Harn das Eiweiß aus.

Escherichia coli, Bacterium coli commune: fadenförm. oder Kokken*-ähnl., paarweise oder in Ketten gelagerte begeißelte Stäbchen.

Esmarch' Blutleere: Methode, ein Glied während einer Operation blutleer zu machen, indem man es vorher einige Min. senkrecht hochhält, dann proximal* vom Operationsgebiet eine Gummibinde usw. fest anlegt (Kompression der entspr. Arterie*). **E.' Handgriff:** → *Heiberg.* **E.' Maske:** die gewöhnliche Chloroformmaske. **E.' Zungenzange:** → Abb.; soll das Zurücksinken d. Zunge während der Narkose* verhindern.

Esophorie: latentes* Schielen nach innen.

Essentia: Essenz; alkoholischer Auszug aus aromatischen Stoffen, Mischung ätherischer Öle usw.

essentiell: wesentlich, selbständig, idiopathisch*.

Ester: Bezeichnung für chemische Verbindungen, die durch Vereinigung von Alkoholen mit Säuren entstehen.

Etagennaht: schichtweise Naht.

Etappenbehandlung: in bestimmten Zwischenräumen wiederholte Behandlung.

EThG: → Elektroenzephalogramm.

Ethmoid: klin. Kurzform für Os ethmoidale (= Siebbein*).

ethmoidal(is, -e): zum Siebbein (Os ethmoidale) gehörig.

Ethmoid|ektomie: operative Ausräumung des Siebbeins*.

Eubacteriales: eine Ordnung der Spaltpilze; stäbchen- oder kokkenförmige Erreger.

Eubakterie, Eubiose: Gleichgewicht der Erreger, i. e. S. der Darmflora*, mit dem Wirtsorganismus.

Eubiose: Eubakterie.

Euchromat|opsie: normales Farbensehen.

Eugenik: Rassenhygiene.

Euglobulin: → Globulin.
Eu|gnathie: Normalstellung der Zahnreihen; auch Normalstatus des Kausystems (Adj. **eugnath**).
Eukinesie: normaler Ablauf der Bewegungen (Adj. **eukinetisch**).
Eumenor|rhoe: regelrecht auftretende u. beschwerdefreie Menstruation*.
Eunarcon: Mittel zur intravenösen Kurznarkose.
Eunuch: vor der Pubertät* kastrierter oder der Hoden verlustig gegangener Mann. Hochwuchs, kindl. Stimme, weibliche Fettpolster, Osteoporose*.
Eunuchismus: das Erscheinungsbild des Eunuchen*.
Eunucho|idismus: durch Unterentwicklung der Geschlechtsdrüsen bedingte Veränderung der Konstitution beim Mann in Richtung des Eunuchen*, bes. Fettsucht, Knochenveränderungen, Infantilismus* usw.
Euphorie: 1) Wohlbefinden. – 2) sorglose (unbegründete) Heiterkeit mancher Schwerkranker.
euphorisierend: Euphorie* hervorrufend; → BTM.
Eupnoe: Normalatmung.
Euprotein|ämie: normale quantitative u. qualitative Verhältnisse der Bluteiweißkörper.
Eu|rhythmie: regelmäßige Herzschlagfolge.
Eustachio' Röhre: Ohrtrompete.
Euthanasie: leichter Tod bzw. Herbeiführung eines solchen.
Euthyreose: Normalfunktion der Schilddrüse.
Evakuator: Metallkatheter mit abnehmbarer Saugvorrichtung (Aspirator) für die Litholapaxie*.
evakuieren: (luft)leer machen.
Eve' Wippe: ein wippenartiges Beatmungsgerät (auf dem Prinzip der Eingeweideverlagerung u. Zwerchfellverschiebung arbeitend).
Eventratio, Eventration: Vorfall d. Eingeweide, Eingeweidebruch. **E. diaphragmatica:** E. durch Lücke im Zwerchfell; auch Relaxatio diaphragmatica.
Evidement (franz.; spr. ewidmañ): Ausschabung, Ausräumung.
Evipan-Natrium: Mittel zur intravenösen* Narkose*, Abkömmling der Barbitursäure*.
Evis|ceratio: → Exenteratio.
Evolutio(n): Entwicklung. **E. spontanea:** Selbstentwicklung* bei Querlage*.
Evulsio: das Herausreißen.
Ewing' Sarkom (spr. juing): vom Knochenmark* im Diaphysen*-bereich ausgehendes Rundzellen*-sarkom*; sehr bösartig.
ex: aus. **ex alimentatione:** als Folge der Ernährung.
Exacerbatio, Exazerbation: vorübergehende Steigerung von Krankheitserscheinungen (Fieber, Schmerzen usw.).
Exaltation: krankhaft heitere Stimmung mit erhöhtem Selbstbewußtsein usw. bes. bei Manie*.
Exanthem(a): Hautausschlag. **E., postfebriles, E.a subitum:** Dreitagefieber (bei Kindern zwischen 6. Mon. u. 3. Lj.
exanthematisch: mit einem Exanthem* einhergehend.
Exarticulatio, Exartikulation: Absetzung eines Gliedes im Gelenk.
Excavatio: Aushöhlung, Ausbuchtung. **E. papillae nervi optici:** Ausbuchtung in der Mitte der Sehnervenpapille*. In geringen Graden normal, in höheren krankhaft. **E. recto|uterina,** hinterer Douglas: vom Bauchfell ausgekleideter Raum zw. Mastdarm u. Gebärmutter (→ Taf. **23**, 8). **E. vesico|uterina,** vorderer Douglas: Raum zw. Blase u. Gebärmutter (→ Taf. **23**, 24).
Excisio: → Exzision.
Exenteratio: Ausweidung. Herausnahme der Brust- und Baucheingeweide als Akt der Embryotomie*. **E. bulbi:** Herausnahme des Inhalts des Augapfels, so daß nur die Sklera* übrigbleibt. **E. orbitae:** Entfernung des gesamten Inhalts der Augenhöhle.
Exerzierknochen: Knochenbildung in Muskeln, die beim Exerzieren oder Turnen überanstrengt bzw. verletzt worden sind.
Exfoliatio: Abblätterung.
exfoliativ(us, -a,-um): mit verstärkter Abhebung von Epithelien* einhergehend.
Ex(h)airese: Herausnahme, spez. das Herausziehen des N.* phrenicus.

Exhaustio: Erschöpfung.
Exhibitionismus: öffentliche Entblößung der Schamteile bzw. weiblichen Brüste.
Exhumierung: Wiederausgraben einer Leiche.
Exitus: Ausgang, Tod. **E. letalis:** Tod.
ex juvantibus: auf Grund des wirksam gewesenen Mittels (z. B. eine Diagnose stellen = Diagnosis* ex juvantibus).
Exkoch|leation: Auslöffelung, Auskratzung mit scharfem* Löffel.
Exkoriation: Hautabschürfung.
Exkremente: Ausscheidungen, Faeces*.
Exkrete: Absonderungsprodukte von Drüsen, die für den Körper keinen Wert mehr haben; z. B. Harn u. Schweiß. → Exkremente, Sekrete.
Exkretion: Absonderung von Drüsensäften, bes. von Exkreten*.
Exkursion: Bewegungsausschlag.
Exo|enzym: nach außen (z. B. in den Darm) abgesondertes Enzym*.
exogen: von außen stammend, durch äußere Ursachen entstehend.
Exohystero|pexie: Festnähen der Gebärmutter* a.d. Bauchdecken beim Vorfall.
exokrin: die Exkretion* betreffend; nach außen absondernd.
Exokrinopathie: Leiden bzw. Krkht. aufgrund gestörter Absonderungsfunktion bestimmter, v. a. Schleim u. Schweiß absondernder Drüsen*; → Mukoviszidose.
Exophorie: latentes* Schielen nach außen. → Heterophorie.
Ex|oph|thalmo|meter: Apparat zur Messung der Stärke des Exophthalmus*.
Exophthalmus: starkes Vortreten des Augapfels, „Glotzauge" mit Einschränkung der Beweglichkeit.
exo|somatisch: außerhalb des Körpers.
Ex|ostosen: gutart. Knochenauswüchse.
Exo|toxin, Ektotoxin: von manchen Erregern (z. B. Tetanus-, Diphtheriebazillen) in das Kulturmedium oder die Körper abgesondertes Gift.
expansiv: ausdehnend, gehoben, ungehemmt. **e.er Wahn:** Größenwahn.
Expektorans (Pl. **Expektorantia**): Auswurf beförderndes Mittel.
Expektoration: das Auswerfen; Herausbeförderung von Auswurf aus den Lungen.
Expellatio: Entlassung eines Kranken.
Experimentum crucis: eine Theorie beweisender Versuch.
Experte: Sachverständiger.
Exploration: Untersuchung, Erkundung.
Exponentialstrom: galvanischer Strom, der eine weitgehende Anpassung an den Entartungsgrad eines Muskels erlaubt.
Exposition: das Aussetzen eines Objektes der Wirkung eines Stoffes oder einer Strahlung.
Expression: das Herausdrücken.
Exsikkans (Pl. **Exsikkantia**): austrocknendes Mittel.
Exsikkose: Austrocknung des Körpers nach schwerem Erbrechen u. Durchfall.
exspektativ: abwartend.
Exspiration, Exspirium: Ausatmung.
Exspirationsvolumen: pro Ausatmung ausgeatmetes Luftvolumen.
exspiratorisch: das Exspirium* betreffend. **e.es Reservevolumen:** Reserveluft.
Exstirpation: Ausrottung, radikale Entfernung.
Exstrophia, Exstrophie, Ekstrophie: Mißbildung, im Rahmen von Spaltbildungen vorkommend, mit Umstülpung d. Innenfläche eines Organs nach außen. **E. vesicae urinalis:** Blasenexstrophie.
Exsudat: das Produkt der Exsudation*.
Exsudation: entzündliche Ausschwitzung. Austritt von Flüssigkeit und Zellen aus Kapillaren* und Venen* bei Entzündungen.
exsudativ: mit Exsudation* einhergehend. **e.e Diathese*:** angeborene D. mit abnormer Reizbarkeit d. Haut u. Schleimhäute, so daß oft exsudative* Prozesse (Katarrhe u. a. Entzündungen) auftreten. Zugleich Wucherungen des lymphatischen* Gewebes usw. → Skrofulose. **e.e Enteropathie,** *Ménétrier'* Syndrom: mit Eiweißverlusten (infolge starker Eiweiß*-exsudation*) einhergehende Darmkrankheit; Folge der Stauung von Lymphbahnen etc. Ödem*-neigung infolge Hypoproteinämie*.
Extension: Ausdehnung, Streckung.
Extensions-apparat: Vorrichtung z. Strekken der Gliedmaßen (bei der Reposition* von Frakturen*) bzw. der WS*, z. B. *Böhler'** Schraubenzugapparat bzw. *Ducro-*

quet' Korsett*. **-behandlung:** Streckbehandlung (→ -verband). **-bügel:** Metallbügel in Hufeisenform; zum Fixieren* u. Spannen von Extensionsdrähten* u. Befestigen des Zuggewichts bei -behandlung von Frakturen*. **-draht:** Bohrdraht zur queren Einführung in Knochen für -behandlung* (auch f. Transfixation* u. Drahtspickung* geeignet); → -bügel. **-fraktur:** in Streckstellung der Extremität* erfolgte Fraktur*. **-schiene:** verstellbare Arm- bzw. Beinlagerungsschiene mit Führungsrolle f. d. Schnur des Zuggewichts bei -behandlung*. **-verband:** Streckverband. Verband, bei dem dauernder Zug (meist mittels Gewichten) an Körperteilen ausgeübt wird, um Verschieben der Bruchenden zu verhindern; zur Dehnung von Kontrakturen u. zur Entlastung von Gelenken.

Extensität: Ausdehnung. **extensiv:** ausgedehnt.

Extensor(en): Streckmuskel(n), Strecker.

extern(us, -a, -um): außen gelegen, äußerlich.

Extinktion: Abschwächung eines Lichtstrahles, der durch einen trüben Körper geleitet wird. → Kolorimetrie.

Extorsion: auswärts gerichtete Rollbewegung des Augenbulbus*.

extraartikulär: außerhalb eines Gelenks.

Extractum: Extrakt, Arzneiform, die durch die Eindickung von Auszügen zerkleinerter Drogen od. von Preßsäften frischer Kräuter gewonnen wird. **E. fluidum:** Fluidextrakt.

extradural: außerhalb der Dura* gelegen.

extrahepatisch: außerhalb der Leber gelegen; nicht durch die Leber bedingt.

extrahieren: eine Extraktion* machen.

extra|intestinal: außerhalb des Verdauungstraktes gelegen, ablaufend.

extrakapsulär: außerhalb der Organkapsel. – Bei der Staroperation Entfernung des Linsenkernes unter Zurücklassung der Linsenkapsel oder -kapselresten.

extrakorporal: außerhalb des Körpers erfolgend, gelegen etc. **e.er** Kreislauf: künstl. Kreislauf außerhalb des Körpers, i.e.S. die Herz-Lungenmaschine; auch bei künstlicher Niere.

Extraktion: 1) Herausziehen (von Zähnen usw.). – 2) das Ausziehen löslicher Stoffe aus festen Arzneikörpern.

extramedullär: außerhalb des Rücken*- oder Knochenmarks* vorkommend.

extramukös: außerhalb bzw. unter Schonung der Schleimhaut.

extramural: außerhalb einer Hohlraumwand gelegen.

extraperikardial: außerhalb vom Herzbeutel* gelegen.

extraperitoneal: außerhalb vom Bauchfell* gelegen.

Extraperitonealisierung: Vorholen eines eitrig-gangränösen Organs bei inoperabler Situation aus der Bauchhöhle*. Im gleichen Sinn wirkt das Abstopfen der Bauchhöhle um einen derartigen lokalisierten Prozeß während der Operation durch Tücher.

extrapleural: außerhalb d. Pleurahöhle*.

extrapulmonal: außerhalb der Lunge*; nicht die Lunge betreffend.

extrapyramidal-motorisches System: die Teile des ZNS*, die der Kontrolle der Haltung u. der Bewegungsabläufe dienen (Rindenanteile, Stammhirn*-ganglien*, Formatio* reticularis etc.).

extrarenal: außerhalb der Niere gelegen, nicht durch die Niere bedingt.

Extrasystolen: durch abnorme Reize erzeugte, vorzeitige, meist kleinere Zusammenziehungen des Herzens, die unregelmäßigen Puls bedingen.

Extra|uteringravidität: Bauchhöhlenschwangerschaft. Entwicklung des befruchteten Eies außerhalb der Gebärmutter*, namentlich in einer Tube*, selten im Ovar* oder in der freien Bauchhöhle*.

Extravasat: aus dem Gefäß* herausgetretene Flüssigkeit.

Extravasation: Austritt von Körperflüssigkeiten (Blut usw.) aus ihren normalen Behältern. Die ausgetretene Flüssigkeit heißt Extravasat*.

extrazellulär: außerhalb der Zelle.

extrem: äußerst, letzt, höchst. → in extremis. **Extreme:** Gegensätze, Übertreibungen.

Extremität: äußerstes Ende, Gliedende, Gliedmaße.

Extremitätenableitung: → Ableitungen.

Extrinsic factor: zusammen mit dem „In-

trinsic factor“ für die normale Entwicklung der roten Blutkörperchen erforderlicher Stoff, dessen Zufuhr mit der Nahrung nötig ist.
Extrinsic system: die Gesamtheit der im Gewebe vorhandenen Faktoren der Blutgerinnung.
Extubation: Entfernung eines Tubus*, spez. einer Kanüle* nach Intubation*.
Exulzeration: Ulzeration.
ex vạcuo: im Zusammenhang mit einem leeren Raum (ent)stehend.
exzẹntrisch: 1) außerhalb des Mittelpunktes. – 2) überspannt. → Hypertrophie.
e.es Sehen: indirektes* Sehen.
Exzision: das Ausschneiden.
Ẹxzitans (Pl. **Exzitantien, Excitantia**): erregende, belebende Mittel, Reizmittel. Zur Anregung der Gehirn-, Atmungs-, Herztätigkeit.
Exzitation: Erregungszustand.
Exzitationsstadium: 2. Narkosestadium.

F

F: chem. Symbol für **F**luor.
Fabẹlla: kleines Sesambein* an der Fibularseite des Kniegelenks.
Fabịsmus: → Favismus.
Facialis: Kurzform für Nervus facialis (= 7. Hirnnerv).
faciạlis, -e: das Gesicht betreffend.
Fạci|es: 1) Gesicht. – 2) Oberfläche, Fläche. **F. abdominạlis:** das verfallene Gesicht bei schwerer Bauchfellentzündung. **F. cholẹrica:** das spitze, verfallene Gesicht Cholera*-kranker. **F. compọsita:** nicht krankhaft veränderte Gesichtszüge. **F. gạstrica:** charakteristischer Gesichtsausdruck bei chron. Magenkrkht. mit ausgeprägten Nasolabialfalten*. **F. Hippocrạtica:** die verfallenen Gesichtszüge Sterbender. **F. leontịna:** Leontiasis. **F. myopạthica:** die für Muskeldystrophie* u. Myasthenie* charakterist. müden u. schlaffen Gesichtszüge. **F. tetạnica:** Risus sardonicus.
Fadenwürmer: Nematoden.
faecạlis, -e: Faezes* betreffend; kotig.
Fạeces, Fäzes: Darmentleerungen, Kot, Stuhl.
fäkal: → faecalis.
Fäkalien: → Faeces.
Fäkolịth: Kotstein.
fäkulẹnt: kotartig.
Färbeindex, F.I.: Verhältnis zw. Hämoglobinmenge* des Blutes u. Zahl der Erythrozyten. F.I. $= \frac{Hb}{2 \times Ery}$; normal bei 1,0.
Fäulnisdys|pepsie: Stoffwechselstörung; durch mangelhafte Spaltung u. Resorption* von Eiweiß im Darm anomale bzw. verstärkte Fäulnisprozesse in Dünndarm* u. Dickdarm*.
Faex: Hefe. **F. comprẹssa:** Preßhefe. **F. medicinạlis:** medizin. Hefe (entbitterte, ausgewaschene Bierhefe).
Fagopyrịsmus: Vergiftung durch Buchweizen(produkte).
Fahrenheit: Erfinder einer nach ihm benannten u. z. Z. in Nordamerika üblichen Thermometereinteilung (Eisschmelzpunkt 32° F; Wassersiedepunkt 212° F).
Fahr' Krankheit: idiopathische*, nicht arteriosklerotische*, intrazerebrale* Gefäßverkalkung. Kopfschmerzen, Sprechstörungen, zunehmende Demenz*, epileptiforme* Anfälle.
Faktor: (mit)wirkender Umstand. **F. I–IX:** → Blutgerinnung. **F. X:** *Stuart-(Prower-)* Faktor. **F. XI:** *Rosenthal*-Faktor. **F. XII:** *Hageman*-Faktor. **F. 1...:** Gerinnungsfaktoren der Thrombozyten*.
fakultatịv: nach Belieben, unter gewissen Umständen. **f.e Parasiten:** P., die auch ohne Wirt leben können. **f.e Sterilität:** Unfruchtbarkeit, die nur vorübergehend künstlich erzielt wird.
falcifọrmis, -e: sichelförmig.
Falkographịe: Rö-Darstellung der Falx*, evtl. einschl. Tentorium* (**Falkotenteriographie**).
Fall-fuß: durch Peroneus*-lähmung bedingtes Herabhängen des Fußes. **-hand:** durch Lähmung des N.* radialis Ausfall der Streckmuskeln; schlaffes Herabhängen der Hand.
Fallot' Pentalogie (spr. fạloh): *Fallot'* Tetralogie mit zusätzlichem Vorhofseptumdefekt* als 5. Leitsymptom. **F.' Tetralogie:** angeborener Herzfehler. Pulmonalstenose, Septumdefekt, „reitende" Aorta*, Hypertrophie d. re. Herzens. **F.' Trilogie:** von der *Fallot'* Tetralogie durch normalen Abgang von Aorta* u. Pulmonalis* unterschiedenes Vitium*.
Falschgelenk: Pseudarthrose.
Falx: Sichel (zwischen den Hemisphären* von Groß*- bzw. Kleinhirn* ausgespannte Duplikatur* der Dura* = F. cerebri bzw. F. cerebelli).
Fạmes: Hunger.
Familienplanung: Geburtenkontrolle.

Fanconi' Syndrom: → *Debré.*
Fango: Mineralschlamm aus heißen Quellen Norditaliens.
Faraday' Käfig: durch elektrisch leitende Wände (Drahtgitter) vor dem Einfluß äußerer elektr. Felder geschützter Raum (in der Medizin für bioelektr. Untersuchungen, z. B. EEG*, EKG*).
Faradisation: Anwendung des faradischen Stromes, d. h. eines Induktionsstromes.
faradisch: auf faradischen Strom bezüglich (= Induktionsstrom).
Faradotherapie: Faradisation* zu Heilzwecken.
Farbenblindheit: totaler (Achromatopsie*) oder partieller (→ Dichromasie, Monochromasie) Verlust der Farbempfindung; s. a. Farbenfehlsichtigkeit.
Farbenfehlsichtigkeit: angeborene oder erworbene Farbenanomalie* bzw. partielle Farbenblindheit* (Deuteranomalie* bzw. Deuteranopsie*; Protanomalie* bzw. Protanopsie*; Tritanomalie* bzw. Tritanopsie*).
Farber' Test: Suche nach verhornten Epithelien* im Mekonium* (fehlen bei Atresie* des Magen-Darmtraktes). Gilt auch für Lanugo*.
Farnkrauttest: infolge Kristallbildung im eingetrockneten Ausstrich von Zervix*-schleim erkennbare Farnfiguren, deutlich in der Phase der Ovulation*. Bei stärkerer Progesteron*-wirkung (das heißt in der Gravidität*) nicht nachweisbar.
Fascia: 1) Binde, Bindenverband. – 2) dünne, bindegewebige Haut, die einzelne Organe, bes. Muskeln („Muskelbinde"), umgibt. **F. lata:** die sämtl. Muskeln des Oberschenkels umschließende Faszie (→ Taf. **17**, 19). **F. prostatae:** die die Prostata* kapselartig (= Prostatakapsel) umgebende Bindegewebsschicht. **F. renis:** Niere u. Nebenniere* umgebender bindegewebiger Sack.
Fasciculus: kleines Bündel von Muskel- oder Nervenfasern. **F. atrioventricularis:** *His'* Bündel. **F. cuneatus (Burdach'):** seitlicher Teil des Hinterstrangs* des Rückenmarks*. **F. gracilis (Goll'):** medialer Teil des Hinterstrangs* des Rückenmarks*. **F. medullae spinalis:** Funiculus medullae spinalis (als Vorder*-, Seiten*- u. Hinterstrang* des Rückenmarks*).
Fasciitis: Faszienentzündung. **F. palmaris:** *Dupuytren'* Kontraktur.
Fasciola hepatica: Leberegel. Gehört zu den Trematoden*. **F. lanceolata:** Dicrocoelium dendriticum (lanceolatum).
Faser: → kollagene, postganglionäre, präganglionäre Faser.
Fastidium: Ekel, Widerwille; z. B. gegen Speise (F. cibi).
Fastigium: Gipfel.
Faszie: → Fascia.
faszikuläre Zuckungen: spontanes, sichtbares Zittern von Muskelfasern.
Fauces: seitl. Begrenzung der Schlundenge (Isthmus faucium), i. w. S. auch Pharynx*.
Fausse-couche (franz.; spr. foßkusch)**:** Früh- oder Fehlgeburt.
Favid: Mykid* bei Sensibilisierung* gegen den Favuserreger Trichophyton* schoenleini.
Favismus: Bohnenkrankheit; Enzymopathie* mit hämolyt.* Krisen*, v. a. nach Genuß der Bohne Vicia faba (= Saubohne).
Favre'-Durand'-Nicholas' Krankheit (spr. fawre-dürañ-nikola)**:** Lymphogranuloma* inguinale.
Favus: Erbgrind, Kopfgrind. Durch den Favuspilz (Achorion schoenleini) verursachte Hautkrkht. bes. des behaarten Kopfes.
Fazialis: Kurzform für Nervus facialis (= 7. Hirnnerv*). **F.lähmung:** teilweise (= F.parese) oder komplette (F.paralyse) Lähmung der vom F. versorgten Muskeln. **F.phänomen:** *Chvostek'* Zeichen. **F.tic:** Muskelzuckungen im Fazialisbereich.
Fe: Symbol für Eisen (**Fe**rrum).
febril, febrilis, -e: fieberhaft, fiebernd.
Febris: Fieber. **F. continua:** länger anhaltendes Fieber mit über 39° bei Tagesschwankungen < 1°. **F. cotidiana:** tägl. auftretendes Fieber, z. B. bei trop. Malaria*; ferner bei Malaria tertiana duplex bzw. quartana triplex (mit 2 bzw. 3 in ihrer Entwicklung zeitlich verschobenen Parasitengenerationen). **F. ephemera:**

Eintagsfieber. Erkältungsfieber von 1–3 Tagen Dauer mit Herpes* labialis. **F. gastrica:** gastrisches Fieber. **F. herpetica:** Ephemera* mit Herpes* facialis. **F. insons:** aseptisches* Fieber. **F. intermittens:** Fieber mit Tagesschwankungen von > 1° u. einer Minimaltemp. um den Normalwert; auch für F. periodica gebrauchte Bez. **F. nervosa:** Nervenfieber. **F. puerperalis:** Kindbettfieber (→ Puerperalfieber). **F. periodica:** Fiebertyp mit Wechsel zwischen Fieberschüben u. fieberfreien Intervallen*, z. B. bei Malaria*. **F. quartana:** → Malaria. **F. quotidiana:** → F. cotidiana. **F. quintana:** jeden 5. Tag auftretendes Fieber, z. B. das Wolhynische F. (F. qu. i. e. S.). **F. recurrens:** Rückfallfieber*. **F. remittens:** Fieber mit Tagesschwankungen > 1° bei Tiefstwerten im subfebrilen* Bereich. **F. rheumatica:** rheumatisches Fieber. **F. tertiana:** Malaria* tertiana (Fieberschub jeden 3. Tag). **F. tropica:** Malaria tertiana. **F. undulans:** von Pausen unterbrochene Fieberwellen. **F. undulans bovina:** *Bang'** Krankheit.

Fehlgeburt: 1) Abort. – 2) totgeborene Frucht (unter 35 cm Länge).

Fehldrehung: Malrotation.

Fehling' Lösung: blaue Lösung, die Kupfersulfat, Kaliumnatriumtartrat, Natronlauge u. Wasser enthält. 1 ml derselben wird durch 0,005 g Traubenzucker gerade vollständig reduziert (Verschwinden der blauen Farbe). **F.' Probe:** dient zum qualitativen Nachweis von Zucker im Harn, beruht auf Reduktion von Kupferhydroxid.

Fehlleistungsknochenbruch: (*Kulenkampff*) hervorgerufen durch unzweckmäßige Muskelbeanspruchung.

Feigwarzen: → Condyloma acuminatum.

Fel: Galle. **F. Tauri:** Ochsengalle.

Feldfieber: Sammelbez. für verschiedene Leptospirosen*, hervorgerufen durch Leptospira* grippotyphosa (Typ A) bzw. L. sejrö, saxkoebing u. a. (Typ B). **F.nephritis:** besondere, wahrsch. infektiöse Art der Nephritis*. **F.typhus:** Fleckfieber.

Felinose: Katzenkratzkrankheit.

Felix' Syndrom: aseptische* Knochennekrose* des Trochanter* major (→ Taf. 4, 8).

Felsenbein: Schläfenbein*-pyramide.

Felsengebirgs(fleck)fieber: eine in Südamerika vorkommende Rickettsiose* mit Fleckfieber*-symptomen.

Felty' Syndrom: primär chron. symmetrische Gelenkerkrankung mit Milztumor, allgemeiner Drüsenschwellung und Leukopenie*.

Feminisierung: Auftreten weibl. sek. Geschlechtsmerkmale beim Mann. **F., testikuläre:** Intersex*-typus mit Hoden, aber weibl. Körperformen.

Femoral-gefäße: Arteria* bzw. Vena* femoralis (aus der äußeren A. iliaca kommend bzw. in die gleichnamige Vena mündend). **-hernie:** Schenkelhernie.

Femoralis: Kurzform für Oberschenkelschlagader oder -nerv. **F.-Syndrom:** schmerzhafter Kniegelenkserguß und LWS*-Schmerzen durch Reizung des N. femoralis.

femoralis, -e: zum Oberschenkel gehörig.

Femoralreflex: *Remak'* Zeichen.

Femur: Oberschenkel(knochen) bestehend aus Kopf, Hals, Schaft u. Gelenkknorren (Kondylen).

Fenestra: Fenster, kleine Öffnung. **F. cochleae:** (früher F. rotunda) Öffnung zwischen Paukenhöhle* u. Cochlea*. **F. novovalis.** künstl. angelegte F. vestibuli (→ Otosklerose). **F. vestibuli:**(früher F. ovalis): von der Steigbügelplatte ausgefüllte Öffnung zwischen Paukenhöhle* u. Vestibulum (labyrinthi*).

Fenestration: Fensterresektion; Fensterungsoperation.

Fensterresektion, submuköse: Ausschneidung eines Stückes der (verbogenen) Nasenscheidewand unter Schonung der bedeckenden Schleimhaut.

Ferment: Enzym. – Darüber hinaus Bez. für Mikroorganismen (Hefepilze, manche Bakterien).

fermentativ: durch Fermente* bedingt.

Fermentum Cerevisiae: Bierhefe.

Fermoserum: an Begleiteiweiß armes Serum*.

Fernbestrahlung: → Teleröntgenbestrahlung.

Fernpunkt: entferntester Punkt, bis zu dem noch scharf gesehen werden kann.
Ferritịn: ein Eisenproteid* als Speicherform des Eisens (v. a. in Retikulo*- u. Histiozyten*).
Ferriverbindungen: Verbindungen dreiwertigen Eisens.
Fẹrroverbindungen: Verbindungen zweiwertigen Eisens.
Fẹrrum: Eisen. **F. oxydạtum saccharạtum:** Eisenzucker. **F. redụctum:** reduziertes* (metall.) Eisen.
Fersenbein: Calcaneus (→ Taf. **9**, 14); bestehend aus F.körper u. F.höcker (= Tuber calcanei; → Taf. **9**, 13; **18**,10).
Fersenphänomen: Achillessehnenreflex*.
fertịl(is, -e): fruchtbar.
Fertilität: Fruchtbarkeit.
Festination: Beschleunigung, Propulsion*.
Fet: Fetus.
fetạl(is, -e): zu einem Fetus* gehörend, einen F. oder die Fetalzeit betreffend.
Fetạlperiode: zwischen Embryonal*-periode u. Geburt liegender Zeitraum.
Fetischismus: Erregung des Geschlechtstriebes durch Kleidungsstücke der begehrten Person.
Feto-genese: Fruchtentwicklung ab 85. Schwangerschaftstag. **-pathịe:** Fruchtschädigung während der Fetalperiode*.
Fette: Ester* des Glyzerins* mit Fettsäuren* höherer Kohlenstoffzahl (Öl*-, Palmitin*-, Stearin*-, Linol*-, Linolen*-säure) etc. → Lipide, Lipoide.
Fettembolie: Verstopfung kleiner Blutgefäße mit Fettpartikeln, z. B. nach Knochenbruch auftretend.
Fettgeschwulst: Lipom.
Fettsäuren: aus Kohlen-, Sauer- u. Wasserstoff bestehende organische Säuren (in kettenförmiger oder ringförmiger Anordnung der C-Atome). **F., essentielle:** vom Körper dringend benötigte F., die der Körper selbst nicht synthetisieren kann. **F., freie:** in Herz u. Körpermuskeln als Energielieferant wirkende unveresterte F. **F., ungesättigte:** mit Doppelbindungen zwischen den C-Atomen.
Fetus: (Leibes-)Frucht: das sich im Mutterleibe entwickelnde Wesen ab 85. Schwangerschaftstag bis zur Geburt. → Embryo. **F. in fẹtu:** Kryptodidymus.
F. papyrạce|us: abgestorbener, vertrockneter u. plattgedrückter F. **F. praematụrus:** nach verkürzter Graviditäts*-dauer geborenes reifes Kind. **F. sanguinolẹntus:** abgestorbener Fetus mit blutig-seröser Durchtränkung des Körpers.
feuchte Kammer: besondere Vorrichtung zur Verhinderung der Eintrocknung kleiner Flüssigkeitsmengen.
Feuermal: Naevus vasculosus.
F. I.: Färbeindex.
Fiber|endo|skop: Fibroskop.
Fịbra: Faser.
fibrillạ̈r: aus Fasern bestehend, faserig.
f.e Zuckungen: kurze Zusammenziehungen, die in raschem Wechsel einzelne Faserbündel eines Muskels betreffen.
Fibrillen: feine Fasern.
Fibrịn: (Blut-)Faserstoff. Eiweißartige Substanz, die bei Blutgerinnung* entsteht. Bildet ein in vivo nur durch Fibrinolytika* lösliches Netz. **F.ferment:** Enzym* im Blutplasma, das bei Bildung von Fibrin mitwirkt.
fibrinọ̈s: fibrinartig, fibrinhaltig. **f.e Entzündung:** E. mit Bildung eines fibrinhaltigen Exsudats*. → Pneumonia.
Fibrinogẹn: Eiweißkörper im Blutplasma usw., aus dem Fibrin* entsteht. → Blutgerinnung*.
Fibrinolyse: Auflösung eines Fibringerinnsels durch proteolytische* Enzyme* (= Fibrinolysin*).
Fibrinolysịn, Plasmin: ein Serum*-enzym*; löst Fibrin* u. Fibrinogen* auf. → Fibrinolytika.
Fibrinolytika (Sg. **Fibrinolytikum):** Thrombolytika.
Fibrinopenịe: Mangel an Fibrin*.
fibrinọsus, -a, -um; fibrinọ̈s: mit Fibrin*-ausscheidung bzw. Bildung von Fibrinhäutchen (= Pseudomembranen).
Fibroadenọm, Adẹnofibrọm: drüsige Strukturen enthaltendes Fibrom*.
Fibroblạsten: Zellen, aus denen faseriges Bindegewebe entsteht, Vorstufe d. Fibrozyten*.
Fibroblastọm: von Fibroblasten*, z. B. der Meningen* (= fibroblast. Meningeom) oder des Perineuriums* (= Neurofibrom) gebildeter Tumor.

Fibrocartilago: Faserknorpel. **F. intervertebralis:** Discus intervertebralis*.
Fibro|elastose: Endokardfibrose. Angeborene Anomalie* des Herzens. Porzellanartige Verdickung des Endokards* u. Vergrößerung des li. Herzventrikels*.
fibrös: aus (derbem) Bindegewebe bestehend.
Fibroid: Fibrom*, das noch andere Gewebe enthält. So sind z. B. die Fibroide des Uterus* Fibromyome*.
fibroid: faserreichem Bindegewebe* ähnlich; indurativ*.
Fibroma, Fibrom: Bindegewebsgeschwulst. Fibrochondrome, -lipome, -myome, -sarkome sind Chondrome, Lipome, Myome, Sarkome, die zugleich gewuchertes Bindegewebe enthalten. **F. molluscum:** weiche Bindegewebsgeschwulst der Haut, meist in Mehrzahl auftretend.
Fibromatosis (-e): geschwulstartige Bindegewebswucherung.
Fibro-myom, -myxom: → Fibroma. **-neurom:** → Neurofibrom. **-plasie, retrolentale** (= **retrokristalline**): → retrolental. **-sarkom:** bindegewebsreiches, hartes Sarkom. **-se:** jede Vermehrung des Bindegewebes. **-skop,** Fiberendoskop: mit Glasfaseroptik ausgestattetes Endoskop*. **-zyten:** spindelförmige Zellen des Bindegewebes mit langen, z. T. mit anderen Zellen in Verbdg. stehenden Fortsätzen.
Fibula: Wadenbein.
Fibularis: Kurzform für N.* fibularis.
fibularis, -e: zum Wadenbein* gehörig; → peroneus, Peron(a)eus.
Fieber: → Febris. **F., rheumatisches:** der mit Fieber einhergehende akute Gelenkrheumatismus. → rheumatisch.
Fiedler' Myokarditis: eine interstitielle Myokardentzündung unbekannter Ätiologie*. Führt zu Myokard*-fibrose* oder endet letal*.
Fila: Fäden. **F. olfactoria:** Riechnervenfasern (Nervi olfactorii).
Filamente: fadenförmige Gebilde. → Harnfilamente.
Filaria: eine Gattung der Nematoden*. Sehr dünne (oft haardünne) lange Würmer, die im Bindegewebe, Unterhautzellgewebe, Lymphsystem sitzen. Bes. in den Tropen. **F. bancrofti:** verursacht fieberhafte Entzündung der Lymphgefäße und dadurch Elephantiasis*.
Filariosis: durch Filarien* bedingte Krankheit.
filiform(is, -e): fadenförmig.
Filum: Faden. **F. terminale:** → Rückenmark.
Fimbriae (tubae uterinae): die Fransen am lateralen* Ende der Eileiter* (→ Taf. **24**, 15).
Finger-apoplexie: *Achenbach'* Syndrom. **-beugereflex:** *Trömner'* Reflex. **-nagel:** → Unguis.
Finne: Jugendzustand der Bandwürmer*. → Cysticercus, Echinococcus. – 2) Akne*-knötchen.
Finnenausschlag: Akne.
Finsen' Methode: Lichtbehandlung, namentlich des Lupus*, spez. mit konzentriertem gekühltem elektr. Bogenlicht.
Fissura: Spalte, Spaltenbildung, Furche, Rhagade*. **F. ani:** After-, Mastdarmschrunde; sehr schmerzhaftes Geschwür in der Mastdarmschleimhaut bzw. im Afterschließmuskel. **F. ossium:** Spaltbruch; Knochenbruch, wobei nur Risse u. Spalten entstehen. **F. Sylvii,** Sulcus lateralis: Furche der Hirnrinde zwischen Stirn- und Schläfenlappen.
Fistel, Fistula: abnormer Gang, der ein tiefliegendes Organ mit der Haut (= **äußere F.**), Schleimhaut od. einem anderen Organ verbindet (= **innere F.**) u. durch den ein Sekret* oder Exkret* abfließt. Benennung nach Art der Absonderung (Milch-, Speichel-F. usw.) wie nach dem Ausgangsorgan (Magen-, Blasen-F. usw.) **F., inkomplette:** blind endende (= unvollständige F.). **F., komplette:** F. mit mindestens einer Öffnung an jedem Ende des F.gangs (= vollständige F.). **F., künstliche:** operativ angelegte F., z. B. zur Ableitung von Sekreten*, zur Medikamenten- u. Nahrungszufuhr (→ Darm-F.; Gastro-, Zäkostomie). **F., lippenförmige:** F., bei der F.gang mit Epithel ausgekleidet ist. **F. pilonidalis:** von einem unter die Haut der Kreuzbeingegend verlagerten Haarnest ausgehende Fistel. **F., unvollkommene:** F., inkomplette.
Fixation: Befestigung.

fixieren: befestigen, festhalten. Spez. Bedeutungen: 1) einen Gegenstand so ansehen, daß sein Bild auf d. Fovea* centralis fällt. – 2) in der mikroskop. Technik schnelles Abtöten lebender Objekte (mit Alkohol, Sublimat usw. – 3) Befestigung von Bakterienmaterial auf Objektträgern* oder Deckgläschen (zwecks Färbung) durch Erwärmen usw. – 4) Entfernung noch lichtempfindlicher Substanzen von photographischen Platten mit geeigneter Flüssigkeit nach Entwicklung des Bildes.
Fixierung: Befestigung (gekennzeichnet durch Nachsilbe ... pexie); → fixieren.
flaccidus, -a, -um: schlaff.
Flagellata, Flagellaten: Geißeltierchen; eine Klasse der Protozoa* mit Geißeln.
Flagellation: Geißelung.
Flammenphotometrie: lichtelektrische Methode bes. zum Nachweis von Natrium, Kalium u. Kalzium.
Flatulenz, Flatus: Blähung.
Flavon: eine natürliche u. künstl. herstellbare Substanz mit Koronarien*-erweiternder Wirkung; Spasmolytikum*.
Flavonoide: aus Pflanzen resorbierte Substanzen; wichtig als Redoxsystem* u. für Wasserstoffübertragung im intermediären* Stoffwechsel*.
Flèche (franz.; spr. flähsch): Abstand des Hinterhaupts von einer Wand (an die sich der Pat. lehnt) als Maßstab für die Beweglichkeit der HWS*.
Flechte: → Dermatomykose*.
Fleck-fieber, -typhus: schwere, ansteckende, von Rickettsien* hervorgerufene, durch Läuse übertrag. Infektionskrkht.* mit eigenartigem (zuweilen masernähnlichem) Ausschlag, der Neigung hat, petechial* zu werden.
Fleischer' Kornealring: gelb- bis grünbraune ringförmige Linie (aus Hämosiderin*) in den oberflächlichsten Hornhautschichten bei Keratokonus*.
Fleischmole: umgewandelte Blutmole*.
fletschern: langes, gründliches Kauen fester Speisen.
flexibel: biegsam.
Flexibilitas cerea: wachsartige Biegsamkeit der Glieder.
Flexio(n): Beugung. **F. uteri:** Abknickung des Körpers der Gebärmutter gegen die Zervix nach vorn (Anteflexio) oder hinten (Retroflexio).
Flexor: Beugemuskel.
Flexura: Biegung. **F. duodeno|jejunalis:** am Übergang zwischen Duodenum* u. Jejunum* gelegene Darmbiegung.
Flimmerskotom: plötzlich an verschiedenen Stellen auftretende entoptische* Gesichtsfeldausfälle.
Flimmerzellen: Epithelzellen*, die am freien Rande feine Härchen tragen, die lebhafte Bewegung (Flimmerbewegung) zeigen.
Flint' Geräusch: rauhes Geräusch über der Herzspitze (bei Aorteninsuffizienz*).
Flockenlesen: fortwährende automatische Bewegung der Hände und Finger, wie beim Fangen oder Zerzupfen kleiner Gegenstände.
Flockungsreaktionen: ursprüngl. als Ergänzungsreaktionen zur WaR* aufgefaßte kolloidale Seroreaktionen auf Lues* (*Kahn'* Reaktion, *Meinicke'* Klärungsreaktion = MKR; Citochol*-reaktion; *Müller'* Ballungs-R.; Cardiolipin*-flokkungsteste) mit Organextrakten, heute der Original-WaR* – nicht jedoch der Komplementbindungsreaktion* mit Cardiolipin* – an Empfindlichkeit und Genauigkeit überlegen.
Flora: Pflanzenwelt einer Gegend. → Darmflora.
Flores: Blumen, Blüten.
florid: stark ausgeprägt, voll entwickelt, blühend.
flottieren: schwimmen, schweben, hin- und herwogen.
Flügelfell: Pterygium*.
Flügelkanüle: mit einer Platte (rechtwinklig zum Kanülenschaft angebracht) zum besseren Manipulieren versehene kräftige Kanüle. → *Strauss*.
Fluidextrakt: dünnflüssiger Auszug aus Pflanzenteilen.
Fluidum: etwas Flüssiges, Fließendes.
Fluktuation: Schwappung; Gefühl des Schwappens beim Betasten einer abgeschlossenen Flüssigkeitsansammlung; freie Beweglichkeit sonst mit der Nachbarschaft fest verbundener Gebilde (z. B. Rippen).

Fluor, F: ein chem. Element; Halogen*.
Fluor (albus od. **vaginalis):** weißer* Fluß, Ausfluß.
Fluoreszeïn: chem. Substanz, die in Alkalien* rote, mit grünlicher Fluoreszenz* lösliche Kristalle bildet. Wird bei peripheren Durchblutungsstörungen zur Bestimmung der Kreislaufzeit verwendet.
Fluoreszenz: Eigenschaft gewisser Körper, während einer Bestrahlung selbstleuchtend zu werden u. dabei ein Licht auszusenden, das von ihrer Eigenfarbe u. der Farbe des auffallenden Lichtes verschieden ist. **F.mikroskop:** mit ultravioletten Strahlen arbeitendes M., bes. für Tuberkelbakteriendiagnostik. **F.schirm:** Karton, dessen eine Seite mit Bariumplatinzyanür usw. bestrichen ist. Fallen auf die Rückseite Röntgenstrahlen, so fluoresziert er u. zeigt von zwischengehaltenen Gegenständen Schattenbilder.
Fluorisierung: Versetzen des Trinkwassers mit Fluor* zur Karies*-prophylaxe* der Zähne.
Flush (engl.; spr. flasch): mit Hitzegefühl einhergehende anfallsweise Hautrötung; pathognomonisch für Karzinoid*.
F.M.B.: **F**ormulae* **m**agistrales **B**erolinenses.
Foerster' Operation: Resektion* hinterer Wurzeln (Rhizotomie) von Rückenmarksnerven* zur Beseitigung spastischer* Lähmungen usw.
foetal: → fetalis.
foetidus, -a, -um; fötid: stinkend.
Foetor: Gestank. **F. ex ore:** übler Mundgeruch. **F. hepaticus:** Geruch nach Leber bei schwer Leberkranken.
Foetus: → Fetus.
fokal: zu einem Fokus* gehörig.
Fokal-beleuchtung: seitliche B. des Auges mit Hilfe einer starken Sammellinse. **-infektion:** von Herden* (z. B. im Munde) ausgehende Erkrankung anderer Organe (Nieren usw.). Bei Herden an den Zähnen spricht man von dentaler Infektion. **-toxikose:** Toxikose*, die von einem Krankheitsherd im Organismus verursacht und unterhalten wird.
Fokus: Brennpunkt*, Herd*, insbesondere Krankheitsherd.
Folia: Blätter. **F. Digitalis:** Fingerhutblätter, Herzmittel. **F. Sennae:** Sennesblätter, Abführmittel. **F. Uvae ursi:** Bärentraubenblätter, Harndesinfiziens.
Folinsäure, Folsäure: Pteroylglutaminsäure. Blattsäure, Mittel gegen bestimmte Anämien. Dem Vitamin-B-Komplex verwandt. Wirksamer Faktor: Citrovorumfaktor*.
follicularis, -e: → follikulär.
Folliculitis, Follikulitis: Entzündung der Haarbälge der Haut. **F. barbae:** die nichtparasitäre Bartflechte.
Folliculus: → Follikel.
Follikel: Säckchen, kleiner Schlauch, einfache schlauchförmige Drüse; i. e. S. der Eifollikel; → *Graaf'* Follikel, Haar- u. Lymph-F. **F.hormon:** weibl. Sexualhormone aus dem *Graaf'* F., in der Schwangerschaft aus der Plazenta*; bei Ausfall: Infantilismus*, Menstruationsstörungen, Klimakterium. **F.persistenz:** Verharren eines reifen Follikels* in prall-bläschenförmigem Zustand. Verlängerte Follikelhormon*-wirkung mit Anomalie* des Zyklus*.
follikelstimulierendes Hormon, FSH, Gonadotropin I: Hormon* des HVL*; regt Wachstum der Granulosa*-zellen u. die Spermatogenese* an. → luteïnisierendes Hormon.
follikulär: follikelartig, Follikel* betreffend.
Follikularkatarrh: Conjunctivitis* follicularis.
Follikulitis: Folliculitis.
Folsäure: Folinsäure.
Folsäurekonjugase: Enzym*, das die zum Vitamin-B-Komplex gehörende Folsäure* (Pteroylglutaminsäure) bilden hilft.
Fontanelle, Fonticulus: Knochenlücken am Schädel Neugeborener. Die große oder Stirnfontanelle (→Abb. a) liegt zw. Stirn- und Scheitelbeinen, die kleine oder Hinterhaupt-F. (b) zwischen Hinterhauptbein und Scheitelbeinen.

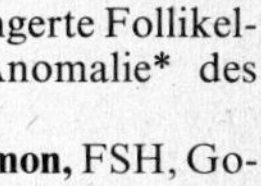

Fonticulus: Fontanelle. **F. anterior, F. major:** vordere = große Fontanelle. **F. minor, F. posterior:** kleine = hintere F.

Forạmen (Pl. **Foramina**): Loch. **F. epiplọ̈icum:** unter dem Ligamentum* hepatoduodenale gelegener Zugang zur Bursa* omentalis. **F. ịnfrapirifọrme:** der unterhalb des M.* piriformis gelegeneTeil d. F. ischiadicum majus; Austrittsstelle des N. ischiadicus. **F. ịnterventriculạre:** F. Monroi. **F. intervertebrạle:** Zwischenwirbelloch. **F. ischiạdicum:** das große bzw. kleine Sitzbeinloch, begrenzt von Spina ischiadica (→ Taf. **4**, 21), dem großen bzw. kleinen Sitzbeineinschnitt u. Bändern. Durchtrittsstelle wichtiger Gefäße u. Nerven (z. B. des N. ischiadicus). **F. Lụschkae:** die seitl. Verbindung des IV. Gehirnventrikels* zum Subarachnoidalraum*. **F. Magẹndii:** dorsale* mittlere Verbindung zw. IV. Gehirnventrikel* u. Subarachnoidalraum*. **F. magnum:** großes Loch im Hinterhauptbein*, d. Schädelhöhle* mit Wirbelkanal verbindet. **F. mentạle:** Kinnloch (→ Taf. **1**, 11). **F. Monrọi,** F. interventriculare: Verbindung zw. dem bds. Seitenventrikel* u. dem III. Ventrikel (des Gehirns). **F. nutrịcium:** Knochenloch für Eintritt eines ernährenden Gefäßes. **F. transversạrium:** Querfortsatzloch im HWS*-Bereich für die zur hinteren Schädelgrube* verlaufende Vertebralarterie*. **F. vertebrạle:** Wirbelloch (→ Taf. **2**, 4).

Forbes' Krankheit: eine Glykogenose*.

Fọrceps, Forzeps: Zange, i. e. S. Geburtshelferzange. – Auch Kurzform f. Zangenentbindung.

forensisch: gerichtlich.

Form|aldehyd: Ameisensäurealdehyd. Desinfiziens usw. **F. solụtus:** 35%ige Lösung von Formalin.

Formalịn: Formaldehyd* solutus.

Formạtio reticulạris: Koordinationssystem im Mittel-*, Rauten-* u. Zwischenhirn*, aus einem Nervennetz mit eingestreuten Nervenzellen gebildet. Wichtig f. Bewußtsein, Wachzustand, Kreislauf- u. Atemregulierung, vegetativ*-motor.* Reflexe*.

formatịv: Form oder Bildung betreffend.

Forme fruste (franz.; spr. form frụst): undeutl. ausgeprägte Krankheitsform, auch milde Verlaufsform.

Formicạtio: Ameisenlaufen, Kribbeln.

Formicịasis: Hauterscheinungen infolge Ameisenbisses.

Formol: Formalin. **F.gelreaktion:** v. a. bei Globulin*-vermehrung pos. ausfallende Serumlabilitätsprobe*. **F.toxoid:** durch Formolbehandlung entgiftetes Exotoxin* mit antigenen* Eigenschaften. **F.vakzine:** Vakzine* aus formolbehandelten Bakterien*.

Fọrmulae: Arzneiverordnungen. **F. magistrạles:** gewisse (nicht im Arzneibuch enthaltene) mit bestimmten Namen versehene Arzneivorschriften, z. B. die **F. m. Berolinẹnses** für die Berliner Kassenpraxis.

Fornikotomie: Durchtrennung des Fornix* cerebri bzw. der dort verlaufenden Fasern des limbischen* Systems.

Fọrnix: Gewölbe; nach der Gewölbeform benannte Gebilde an der Unterfläche des Hirnbalkens. **F. conjunctịvae:** Tasche, welche die Augenbindehaut beim Übergang vom Augapfel zu den Lidern bildet. **F. pharyngis:** oberster Teil des Schlundkopfes*. **F.ruptur:** Einriß des Kelchgewölbes, das die in einen kleinen Nierenkelch mündende Papille* ringförmig umgibt. **F. vagịnae:** Scheidengewölbe*. **F. ventrịculi:** zusammenfassende Bezeichnung für Magenmund u. Magengrund.

fọrte: stark; höher als üblich dosiert.

Fọssa: Grube, Vertiefung. **F. canịna:** an der Vorderfläche des Oberkiefers* geleg. Vertiefung. **F. coronoïdea:** Vertiefung an der volaren* Seite des distalen Oberarmabschnitts; entsprechend einem Fortsatz der Elle (→ Taf. **5**, 9). **F. crạnii:** Schädelgrube. **F. ilịaca:** Darmbeingrube (→ Taf. **4**, 4). **F. infraspinạta:** Untergrätengrube des Schulterblatts (→ Taf. **3**, 9). **F. inguinạlis:** je eine seitl. u. mediale* Vertiefung d. vorderen Bauchwand, der Lage des inneren bzw. äußeren Leistenrings* entsprechend. **F. is|chiorectạlis:** mit Fett- u. Bindegewebe ausgefüllter Raum zw. Mastdarm*, Foramen* obturatum u. Muskeln des Beckenbodens. **F. jugulạris:** Kehlgrube; am Hals oberhalb des Brustbeins. **F. naviculạris urethrae:** Erweiterung der Harnröhre in der Eichel*. **F. ovalis:** 1) häutige Stelle in der Vorhofscheidewand; entspricht dem fetalen Foramen* ovale. – 2) untere Öffnung des Schenkelkanals* (= Hiatus saphenus). **F. radiạlis:** Speichengrube. **F. rhomboịdea:** Rautengrube; Boden des IV. Gehirnventrikels*. **F. supraspinạta:** Obergrätengrube des Schulterblatts (→ Taf. **3**, 10).

Foster Kennedy' Syndrom: → *Kennedy'* Syndrom.

foudroyant (franz.; spr. fudroajạñ): blitzartig, außerordentlich rasch verlaufend.

Fọvea: kleine Grube, Grübchen. Auch syn. f. Fossa. **F. centrạlis (retinae):** kleine Vertiefung in Mitte des gelben Flecks. Stelle des schärfsten Sehens. **F. umbilicạlis:** Nabelgrube.

Fovẹ|ola(e): Grübchen. **F. gạstricae:** grübchenartige Vertiefungen der Magenschleimhaut; am Grunde münden die Magendrüsen.

Fractụra: Fraktur.

Fränkel' Bazillus: ein Clostridium*; Erreger der Gasphlegmone*. **F.' Diplocọccus:** Erreger der fibrinösen Pneumonie*.

fragịl, frạgilis, -e: zerbrechlich.

Fragmẹnt: Bruchstück. **F.dislokatiọn:** Verschiebung der Fragmente*.

Fragmentation: Zerfall in Bruchstücke (z. B. in Schollen bei Muskelfasern, bei Bakterien [*Kruse*] in regenerationsfähige Teile, die sog. Zwischenformen).

Fraktion: Teil.

fraktionieren: in Teile zerlegen; fraktionierte (= absatzweise erfolgte) Magenausheberung.

Fraktụr, Fractura: Bruch, Knochenbruch. **F., geschlossene:** unkomplizierter Knochenbruch. **F.kallus:** → Kallus. **F., komplizierte:** offene Fraktur*. **F., neurogẹne:** auf Knochenveränderungen, bedingt durch eine Erkrankung d. Nervensystems, beruhende F. **F., offene,** komplizierte F.: Knochenbruch mit (zumindest vorübergehender) offener Verbindung zw. Fragmenten* bzw. Bruchspalt u. der mitverletzten Haut. **F., pathologische:** auf einer Schwäche des Knochens infolge krankhafter Veränderungen beruhende F. **F., radiologische:** Röntgenfraktur. **F.retention:** alle Maßnahmen, die der Erhaltung der erzielten Repositions*-stellung einer F. dienen (Gips-, Zugverband, Osteosynthese*). **F., schleichende:** Dauerfraktur. **F., traumatische:** F. eines bis zur Gewalteinwirkung gesunden Knochens. **F., unkomplizierte,** geschlossene F.: Fragmente oder Bruchspalt haben (bzw. hatten auch nicht vorübergehend) Kontakt bzw. Verbindung mit der Körperoberfläche.

Frambösịe: Tropenkrankheit mit charakterist. Hauterscheinungen, die später in ausgedehnte Ulzerationen* übergehen.

Francke' Nadel: Instrument zur Entnahme kleiner Blutmengen, bei dem durch Federkraft eine kleine Lanzette vorschnellt. Vor jedem Gebrauch ausglühen!

Frankenhäuser' Ganglion: Ganglion cervicale uteri.

Franz' Rahmen: Instrument zum Spreizen der Bauchdecken; Rahmen mit 4 darauf verstellbaren Spateln.

Fraser' Syndrom (spr. frẹjser...): mit Riesenwuchs einhergehender weibl. Eunuchoidismus* infolge HVL*-Störung.

Frei' Test: Intrakutantest* auf Lymphogranuloma* inguinale.

Fremdkörper: in den Körper (ein Organ, v. a. aber ein Hohlorgan oder eine Körperhöhle) gelangtes oder eingebrachtes, u. U. vom Körper selbst stammendes Gebilde (→ Corpus liberum). **F.aspiration:** Einsaugen eines Fremdkörpers in den Tracheobronchialbaum*. → Aspirationspneumonie. **F.granulom:** um einen im Gewebe sitzenden Fremdkörper gebildeter Tumor* aus Granulationsgewebe; zahlreiche Riesen-* u. blaßkernige Plasmazellen* enthaltend.

Fremdreflex: Reflexe, bei denen Empfangsorgan des Reizes u. Ausführungsorgan nicht identisch sind.

Frémissement (franz. spr. frehmissmạñ): das Schwirren. **F. cataire** (spr. katạ̈hr): Katzenschnurren; fühlbare schwirrende Erschütterung des Brustkorbs bei Herzfehlern.

Frẹmitus: fühlbare schwirrende Erschütterung des Brustkorbs bei vorhandenen Rasselgeräuschen (**F. bronchiạlis**), während des Sprechens (**F. pectorạlis**) usw. → Frémissement. **F. dẹntium:** Zähneknirschen.

Frẹnulo|tomịe: das Einschneiden bzw. die Durchtrennung eines Frenulums.

Frenulum: Bändchen; Name verschiedener Schleimhautfalten, z. B. an Zunge, Penis, Klitoris (F. clitoridis; → Taf. **22**, 3), Schamlippen (→ Taf. **22**, 9).
frequent: häufig. → Pulsus.
Frequenz: Häufigkeit. → Pulsfrequenz.
Freßzellen: Phagozyten.
Freund' Anomalie: Verengerung der oberen Brustkorböffnung durch mangelhafte Entwicklung des 1. Rippenpaares u. vorzeitige Verknöcherung ihrer Knorpel. Hierdurch Anlage zu Tuberkulose*. **F.'-Hart' Operation:** 1) totale Entfernung der krebsig entarteten Gebärmutter durch Bauchschnitt. – 2) Durchtrennung des 1. Rippenknorpels bei *F.'* Anomalie.
Friedländer' Bakterium (Bazillus): Klebsiella pneumoniae.
Friedreich' Krankheit: 1) spinale Heredoataxie*. – 2) Paramyoclonus multiplex.
Friedreich' Schallwechsel: Höherwerden des tympanitischen* Klopfschalls über Lungenhöhlen bei tiefer Einatmung.
Friedrich' Syndrom: juvenile* (aseptische*) Nekrose* des medialen* Schlüsselbeinendes.
Friedrich' Wundversorgung: primäre Wundversorgung mit Wundausschneidung u. Naht (innerh. 8 Std.).
Friesel: → Miliaria.
Frigidität: geschlechtl. Kälte der Frau.
Friktion: Reibung, Einreibung.
Friktionskur: Schmierkur*.
Frischzellentherapie (Niehans'): Implantation* von artfremden Gewebekulturen oder Organfragmenten.
Fritsch' Lagerung: Beckenhochlagerung u. Übereinanderschlagen der Beine in der Nachgeburtsperiode.
Froelich' Syndrom: 1) aseptische* Knochennekrose* des distalen* Oberarmknorrens. – 2) hypophysäre* Form der Dystrophia* adiposogenitalis.
à-froid-Operation (franz.; spr. a froa): Intervall*-Operation.
Froin' Zeichen (spr. froañ): spontane Gerinnung abpunktierten Liquors* als Zeichen eines oberhalb der Punktion* gelegenen Liquorblocks mit Eiweißvermehrung.
Frons: Stirn. **F. quadrata:** die vorspringende „viereckige" Stirn Rachitischer.
frontal; frontalis, -e: Stirn, Stirnbein, Frontalebene, aber auch Stirnlappen betreffend.
Frontale: Kurzform für Os frontale = Stirnbein (→ Taf. **1**, 1). → frontal.
Frontalebenen: alle durch den Körper gelegten Ebenen, die der Stirn parallel sind.
Frontalhirn: Stirnhirn (= Lobus* frontalis).
frontalis, -e: frontal.
Frontallappen: Lobus frontalis.
Frontalnaht: Sutura frontalis.
Frontotomie: Leukotomie.
Frontzähne: Sammelbez. f. Schneide- u. Eckzähne. (→ Dentes).
Froschgeschwulst: Ranula.
Froschtest: biologischer Schwangerschaftsnachweis mit Hilfe männlicher Frösche (*Galli'-Mainini'* Test). → Krötentest.
Frottement (franz.; spr. frottmañ): Reiben, Reibegeräusch.
Frucht: Fetus* bzw. Embryo*. **F.blase:** von den Eihäuten* gebildeter Sack (mit Frucht u. Fruchtwasser). **F.einstellung:** Praesentatio. **F.halter:** Gebärmutter. **F.-haltung:** Habitus: das gegenseit. Verhalten der einzelnen Teile des Kindes während der Geburt (Flexion*, Deflexion*). **F.häute:** Eihäute. **F.lage:** Situs. **F.schmiere:** Vernix caseosa. **F.stellung:** Positio. **F.wasser:** Amnionwasser. **F.zucker:** ein in süßen Früchten usw. vorkommender Zucker (Fruktose*).
Fructus: Frucht, Früchte.
Frühgeborenes, Fetus praematurus: vor dem zu erwartenden Termin geborenes Kind; auch jedes Neugeborene unter 2500 g Geburtsgewicht. → Frühgeburt.
Frühgeburt, Partus praematurus: Geburt zwischen 28. u. 38. Schwangerschaftswoche. → Frühgeborenes.
Frühinfiltrat: ein abgegrenztes entzündliches Infiltrat* um einem frischen tuberkulösen Herd in der Lunge; oft unterhalb der Schlüsselbeine.
Frühjahrskonjunktivitis, Conjunctivitis vernalis: im Frühling v. a. bei Knaben bilateral* auftretende Konjunktivitis (Allergie?). → Frühlingskatarrh.
Frühlingskatarrh, Catarrhus vernalis:

im Frühjahr auftretende katarrhal.* Erkrankung der Atemwege. → Frühjahrskonjunktivitis.
Frühling-Sommerenzephalitis, russische: durch das ARBO-Virus RSSE hervorgerufene saisongebundene, durch Zecken übertragene Enzephalitis*.
Frühreaktion: Sofortreaktion.
Frühschäden: → Strahlenschäden.
Frühsommer-Meningo|enzephalitis: durch das ARBO-Virus CEE hervorgerufene, durch die Zecke Ixodes ricinus übertragene, in Mittel-, Nord- u. Osteuropa vorkommende saisongebundene Erkrankung.
Fruktose, Lävulose: Fruchtzucker; eine Hexose*. **F.intoleranz-Syndrom:** angeb., auf Enzymdefekt* basierende Stoffwechselerkrankung; mit Fruktosurie* u. Hypoglykämie* einhergehend.
Fruktos|urie: Fruktose*-ausscheidung mit dem Harn, i.e.S. die dadurch gekennzeichnete Stoffwechselstörung.
frustran: vergeblich. Benennung für Herzkontraktionen ohne Pulswelle.
Frustration: mit Enttäuschungserlebnis verbundener aufgezwungener Verzicht auf Erfüllung von Wünschen, Bedürfnissen etc.
FSH: **f**ollikel**s**timulierendes **H**ormon.
Fuchsinfärbung: in Histologie* u. Bakteriologie* geräuchl. Färbemethode mit Fuchsin (in Wasser rot löslich; Farbstoff). Karbolfuchsin → *Ziehl-Neelsen*.
Fuchs'-Rosenthal' Zählkammer: Z. für die zellulären Liquor*-elemente.
Fünftagefieber: Infektionskrkht. bei der wiederholt in etwa 5tägigen Pausen 2–3täg. Fieberanfälle mit rheumatischen Schmerzen, bes. in der Schienbeingegend auftreten.
Fünfte Krankheit: Erythema infectiosum acutum.
Fugue (franz.; spr. fügh): Poriomanie. Auch Kurzbez. für **F.zustand:** epilept. Anfall mit anhaltenden Gehbewegungen (u. Einengung des Bewußtseins).
Fulguration: nicht mehr übliche Behandlung bösartiger Geschwülste mit Funkenentladungen von Hochfrequenzströmen*. Ferner Bezeichnung für Blitzeinwirkung.
fuliginös: rußartig, mit dunklem, borkigem Belag (= Fuligo).
fulminant: plötzlich, heftig auftretend; brillant.
Fumarsäure: Produkt des intermediären* Stoffwechsels, auch in Pflanzen enthalten (Salze: Fumarate).
Fumigation: Vernichtung von Krankheitskeimen durch Räucherung.
Functio laesa: gestörte Funktion*.
functionalis, -e: eine Funktion betreffend; durch eine Funktion bedingt. → Funktionalis.
Funda, Schleuderverband: hängemattenartiger Bindenverband (bds. eines Mittelstücks zu je 2 Zügeln geschlitzte Binde) über Scheitel (= **F. capitis**), Auge (= **F. oculi**), Nase (= **F. nasi**), Kinn (= **F. mentalis**), Ohr (= **F. auris**). → Abb.

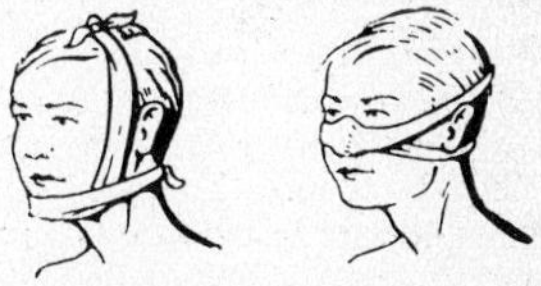

Fund|ektomie: Resektion* eines Fundus* (Magen-, Harnblasen-, Uterusfundus).
Fundo|pexie: operative Befestigung eines Fundus*.
Fundoplicatio, Gastroplicatio: Einbettung des unteren Speiseröhrenabschnitts in zwei manschettenartig herumgeschlagene Falten des Magenfundus* zur Kontinenzherstellung des Mageneingangs.
Funduliformis-Sepsis: schwere Erkrankung, durch Funduliformis-Bakterien (= Sphaerophorus necrophorus) hervorgerufen.
Fundus: Grund, Boden, Blindsack. **F. oculi:** Augenhintergrund. **F. uteri:** der oberste, gewölbte Teil der Gebärmutter (→ Taf. **23**, 1; **24**, 1). **F. vaginae:** Scheidengewölbe. **F. ventriculi:** Magenblindsack, Magengrund (→ Taf. **25**, 5).
Fung|ämie: das Vorhandensein von Pilzen im Blut.
fungiformis, -e: pilzförmig.
fungistatisch: das Pilzwachstum hemmend (Subst. **Fungistase**).
fungizid: pilzabtötend.

Fungizide: Mittel zur Abtötung von Pilzen (Fungizidie).
fungös: schwammig. Name z.B. für sehr weiche, stark wuchernde, leicht blutende, schlecht heilende Granulationen*.
Fungus: 1) Pilz, Schwamm.– 2) pilzartig aussehende oder wuchernde Geschwulst. **F. articuli:** Glied-, Gelenkschwamm. Gelenktuberkulose mit fungösen* Granulationen*. Führt oft zu Tumor* albus. **F. medullaris:** Markschwamm. **F. umbilicalis:** Nabelschwamm.
Funiculitis, Funikulitis: Samenstrangentzündung.
Funiculus: Strang. **F. anterior medullae spinalis:** Vorderstrang. **F. lateralis m. sp.:** Seitenstrang. **F. posterior m. sp.:** Hinterstrang des Rückenmarks*. **F. spermaticus:** Samenstrang (→ Taf. **9**, 11). **F. umbilicalis:** Nabelschnur.
funikuläre Myelose: → Myelose.
Funikul|algie: Samenstrangschmerz.
Funikulolyse: Lösung des Samenstrangs von umgebenden Geweben u. Organen.
Funkeninduktor: Induktionsapparat*, der kräftige Funken zwischen den Polen der sekundären Spule liefert.
Funktion: die für ein Organsystem charakteristische Tätigkeit, Verrichtung.
Funktionalis: die der Basalis* aufliegende vergängliche Schicht des Endometrium* mit der Funktion der Eiaufnahme u. des Aufbaus der Dezidua*. Im Rahmen des Zyklus* proliferierend; bei Nichtbefruchtung des Eies mit Menstruationsblutung abgehend.
funktionell: die Funktion* betreffend, nicht organisch bedingt. **f.e Anpassung:** Gewebe u. Organe gleichen sich veränderten äußeren u. inneren Bedingungen so an, daß sie weiter funktionstüchtig bleiben. Nach *Lamarck* vererbte Eigenschaft. **f.e Diagnostik:** Erkennung von Krankheiten aus der veränderten Funktion der betroffenen Organe. **f.e Krankheit:** Krankheit, bei der die Funktion der betr. Organe gestört ist, ohne daß pathologisch-anatomische Veränderungen nachweisbar sind. **f.e Nierendiagnostik:** Prüfung des Ausscheidungsvermögens der Nieren unter gewissen Bedingungen.
Furfur: Kleie.
furibund: tobsüchtig, tobsuchtartig.
Furor: Wut(anfall), Raserei.
Furunculus: Furunkel, Blutschwär, eitrige Entzündung der Talg- u. Schweißdrüsen mit Entwicklung eines Eiterpfropfens in der Mitte.
Furunkulose: ausgebreitete Furunkelbildung.
Fusiformis: Fusobacterium.
fusiform(is, -e): spindelförmig.
Fusion: Verschmelzung, Vereinigung.
Fusobacterium fusiforme: gemeinsam mit Borrelia* vincenti bei Angina* *Plaut-Vincent* vorkommendes Stäbchen.
Fuß-klonus: Klonus* des Fußes, ausgelöst durch ruckartige passive Dorsalflexion*. **-lage:** Geradlage*, bei der ein oder bd. Füße vorangehen. **-phänomen:** -klonus. **-rolle:** rollenartig gearbeiteter Absatz oder Sohlenteil an orthopäd. Schuhen zur Korrektur einer Fußversteifung. **-wurzel:** der Teil des Fußes zw. Fußgelenk u. Mittelfuß (→Taf. **9**, 1–5 u. 9–14). **-wurzelkanal,** Sinus tarsi: Grube zw. Halsteil des Talus* u. dem Kalkaneus* (→ Taf. **9**, 11).

G: Symbol für **G**ravidität; **G**ravitas = Schwerkraft.

Gärungsdys|pepsie: Störung der Kohlenhydrat- (Stärke-) Verdauung, wobei hellgelbe, breiige, schaumige, saure Stühle auftreten.

Gärungsprobe: Nachweis von Zucker im Harn etc. durch Vergärung: Einbringen der Probe in ein Gärungskölbchen (→ Abb.), Verbringen desselben an einen warmen Ort u. Messung der Menge des sich im geschlossenen Schenkel über der Flüssigkeit ansammelnden CO_2*.

Gaillard' Naht (spr. gajahr): Lidrandnaht (Raffung) zur Beseitigung eines Entropium* des Unterlides.

Gaisböck' Syndrom: mit Hypertension* kombinierte Polyzythämie* (ohne Splenomegalie*).

Galaktagoga: Mittel, welche die Milchabsonderung fördern.

Galaktor|rhoe: zu reichliche Milchabsonderung.

Galaktos|ämie: Galaktose*-zunahme im Blut; i.e.S. die hereditäre (= kongenitale*) Galaktose*-intoleranz*.

Galaktose, Cerebrose: ein im Gewebe vorkommender Zucker (Hexose*); Bestandteil der Zerebroside* u. Ganglioside*, aus Milchzucker entstehend. **G.-diabetes:** zu Galaktosämie* führende Enzymopathie*. Gutartiger als die hereditäre Galaktose*-intoleranz*. **G.intoleranz, kongenitale:** eine hereditäre Erkrankung (Enzymopathie*). Mit Galaktosämie* einhergehend (→ G.diabetes). **G.probe (Bauer'):** nach Einnahme von 40 g Galaktose scheiden Lebergesunde keinen Zucker im Harn aus.

Galaktosid: ein Glykosid*, dessen Zukkerkomponente Galaktose* ist.

Galakto|stase: Milchstauung.

Galaktos|urie: Ausscheidung von Galaktose* im Harn; auch Bez. für hereditäre* Galaktose*-intoleranz*.

Galaktozele: 1) Hydrozele* mit milchig aussehender Flüssigkeit. – 2) Retentionszyste* der Mamma*.

Galea: Helm, Haube. **G. aponeurotica:** dünne Sehnenhaut unter der behaarten Kopfhaut, mit letzterer fest verwachsen.

Galeazange: Kopfschwartenzange.

Galenika, galenische Präparate: aus natürl. Drogen u. anorgan. Substanzen mit Begleitstoffen hergestellte Arzneimittel. – Pharmazeutische Präparate.

Galeophobie: krankhaft gesteigerte Angst vor Katzen.

Galeotomie: Durchtrennung der Galea* aponeurotica.

Galle: Gesamtheit der Absonderungen der Leber. Wichtige Bestandteile: Cholesterin*, Fettsäuren*, Gallenfarbstoffe*, Gallensäuren*, Glukuronsäuren*, Kalksalze, Lezithin*, Schwefelsäuren.

Gallen-blase: Vesica fellea. Hohlorgan, in dem die Absonderungen der Leber gesammelt, durch Wasserentzug konzentriert u. aus dem sie bei Bedarf in d. Zwölffingerdarm* wieder abgegeben werden. → Ductus cysticus (→ Taf. **25**, 9). **-blasenempyem:** Eiteransammlung in der -blase. **-farbstoffe:** Bilirubin* u. seine Vorstufen bzw. Abbauprodukte (→ Biliverdin*, Urobilin*). **-gänge:** neben den intrahepatischen* Galle*-führenden Kanälen verschiedener Größe der re, li u. gemeinsame Lebergang (= Ductus hepaticus [1]), der in das Duodenum* mündende Hauptgallengang (= Ductus choledochus [3]) u. der Gallenblasengang (D. cysticus [2]). → Abb.

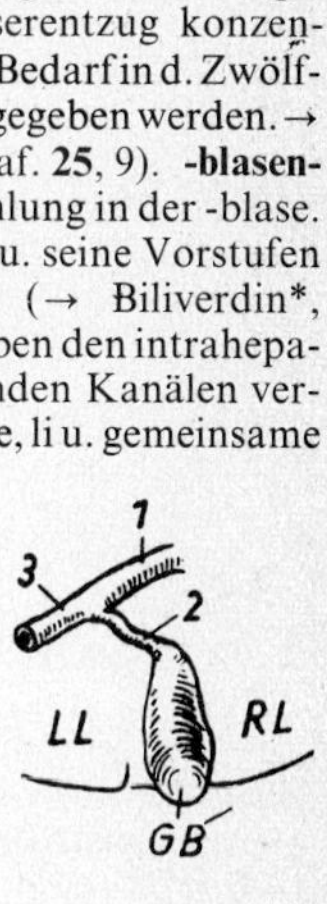

(Gallenwege von hinten gesehen: RL = rechter, LL = linker Leberlappen; GB = Gallenblase). **-gangskarzinom,** Cholangiom: von intrahepat.* Gallengängen* ausgehender Tumor*. **-kolik:** durch Verkrampfung der -blase oder -gänge (aber auch durch Überdehnung) ausgelöster Schmerz im re Oberbauch. **-propfsyndrom:** auf der Bildung von Gallethromben in den Gallenwegen beruhender schwerer Neugeborenen-Ikterus*. **-reflux:** Rückfluß von Galle (in den Pankreas*-gang oder – mit Duodenal*-inhalt – in den Magen). **-säuren:** Cholsäure, Desoxycholsäure, Lithocholsäure. **-steine:** infolge einer Störung im System der Schutzkolloide der Galle in -blase u. – seltener – in -gängen entstandene Konkremente (z. B. als Cholesterin*-, Pigment- [= Bilirubin*-], Kalk-, Cholesterin-Pigment-Kalksteine). **-wege:** -gänge.

Gall' Lehre: Phrenologie.

Galleröhrchen: Reagenzglas mit sterilisierter Rindergalle zur Typhus*-erregeranzüchtung.

Gallertkrebs: Karzinom* mit schleimiger oder kolloider* Entartung.

Galli'-Mainini' Test: ein Krötentest* mit Harn oder Blutserum zur Feststellung einer Schwangerschaft. Die männl. Kröten reagieren auf Schwangerenharn mit Spermien*-ausschüttung.

galoppierend: schnell fortschreitend.

Galopprhythmus: ein Rhythmus der Herztöne, ähnlich dem Hufschlag eines galoppierenden Pferdes. Es tritt hier ein dritter Herzton auf (präsystolisch, protodiastolisch oder systolisch).

Galvanisation: Anwendung des galvanischen* Stromes zur Diagnostik* und Therapie*.

galvanisches Element: Vorrichtung zur Erzeugung von Elektrizität durch Berührung von Metallen mit Flüssigkeiten. **g.er Strom:** durch ein galvan. Element erzeugter Strom. Desgl. konstanter elektrischer Gleichstrom.

Galvano-faradisation: gleichzeitige Anwendung des galvanischen* u. faradischen* Stroms mittels derselben Zuleitungen. **-kaustik:** Durchtrennung und Zerstörung von Geweben mittels Platindrähten, die durch einen galvanischen Strom glühend gemacht werden. **-kauter:** Apparat zur -kaustik (→ Abb.). **-meter:** Meßinstrument, das die Stromstärke mit Hilfe einer Magnetnadel anzeigt. **-therapie:** Anwendung des galvanischen* Stroms zu Heilzwecken.

Gamalogie: mit Ehe- u. Sterilitätsberatung befaßter Wissenschaftszweig.

Gambrinismus: Folgen chronischen Biergenusses.

Gameten: die beiden Zellen, die sich bei der Konjugation* u. Kopulation* vereinigen; i.w.S. auch Bez. für Geschlechtszellen.

Gameto-pathie: durch Schädigung der Gameten* bedingte Entwicklungsstörung. **-zid:** Gameten, i. e. S. die Geschlechtsformen von Blutparasiten abtötende Mittel.

Gamma: griech. Buchstabe Γ (γ).

Gamma-diagnostik: auf der Erfassung der -strahlen radioaktiver* Nuklide* basierende Diagnostik. **-globuline:** zu den Globulinen* zählende Serum*-Eiweiß*-körper. Träger der humoralen* Abwehr (Antikörper*). **-globulinprophylaxe:** v. a. gegen Virus*-Infektionen* erfolgreiche Prophylaxe* durch Verabfolgung -globuline* enthaltenden Rekonvaleszentenserums*. **-strahlen:** beim Atomzerfall entstehende elektromagnetische Schwingungen, deren Wellenlänge kürzer als die der Röntgenstrahlen ist. Besitzen ein hohes Durchdringungsvermögen. **-strahler:** -strahlen* emittierendes radioaktives* Nuklid*. **-therapie:** Behandlung mit -strahlen (als Tiefentherapie, in Form der Verabfolgung radioaktiver* Nuklide*). **-zismus:** den Laut „G" betreffende Sprachstörung.

Gamo-manie: krankhaftes Heiratsverlangen. **-phobie:** Ehefeindlichkeit; i. e. S. die krankhafte Angst vor dem Heiraten.

Gan|glia: Ganglien (→ Ganglion). **G. cervicalia:** die 3 Ganglien des sympathischen* Grenzstrangs* im Halsbereich; (→ Ganglion stellatum). – **G. intramura-**

lia: parasympathische* G. in der Wand innerer Organe, von sympath.* u. parasympath. Nervenfasern durchlaufen. – **G. lumbalia:** die 3–4 G. des Lendenteils des Grenzstrangs*. **G. pelvina:** im Beckenbereich gelegene sympath.* u. parasympath.* Ganglien; in Nervengeflechten liegend. **G. sacralia:** die 4–5 in der Höhlung des Kreuzbeins gelegenen Grenzstrang*-G. **G. thoracica:** die 11–12 Ganglien des Grenzstrangs im Thorax*-bereich der WS* (→ Ganglion stellatum).

Gan|glien: → Ganglia. **G.blockade:** Unterbrechung der Reizübertragung in den Synapsen* des vegetativen Nervensystems durch Pharmaka*. **G.blocker:** Ganglioplegika. **-zellen:** Nervenzellen.

Gangliom(a): Ganglioneuroma.

Ganglion: 1) Nervenknoten; normale Anschwellung im Verlauf gewisser Nervenstränge, die aus Nervenzellen u. -fasern besteht. – 2) „Überbein", Hygrom: kleine, mit gallertartiger Masse prall gefüllte Zyste* in Nachbarschaft von Gelenken od. Sehnen, bes. am Hand- u. Fußrücken. **G., autonomes:** peripheres* sympath.* oder parasympath.* G. **G. cervicale uteri,** *Frankenhäuser'* G.: nahe dem hinteren Scheidengewölbe* u. den Hauptgefäßen des Uterus* gelegenes G. **G. cervico|thoracicum:** G. stellatum. **G. ciliare:** hinter dem Augapfel gelegenes G. mit Nervenfasern für den Ziliarmuskel* u. den Schließmuskel der Pupille*. **G. coeliacum:** paariges oder solitäres ringförmiges G. (G. solare) vor der Bauchaorta. Gehört zum Plexus* coeliacus. **G. Gasseri:** G. semilunare. **G. intervertebrale:** G. spinale. **G. pterygo|palatinum:** G. des 2. Trigeminus*-astes mit sympath.*, parasympath.* u. sensiblen Fasern. Versorgt die Tränendrüse sowie die Nasen- u. Gaumenschleimhaut. **G. semilunare (Gasseri):** auf dem Felsenbein gelegenes G. des Trigeminus*. **G. solare:** unpaarig entwickeltes G. coeliacum. **G. spinale:** im Zwischenwirbelloch gelegenes G. mit sensiblen* Nervenzellen sowie sympath.* u. parasympath.* Fasern. **G. vertebrale:** jedes der den Grenzstrang* des Sympathikus* bildenden Ganglien.

Gan|glion|ektomie: operative Entfernung eines Ganglions.

Ganglioneuroblastom: bösartiges Ganglioneurom*.

Ganglioneurom(a), Gangliom: aus Ganglienzellen* bestehender Hirntumor.

Ganglioplegika (Sg. **Ganglioplegikum),** Ganglienblocker: die Übertragung nervöser Impulse im Bereich der Synapsen* vegetativer* Nerven hemmende Substanzen.

Gangliosjde: v.a. in Gehirn*, Milz*, Serum* u. Blutkörperchen nachweisbare chem. Körper aus Sphingosin*, Hexosen*, Fettsäure* u. Sialinsäure. Wichtig v.a. als Träger der Blutgruppeneigenschaften u. für die Übertragung nervöser Erregungen.

Gangliosidose: durch Gangliosid*-vermehrung (-ablagerung) bedingte Erkrankung. → *Tay'-Sachs'* Krankheit.

Gangliozyt: Ganglienzelle.

Gangrän, Gangraena: (feuchter) Brand* **G., heiße:** von heft. Entzündung begleiteter Brand. **G., kalte:** ohne stärkere Entzündung ablaufender Brand. **G. emphysematosa:** Gasbrand*. **G. senilis:** Altersbrand.

Gangraen|opsis: gangränös-ulzerierender Mundprozeß.

gangraenosus, -a, -um; gangränös: brandig (→ Gangrän).

Ganser' Symptomenkomplex: akute halluzinatorische* Verwirrtheit, Vorbeireden*, Amnesie*, auch Sensibilitätsstörungen*.

Ganzausweidung des Halses: → Neck dissection.

Garceau' Katheter (spr. garßoh): konischer Ureter*-katheter mit „Flötenspitze".

Gargarisma: Gurgelmittel (-wasser).

Gargoylismus: das mit stumpf-mißgestaltetem menschenunähnlichen Fratzengesicht (ähnl. den Traufenfratzen an Wasserspeichern) einhergehende *Pfaundler'-Hurler'* Syndrom.

Garland' Dreieck: ein Bezirk neben der Wirbelsäule, oberhalb der *Ellis'-Damoiseau'** Linie, in dem bei Brustfellergüssen keine Dämpfung besteht.

Garrulitas vulvae: Geräusch, das entsteht, wenn in die Scheide gedrungene Gase wieder entweichen.

Gas-bazillen: eine Gruppe von Gas erzeugenden Fäulnisbakterien. **-brand:** Gasödem. **-chromatographie:** Chromatographie* von Gasen oder verdampfbaren Flüssigkeiten. **-embolie:** Embolie* durch in die Blutbahn eingedrungenes oder darin freigewordenes Gas. **-enzephalographie:** Enzephalographie* mit Gas (auch Luft) als Kontrastmittel. **-ödem, -phlegmone,** -brand: mit Ödem-, Gas- u. Nekrosebildung in der Muskulatur einhergehende Krankheit nach Infektion* mit -ödemerregern (verschiedene Arten von Clostridium*); schwer toxisches* Krankheitsgeschehen.

Gasser|ektomie: Fortnahme des Ganglion* Gasseri.

Gaster: Magen.

Gasterechema: Magenknurren.

gastral: den Magen betreffend.

Gastralgie: Magenschmerz, -krampf. Neuralgischer Schmerz im Epigastrium*.

Gastralgo|kenose: Schmerzen bei Magenleere.

Gastrektasie: Magenerweiterung.

Gastrektomie: Ausrottung (= Entfernung) des ganzen Magens. G., subtotale: etwa 75% des Magens umfassende Resektion*.

Gastrelkose: Magengeschwür.

gastricus, -a, -um: → gastrisch.

Gastrin: Hormon* der Magenschleimhaut; Stimulans* der Magensäureproduktion.

gastrisch: zum Magen gehörig, vom Magen ausgehend. **g.es Fieber:** 1) fieberhafter Magen(darm)katarrh. – 2) abortiver* Typhus. **g.e Krisen:** Magenkrisen.

Gastritis: Entzündung des Magens, bes. der Magenschleimhaut, Magenkatarrh. Akute* u. chronische* Formen; je nach Noxe* oberflächlich bis tiefgreifend; ferner Mitbeteiligung von Dünn-* u. sogar Dickdarm* (= Gastroenteritis bzw. Gastroenterokolitis) möglich.

Gastro-anastomose: Herstellung eines Verbindungsweges zw. zwei Magenabschnitten, z.B. beim Sanduhrmagen. **-biopsie:** Biopsie* der Magenschleimhaut. **-cnemius:** → Gastroknemius. **-disciasis:** mit Diarrhoe* einhergehende Dickdarmerkrankung durch den Trematoden* Gastrodiscoides hominis. **-duoden|ektomie:** mit Exstirpation* des Duodenum* kombinierte Gastrektomie*. **-duodenitis:** Entzündung d. Schleimhäute von Magen u. Zwölffingerdarm. **-duodeno|stomie:** Herstellung eines Verbindungsweges zw. Magen u. Duodenum*. **-dynie:** Gastralgie. **-enteritis:** Magendarmentzündung, -katarrh. **-enterokolitis:** Schleimhautentzündung von Magen, Dünn- u. Dickdarm*. **-enteropathie, exsudative:** (*Gordon*) durch übermäßige Exsudation* der Drüsen des Magen-Darmtrakts gekennzeichnetes Krankheitsbild mit Eiweißmangel*-ödemen u. Hypalbuminämie*. **-entero|ptose:** Ptose* des Magen-Darmtrakts. **-entero|stomia, -enterostomie,** GE: Herstellung eines Verbindungsweges zw. Magen u. Dünndarm* (i. allgem. dem Jejunum*), u.a. bei Magenresektionen. Liegt die Anastomose* an der Vorderwand des Magens wird die GE als **anteriore** (= vordere) bezeichnet (im Gegensatz zur **posterioren** = hinteren, d. h. an der Magenhinterwand). Bei der **antekolischen** verläuft die Darmschlinge vor dem Colon* transversum an den Magen heran, bei der **retrokolischen** durch das Mesokolon*.

gastro-epiploïcus, -a, -um: Magen u. Netz* betreffend. **-gen:** vom Magen ausgehend.

Gastro-fibroskop: Gastroskop* mit Glasfiberoptik. **-gastrostomie:** Gastroanastomose. **-intestinaltrakt:** Magen-Darmtrakt. **-jejunostomie:** Anastomosierung* des Magens mit dem Jejunum*. Standardverfahren der -enterostomie*.

gastrokardialer Symptomenkomplex: durch Blähung des Magens oder der Därme bedingter Zwerchfellhochstand, die Herzsymptome auslöst (*Roemheld*). **-knemius:** Kurzform f. M. gastrocnemius = Zwillingswadenmuskel (→ Taf. **18**, 4 u. 14). **-kolostomie:** Anastomosierung* eines Magenstumpfes mit dem Colon* transversum im Rahmen einer Magenplastik nach Resektion* d. Magens. **-malazie:** die – vor Leichenfäulnis einsetzende – kadaveröse Magenerweichung (als Selbstverdauung). **-megalie:** abnorme Größe des Magens. **-pathie:** Magenleiden. **-pexie:** Annähung des Magens an die vord. Bauchwand. **-plastik:** Operation zur Korrektur der Form u. Funktion des Magens, z. B. Pyloroplastik*, Bildung eines Ersatzmagens mit Hilfe des Dünn-* oder Dickdarms*, Ösophagogastroplastik. **-plicatio:** Fundoplicatio. **-ptosis:** Magensenkung. **-rrhagie:** Magenblutung. **-rrhexis:** Magenzerreißung. **-schisis:** Bauch(fell-)-spalte. **-skopie:** Endoskopie* des Magens. **-spasmus:** Magenkrampf. **-staxis:** Sickerblutung aus dem Magen. **-stenose:** Magenverengung. **-stomie:** Anlegung einer Fistel*d. Magens (zur künstlichen Ernährung). **-tomie:** Magenschnitt; operative Eröffnung des Magens. **-zele:** Magenwandhernie.

Gastrula: becherförm. Stadium der Keimentwicklung mit innerer (= Entoderm) u. äußerer (= Ektoderm*) Schicht; → Blastula.

Gato-philie: krankh. Zuneigung zu Katzen. **-phobie:** krankh. Abneigung gegen Katzen.

Gaucher' Krankheit (spr. goscheh): Lipoid*-stoffwechselstörung mit Abweichung des Zerebrosid*-stoffwechsels von der Norm u. Kerasin*-speicherung. Hepatomegalie*, Osteoporose*, Infantilismus*, ZNS*-Defekte.

Gaumen: Palatum. **-mandel:** → Tonsilla. **-mandelabszeß:** → Tonsillar-, Peritonsillarabszeß. **-obturator:** alloplastische Verschlußplatte f. Gaumendefekte. **-segel:** Velum* palatinum. **-segellähmung:** Lähmung des weichen Gaumens bei Erkrankung des N.* vagus oder Lähmung des N.* glossopharyngeus, dadurch näselndes Sprechen u. Fehlschlucken durch die Nase. Tritt z. B. nach Diphtherie* auf. **-spalte,** Palatoschisis: den ganzen Gaumen (= **totale G.**) oder nur Teile desselben (z. B. Uvula* fissa, Velum* fissum) betreffende Spaltbildung.

Gauss' Dilatator: dem *Hegar'** Stift ähnl. perforierter Dilatator*.

Gaze: ältere Bez. für Mull.

gcal: Grammkalorie.

Gc-Faktor: eine Blutgruppeneigenschaft; forensisch wichtig.

GE: Gastroenterostomie.

Gebärmutter: Uterus. **G.krampf:** Tetanus uteri.

Gebiß-analyse: Untersuchung des Gebisses auf Bißanomalien mittels eines kieferorthop.* Modells. **-formel:** Zahnformel. **-regelung:** Beseitigung von Gebißanomalien mit kieferorthop. Maßnahmen. **-schema:** schemat. Darstellung des Gebißzustandes mit um ein Balkenkreuz angeordneten Zahlen (arabische f. Milch-, römische für Dauergebiß). **-umformung:** Änderung der Zahnstellung mit kieferorthop. Mitteln.

Geburt: Partus.

Geburtenkontrolle: Maßnahmen zur Verhütung unerwünschten Nachwuchses.

Geburts-geschwulst: durch venöse* Stauung infolge Umschnürung durch den Muttermund* nach dem Blasensprung* bedingte Schwellung des vorliegenden* Kindsteils (am Kopf = Caput succedaneum). **-helferstellung der Hand:** Schmalmachen der Hand durch Anziehen des Daumens u. Streckung sämtl. Finger (bei Tetanie* als Pfötchenstellung bezeichnet). **-lähmung:** L., die bei der Geburt durch Druck od. sonstige mechanische Verletzungen bei Mutter oder Kind entsteht. **-trauma:** körperl. u./oder geistiger Schaden bei Mutter oder Kind im Zusammenhang mit der Geburt. **-zange:** aus zwei an d. Kindskopf anzulegenden Teilen (Löffeln) bestehendes Instrument zum Herausziehen des Kindes bei erschwerter Geburt (→ Abb.).

Gefäß(e): röhrenförmige Gebilde des Körpers, die eine für die Gefäßart spezifische Flüssigkeit enthalten, spez. Blut-, Lymph-, Chylus-G. **G., aberrierendes:** im anatom. Verlauf von der Norm abweichendes G. **G., akzessorisches:** zusätzliches Gefäß.

Gefäß-band: dem Herzschatten im Rö-Bild aufsitzender Schatten, gebildet von Pulmonalarterie*, Aorta*, oberer Hohlvene* u. Truncus* brachiocephalicus. **-drüse:** endokrine* Drüse. **-injektion:** Sichtbarwerden der Gefäße als Folge einer Entzündung, z. B. im Bereich der Bindehaut (= **konjunktivale G.**) oder des Ziliarkörpers (= **ziliare G.**). **-konstriktion:** übermäßige Kontraktion* eines Gefäßes. **-kontraktion:** funktionelle Engstellung der Gefäße. **-krise:** schubweise auftretende unphysiologische Kontraktionen* der Gefäße mit Blutdruck-Krise* bzw. – im Extremfall – mit Ausfall der Blutversorgung eines Gebietes. **-ligatur:** Unterbindung eines Gefäßes. **-plastik:** der Gefäßerweiterung, -wiederherstellung u. dem G.ersatz dienender Eingriff. → Bypass. **-prothese:** künstl. G. aus alloplastischem* Material. **-scheide:** Tunica externa (= Adventitia). **-spinne:** stern- bis spinnenförmige kutane* Teleangiektasien* bei Leberzirrhose*. **-stamm:** Truncus. **-tonus:** Spannungszustand der -wand. **-transplantat:** präpariertes menschl. G. zum Gefäßersatz bzw. zur Bildung einer künstl. Gefäßumleitung (= Bypass).

Gefrier-schnitt: histologischer Schnitt an gefrorenem Gewebe zur Schnelldiagnose. **-trocknung:** Lyophilisierung.

Gegenstoßherd: → Contrecoup.

Gehirn: Cerebrum*, Enzephalon*. → Hirn.

Gehirn-anhang: Hypophyse. **-bruch:** Enzephalozele. **-druck:** Bez. für die Gesamtheit der Erscheinungen, die bei Raumbeschränkung in der Schädelhöhle (durch Geschwülste, Blutungen, Schädelbrüche usw.) infolge von Kompression* des Gehirns eintreten. Bes. kennzeichnend sind Stauungspapille* und Druckpuls*. **-erschütterung:** Commotio cerebri. **-erweichung:** Entartung und Erweichung bzw. Verflüssigung der nervösen Elemente des Gehirns infolge Entzündung oder aufgehobener Blutzufuhr (bei Embolien*, Thrombosen* usw.); → Enzephalomalazie* u. progressive* Paralyse*. **-häute:** Meningen. **-nerven:** die das Gehirn an dessen basaler* Seite (Ausnahme: IV. Hirnnerv) verlassenden Nerven. 1) Nervi olfactorii (= Fila olfactoria). 2) N. opticus. 3) N. oculomotorius. 4) N. trochlearis. 5) N. trigeminus. 6) N. abducens. 7) N. facialis. 8) N. vestibulocochlearis (= statoacusticus). 9) N. glossopharyngeus. 10) N. vagus. 11) N. accessorius. 12) N. hypoglossus. – **-quetschung:** Contusio cerebri. **-rinde:** graue, die Windungen (Gyri) des Gehirns bildende äußere Hirnschicht. **-schädel:** der das Gehirn bergende Teil des Schädels. **-schenkel:** Crus cerebri. **-sinus:** → Sinus. **-schlag:** Apoplexie. **-stiel:** Pedunculus. **-trauma:** -verletzung; mit gleichzeit. offener Schädelwunde als offenes (= kompliziertes), sonst als geschlossenes G. bezeichnet. → Commotio, Contusio, -druck. **-tumor:** Geschwulst im Gehirn. **-ventrikel:** 4 spaltförmige Hohlräume im Gehirn, nämlich die beiden Seitenventrikel (in den Großhirnhemisphären*), der III. Ventrikel (unterhalb des Balkens*) und der IV. Ventrikel (unterhalb des Kleinhirns*). **-wäsche:** Indoktrination. **-zentrum:** Hirngebiet mit besonderen Aufgaben (z. B. Motorik* = Gyrus praecentralis; Sensibilität* = Gyrus postcentralis).

Gehör-gang: Meatus acusticus (→ Taf. **13**, 5). **-knöchelchen:** 3 kleine, gelenkig miteinander verbundene Knöchelchen in der Paukenhöhle (Hammer, Amboß, Steigbügel (→ Taf. **13**, 13 bis 15). **-nerv:** der kochleare* Teil des VIII. Hirnnervs*.

Geiger' (- Müller') Zählrohr: mit Zahlvorrichtung versehenes Nachweisgerät für ionisierende* Teilchen.

Geißel, Flagellum: peitschenschnurartiger Fortsatz an Zellen, Bakterien usw. zur Fortbewegung u. a.; → Spermien, Trypanosomen.

geknöpft: mit knopfart. freiem Ende versehen, z. B. Branche einer Schere, Pinzette (→ Abb.).

gekreuzte Lähmung: → Hemiplegia alternans und cruciata.

Gekröse: Mesenterium.

Gel: kolloidales* System von hoher Elastizität; aus Flüssigkeit u. netzartig darin angeordneten Teilchen bestehend (Lyogel) oder nur aus ausgefällten Kolloiden* (nach vorherigem Wasserentzug = Xerogel).

Gelasma: Lachkrampf.

Gelatina: Gelee, geleeart. Masse. Gallerte. → Nährboden. **G. alba** (oder **animalis**): weißer (Knochen-)Leim. **G. Zinci:** Zinkleim.

Gelatine: → Gelatina.
gelber Fleck, Macula lutea: kleine, rundliche, an der Leiche und in rotfreiem Licht gelbe Stelle temporalwärts* der Sehnervenpapille (→ Taf. **14**, 14).
gelbe Zellen: die spezif.* Zellen d. enterochromaffinen* Systems.
Gelb-fieber: in tropischen Gebieten heimische akute Infektionskrankheit mit typischem Fieber, Gelbsucht, Eiweißharnen, Blutungen usw.; Erreger: Viren (durch versch. Mücken übertragen).
Gelbkreuz: → Lost.
Gelbsucht: Ikterus.
Geldrollenbildung: geldrollenartiges Aneinanderliegen roter Blutkörperchen; zu unterscheiden von Agglutination*.
Gelenk-bruch: im Gelenkbereich lokalisierte Fraktur*. **-fungus:** Form der -tuberkulose (→ Fungus). **-gicht:** Gicht (≙ Arthritis urica). **-knorren:** Kondylus (= Condylus). **-körper, freie:** reiskorn- bis haselnußgroße, frei bewegliche Körper in Gelenken. **-maus:** ein freier Gelenkkörper* (= Corpus liberum). → Maussymptom. **-membran:** Synovialis. **-plastik,** Arthroplastik: plast. Operation im Gelenkbereich (Abtragung von Knochenzacken, Interposition* von Fettgewebe, teilweiser bis vollständ. Ersatz der -strukturen, z. B. als Hüftplastik, etc.). **-rheumatismus:** entzündl. rheumat. Erkrankungen der Gelenke, akut als rheumatisches* Fieber oder als Rheumatoid*, chronisch* als primär-chronische Polyarthritis* (bzw. unter dem Bild des *Felty'*, *Reiter'*, *Sjögren'*, *Still'* Syndroms, der Arthropathia psoriatica) oder als Spondylarthritis ankylopoetica (*Bechterew*) verlaufend. Ferner degenerative Formen, z. B. als Arthrose*, Spondylose*. **-schwamm:** Fungus. **-steife:** hochgrad. Hemmung bzw. Aufhebung d. Beweglichkeit im Gelenk; durch Weichteilerkrankung: Sperrsteife; durch Verödung: Lötsteife; → Teilregenerat. **-tuberkulose:** die Synovialis* oder den Knorpel u. Knochen eines Gelenks erfassende Entzündung (Synovialitis* bzw. Osteoarthritis* tuberculosa), verursacht durch Mycobacterium* tuberculosis. Synoviale Form exsudativ bis käsig*-zerfallend oder aber mit Bildung von Granulationsgewebe* einhergehend (= Fungus*), ossäre* Form v. a. als Karies*.
Gelle' Versuch: Prüfung der Beweglichkeit der Fußplatte des Stapes* zur Diff.-Diagnose* zwischen Labyrinth*- und Mittelohr*-erkrankungen.
Gelolepsie, Geloplegie: plötzliches Hinstürzen infolge Verlustes des allgemeinen Haltungstonus, ausgelöst durch Lachen (= Lachschlag), aber auch durch andere Affekt*-regungen.
Gẹlpräzipitatịon: bei Diffusion* von Präzipitinen* u. Präzipitogenen* durch ein Gel* (Agar*-platte) an deren Berührungsstellen auftretende Präzipitat*-bildung, z. B. bei Auflegen eines mit Erregern beimpften Filterpapierstreifens auf präzipitinhaltigen Agar*.
Gemẹlli: Zwillinge.
Gẹmini: Zwillinge. **G. conjụncti:** siamesische Zwillinge.
Gẹmmae: Knospen, Laubknospen.
Gen: Erbanlage.
generalisạtus, -a, -um; generalisiẹrt: allgemein ausgebreitet, den ganzen Körper erfassend.
Generalisierung: Verallgemeinerung; Ausbreitung einer Krankheit über den ganzen Körper.
Generation: Zeugung, Fortpflanzung. Auch (zusammengehörige) Glieder einer Geschlechtsfolge.
Generatiọnspsychọse: in der Schwangerschaft oder im Wochenbett auftretende endogene* oder symptomatische* Psychose*.
Generatorgas: stark Kohlenmonoxid- u. Stickstoff-haltiges Gas.
Genẹse: Entstehung.
Genẹtik: Erblehre.
genẹtisch: entwicklungsgeschichtlich, die Entstehung betreffend.
Genickstarre, epidemische: Meningitis cerebrospinalis epidemica.
Gẹnio-cheilo|s|chịsis: angeb. Spaltbildung im Unterkiefer u. -lippe. **-glọssus:** M. genioglossus, vom Unterkiefer (dem Kinn gegenüber) in die Zunge ausstrahlend. **-hyoïde|us:** M. geniohyoideus; von der Innenseite des Unterkiefers (Kinn-

gegend) zum Zungenbein. **-spasmus:** Krampf der Kinnmuskeln.
Genital: → Geschlechts... .
Genitale: die – inneren u. äußeren – Geschlechtsorgane*.
Genitalien: die äußeren Geschlechtsorgane* (bzw. -merkmale).
genitalis, -e: das Genitale* betreffend.
Genitalkrise: physiol. Veränderungen an den Genitalien* in den ersten Tagen nach der Geburt (Brustschwellung, Blutungen etc.).
Genitaltuberkulose: eine extrapulmonale* Tbk*, entweder ausschließl. des Genitale* oder aber in Verbindung mit Tbk der Niere u. Harnwege (Urogenital-Tbk). Beim Mann in 1. Linie Nebenhoden*-Tbk, die sich auf Hoden* und Prostata* ausbreiten kann. Bei der Frau hauptsächlich Eileiter*-Tbk, von dort Übergreifen auf Ovar* u. Gebärmutter*.
Genitalzyklus: → Zyklus.
Genius morbi: Krankheitscharakter. **G. epidemicus:** Eigenart und Verhältnisse einer Epidemie*.
Genom: Gesamtbestand der Gene*.
Genopathie: auf einer Genschädigung basierende Entwicklungsstörung.
Genophobie: Angst vor sexuellen Dingen.
Genotypus: Idiotypus; Erbanlagenbild. Gegensatz: Phänotypus*.
Gentianaviolett: antiseptisch* wirksamer Farbstoff; zur Gewebs-, Bakterien*- u. Leukozyten*-färbung geeignet. →*Gram'* Färbung.
Genu: Knie. **G. recurvatum:** Hohlknie: Überstreckung des Kniegelenks, so daß ein nach vorn offener Winkel entsteht. **G. valgum:** X-Bein. **G. varum:** O-Bein, Säbelbein.
genuin: angeboren, ursprünglich, eigentlich, natürlich, echt, selbständig; auch syn. mit essentiell u. idiopathisch* gebraucht. **g.e Pneumonie:** Pneumonia* fibrinosa.
Genus (Pl. **Genera**): Geschlecht, Gattung.
Geomedizin: Zweig d. Medizin, der Vorkommen u. Art des Ablaufs von Krankheiten zu geographischen Bedingungen in Beziehung setzt.
Geophagie: Essen erdiger Massen (Kalk, Ton usw.).
Geotherapie: Klimabehandlung.
Geo|trichose: Pilzerkrankung mit Beteiligung v.a. von Lunge, Baucheingeweiden, Haut. Erreger: Geotrichum.
Geradlage: → Situs, Schädellage, Bekkenendlage.
Geradstand, hoher: patholog.* Einstellung d. kindlichen Kopfes am oder über dem Eingang zum kleinen Becken; Pfeilnaht* in Sagittallinie*.
Geräusch des fallenden Tropfens: klingendes Rasselgeräusch*, das entsteht, wenn in Lungenhöhlen oder Pneumothorax* Blasen platzen oder Tropfen i.d. Flüssigkeit zurückfallen. **G. des zersprungenen Topfes:** klirrender Schall („Scheppern") über Lungenhöhlen, der auf plötzlichem Entweichen von Luft durch eine enge Öffnung beruht; → Bruit de pot-fêlé.
Gerhardt' Reaktion: setzt man zu Harn. der Azetylessigsäure enthält, Eisenchlorid zu, so entsteht bordeauxrote Färbung. → Diazeturie. **G.' Schallwechsel:** verschiedene Höhe des Klopfschalls über Lungenhöhlen beim Sitzen und Liegen. **G.' Syndrom:** Erythromelalgie.
Ger|iatrie: Lehre von der Heilung von Krankheiten des Greisenalters.
Gerinnungs-faktoren: die bei der Blutgerinnung* wirksamen hemmenden (= Inhibitoren) oder fördernden (= Prokoagulationsfaktoren) Substanzen. **-inhibitoren:** die Blutgerinnung* hemmende Substanzen (im Blut), z. B. Heparin*. **-zeit:** Zeitspanne zwischen Blutentnahme u. spontaner Blutgerinnung*.
Germanin: Mittel gegen Schlafkrankheit* (auf Trypanosomen* wirkend).
germinal, germinativ: das Keimen oder den Keim betreffend.
Germinom: Tumor des Keimgewebes.
germizid: keimtötend.
Gero|derma: Greisenhaut.
Geronto|logie: Lehre vom Greisenalter, Alternsforschung.
Gerontoxon: Arcus senilis.
Gerstenkorn, Hordeolum: entzündliche Anschwellung am Lidrande, die von Haarbälgen der Wimpern oder von Talgdrüsen ausgeht.
Geromarasmus: Altersschwäche.

Geruchsnerven: Nervi olfactorii (→ Gehirnnerven).
Gerüsteiweiße: eiweißartige Stoffe, die nur im Tierkörper (in festem Zustande) vorkommen u. dort mechanische Funktionen erfüllen. Hierzu gehören Keratin*, Kollagen*, Elastin* usw.
Gesäßmuskeln: Glutealmuskeln; größter u. oberflächlicher → M. gluteus.
Gesamtazidität des Magensaftes: Summe der freien und gebundenen Salzsäure*, der organischen* Säuren und sauren Salze. Wird ausgedrückt durch die Anzahl ml einer $^1/_{10}$ Normallösung* von Natronlauge, die zur Neutralisation von 100 ml Magensaft nötig sind. Die normale G. nach einer Probemahlzeit beträgt 40–70, die einem Salzsäuregehalt von 0,15 bis 0,25 % entspricht.
Geschlechtsapparat, Apparatus genitalis: aus der Scham* sowie (♀) Scheide*, Uterus*, Eileiter* u. Ovar* bzw. (♂) Hoden*, Nebenhoden*, Samenleiter* u. Samenbläschen, Vorsteherdrüse u. dem männl. Glied bestehender Teil des Urogenitalsystems.
Geschlechtsbestimmung, zellkernmorphologische: Erkennung des tatsächl. (Kern-)Geschlechts (z. B. bei Intersextypen* oder pränatal*) mittels Untersuchung von Ab- bzw. Ausstrichen (Wangenschleimhaut, Blut, Zellkultur) auf geschlechtsspezifische Chromatin*-körper (*Barr'* Körper, Drumsticks*) oder mittels Chromosomen*-analyse.
Geschlechts|chromatin: bes. gebildete Chromatin*-körper im Zellkern, an der Kernmembran etc. (→ *Barr'* Körper, Drumsticks*), deren prozentuales Vorkommen geschlechtsgebundene Besonderheiten aufweist.
Geschlechts|chromo|somen, Gonosomen: die mit X u. Y bezeichneten Chromosomen*, die im Augenblick der Befruchtung das Geschlecht des Fetus* festlegen u. weiter bedingen.
Geschlechtshormone: → Sexualhormone*.
Geschlechtskrankheiten: Tripper*, weicher Schanker* (Ulcus molle), Syphilis*, Lymphogranuloma* inguinale.
Geschlechtsorgane: → Geschlechtsapparat.
Geschmacksknospen, Caliculi gustatorii: sensible Rezeptoren* der Geschmacksempfindung an Zunge (Papillae circumvallatae, foliatae, fungiformes), Gaumen* u. Kehldeckel*.
Gesichts-feld: Raum, den das unbewegte Auge gleichzeitig übersieht. **-feldstörungen:** Einengung oder Ausfälle im Gesichtsfeld*. → Hemianopsie*, Skotom*. **-lage:** Geradlage*, bei der das Gesicht vorangeht. **-skoliose:** Asymmetrie der Gesichtshälften durch Verbiegung des -schädels*. **-schädel:** alle das Gesicht (einschl. Mundhöhle u. Nasenhöhle mit Nebenhöhle) formenden Knochen, zu denen auch die Gehörknöchelchen zählen.
Gestagene: die natürlichen (von Gelbkörper* u. Plazenta*) produzierten u. die künstl. hergestellten Hormone*, die der Erhaltung einer Schwangerschaft dienen. → Progesteron.
Gestation: Schwangerschaft.
Gestosen: zusammenfassender Begriff für schwangerschaftsbedingte Störungen, z. B. Hyperemesis*, Eklampsie*.
geustisch: gustativ.
Gewebe: Komplex* gleichartiger Formelemente (Zellen), die gemeinsame Funktion besitzen. Die G. treten ihrerseits zu Organen zusammen.
Ghedini'-Weinberg' Reaktion: eine KBR* zum Nachweis einer Echinokokken*-erkrankung.
Ghon' Herd: verkalkter Tuberkulose*-herd in der Lunge als Teil des tuberkulösen* Primärkomplexes*.
Gibbus: spitzwinkliger Buckel unter Beteiligung nur weniger Wirbel (z. B. bei tuberkulöser* Spondylitis*).
Gicht: 1) Harnsäuregicht. – 2) auch Bez. für andere Krankheiten, die mit einer Erhöhung des Blutspiegels einer Substanz und anomalen Ablagerungen im Körpergewebe einhergehen, z. B. Kalkgicht. **G.knoten:** Tophus.
Gidlung' Spritze: bei der Angiokardiographie* angewandtes, mit Druckluft arbeitendes Injektionsgerät.
Giemsa' Lösung: Lösung von Methylenazur, Methylenblau, Eosin in Methylalkohol und Glyzerin; zur *Romanowsky'** Färbung.

v. Gierke' Krankheit: Glykogen*-Speicherkrankheit; gekennzeichnet durch Kleinwuchs, Hypoglykämie*, Lipämie* u. Hepatomegalie*.
Gieson' Färbung: → *van Gieson'* Färbung.
Gießbeckenknorpel, Cartilago arytenoidea: 2 Kehlkopfknorpel, die der Platte des Ringknorpels aufsitzen (→ Taf. **12**, 4).
Gigantismus: hypophysärer* Riesenwuchs.
gigạnto|cellulạris, -e: riesenzellenähnlich, Riesenzell... .
Gigạntomastie: Makromastie.
Gigạntomelịe: Extremitätenriesenwuchs.
Gigli' Säge (spr. d*sch*igli): aus Stahldrähten geflochtene Säge mit am Ende zu befestigenden Griffen (→ Abb.).

Gilbert' Krankheit (spr. *sch*ilbehr): hereditärer*, konstitutioneller*, nichthämolytischer* Ikterus*.
Gimbernat' Hernie: durch das Ligamentum lacunare austretende Schenkelhernie*.
Gingịva: Zahnfleisch.
Gingivịtis: Zahnfleischentzündung.
Gingivo|stomatịtis: Gingivitis* unter Mitbeteiligung der gesamten Mundschleimhaut; i.e.S. die durch das Herpes*-virus bedingte Entzündung.
Glabẹlla: 1) unbehaarte Stelle über der Nasenwurzel zw. d. Augenbrauen.–2) die entsprechende Stelle des Stirnbeins.
glandotrọp: auf eine Drüse gerichtet oder einwirkend (z. B. die auf periphere Drüsen gerichteten Hormone der Hypophyse).
Glạndula(e): Drüse(n). **G.e bulbo|urethrạles:** *Cowper'* Drüsen; zwei erbsengroße D. unter der Spitze d. Vorsteherdrüse*, deren Sekret* dem Samen beigemengt wird. **G. lacrimạlis:** Tränendrüse. **G.e olfactọriae:** schlauchförmige Drüsen der Geruchsempfindungszone der Nase. **G.e parathyroïdeae:** Neben- od. Beischilddrüsen; klein-erbsengroße Körperchen mit innerer Sekretion*, gewöhnlich 2 an jedem Schilddrüsen*-lappen, unter der Schilddrüsenkapsel. Regler des Kalkstoffwechsels. Ihr Ausfall erzeugt Tetanie*. **G. parọtis:** Ohrspeicheldrüse. **G. pineạlis:** Zirbeldrüse. **G. pituitạria:** Hypophyse. **G. sublinguạlis:** Unterzungendrüse; eine auf den Muskeln d. Mundbodens gelegene Speicheldrüse. **G. submandibulạris:** Unterkieferdrüse; eine Speicheldrüse am Mundboden. **G.e suprarenạles:** Nebennieren*. **G. thyroïdea:** Schilddrüse. **G.e vestibulạres majọres,** *Bartholin'* Drüsen: 2 Drüsen zur Seite des Scheidenvorhofs (→ Taf. **22**, 6, 11).
glandulạris, -e: eine Drüse betreffend, zur Drüse gehörend.
Glans: Eichel; vorderster Teil des Penis* und der Klitoris* (→ Taf. **22**, 2).
Glanzmann' Thromb|asthenịe: familiär erbliches Leiden (→ Thrombasthenie).
Glaskörper: gallertartige durchsichtige Masse, die den Innenraum des Augapfels zwischen Linse u. Netzhaut ausfüllt (→ Taf. **14**, 8); Synonym: Corpus vitreum.
Glaubersalz: Natrium sulfuricum; Abführmittel.
Glaukọm(a): „Grüner Star". Sammelbegriff für Krankheitszustände mit primären od. sekundären intraokularen* (i. o.) Drucksteigerungen infolge Abfluß- bzw. Resorptions*-störung des Kammerwassers*, die – unbehandelt – zum Sehnervenschwund und völliger Erblindung führen können.
Gleichgewichtsorgan: → Vestibularapparat.
Gletscherbrand: Entzündung der Haut bzw. Augenbindehaut durch die ultravioletten, vom Gletscherschnee reflektierten Strahlen.
Glia: Neuroglia.
Gliadịn(e): in mehreren chem. differenten Formen in Weizen u. Roggen vorkommendes minderwertiges Eiweiß*.
Gliederstarre, spastische: *Little'* Krankheit.
Gliedschwamm: Fungus articuli. → Gelenktuberkulose.
Glioblastọm(a): bösartige Geschwulst, die durch Wucherung von Neuroglia* im Zentralnervensystem* oder in der Netzhaut* entsteht.
Glioblastọse: eine bösartige Gliomatose*.
Gliọm(a): Geschwulst aus Neuroglia*.
Gliomatọse: diffuse Gliom*-bildung im

Zentralnervensystem*. Führt evtl. zur Syringomyelie*.
Gliosarkọm: Gliom*, in dem die zelligen Bestandteile überwiegen. Sehr bösartig.
Gliose: krankhafte Vermehrung der Glia*.
Glissement (franz.; spr. glißmạñ): Gleiten, i.e.S. die passive Verschieblichkeit d. Hüftkopfs* bei angeborener Hüftluxation*.
Glisson' Kapsel: bindegewebige Kapsel der Leber. **G.' Schlinge, Schwebe** oder **Schwinge:** Apparat (halfterartige Schlinge) zur Streckung der Halswirbelsäule (→ Abb.). Anwendung in senkrechter, schräger oder horizontaler Lage.

globạl: Gesamt-....
Globịn: ein Albumin; u. a. im Myo- u. Hämoglobin* (roter Muskelfarbstoff bzw. Blutfarbstoff).
Globoïdzelle: eine mehrkernige Riesenzelle* im Zentralnervensystem* bei Demyelinisierung (= Myelin*-verlust).
Glọbuli: Arzneikugeln, ihre Grundlage ist meist Kakaobutter. **G. vaginạles:** zum Einführen in die Scheide.
Globulin(e): Gruppe von Eiweißstoffen; nach der unterschiedlichen Wanderungsgeschwindigkeit im elektrisch. Feld unterteilt in α-, β-, γ-Fraktion; letztere ist Träger der Immuneigenschaften des Blutserums; nach Aussalzung mit Ammonsulfatlösungen verschiedener Konzentration eingeteilt in Euglobulin u. Pseudoglobuline. **G., antihämophiles:** ein im Plasma vorkommender, für die Blutgerinnung* unentbehrlicher Faktor (F. VIII).
Glọbus hystẹricus: Gefühl, als ob ein beengender Körper von der Magengegend nach dem Halse aufsteigen und in der Kehle steckenbleiben würde; bei Hysterie*.
Globus pạllidus: → Pallidum.
Globus-Syndrom: organisch (= durch örtl. Prozeß bedingtes) oder aber psychogen bedingtes Fremdkörpergefühl (verbunden mit Engegefühl) im Schlund*.
Glom|an|giọm, Glomustumor: von einem Glomus* ausgehende Geschwulst.
Glomẹruli, Glomerula: Knäuelchen. Spez. Gefäßknäuel in der Nierenrinde am Anfang der Harnkanälchen, die von der *Bowman*'* Kapsel umgeben sind.
Glomẹrulo|nephrịtis: entzündl.-degenerative Nierenerkrankung, wobei die Glomeruli* allein oder hauptsächlich betroffen sind.
Glomẹrulonephrọse: doppelseit. Nierenerkrankung degenerat. Art ohne primäre (entzündliche) Gefäßveränderungen, in spez. Form als Amyloidnephrose*.
Glomẹruloskleroṣe: Nierenerkrankung mit narbig abheilenden Prozessen; i.e.S. die nach *Kimmelstiel-Wilson* benannte bei Diabetes* mellitus.
Glomẹrulum: Knäuelchen; → Glomerula.
Glomẹrulus: Knäuelchen; → Glomeruli.
Glọmus: Knäuel. **G. carọticum:** an der Teilungsstelle der A. carotis communis gelegene knötchenförmige Anhäufung von chromaffinen* Zellen, Nervenfasern und Gefäßen. Reizung steigert Aktivität des Nervus sympathicus.
Gloss...: Bestandteil von Fachwörtern mit der Bedeutung Zunge, Sprache.
Glọssa: Zunge.
Glossịna: eine Gattung der Fliegen, z. B. G. palpạlis als Überträger der Schlafkrankheit* u. G. mọrsitans als Überträger der Nagana*-seuche der Rinder u. der Schlafkrankheit.
Glossịtis: Zungenentzündung. Auch Bez. für atrophische* Zustände der Zunge. **G. dịssecans:** G. mit Bildung tiefer Risse.
Gloss|odynịa(-ie): Zungenneuralgie.
Glosso|pharyn|gẹus: Kurzform für N. glossopharyngeus (= IX. Gehirnnerv).
Glossoplegịe: Zungenlähmung.
Glossopyrọsis: Zungenbrennen.
Glọttis: der aus beiden Stimmlippen* zuzusammengesetzte Stimmapparat (ursprünglich Bez. für die Stimmritze*). **G.krampf:** Stimmritzenkrampf. **G.lähmung:** Stimmbandlähmung. **G.ödem:** Kehlkopfödem.
Glotzaugen: Exophthalmus. **G.kachexie:** *Basedow*'* Krankheit.
Glukagọn: ein dem Insulin* chemisch

nahe verwandtes Hormon aus dem Pankreas*; hebt den Blutzucker*-spiegel im Blut.

Glukane: aus Glukose* gebildete Polysaccharide* (z. B. Glykogen*, Stärke).

Gluko|kortikoide: Nebennierenrindenhormone. Sie hemmen die Insulinbildung u. die Verwertung der Glukose in den peripheren Geweben; dadurch Erhöhung des Blutzuckerspiegels.

Glukolipoïde: Glukose* oder deren Abkömmlinge enthaltende Lipoide* (z. B. Zerebroside*, Ganglioside*).

glukoplastisch: zuckerbildend, für die Bildung von Zucker (Glukose*) geeignet.

Glukose, Dextrose, Traubenzucker: eine Hexose*. Im menschl. Organismus in Phosphatform vorkommend. Im Blut als Blutzucker bezeichnet.

Glukosid: → Glykosid.

Glukuronsäure: aus Glukose* gebildete organische Säure. In Knorpel u. Schleim vorhanden; dient zur Entgiftung giftiger Substanzen (Phenole*), die an sie gepaart (als **Glukuronide)** ausgeschieden werden.

Glutäus: Kurzform für M. gluteus (= Gesäßmuskel; → Taf. **17**, 13).

Glutamat-Oxalazetat-Transaminase: → GOT.

Glutamat - Pyruvat - Transaminase: → GPT.

Gluten: Klebereiweiß bestimmter Getreide (Weizen, Roggen, Gerste).

Glutin: Leim, bes. aus Knochen und Bindegewebe erhaltener.

Glyk|ämie: Hyperglykämie.

Glyko|cholsäure: eine Gallensäure (→ Cholsäure).

Glykogen: zuckerbildende Substanz, „tierische Stärke“. **G.speicherkrankheit:** *v. Gierke'* Krankheit. → Glykogenose.

Glyko|geno|lyse: Abbau des Glykogen*.

Glykogenose: Glykogen*-speicherkrankheit, z.B. *von Gierke'* Krankheit, aber auch die *Forbes'* u. die *Pompe'** G.

Glykokoll: eine Aminosäure*; erstmals aus Leim (= Kolla) dargestellt.

Glykolipide: aus Lipiden* u. Oligosacchariden* bestehende Verbindungen (→ Glukolipoide).

Glykolyse: Glukosespaltung (-abbau).

glykolytisch: die Glykolyse* fördernd, mit G. zusammenhängend.

Glykoproteine(-de): Kohlenhydrate* enthaltende Eiweiß*-verbindungen.

Glykose: Glukose (= Traubenzucker).

Glykosid: Verbindg. einer Zuckerart mit einem anderen organischen Stoff (mit OH-Gruppen); auch als Verbindg. zwischen 2 versch. Zuckern vorkommend.

Glykos|urie, Glukosurie: (vorübergehende) Ausscheidung von Traubenzucker im Harn.

Glyzerid: aus Glyzerin* u. Fettsäuren bestehende Verbindung; je nach Zahl der Substitution der OH-Gruppen durch die Fettsäuren als Mono-, Di- u. Triglyzerid bezeichnet.

Glyzerin: ein dreiwertiger Alkohol. Mit Fettsäuren verestert (→ Glyzerid) Bestandteil der im menschl. Körper vorhandenen (Neutral-)Fette.

Glyzin: eine Aminosäure (= Glykokoll).

Gm-Serumgruppen: in Immunglobulinen* lokalisierte Blutfaktoren (genetische* Faktoren), u. zwar Gm u. Inv.

Gmelin' Probe: Bilirubin*-nachweis im Harn durch Unter- oder Überschichtung mit Salpetersäure u. Farbringbildung (v. a. grün u. violett!) an der Berührungsstelle.

Gnatho-palato|s|chisis: Kiefer-Gaumenspalte. **-s|chisis,** Diastematognathie: Kieferspalte. **-stomiasis:** v. a. als Myiasis*, selten als Uveitis* auftretende Erkrankung durch unreife Formen der Nematoden*-gattung Gnathostoma.

Gneis: eine Dermatitis* der Kopfhaut bei Seborrhoe(a)*.

Gocht'-Ménard'-Shenton' Linie (spr. ...menahr-schentn): vom Oberrand des Foramen* obturatum u. dem Unterrand des Oberschenkelhalses gebildete bogenförmige Linie.

Göthlin' Test: Prüfung der Kapillarfestigkeit mit Staumanschette.

Goldberger' Ableitung: EKG*-Methode mit Ableitung der Potentiale mittels unipolarer* Elektrode unter Kurzschluß d. negativen Pols mit den bd. anderen Extremitätenableitungspunkten (Bez. aVL, aVR, aVF = Ableitung li bzw. re Arm bzw. Bein).

Goldblatt' Syndrom: maligne* verlaufende Hypertonie* bei vasogener* Ischämie* der Niere(n).

Goldsolreaktion: Farbreaktion zur Prüfung des Verhältnisses zw. Albuminen* u. Globulinen* im Liquor cerebrospinalis. Für bestimmte Krankheiten charakteristische Farbbereiche.

Golgi' Körperchen: druckempfindl. Lamellensystem in der Haut, in Sehnen etc.

Goll' Strang: ein Teil des Hinterstranges des Rückenmarks.*

Gom|phosis: Einkeilung (z. B. von Bruchenden); auch Bez. für Befestigung der Zähne im Kiefer.

gonadal: die Gonaden* betreffend, von den Gonaden ausgehend.

Gonaden: Geschlechtsdrüsen (Ovar*, Testis*). **G.dysgenesie:** Fehlen oder mangelhafte* Entwicklung der Gonaden, zum Beispiel bei *Ullrich'-Turner'* Syndrom.

gonadotrope Hormone, Gonadotropine: auf die Keimdrüsen* einwirkende Hormone, v. a. des HVL* (aber auch des Chorion*-epithels* = choriogene Gonadotropine). Steuern den Zyklus* der nicht schwangeren Frau, beeinflussen den Deszensus* der Hoden.

Gonadotropin: gonadotropes Hormon. **G. I:** follikelstimulierendes Hormon*. (FSH). – **G. II:** luteinisierendes Hormon*. – **G. III:** luteotropes Hormon*. → Choriongonadotropin.

Gon|agra: Kniegicht.

Gon|algie: Knieschmerz.

Gonarthritis, Gonitis: Kniegelenkentzündung.

Gonio|skop: optisches Gerät, das auf das Auge des Pat. zur Untersuchung der vorderen Augenkammer gesetzt wird.

Gonio-skopie: vordere Augenkammer-, insbesondere Kammerwinkeluntersuchungsmethode. **-tomie:** Op. bei Glaukom*. Eröffnung des Kammerwinkels*.

Gonoblennor|rhoe: auf Gonorrhoe* beruhende Blennorrhoe*.

Gonokokk|ämie: Vorkommen von Gonokokken* im Blut. Allgemeininfektion mit Gonokokken.

Gonokokken: Diplokokken*-art; Erreger des Trippers* (= Gonorrhoe).

Gonor|rhoe: Tripper.

Gonosom: Geschlechtschromosom.

Gordh' Kanüle: eine Verweilkanüle nach Art der Flügelkanüle.

Gossypium depuratum: gereinigte Baumwolle, Verbandwatte. **G. haemostypticum:** Eisenchloridwatte zur Blutstillung.

GOT: **G**lutamat-**O**xalazetat-**T**ransaminase. Ein Enzym*, das für die Enzymdiagnostik* bedeutsam ist.

Gottstein' Messer: ein Ringmesser für Rachenoperationen (→ Abb.). **G.'Tamponade:** dichte Einlage von Wattebäuschen bei Stinknase.

GPT: **G**lutamat-**P**yruvat-**T**ransaminase; ein Enzym*, das für die Enzymdiagnostik* bedeutsam ist.

Graaf' Follikel: kleine Bläschen in den Eierstöcken, welche die (sprungreifen) Eizellen enthalten.

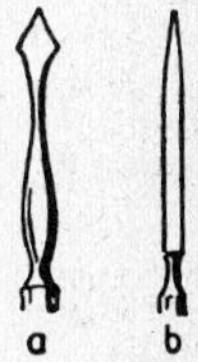

a b

gracilis, -e: schlank, grazil. → Grazilis.

graduiert: mit Maßstrichen versehen.

Graefe' Lanzenmesser: → Abb. a; **G.' Schmalmesser:** → Abb. b. **G.' Zeichen:** mangelhaftes Senken des Oberlides bei Abwärtsbewegung der Augäpfel bei *Basedow'* Krankheit.

Gräfenberg' Ring: aus Silber- oder Golddraht gefertigtes ringförm. Intrauterinpessar*.

Gram' Färbung: Färbung von bakterienhaltigem Material mit basischem Anilinfarbstoff (z. B. Karbolgentianaviolett). Behandlung mit Jodjodkalilösung, Entfärbung mit Alkohol. Dann behalten „grampositive" Bakterien ihre Färbung bei, gramnegative verlieren sie u. können evtl. noch einer Kontrastfärbung unterzogen werden.

Gramicidin, Gramizidin: (*Dubos*) ein Antibiotikum*.

Grammkalorie, kleine Kalorie, gcal: die zur Erwärmung von 1 g Wasser von 14,5° auf 15,5° unter Normbedingungen erforderliche Wärmemenge.

Grand mal (franz.; spr. grañ mall): großer epileptischer* Anfall mit Aura* generalis. Krampfgeschehen u. Bewußtseinsverlust.

Granula (Sg. **Granulum**): Körnchen.
granulär: körnig.
Granular|atrophie: körnige Schrumpfung; d.h. Schrumpfung eines Organs, wobei dessen Oberfläche körnig aussieht. **G. der Leber**: Leberzirrhose. **G. der Niere**: Schrumpfniere.
granularis, -e; granulär: körnig.
Granulationen: 1) in Substanzverlusten auftretende feine Körnchen („Fleisch- bzw. Wundwärzchen"), die aus Granulationsgewebe* bestehen. – 2) Granulationsgewebe überhaupt. – 3) körnige Bildungen in Leukozyten*, die bei toxischen* Infekten* auftreten.
Granulationsgeschwülste: aus Granulationsgewebe* besonderer Art bestehende Geschwülste; z. B. Tuberkel*, Gummata*, Talkumgranulom*.
Granulationsgewebe: zellreiches (Fibroblasten*, Leukozyten* usw.) Gewebe mit neugebildeten Kapillaren*, das in Wunden und Geschwüren, ferner auch bei gewissen Entzündungen vorkommt u. oft in derbes Bindegewebe (Narben) übergeht.
granulatus, -a, -um: gekörnt.
granulierend: Granulationen (1) bildend.
granuliert: gekörnt, körnig. → Harnzylinder.
Granuloblastose: Leukämie.
Granulom(a): Granulationsgeschwulst. **G. anulare**: vorwiegend an Hand- und Fußrücken auftretende chron. Hautkrkht. mit ringförmig angeordneten, blassen Knötchen. **G. inguinale**: tropische, meist durch Geschlechtsverkehr übertragene Infektionskrkht. **G. mali|gnum**: Erkrankung des gesamten lymphatischen u. blutbildenden Apparats, wobei entzündliche Granulationsgeschwülste* auftreten. Oft mit Tuberkulose* verbunden; → *Hodgkin*, Lymphogranulomatose.
Granulomatose: generalisierte* geschwulstartige Bildung von Granulomen*.
Granulopo|ese: Bildung der Granulozyten*.
Granulosazellen: die den *Graaf** Follikel auskleidenden Zellen.
granulosus, -a, -um: körnerreich.
Granulozyten: gekörnter Leukozyt* mit stabförmigem Kern.
Graph|ästhesie: taktiles* Erkennungsvermögen für auf die Haut Geschriebenes (ohne Kontrolle durch die Augen).
grassieren: umsichgreifen, wüten.
Graue Salbe: Unguentum Hydrargyri cinereum.
gravid: schwanger.
Gravida: Schwangere.
Gravidität, Graviditas: Schwangerschaft.
Grawitz' Tumor: Hypernephrom.
grazil: → gracilis.
Grazilis: Kurzform für Musculus* gracilis (schlanker Adduktor*).
Greisenbogen: Arcus* senilis.
Grenznävus: Nävus am Übergang von Epidermis* zu Kutis*.
Grenzstrahlen: im Strahlenspektrum zwischen Röntgen- und ultravioletten Strahlen stehende Strahlen.
Grenzstrang, Truncus sympathicus: der Stamm des Sympathikus*, der beiderseits als dünner Strang die Wirbelsäule begleitet und eine Reihe von Ganglien* bildet. **G.blockade**: vorübergehende Unterbrechung der Leitfähigkeit des G. durch ein Lokalanästhetikum.
Griess' Probe: eine einfache Reagenzglasprobe auf Koli*-bakterien.
Griffelfortsatz: Processus styloideus (z. B. des Schläfenbeins, der Elle usw.).
Grimmdarm: → Kolon.
grippal: Grippe betreffend.
Grippe: 1) Influenza. – 2) banale fieberhafte Erkältungskrankheit.
Gritti' Operation: Amputation* des Oberschenkels oberhalb der Gelenkknorren, wobei die Kniescheibe* erhalten bleibt und mit der Sägefläche des Oberschenkels vereinigt wird.
Grocco' Dreieck: dreieckiger Bezirk gedämpften Schalles, der beim Brustfellerguß auf der gesunden Seite neben der Wirbelsäule* auftritt.
Groenblad'-Strandberg' Syndrom: Auftreten von Augen- u. Hautveränderungen infolge Degeneration* elastischer Gewebe. Auge: schwärzliche Streifen radiär zur Papille*, subretinale* exsudative Prozesse, Makuladegeneration*. Haut: Pseudoxanthoma elasticum.

Großhirn: Cerebrum (→ Taf. **10**, 3). **G.hemisphären:** die beiden halbkugeligen Hälften des Großhirns. **G.rinde:** Gehirnrinde.

Großzehenbeuger: → Taf. **18**, 8.

Gruber'-Widal' Reaktion: Nachweis von Cholera, Typhus usw. durch agglutinierende* Wirkung des Serums* der Kranken auf die spezifischen* Bakterien*. (→ *Widal'* Reaktion).

Grünholzbruch: Knochenbruch, bei dem die Kontinuität* der Knochenhaut (= Periost) erhalten bleibt.

Grundgewebe: Stroma.

Grundumsatz, GU: Wärmemenge, die durch den Energieumsatz in nüchternem Zustand bei völliger Ruhe erzeugt wird. Erhöht bei Hyperthyreose*, herabgesetzt bei Myxödem*.

gtt.: gutta(e) (= Tropfen).

Guanidinessigsäure: eine Reststickstoffsubstanz.

Guanin: eine Purinbase*. → Adenin.

Guarnieri' Körperchen: in von Pocken*-viren* befallenen Zellen nachweisbare Einschlußkörperchen*.

Guedel' Tubus (spr. gedell): ein halbsteifer Rachentubus* aus Hartgummi. Als Doppelmodell bes. geeignet für die Mund-zu-Mund-Beatmung (= Doppelguedel).

Guérin'-Stern' Syndrom (spr. geräñ): erbl. Dysplasie* zahlreicher Gelenke: Ankylosen* in Beuge- oder Streckstellung, Muskelatrophien*, Osteoporose*.

Gürtel-gefühl: Gefühl ringförmiger Zusammenschnürung des Unterleibs und der Gliedmaßen bei Tabes* usw. **-rose:** Zoster.

Guillain'-Barré' Syndrom (spr. gilläñ): eine Form der polyradikulären* Neuritis*. Hypotonie* der Muskulatur ohne Atrophie*, schlaffe Lähmung.

Gullen' (-Hellendall)' Zeichen: sog. „Blauer Nabel" als Hinweis auf innere Blutungen, bes. der Eileiter*; bedingt durch stärkere Blutansammlungen im Bauchinnern.

Gumma: Gummigeschwulst; Granulationsgeschwulst*, die im Spätstadium der Syphilis* auftreten kann.

Gummata, Gummen: Gummigeschwülste. → Gumma.

gummös: mit Bildung von Gummen* einhergehend.

Gunn' Kreuzungsphänomen: → Kreuzungsphänomen.

gustatorisch: mit dem Geschmack zusammenhängend.

Gustus depravatus: schlechter Geschmack im Munde.

Guthrie' Test: beim Neugeborenen anzuwendender bakteriolog. Suchtest auf Phenylketonurie*.

Gutta: Tropfen. **G. cadens:** Geräusch* des fallenden Tropfens.

guttural: die Kehle betreffend.

Guyon' Krümmung (spr. güjoñ): bes. Krümmung an Kathetern* u. Sonden* (→ Abb.). **G.' Spritze:** Katheterspritze zum Einträufeln von Medikamenten in die hintere Harnröhre.

Gynäkologe: Frauenarzt. **-logie:** Lehre von den Frauenkrankheiten, Frauenheilkunde. **-mastie:** Entwicklung der Brustdrüse bei Männern, wie sie normal nur bei Frauen vorkommt.

gynäkotrop: das weibliche Geschlecht bevorzugt befallend.

Gyn|agogie: psychologische Führung der Frau bei Behandlung psychogener Frauenleiden.

Gyn|andrie: Pseudohermaphroditismus* femininus. Auch männlicher Habitus* bei Frauen.

Gynandro|morphismus: Auftreten männl. u. auch weibl. Geschlechtsmerkmale am gleichen Organismus.

Gynatresien: Atresien* der weiblichen Geschlechtsorgane, z.B. Verschluß des Hymens* oder des Zervikalkanals*.

Gynergen: ein Secale*-Präparat.

Gyrus (Pl. Gyri): Windung(en) der Gehirnoberfläche. **G. cinguli:** eine über dem Balken (Corpus* callosum) verlaufende Hirnwindung (zum Riechhirn u. limbischen* System gehörig). **G. postcentralis:** hinter dem Sulcus* centralis gelegene Hirnwindung; sensibles* Zentrum. **G. praecentralis:** vor dem Sulcus* centralis gelegene Zentralwindung des Gehirns; motorisches* Zentrum. **G. temporalis inferior, medius** u. **superior:** die untere, mittlere u. obere Schläfenhirnwindung.

H

H.: Symbol für 1) Hydrogenium (Wasserstoff). – 2) Hypermetropie.
h: Stunde (= **h**ora).
Haar-balg, -follikel: die Hauteinstülpung, in der die Haarwurzel steckt. **-gefäße, -röhrchen**: → Kapillaren.
Habermann' Syndrom: vegetative* Regulationsstörung durch Lärm, z. B. im Beruf (Arbeiter in Motorenfabriken, Telefonistinnen usw.); Kopfschmerzen, Schwindel, Schlaflosigkeit.
habitualis, -e: habituell.
Habituation: Gewöhnung.
habituell: durch (schlechte) Angewöhnung entstanden, gewohnheitsmäßig, oft wiederkehrend.
Habitus: die (äußere) Körperbeschaffenheit. In d. Geburtshilfe: Fruchthaltung*. **H. entero|ptoticus**: die mit Enteroptose* einhergehende Asthenia* universalis congenita.
Hackenbruch' Anästhesie: Ausschaltung der Schmerzempfindung in einem Op. gebiet durch rhombische bis zirkuläre* Infiltrationsanästhesie* von 2 Einstichpunkten (Umspritzung anstelle der völligen Durchtränkung mit Anästhetikum*).
Hacken-fuß: Pes* calcaneus. **-versuch**: → Knie-Hackenversuch.
Hadernkrankheit: Milzbrand* bei Hadernsortierern, Lumpensammlern usw.
Häm: komplexe Verbindg. zwischen Porphyrin u. 2wert. Eisen als Bestandteil (prosthetische* Gruppe) des Hämoglobins*.
Häm|agglutination: Agglutination* von Erythrozyten*; Blutkörperchen-Antigen* trifft mit dem entsprechenden Antikörper* zusammen.
Hämagglutinine: Blutkörperchen-Agglutinine*; Stoffe, die durch enzymat. Einflüsse von Bakterien* und Viren*, durch Sensibilisierung* der Erythrozyten*, durch verschiedene Antigene* und als Isoantikörper* Hämagglutination* bewirken.
Häm|amöben: Malariaplasmodien*.
Hämangiom, Haemangioma: aus Blutgefäßen bestehende Geschwulst. **H. cavernosum**: aus dichtgedrängten, prall mit Blut gefüllten Gefäßen bestehende, oft infiltrativ* wachsendes H. – **H. simplex**: flaches, purpur-, wein- oder feuerrotes, aus Gefäßen bestehendes Hautgebilde.
Hämangiosarkom: Angiosarkom* der Blutgefäße.
Hämantikörper: gegen rote Blutkörperchen gerichtete Antikörper*.
Hämarthros: Bluterguß in einem Gelenk.
Hämat|emesis: Bluterbrechen.
Hämatin: Farbstoff des sauerstoffhaltigen Hämoglobins. **H.urie**: Auftreten von H. im Harn.
Hämato|blasten, Hämoblasten: blutbildende Zellen, i. e. S. die Stammzellen der einzelnen Leukozyten*-formen.
haematodes: blutig, blutreich, blutähnlich.
hämatogen: aus dem Blut stammend, mit dem Blut zusammenhängend, blutbildend.
Hämatoïdin: eisenfreier Teil d. Blutfarbstoffs. Chemisch = Bilirubin.
Hämato|kolpos: Ansammlung von Menstrualblut in der Scheide bei Scheidenverschluß.
Hämatokrit: der Erythrozyten*-anteil des (peripher-venösen oder kapillären) Bluts, ausgedrückt in %; bei Frauen ca. 41, bei Männern etwa 46 %.
Hämatologie: Lehre vom Blut u. seinen Erkrankungen.
Hämatolyse: Hämolyse.
Hämatom, Haematoma: Bluterguß. **H., retroplazentares**: bei Plazenta*-lösung zwischen dieser u. der Uterus*-wand entstehendes Hämatom.

Hämato|metra: Ansammlung von Menstrualblut in der Gebärmutter* bei Unwegsamkeit des Zervikalkanals*.
Hämatomyelie: Rückenmarks*-blutung.
Hämato-nosen, -pathien: Blutkrankheiten.
Hämatopoese: Blutbereitung, besonders Bildung der roten Blutkörperchen.
Hämatosalpinx: Tubensack* mit blutigem Inhalt.
Hämatothorax: Bluterguß in den Rippenfell*-raum.
Hämatozele: Blutgeschwulst; Blutansammlung in präformierter Höhle (im Hodensack, Samenstrang*, weibl. Bekken); auch gleichbedeutend mit Hämatom. **Haematocele ante-** u. **retrouterina:** (abgekapselte) H. im vorderen bzw. hinteren *Douglas'** Raum.
Hämatozoën: tierische Blutparasiten.
Hämatozytolyse: Hämolyse.
Hämat|urie: Auftreten von roten Blutkörperchen im Harn.
Hämiglobin: Methämoglobin.
Hämin: salzsaures Hämatin*.
Hämoautoantikörper: gegen die eigenen (aber auch gegen fremde) Erythrozyten* gerichtete Antikörper, z. B. bei der Kälteagglutininkrankheit*.
Hämoblasten: Hämatoblasten.
hämoblastisches Retikulum: → retikulohistiozytäres System.
Hämoblastosen: auf der neoplastischen* Wucherung bestimmter Zellsysteme des Blutes beruhende akute*, chronische* oder subakute* Erkrankung (Erythrämie*, Leukämie*, Retikulose*, Lymphoblastom*).
Hämochromatose: durch Hämosiderin*-ablagerung in zahlreiche Organe, v.a. in Leber* u. Pankreas*, u. bronzefarbene Hautverfärbung sowie Diabetes* mellitus (Bronzediabetes) gekennzeichnete Krankheit mit Leberzirrhose.
Hämodialyse: Entfernung von Stoffwechselschlacken aus dem Blut bei unzureichender Nierenleistung oder Nierenversagen mittels „künstlicher Niere".
hämodynamisch: dic Blutzirkulation, den Blutkreislauf betreffend.
Hämoglobin, Hb: der Farbstoff der roten Blutkörperchen. Gehalt früher ausgedrückt in %, jetzt in g/100 ml. **H.ämie:** Vorkommen von gelöstem H. im Blutplasma*. **H.o|meter:** Hämoglobinmeßapparat. **H.o|pathie:** angeb. Anomalie* des Hämoglobins (→ Hb), klin. mit Hämolyse*, Anämie* etc. in Erscheinung tretend. **H.urie:** Ausscheidung von H. im Harn, bes. nach Zerstörung von roten Blutkörperchen im Blut. Manchmal anfallsweise (paroxysmal). → *Marchiafava.*
Hämogramm: Blutbild. Tabellarische Zusammenstellung der Blutbefunde, d. h. der Hämoglobin*-, Erythrozyten*- u. Leukozyten*-werte.
Hämokonzentration: Bluteindickung.
Hämolyse: Auflösung roter Blutkörperchen unter Austritt von Hämoglobin*.
hämolysierende Streptokokken: lösen dem Nährboden zugesetzte Blutkörperchen auf.
Hämolysine: Stoffe, welche Hämolyse* bewirken.
hämolytisch: Hämolyse* bewirkend, auf H. bezüglich. **h.er Ikterus:** angeboren od. erworben. Chronische, in Schüben auftretende Krankheit, Gelbsucht, Leber- u. Milzschwellung, zunehmende Anämie. **h.es System:** auf der Erfassung einer Hämolyse* aufgebautes diagnostisches System in der Serologie, z. B. Mischung von 1. Hammel-Blutkörperchen, 2. Serum eines mit Hammel-Blutk. vorbehandelten Kaninchens (hämolytischer Ambozeptor*) u. 3. Komplement*. → *Wassermann*, → Abb. Komplement.
Hämometer: ein Hämoglobinometer*.
Hämo|mye|logramm: Myelogramm* mit Auszählung eines Knochenmarkpunktates nach Blutbildausstrich-Methode.
Hämopathien: Blutkrankheiten.
Hämoperikard: Blutansammlung im Herzbeutel.
hämophil: Blut (als Nährsubstrat) bevorzugend bzw. benötigend. → Hämophilie.
Hämophilie: Bluterkrankheit*. **H.-Faktor A:** Faktor VIII der Blutgerinnung*. **H.-Faktor B:** Faktor IX der Blutgerinnung*.
Haemophilus influënzae: auf bluthaltigem Agar* wachsende aërobe Stäbchen; bei Influenza* nachweisbar.

Häm|ophthalmus: Bluterguß im Auge.
Hämo|poëse: → Hämatopoese.
Hämopoëtika (Sg. Hämopoëtikum): die Blutbildung fördernde Mittel.
hämopoëtisch: die Hämopoese betreffend.
Hämo|ptọ|e, Hämoptysis: Blutspeien, Bluthusten.
Hämor|rhagie: Blutung (→ hämorrhagisch).
hämorrhagisch: mit Blutungen zusammenhängend, einhergehend. **h.e Diathese:** D., bei der es leicht zu spontanen Blutungen kommt. Hierzu gehören Bluterkrankheit*, Skorbut*, Purpura* usw.
Hämor|rhoiden: durch Stauung bedingte variköse* Erweiterungen der unteren Mastdarmblutadern inner- bzw. oberhalb od. außerhalb (unterh.) des Afterschließmuskels (innere und äußere H.).
Hämo|siderin: eisenhaltiges Abbauprodukt d. Hämoglobins*; wird bei Blutzerfall im Gewebe abgelagert.
Hämosiderọse: Ablagerung von Hämosiderin* in den Körpergeweben.
Hämositen: Blutparasiten.
Haemosporidia(-ien): Sporozoa*, die einen Teil ihrer Entwicklung in Blutkörperchen durchmachen; z. B. Malariaparasiten*.
Hämostase: Blutstockung; Blutstillung.
Hämo-stạtika, -styptika (Sg. Hämo-statikum, -styptikum): blutstillende Mittel.
Hämotherapie: Einspritzung von Blut oder Blutserum, z. B. als Eigenblutbehandlung (= Autohämotherapie).
Hämothọrax: Hämatothorax.
Hämotoxine: chemische u. bakterielle Blutgifte.
hämotọxisch: mit Giftwirkung auf das Blut.
Häsitieren: leichtes Stocken beim Sprechen.
Hässler' Syndrom: juvenile* Knochennekrose* der Hüftpfanne*.
Haff-Krankheit: eine mit Muskelschmerzen, Hämoglobinurie* u. Myoglobinurie* einhergehende Fischvergiftung.
Haftglas: Kontaktglas. Zur Korrektur der Sehschärfe. Wird unmittelbar dem Augapfel bzw. der Hornhaut angepaßt.
Hagedorn'-Jensen' Methode: M. zur Blutzuckerbestimmung, beruht auf der Verwendung von Ferrizyankalium als Oxidationsmittel.
Hagelkorn: Chalazion*.
Hageman-Faktor: Faktor XII der Blutgerinnung*. Im Serum* enthalten; durch benetzbare Oberflächen aktiviert.
Haglund' Syndrom: aseptische* Knochennekrose* der Apophyse* des Fersenbeins*.
Haken-bein, Os hamatum: ein Handwurzelknochen (→ Taf. **8**, *7*). **-form** des Magens; → *Rieder*. **-pinzette:** chirurgische Pinzette*. **-wurm:** → Ancylostoma, Necator, die als Darmparasiten leben u. zu schwerer Anämie* führen.
Halbantigen: → Antigen.
Halbhaptẹn: → Antigen.
Halbmonde: → Malariaparasiten.
halbmondförmige Klappen: → Semilunarklappen.
halbmondförmiger Raum: *Traube'* Raum.
Halbseitenlähmung: Hemiplegie*.
Halbseitensyndrom, spinales: *Brown'-Séquard'* Syndrom.
Halfterbinde: → Capistrum.
Hạllux: Großzehe. **H. mạlle|us:** Hammerzehenbildung der Großzehe. **H. rịgidus:** Versteifung des Großzehengrundgelenkes (Abrollen des Fußes beim Gehen schmerzhaft gehemmt). **H. vạlgus:** Stellung der großen Zehe nach außen, so daß sie evtl. über od. unter den benachbarten Zehen liegt. **H. vạrus:** Knickung der Großzehe in Richtung zur Körpermittellinie, d. h. im entgegengesetzten Sinn wie bei der Valgus*-stellung.
Halluzinatiọnen: Sinnestäuschungen, die ohne äußere Ursache auftreten.
halluzinatọrisch: mit H. verbunden.
halluzinogẹn: Halluzinationen* hervorrufend (Halluzinogen = entspr. Präparat).
Halluzinọse: mit Halluzinationen verbundenes Irresein (Amentia*).
Halogẹne: Chlor, Jod, Brom, Fluor.
Halogenkohlenwasserstoffe: Kohlenwasserstoffe, bei denen die Wasserstoffatome ganz oder teilweise durch Halogene* ersetzt sind. In vielen Gewerbezweigen als Flüssigkeit, meist als Gas vorkommende, können Vergiftungen am Zentralnervensystem hervorrufen.

Halo glaucomatosus: heller Ring um die Sehnervenexkavation bei Glaukom*.
halonierte Augen: von dunklen ringförmigen Furchen umgebene Augen.
Halothermen: Salzquellen.
Hals: Collum, Cervix. **H.kanal:** Zervikalkanal. **H.rippen:** von H.wirbeln ausgehende rudimentäre* Rippen. **H.rippen-Syndrom:** *Naffziger'* Syndrom. **H. schlagader:** Karotis.
Haltung: → Fruchthaltung.
Hamartie: auf falscher Gewebszusammensetzung (infolge atypischer Entwicklung der Gewebe) beruhende Fehl- bzw. Mißbildung.
Hamartom: auf Hamartie* beruhende Geschwulst (hyperplastische* Hamartie bzw. Hamartoblastom als Neoplasie*).
Hamburger' Tuberkulinprobe: Tuberkulin*-Heftpflasterprobe.
Hamman'-Rich' Syndrom: diffuse* fortschreitende interstitielle* Fibrose* der Lunge.
Hammer, Malleus: ein Gehörknöchelchen (→ Taf. **13**, 15).
Hammerzehe, Digitus malle|us: angeborene od. erworbene Deformierung einer Zehe mit Beugung im Endgelenk u. Überstreckung im Grundgelenk. → Hallux malleus.
Hand'-Schüller'-Christian' Syndrom: Cholesterin*-speicherkrankheit (Xanthome* der Haut, Granulome* der Knochen); eine Lipoidose*.
Handwurzel: der Teil der Hand zwischen Vorderarm und Mittelhand (→ Taf. **8**). **H. kanal,** Canalis carpi: → Karpaltunnel.
Hanffieber, Cannabiosis: akut* asthmaähnliche, chronisch* als Bronchitis* imponierende Staublungen*-erkrankung der Hanfarbeiter.
H-Antigen: Bakterien*-geißeln entstammendes Antigen*.
Haph|algesie: Schmerzhaftigkeit d. Haut bei jeder Berührung.
haploider Chromosomensatz: einfacher Chromosomensatz, z. B. der menschl. Geschlechtszelle (im Gegensatz zum diploiden Chr. der Körperzellen).
Hapten: determinante Gruppe: Halbantigen (= Vollantigen nach Abtrennung des Trägereiweißes).
Hapto|globin: Eiweißkörper im Blutserum, der Hämoglobin* bindet u. im Körper transportiert; mehrere erbl. Typen bekannt.
Harn-antiseptika: Mittel, die den Harn im Körper desinfizieren sollen. **-apparat:** die der Harnbildung u. -ableitung dienenden Organe (Niere*, Harnleiter*, -blase*, -röhre*). **-blase,** Vesica urinaria: Sammelorgan für den durch -leiter zugeführten Harn (→ Taf. **19**, 13; **20**, 7; **23**, 22; **25**, 13). **-blasenentzündung:** Zystitis. **-filamente:** Urethralfäden*. **-fistel:** Fistel* zwischen Harnwegen einerseits, benachbarten Organen oder Haut andererseits, durch die Harn entleert wird. **-gärung:** durch Bakterien* bewirkte Gärung des alkalisch gewordenen Harns innerhalb u. außerhalb der Harnorgane bei Entzündungen u. Harnverhaltung. **-infiltration:** Austritt von Harn aus den Harnwegen (nach Verletzung ihrer Wand) in die umgebenden Gewebe. Führt oft zu Urosepsis*. **-kanälchen:** feine Kanälchen in der Niere*, die den Harn von den *Malpighi'** Körperchen zum Nierenbecken* leiten. **-leiter,** Ureter: Kanal mit muskulösen Wandungen, der jederseits den Harn von der Niere zur Harnblase führt (→ Taf. **19**, 12). **-leiterstenose:** Verengung des Harnleiters, u. zwar oft am Abgang aus dem Nierenbecken (= Ureterabgangsstenose) oder vor der Einmündung in die -blase. (prävesikale H.). **-organe,** -apparat: Nieren* und Harnwege*. **-röhre,** Urethra: Gang vom Blasenmund bis zur Spitze des Penis bzw. bis zum Scheidenvorhof (→ Taf. **22**, 4; **23**, 18) → Harnleiter. **-ruhr:** → Diabetes. **-säure:** eine organische* Säure im Harn usw. **-säuregicht:** erblich-konstitutionelle Erkrankung, basierend auf einer Störung des Stoffwechsels der Purine*. Akute, später v. a. chronische* Gelenkschmerzen; Ablagerung von Harnsäure* in Gelenken* u. inneren Organen. → Tophus*. **-säuregruppe:** Purinkörper*.
harnsaure Diathese: zu Gicht u. Bildung von Harnsteinen* führende krankhafte Körperbeschaffenheit.
Harn-sediment: die sich beim Stehen oder beim Zentrifugieren aus dem Harn ab-

setzenden festen -bestandteile. **-stoff:** das hauptsächliche Endprodukt des Eiweißstoffwechsels im Körper. Im Harn usw. → Klärwertbestimmung. **-steine:** → Urolithiasis. **-wege:** Harnkanälchen*, Harnleiter*, Harnblase*, Harnröhre*. **-zwang:** (schmerzhafter) Harndrang. **-zylinder:** mikroskopisch kleine zylindrische Gebilde im Harn, die bei Nierenentzündung in den Harnkanälchen entstehen u.

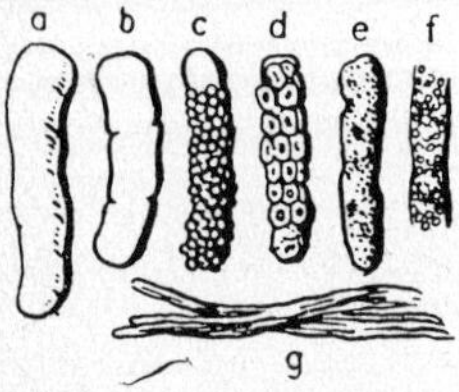

Abgüsse derselben vorstellen. → Abb. Unterschieden werden homogene* glashelle (= hyaline → a), homogene*, wachsartig glänzende (= Wachszylinder → b), aus Zellen, i. e. S. aus Erythrozyten* zusammengesetzte (= Zellzylinder, Blutzylinder → c), aus Epithel*-zellen bestehende (= Epithelzylinder → d), aus Fettkügelchen gebildete (= Fettzylinder → f), mit Körnchen besetzte H. (= granulierte → e). Ferner Zylindroide* (= Schleimzylinder → g).

Harris'-Hryntschak' Operation (spr. härris): eine Methode der suprapubischen* transvesikalen* Prostatektomie*.

Hartnup-Krankheit: kongenitale* Störung der Tryptophan*-ausscheidung; Hautveränderungen ähnl. der Pellagra*, Ataxie*, Aminosäuren*-ausscheidung im Harn* u. Indikanurie*.

Hartspann: anhaltender reflektorischer* Muskelspasmus.

Haschisch: aus Hanf (Cannabis-Arten) gewonnenes Rauschgift.

Hashimoto' Struma: Struma lymphomatosa.

Hass' Syndrom: juvenile* (aseptische*) Nekrose* der proximalen* Humerus*-epiphyse*.

Hasse'-Mensinga' Pessar: ein Okklusivpessar* (→ Abb.).

Haube: Tegmentum (ein Teil des Mesenzephalon*).

Haudek' Nische: auf der Füllung eines Geschwürkraters mit Kontrastmittel beruhendes Röntgenzeichen für ein Ulcus* ventriculi.

Hauptbronchus: re u. li Ast der Luftröhre. (→ Bronchus).

Haustra coli: Ausbuchtungen der Wand des Grimmdarms*.

Hautemphysem: Vorkommen von Luft im Unterhautgewebe, meist nach traumatischer Eröffnung eines benachbarten lufthaltigen Organs.

Hauterythemdosis, HED: die Menge Röntgenstrahlen, die nach Bestrahlung aus 23 cm Entfernung nach 8 Tagen leichte Rötung, nach 6 Wochen Bräunung der Haut hervorruft.

Hautmuskel des Halses: → Platysma.

Havers' Kanäle: die Gefäßkanäle der Knochen.

Hb: 1) Hämoglobin; **Hb-C, Hb-SC, Hb-E, Hb-G, Hb-Gower, Hb-Zürich** u. a.: abnorme Hämoglobine, die klin. v. a. in hämolyt.* Anämien* u. mit Bildung von *Heinz'* Innenkörpern in Erscheinung treten. – 2) **Herb**a.

HCG: (engl. **H**uman **C**horionic **G**onadotropine) Choriongonadotropin (vom Menschen).

Head' Zonen (spr. häd): hyperästhetische* Hautbezirke bei Erkrankung bestimmter innerer Organe, die ihre sensible* Innervation* aus demselben Rückenmarksegement beziehen.

Hebephrenie: Jugendirresein, im Anschluß an die Pubertät* entstehende fortschreitende Verblödung. Eine endogene* Psychose*.

Heberden' Knoten: erbsenförmige Verdickungen an den Fingergelenken bei chronischem Gelenkrheumatismus*, Gicht* usw.

Heberdränage: Ableitung von Flüssigkeit aus der Pleurahöhle durch Heberwirkung nach Punktion*. → *Buelau.*

Hebetomie, Hebosteotomie: Pubeotomie.

HED: **H**aut**e**rythem**d**osis.

Hedrozele: Mastdarmbruch (als Hernie* des Perineums*).

Hegar' Schwangerschaftszeichen: weiche Beschaffenheit des untersten Teils des Gebärmutter*-körpers, so daß man ihn leicht zusammendrücken kann. **H.' Stifte:** Stäbe aus Metall oder Hartgummi zur schnellen Erweiterung des Zervikalkanals* (→ Abb.).

Hegglin' Syndrom: verlängerte Systolen*-dauer, vorzeitiger Einfall des 2. Herztones.

Heiberg'-Esmarch' Handgriff: Vorschieben des Unterkiefers, um bei Narkose das Zurückfallen d. Zunge zu verhüten (→ Abb.).

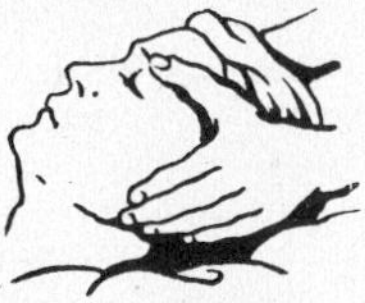

Heidenhain' Färbung: färberische Darstellung von Zellkernen mit Eisenhämatoxylin.

Heilgymnastik: Behandlungsart zur Beeinflussung krankhafter, körperlicher Zustände durch planmäßige Körperbewegungen.

Heilmeyer'-Schöner' Erythroblastose: Krankheitsbild einer chronischen Erythrämie*.

Heilserum: Immunserum.

Heine'-Medin' Krankheit: epidem. spinale Kinderlähmung*.

Heinz' Innenkörper: bei bestimmten Intoxikationen*, Hämoglobin*-anomalien* etc. vorkommende rundl. Gebilde an der Erythrozyten*-membran.

heißer Knoten: szintigraphisch* (→ Radiojod) aktivitätsreicher, hormonell aktiver Schilddrüsenknoten (toxisches Adenom).

Heister' Mundsperrer*: Instrument zum Offenhalten des Mundes (meist kurz »**Heister**« genannt; → Abb.).

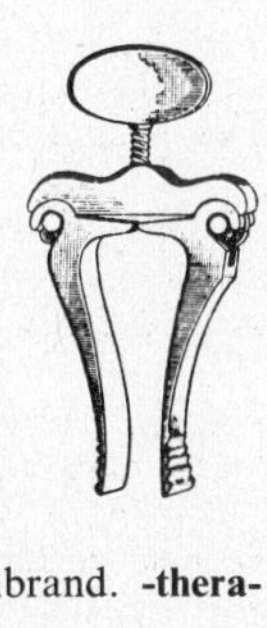

hektisches Fieber: von fortschreitender Schwäche, Schweiß u. fleckiger Gesichtsröte begleitetes remittierendes Fieber*, i. e. S. bei Lungentuberkulose*.

Helio-dermatitis: Sonnenbrand. **-therapie:** therap. Anw. von Sonnenstrahlen.

Hẹlix: Ohrleiste, Rand der Ohrmuschel (→ Taf. **13**, 2).

Helladaptation: Anpassung des Auges beim Übergang von schlechter Beleuchtung zu hellem Licht.

helle Zellen: zu einem System zusammengeschlossene enterochromaffine* Zellen des Magen-Darmtraktes.

Heller' Blutprobe: Blutnachweis im Harn. Zusatz von Kalilauge u. Erhitzen. Ausfallende Phosphate der Erdalkalien* färben sich bei Anwesenheit von Blut rot. **H.' Operation:** eine Methode der Kardiomyotomie*. **H.' Eiweißprobe:** vorsichtiges seitl. Zufließenlassen von Salpetersäure zu einer Harnprobe im Reagenzglas. Bei Eiweißgehalt der Probe zwischen ihr u. der Säure weißer Ring.

Helminth|agoga: Mittel gegen Würmer.

Helmịnthen: (Eingeweide-)Würmer.

Helminthịasis: Eingeweidewürmerbefall; durch Eingeweidewürmer verursachte Krankheitserscheinungen.

Helmin|tho|logie: Lehre von den Eingeweidewürmern.

Hemer|al|opie: Nachtblindheit; starke Herabsetzung der Sehkraft bei Dämmerlicht. 1) angeborener, erblicher Fehler. – 2) erworbener Zustand im Anschluß an Aderhauterkrankungen oder bei Vitamin-A-Mangel.

Hemi...: Halb..., Halbseiten....

Hemi|anästhesie: halbseitige Empfindungslosigkeit.

hemianọpisch: mit Hemianopsie* zusammenhängend, durch H. bedingt. **h.e Pupillenstarre:** Fehlen der Pupillenreaktion bei Reizung von Hemianopsie* betroffener Netzhaut*-gebiete durch Licht.

Hemi|an|opsie: Halbseitenblindheit. Sehstörung, bei der eine Hälfte des Gesichtsfelds fehlt. Vorkommen als homonyme = gleichseitige H. (Fehlen der linken oder der rechten Gesichtsfeldhälfte auf beiden Augen) oder als heteronyme = gekreuzte H. (die beiden Nasen- oder die beiden Schläfenhälften des Gesichtsfeldes fehlen = binasale bzw. bitemporale H. [letztere bei Chiasma-Syndrom*]).

Hemiataxie: halbseitige Ataxie* als Kleinhirnsymptom.

Hemi|atrọ|phia facịalis progressịva: einseitig fortschreitender Gesichtsschwund.
Hemihepat|ektomie: Entfernung der halben Leber.
Hemihyp|ästhesie: halbseitige Hypästhesie*.
Hemikolektomie: operative Entfernung einer Dickdarm*-hälfte.
Hemikorporektomie: Absetzung der unteren Körperhälfte.
Hemikranie, Migräne: anfallsweise auftretender heftiger, oft stunden- oder tagelang anhaltender einseitiger Kopfschmerz, meist verbunden mit anderen Störungen.
Hemimelie, radiạle: einseitige Aplasie* des Radius*.
Hemiparalyse: vollständ. Lähmung einer Körperhälfte.
Hemiparẹse: leichterer Grad der Halbseitenlähmung.
Hemipelv|ektomie: Amputation eines Beines unter Mitentfernung einer Beckenhälfte.
Hemiplegịa, Hemiplegie: Halbseitenlähmung. Lähmung einer ganzen Körperhälfte (Arm u. Bein, evtl. auch Gesicht). Fast stets durch Herderkrankungen* im Gehirn (bes. Blutungen) bedingt. **H. altẹrnans:** Lähmung bestimmter Hirnnervengebiete (z. B. bei H. a. superior des Okulomotorius*, bei H.a. inferior der Fazialis*) auf der Seite des Krankheitsherdes, verbunden mit Lähmung von Gliedmaßen der anderen Seite. **H. cruciạta:** Lähmung eines Armes auf der einen u. eines Beines auf der anderen Seite.
hemiplẹgisch: auf Hemiplegie* bezüglich.
Hemirịgor: halbseitiger Rigor*.
Hemispạsmus: einseitiger Krampf. **H. facialis alternans,** *Brissaud'* Syndrom: Brückenhauben*-Syndrom (mit gleichseitigem Fazialis*-krampf u. kontralateralen* Lähmungen).
Hemi|sphär|ektomie: operative Entfernung einer Hemisphäre des Großhirns.
Hemisphären: „Halbkugeln"; die rechte und linke Hälfte (= Hemisphaerium) des Groß- und Kleinhirns.
Hemi|sphygmie: Zustand, bei dem nur halb so viele Pulsschläge wie Herzzusammenziehungen vorhanden sind.
Hemi|sy|stolie: periodische Zusammenziehung nur einer Herzhälfte.
Hemmung, psychische: Verlangsamung der Gedankengänge u. auch der Bewegungen, Entschlußlosigkeit, mangelnde Initiative.
Hẹpar (Gen. **hepatos**): Leber (→ Taf. **20,** 2). **H. adipọsum:** Fettleber. **H. mọbile:** Wanderleber*.
Heparịn: aus Leber gewonnene blutgerinnungshemmende Substanz. **H.o|zyt:** die in ihren Granula* reichlich Heparin* enthaltende Mastzelle* des Gewebes.
Hepat|algie: Leberschmerz, L.neuralgie.
hepạticus, -a, -um: zur Leber gehörig.
Hepạtiko-stomie: Anlegung einer Bauchwandfistel des Ductus* hepaticus. **-tomie:** Einschnitt in den Ductus* hepaticus.
Hepạtikus: Kurzform für Ductus* hepaticus (den re oder li [= Haupt-]Gallengang* der Leber).
Hepatisation der Lunge: Umwandlung von Lungenteilen in eine feste, luftleere (leberähnliche) Masse.
hepạtisch: die Leber betreffend.
Hepatịtis: Leberentzündung. **H. epidẹmica:** Viruserkrankung ohne oder mit Gelbsucht, Ansteckung peroral. **H. interstitiạlis chrọnica:** Leberzirrhose. **H. parenchymatọsa acụta:** akute gelbe Leberatrophie*. **H. purulẹnta** oder **suppuratịva:** Leberabszeß.
Hẹpato-entero|stomie: Anastomosierung* der Leber mit dem Dünndarm* zur Schaffung eines künstl. Galleabflusses bei bestimmten Entwicklungsstörungen der Gallengänge*. **-gastrostomie:** Anastomosierung* der Leber mit dem Magen mit Zielsetzung der -enterostomie*.
hepatogẹn: in der Leber entstehend, von der Leber ausgehend.
hepatolentikuläre Degeneration: *Wilson'* Krankheit.
hepatoli|e|nạle Krankheiten: verschiedene Erkrankungen mit gleichen krankhaften Vorgängen in Leber u. Milz.
Hepato|li|e|nographie: Rö-Darstellung der Leber u. der Milz.
Hepatọm(a): Lebertumor.
Hẹpato-megalie: Lebervergrößerung. **-pathie:** Leberleiden. **-pexie:** Befestigung einer Wanderleber durch Naht. **-ptọsis:**

Tiefstand der Leber. **-r|rhaphie:** 1) Naht einer Leberwunde. – 2) Hepatopexie*. **-tomie:** operativer Einschnitt in die Leber.

Herba, Hb: „Kraut"; die oberirdischen Teile einer Pflanze, also Stengel, Blätter, Blüten.

Herbstkatarrh: Heufieber*.

Herd: umschriebene, krankhaft veränderte Stelle (bes. des Zentralnervensystems), die den Ausgangspunkt für bestimmte Störungen („Herdsymptome") bildet. **H.diagnostik:** → topische* Diagnostik. **H.erkrankungen des Gehirns:** beruhen auf einzelnen Krkhts.-Herden, nicht auf diffusen Veränderungen. **H.infektion:** → Fokalinfektion. **H.nephritis:** → Nephritis (2). **H.reaktion:** Reaktion eines Krkhts.-Herdes (im Gegensatz zur Allgemeinreaktion) bei Tuberkulin*-einspritzung usw. **H.sklerose, disseminierte:** wenig gebr. Bezeichnung für multiple Sklerose*. **H.symptome:** zentralnervöse Symptome, die der Läsion* bestimmter Regionen des Gehirns entsprechen und daher lokalisator. Bedeutung besitzen.

hereditär: erblich. **h.e Ataxie:** → Heredoataxie.

Heredität: Erblichkeit, Vererbung.

Hereditarier: ein erblich Belasteter.

Heredo|ataxie: erbliche bzw. familiäre Ataxie*, im Kindesalter beginnend, mit Störung der Oberflächen*- u. Tiefensensibilität*. Oft mit pathognomonischer* Hand- oder Fußstellung (Krallenstellung).

Heredodegeneration: erbliche Entartung.

Herff' Klammern: eine Art Wundklammern* (→ Abb.).

Herm|aphrodit: Zwitter.

Hermaphroditismus: Zwitterbildung. Gleichzeitiges Vorkommen männlicher und weiblicher Geschlechtsdrüsen u. anderer Geschlechtsorgane bei einem Individuum. **H. spurius:** → Pseudo-H.*.

hermetisch: luftdicht abschließend.

Hernia(e): Eingeweidebruch → Bruch. Hierbei sind Eingeweide aus ihrer normalen Lage in eine abnorme Ausstülpung d. Bauchfells (oder der Pleura*, der Hirnhäute etc.) vorgetreten. **H. cruralis:** Schenkelbruch. **H. diaphragmatica:** Zwerchfellbruch. **H. epigastrica:** meist kleiner Bruch in der Linea* alba oberhalb des Nabels. **H. epiploïca:** Epiplozele. **H. femoralis:** Schenkelbruch. **H. funiculi umbilicalis:** Omphalozele. **H. hiatus oesophageï:** Bruch mit Hochtreten der Kardia* mit angrenzenden Magenabschnitten durch den Hiatus oesophageus in die Brusthöhle. Meist als angeb. Mißbildung. **H. incarcerata:** eingeklemmter Bruch. → Brucheinklemmung. **H. inguinalis:** Leistenbruch. **H. labialis:** Leistenbruch, der in d. großen Schamlippen* ausgetreten ist. **H. lineae* albae:** 1) H. ventralis. – 2) H. epigastrica. **H. Littreana:** Darmwandbruch. **H. perinealis:** am Damm ausgetretener Bruch. **H. rectalis:** → Mastdarmbruch. **H. scrotalis:** in den Hodensack getretener äußerer Leistenbruch. **H. umbilicalis:** Nabelbruch. **H. ventralis:** Bauchbruch; tritt durch Lükken in der Linea* alba oder durch nachgiebige Stellen der Bauchmuskulatur hindurch.

Hernio|tomie: Bruchschnitt. Eröffnung eines Bruchsackes* zwecks Beseitigung einer Brucheinklemmung. Auch Bez. für die Bruchoperation selbst.

Heroin: Diazetylmorphin. Sehr stark suchterzeugendes Mittel.

Herp|angina, Angina herpetica: vorwiegend Kinder betreffende bläschenförmige Halsentzündung, die vermutlich durch das Coxsackie*-A-Virus hervorgerufen wird.

Herpes: Bläschenflechte; gutartig. Hautausschlag, bei dem Bläschen auftreten. **H. corneae:** bläschenartige Trübungen u. Substanzverluste der Hornhaut*, meist astförmig verzweigt angeordnet. **H. facialis** oder **febrilis:** akuter Bläschenausschlag an Lippen u. Nasenflügeln bei fieberhaften Erkrankungen. **H. labialis:** → H. facialis. **H. progenitalis:** in der Umgebung der Genitalien. **H. simplex:** Bläschenflechte, wie sie z. B. bei best. fieberhaften Erkrankungen vorkommt, z. B. als Herpes labialis. → H. progenitalis; H. zoster. **H. tonsurans,** Trichophytia superficialis: scherende Flechte. Durch Trichophyton* tonsurans bedingte, leicht übertragbare Erkrankung der behaarten

Haut, bei der schuppende Flecken oder Bläschen u. Pusteln* auftreten. **H. vegetans** = Impetigo herpetiformis. **H. zoster** = Zoster. **H. zoster ophthalmicus:** Auftreten von Bläschen im Bereich der ersten beiden Trigeminusäste* (an Stirn, Nase, Bindehaut, Hornhaut usw.). **H. zoster oticus:** → *Hunt'* Syndrom.

Herxheimer' Reaktion: mit Fieber einhergehende Reaktion nach Einleitung d. Syphilis*-therapie; von Zunahme des Exanthems* begleitet u. evtl. auch von teilweise akuten Kreislauferscheinungen. Mit Zerstörung der Spirochäten zusammenhängend.

Herz, Cor: aus Endo*-, Myo*- u. Epikard* bestehendes, von Perikard* umhülltes, als Pumpe für die Fortbewegung des Bluts wirkendes Hohlorgan, gesteuert vom Reizleitungssystem*. Gegliedert in Atrium* (= Vorhof) u. Ventrikel (= Kammer) re u. li; Steuerung des Blutstroms durch Klappen am Ursprung der Herzgefäße (Aorten*- u. Pulmonal*-klappe*) u. zwischen Vorhof u. Kammer (= Mitralis* u. Trikuspidalis*); → Taf. **25,** 26–28.

Herz-beutel: Perikard (= Pericardium); → Herz; → Taf. **25,** 28. **-block:** teilweise oder vollkommene Aufhebung der Reizleitung* zw. Vorhof u. Kammer, so daß dieselben voneinander unabhängig schlagen. → Arborisationsblock, Schenkelblock. **-bräune:** Angina pectoris. **-geräusche:** blasende, schnurrende, sägende, pfeifende usw. Schallerscheinungen an Stelle der normalen Herztöne* oder neben ihnen. **-infarkt:** → Myokardinfarkt. **-insuffizienz:** Herz(muskel)schwäche; → Insuffizienz. **-kammern:** die beiden Haupthöhlen des Herzens, aus denen Aorta* u. Lungenschlagader entspringen (→ Taf. **25,** 26). **-katheterisierung:** K. des Herzens von peripheren Gefäßen aus, zu diagnostischen Zwecken. **-klappen:** Verdopplung der Herzinnenhaut, welche dazu dienen, die Herzkammern gegen die Vorhöfe u. großen Schlagadern ventilartig abzuschließen u. eine rückläufige Blutbewegung zu verhindern. → Atrioventrikular- u. Semilunarklappen. **-klappenfehler:** anatom. Veränderungen oder funktionelle* Störungen an den Herzklappen bzw. Ostien* d. Herzens, welche Veränderungen der Blutzirkulation zur Folge haben. → Insuffizienz, Stenose. **-kranzgefäße:** Koronarien. **-Lungenmaschine:** an die Herzgefäße anschließbarer Apparat, der das Herz während einer Herzoperation ersetzt (Blutzirkulation durch Pumpen; Sauerstoffbeladung durch Oxygenator*; besondere Vorrichtung zur Durchströmung der Kranzarterien). **-massage:** Wiederbelebungsmaßnahme bei -stillstand, entweder indirekt durch rhythm. Thorax*-kompression oder aber durch direktes manuelles Komprimieren des Herzens nach Eröffnung des Thorax*. **-ohr:** Anhang jeder -vorkammer (→ Taf. **25,** 27). **-ostium:** → Ostium. **-palpitationen:** -klopfen. **-revolution:** eine komplette -aktion. **-schrittmacher:** → Schrittmacher. **-stillstand:** jedes plötzl. Aussetzen einer ausreichenden Herzleistung (bei Asystolie*, Kammerflimmern*, manchen Formen der Tachy*- oder Bradykardie* etc.). **-stromkurve:** EKG. **-tamponade:** Anfüllung des Herzbeutels* mit Blut. **-töne:** die Schallerscheinungen, die normal bei jeder Systole* (1. Herzton) u. Diastole* (2. Herzton) der Herzkammern entstehen. **-ventrikel:** -kammern: das Blut in die Lunge u. die Aorta* treibender -abschnitt. **-vorkammern,** Atrien: die beiden kleineren, oberhalb der -kammern gelegenen Herzabschnitte, in welche rechts die beiden Hohlvenen, links die Lungenvenen münden.

Hessing' Korsett: ein bes. vollkommenes orthopädisches* Korsett. Charakteristisch sind der genau nach dem Darmbein gearbeitete „Hüftbügel" u. die verstellbaren Seitenstäbe, welche die Armstützen tragen.

Hetero|antikörper: Antikörper*, die außer den entsprechenden Antigenen auch andere Körper zu binden in der Lage sind.

Heterochromie: verschiedene Färbung; z. B. beider Regenbogenhäute.

Heterochromosomen: Geschlechtschromosomen.

Heterochronie: → Heterogenese.

hetero|gen: ungleichartig, fremdartig.
Heterogenese: Störung der gewebsbildenden Vorgänge. Man unterscheidet: zeitlich = Heterochronie, örtlich = -topie, quantitativ = -metrie.
Heteroimmunstoffe: Immunstoffe, die von einer anderen Tierart stammen.
heterolog: abweichend, nicht übereinstimmend, von einer anderen Art abstammend.
Heterometrie: → Heterogenese.
heteronym: ungleichnamig, -sinnig.
Heterophorie: latentes* Schielen, bedingt durch Augenmuskelschwäche. → Eso-, Exo-, Hyper-, Hypo- u. Zyklophorie.
Heteroplasie: abnorme Entstehung von Geweben.
Heteroplastik: Transplantation* von artfremdem Gewebe.
heterosexuell: das andere Geschlecht betreffend.
heterotope Transplantation: Transplantation* an einen atypischen Ort, z. B. einer Niere in die Darmbeingrube.
Heterotopie: Vorkommen an ungewöhnlichem Ort; → Heterogenese.
heterotrophe Bakterien: auf organische Verbindungen angewiesene Mikroben*.
heterotype Geschwulst: Blastom*, dessen Aufbau vom Muttergewebe wesentlich abweicht.
heterozygot: mischanlagig, -erbig.
Heubner'-Herter' Krankheit: → Zöliakie.
Heufieber: allergische Erkrankung. Ein oft mit asthmatischen Beschwerden verbundener Katarrh* der Nasen-, Augen-, Atmungsschleimhaut, der jährlich zu bestimmter Zeit wiederkehrt und durch Einwirkung des Pollenstaubs oder der Riechstoffe gewisser Gräser usw. entsteht.
Hexose: Monosaccharid* aus 6 aneinandergereihten Kohlenstoffatomen, zum Beispiel Trauben-, Fruchtzucker.
HHL: Abk. f. **H**ypophysen**h**interlappen.
Hg: Abk. f. **H**ydrar**g**yrum (Quecksilber).
Hiatus: Öffnung, Spalt. **H. aorticus:** Zwerchfellspalt für den Durchtritt der Aorta* in den Bauchbereich. **H. oesophage|us:** Zwerchfellspalt für den Durchtritt der Speiseröhre. **H. pleuroperitonealis (Bochdalek):** Lücke zw. Zwerchfell u. 12. Rippe; Durchtrittsstelle der sog. *Bochdalek'* Hernie*.
Hibernation: Herbeiführen eines künstlichen Winterschlafs durch Medikamente oder Unterkühlung; z. B. zur Behandlung des Tetanus*, von Infektionskrankheiten usw.
Hicks' Handgriff, *Braxton Hicks'* Handgriff: Wendung auf den Fuß nach Einführung zweier Finger in den Uterus* u. Ergreifen eines Fußes des Fetus; zweite Hand des Geburtshelfers unterstützt das Manöver durch die Bauchdecken.
Hicks'-Küntscher'-Buschke' Syndrom: aseptische* Knochennekrose d. II. Keilbeins* der Fußwurzel (→ Taf. **9**, 5).
Hi|dradenitis: Schweißdrüsen*-entzündung.
Hidradenom: Adenom* der Schweißdrüsen*.
Hidroa aestivalis: bläschenförmiger Hautausschlag an lichtexponierten Stellen als Ausdruck einer Lichtempfindlichkeit der Haut, z. B. bei Porphyrie*.
Hidrotika: Diaphoretika.
Highmore' Höhle (spr. heimohr): Oberkieferhöhle.
Hijmans van den Berg' Reaktion: eine kolorimetrische Nachweismethode für Bilirubin*.
Hilus: vertiefte Stelle an der Oberfläche eines Organs (Lunge, Niere [H. renalis, → Taf. **19**, 2], Leber, Milz usw.), wo Gefäße, Nerven usw. ein- bzw. austreten. **H.drüsen:** Lymphknoten für das zugehörige Organ, z. B. Lunge.
Himbeerzunge: himbeerartiges Aussehen der Zunge (rote, geschwollene Papillen* zwischen weißem Belag); charakteristisches Zeichen bei Scharlach*.
Hinken, freiwilliges: Hinken im Beginn tuberkulöser Hüftgelenkentzündung, d. nur nach Ermüdung auftritt u. durch d. Willen unterdrückt werden kann. **H., intermittierendes:** anfallsweises Hinken nach anhaltender Bewegung, bes. bei Arteriosklerose* (→ Endangiitis* obliterans).
Hinselmann' Stadien: nach den bei Kolposkopie* erkennbaren Veränderungen vorgenommene Einteilung der Vorstufen des Kollum*-karzinoms*.

Hinterdamm: Gebiet zwischen After u. Steißbein. **-griff:** → *Ritgen.*

Hinterhaupt-bein, Os occipitale: aus der großen Schuppe sowie dem Körper gebildeter Schädelknochen, basal mit Foramen occipitale magnum (= großes Hinterhauptloch*). **-lappen:** Lobus* occipitalis. **-lage:** Geradlage*, bei der das Hinterhaupt vorangeht. Häufigster Modus der Geburt. **-loch,** Foramen occipitale magnum: Öffnung, die den Schädelinnenraum mit dem Wirbelsäulenkanal (= Canalis vertebralis) verbindet.

Hinterhirn: Metencephalon.

Hinterhorn: Hintersäule. Auch hintere Ausbuchtung des bds. seitl. Hirnventrikels*.

Hintersäule, Columna posterior medullae spinalis: das hintere Horn der schmetterlingsförmig angeordneten grauen Rückenmarksubstanz mit sensiblen* Nervenzellen.

Hinterscheitelbeineinstellung: hierbei ist die Pfeilnaht* des Fetus im Beckeneingang der Symphyse* genähert, so daß das hintere Scheitelbein* tiefer steht als das vordere.

Hinterstrang, Funiculus posterior medullae spinalis: der zw. Hintersäule u. dem dorsalen* Einschnitt des Rückenmarks gelegene Teil der weißen Rückenmarksubstanz mit aufsteigenden sensiblen* Bahnen.

Hippel'-Lindau' Krankheit: → Angiomatosis retinae (mit charakterist. Hämangiom des Kleinhirns*).

Hippocampus: Vorwölbung im unteren Horn des Seitenventrikels* des Gehirns; zum Riechhirn* gehörig.

Hipp|ursäure: bei der Entgiftung der Benzoësäure entstehende Säure; im Harn vorkommend, farblose Nadeln u. Kristalle bildend. Salze: Hippurate.

Hippus: „Springende Pupille", wobei sich die Pupille sprungweise erweitert und verengt, unabhängig von Belichtung u. Konvergenz.

Hirci: Achselhaare.

Hirn: → Gehirn. **H.anhang:** Hypophyse*. **H.hautentzündung:** Meningitis. **H.nerven:** → Gehirnnerven. **H.sand,** Acervulus: Konkremente v.a. im Bereich der Epiphyse* u. der Plexus* chorioidei. **H.-schenkel:** Crus* cerebri. **H.sinus:** die großen venösen Blutleiter (→ Sinus). **H.stamm:** Stammhirn. **H.stiel:** Pedunculus cerebri.

Hirschsprung' Krankheit: angeborene Erweiterung des Dickdarms* mit Obstipation*.

Hirst' Test (spr. hörst): serolog.* Nachweis von Antikörpern* gegen Hämagglutinine* des Grippevirus.

Hirsutiës: Hypertrichosis.

Hirsutismus: der Behaarung des Mannes ähnl. Behaarung der Frau bei Überfunktion der Nebennierenrinde*.

Hirudin: gerinnungshemmende Substanz im Kopf von Blutegeln (→ Hirudo).

Hirudo medicinalis: Blutegel, wird zur örtlichen Blutentziehung benutzt.

His' Bündel: ein zum Reizleitungssystem* des Herzens gehöriges kleines Muskelbündel, das von der Vorhofscheidewand zur Herzkammerscheidewand zieht. **H.' Winkel:** der spitze Winkel zwischen Magenkuppe u. Speiseröhre (wichtig für den Schlußmechanismus des Mageneingangs).

Hist|amin: im Körper entstehender Stoff, z. B. bei allergischen Krankheiten freiwerdend. Anwendung zur Prüfung der Sekretionsfähigkeit der Magenschleimhaut. Regt Salzsäureproduktion des Magens an. **H.-refraktär:** nicht auf H. reagierend.

Histaminase: Histamin* abbauendes Enzym* im Blut.

Histidin: eine Aminosäure. → Imidazol.

Histo|zyten: aus dem Retikuloendothel* u. der Adventitia* stammende Blutzellen.

histogen: von Körpergeweben ausgehend.

Histogenese: Entstehung von Körpergeweben.

Histoinkompatibilität: Gewebsunverträglichkeit. → Histokompatibilität.

Histokompatibilität: Verträglichkeit eines Organs für Transplantate. Besonders gut bei geringen genetischen* Unterschieden.

Histologie: Lehre von den Körpergeweben.

Histo|lyse: Gewebsauflösung.
Histoplasmose: durch Histoplasma capsulatum verursachte Krkht., röntgenologisch einer Lungentuberkulose ähnlich.
Histotherapie: Gewebsbehandlung, → Organotherapie.
histotoxisch: auf Gewebe toxisch wirkend.
H_2O: chem. Formel für Wasser.
H_2O_2: chem. Formel für Wasserstoffsuperoxid.
Hobel(span)binde: Dolabra.
Hochdruck: Blutdruckerhöhung (Hypertonus).
Hochfrequenzströme: Wechselströme* von sehr hoher Wechselzahl.
hochgestellt: Bez. für einen sehr konzentrierten, spärlichen, gelbrötlichen Harn.
Hochspannungsströme: Wechselströme* von sehr hoher Spannung.
Hoden, Testis, Orchis: männliche Geschlechtsdrüse.
Hodge' Pessar (spr. hod*sch*): gebogener Ring zur Aufrichtung der Gebärmutter.
Hodgkin' Krankheit (spr. hod*sch*kin): Lymphogranulomatose*.
Höhenschielen: → Strabismus.
Höcker: Tuberculum.
Hörbahn: an den Sinneszellen der Schnecke (→ Taf. **13**, 10) beginnendes, über den 8. Hirnnerv*, Vierhügel*-gebiet u. Thalamus* zum Hörzentrum im Schläfenlappen* (oberste Windung) ziehendes Leitungssystem für akustische Reize.
Hörverlustbestimmung: Messung in Dezibel* oder %; → Audiometrie.
Hoffmanns' Tropfen: Spiritus* aethereus.
Hogben' Test: Schwangerschaftsnachweis anhand der Ovulation* (Eiablage) bei südafrik. Krallenfröschen nach Harninjektion in den Lymphsack.
Hohlfuß: Pes excavatus.
Hohlhandaponeurose: Aponeurosis palmaris (→ Taf. **15**, 14).
Hohlsonde: mit Rinne versehene Sonde. → *Roser*' Nadel.
Hohlvene: → Vena cava (→ Taf. **21**, 12; **25**, 29).
Homan' Zeichen: Wadenschmerz bei Dorsalflexion* des Fußes als Zeichen einer Phlebitis* der Wadenvenen.
Holländische Säuglingsnahrung: mit Weizenmehl, Zucker und etwas Butter aufgekochte Buttermilch.
Holmgren' Proben: farbige Wollfäden zur Prüfung des Farbensinns.
Holo|enzym: zusammengesetztes Enzym* (aus Apo- u. Koenzym bestehend).
Holzknecht' Raum: durch Drehung des Patienten im 1. schrägen Durchmesser (Boxerstellung; li Schulter vorn) röntgenologisch einsehbarer Raum zwischen Herzhinterwand u. Wirbelsäule, verengt bei Mitralstenose*.
Hom|atropin: pupillenerweiterndes Mittel; wird hauptsächlich zu diagnostischen Zwecken verwandt.
Homo (Gen. **hominis**): Mensch. **H. sapiens:** der mit Vernunft begabte Mensch der gegenwärtigen Entwicklungsstufe.
Homöo|pa|thie: von *Hahnemann* begründetes Heilsystem, dessen Hauptprinzip darin besteht, dem Kranken nur solche Mittel (u. zwar äußerst verdünnt) zu geben, d. bei gesunden Menschen ähnliche Erscheinungen hervorrufen wie die zu bekämpfenden Krankheiten („Similia similibus", d. h. „Ähnliches durch Ähnliches" [heilen]).
Homöostase: Gleichgewicht der Körperfunktionen, gesteuert v. a. durch die Nebennierenrinde.
homogen: gleichartig, aus gleichen Teilen bestehend. **h.es Licht:** einfarbiges Licht.
Homogenat: gleichmäßig zermahlenes Organgewebe, z. B. als Ausgangsmaterial für chem. Bestimmungen, u. a. Enzym*-aktivitätsbestimmung.
Homogenbestrahlung: Durchstrahlung des gesamten Körpers mit sehr harten Röntgenstrahlen aus größerer Entfernung.
Homogenisierung: feine, gleichmäßige Verteilung eines Stoffes in einem anderen.
Homogentisinsäure: bei Alkaptonurie* vorkommende Säure.
Homoi|o|plastik: Transplantation*, bei der das Gewebe von einem Organismus auf einen anderen der gleichen Art übertragen wird.
homolateral: auf derselben Seite.
homolog: übereinstimmend ähnlich, dem Typus entsprechend zusammengehörig;

von der gleichen Art. **h.e Bakterien:** die einem Immunserum* entsprechenden Bakterien. **h.er Serum|ịkterus, h.e Serumhepatịtis:** hämatogene, durch Übertragung homologen Serums* entstandene Hepatitis* mit Ikterus* nach Injektionen, Punktionen usw.
hom|onym: gleichnamig, gleichsinnig.
Homo|plastik: Homoioplastik.
Homosexualität: Geschlechtstrieb zu Menschen desselben Geschlechts.
homosexuell: Homosexualität* betreffend.
homostạtisches Implantat: → Implantation.
homotype Geschwulst: Blastom*, dessen Aufbau kaum vom Muttergewebe abweicht.
homozygọt: gleichanlagig, -erbig, reinerbig.
Homozysteịn: eine schwefelhaltige Aminosäure.
Hordẹolum: Gerstenkorn*.
Hormọn: chem. Stoff, der von Drüsen* mit innerer Sekretion in die Blutbahn abgesondert wird („Inkret") u. an bestimmtem Organ bzw. Organen spezif. Reaktionen auslöst. → ACTH, ADH, FSH, LH, TSH. **H., aglanduläres:** nicht von endokrinen Drüsen, sondern aus im Blut oder den Geweben vorhandenen Vorstufen durch Enzyme* freigesetzte Stoffe mit Wirkung auf Kreislauf, glatte Muskeln, Pankreas*, Magendrüsen etc.
hormonạl, hormonell: durch Hormone* bedingt.
Horner' Symptomenkomplex: okulopupilläres* Syndrom.
Hornhaut: → Cornea. **H.infiltrat:** undurchsichtige Stelle der H., die durch Ansammlung von Eiterzellen entsteht u. oft geschwürig zerfällt. **H.reflex:** 1) Augenschluß bei Berührung der Hornhaut. –2) Spiegelbild einer Lichtquelle in der Hornhaut.
Họrror: Entsetzen.
Horton' Syndrom: einseitiger Kopfschmerz, Tränenfluß, Schweißausbruch, Konjunktivitis* u. Rhinorrhoe*. Sonderform der Migräne*.
Hos|pitalịsmus: 1) psychische u. körperliche Veränderungen infolge längeren Aufenthaltes in Krankenhäusern, Heimen usw. – 2) Auftreten von bakteriellen Infektionen in Krankenanstalten durch solche Keime, die gegen Antibiotika* resistent* sind.
Howell'-Jolly' Körper (spr. hạuell-*sch*ọlly): Zellkernreste in Erythrozyten* z. B. bei überstürzter Blutneubildung u. Störungen der Milzfunktion).
Hüftbein, Os coxae: Beckenknochen, gebildet von Schambein, Sitzbein u. Darmbein.
Hüfte, Coxa: das Hüftgelenk; auch die Gegend dieses Gelenks als Körperregion.
Hüft-gelenk: von der -gelenkpfanne u. dem Oberschenkelkopf (→ Taf. **4**, *7*) sowie den entspr. Bändern gebildetes Gelenk. **-gelenkluxation, angeborene,** Luxatio coxae congenita: angeb. Heraustreten des -kopfes aus der -gelenkpfanne; evtl. beidseitig. Fließende Übergänge zu kaum erkennbaren Formen. **-gelenkpfanne,** Acetabulum: die pfannenartige Gelenkfläche am Zusammenschluß der 3 das -bein bildenden Knochen. **-kopf:** Oberschenkelkopf (→ Taf. **4**, *7*).
Hühnerbrust: kiẹlartig vorspringendes Brustbein.
Huhner' Test: → *Sims'-Huhner'* Test (eine Sperma*-untersuchung).
Humạn|genetik: mit genetischen* Problemen des Menschen befaßter Wissenschaftszweig.
humạn(us, -a, -um): den Menschen betreffend, menschlich.
Hụmerus: Oberarmknochen (→ Taf. **5**).
hụmidus, -a, -um: feucht.
Hụmor ạque|us: Kammerwasser. **H. vị-tre|us:** Glaskörperflüssigkeit.
humorạl: mit Körpersäften zusammenhängend, durch K. bedingt.
Humoralpathologie: Lehre, d. alle Krankheiten von einer fehlerhaften Beschaffenheit der Körpersäfte, bes. des Blutes, ableitet.
Hundebandwurm: Taenia echinococcus.
Hundswut: → Wutkrankheit.
Hunt' Syndrom (spr. hant): 1) Herpes zoster oticus; Ohren- u. Kopfschmerzen, Herpes* an Innenfläche der Ohrmuschel, Gehörgang; Fazialisparese*. – 2) Paralysis agitans bei Jugendlichen.

Huntington' Chorea (spr. hantingten): Chorea* hereditaria chronica.

Hutchinson' Trias (spr. hatschinsen): 3 angeblich für Erbsyphilis charakteristische Symptome: Keratitis* parenchymatosa, Erkrankung des Ohrlabyrinths u. *H.'* Zähne (geriefte, am freien Rand halbmondförmig ausgebuchtete Schneidezähne). **H.'-Gilford' Syndrom:** ausgedehnte Entwicklungsstörung; Zwergwuchs, greisenhaftes Aussehen, Hypoplasien*, Exophthalmus*.

HVL: Abk. f. **H**ypophysen**v**order**l**appen.

HWS: **H**als**w**irbel**s**äule.

Hy.: Abkürzung für **Hy**sterie.

Hya|lin: strukturlose, durchscheinende Eiweißsubstanz.

hyalin: durchscheinend, glasig. **h.e Zylinder:** → Harnzylinder. – **h.er Knorpel:** der gewöhnliche Knorpel (mit Hyalin als Grundsubstanz).

Hyalinose: auf Hyalinablagerung beruhende patholog.* Veränderung (an der Intima* bei Atherosklerose*).

Hyalitis: Glaskörperentzündung.

Hyaluronidase: Ferment; wirkt verflüssigend auf Hyaluronsäure.

Hyaluronsäure: eine Grundsubstanz des Bindegewebes.

Hy|bride: natürl. oder künstl. Bastard.

Hydanto|ine: zur Epilepsie*-behandlung angewandte chem. Verbindungen; rufen Hypertrophie* des Zahnfleisches u. Cholestase* mit sekundärer Leberschädigung hervor.

Hyd|arthros: seröser Gelenkerguß, Gelenkwassersucht.

Hydatide: 1) dem Nebenhoden* anliegendes rudimentäres* Organ (als kleines Bläschen). – 2) Finne* des Hundebandwurms*.

Hy|drämie: vermehrter Wassergehalt des Blutes.

Hydragoga: Mittel, welche die Wasserausscheidung erhöhen.

Hydramnion: abnorme Vermehrung des Fruchtwassers*.

Hydrargyrosis: Quecksilbervergiftung.

Hydrargyrum, Hg: Quecksilber. **H. bichloratum (corrosivum):** Quecksilberchlorid, Sublimat. **H. chloratum:** Quecksilberchlorür, Kalomel. **H. oxydatum:** rotes Quecksilberoxid, rotes Präzipitat. **H. oxydatum flavum, H. o. via humida paratum:** gelbes Quecksilberoxid, gelbes Präzipitat. **H. praecipitatum (album):** weißes Präzipitat. Quecksilberammoniumchlorid. **H. sulfuricum rubrum:** rotes Quecksilberoxid, Zinnober.

Hydrarthros: → Hydarthros.

Hydrate: Verbindungen chemischer Körper mit Wasser.

Hy|dria|trie: → Hydrotherapie.

Hydro|cephalus: Hydrozephalus.

hydroelektrische Bäder: elektrische B.

Hydrogenium, H: Wasserstoff. **H. (hy-) peroxydatum solutum:** (3 %ige) Wasserstoffsuperoxidlösung.

Hydrolysat: Produkt einer Hydrolyse*.

Hydrolyse: Spaltung chemischer Verbindungen unter Wasseraufnahme.

Hydrometra: Ansammlung von wäßriger oder schleimiger Flüssigkeit in der Gebärmutter.

Hydromyelie: kongenitale* Erweiterung des normalerweise feinen zentralen Kanals des Rückenmarks* unter gleichzeit. Flüssigkeitsansammlung.

Hydronephrose: Sackniere*, deren Inhalt aus harnartiger Flüssigkeit besteht.

Hydroperikard: Herzbeutelwassersucht.

hydrophil: flüssigkeitaufsaugend.

hydrophob: wasserscheu, wasserabstoßend.

Hydrophobie: Wasserscheu. Furcht vor den heftigen Schluckkrämpfen, die bei manchen Krankheiten (bes. Wutkrankheit) durch jeden Versuch, zu schlucken, ausgelöst werden.

Hydrophthalmus: meist angeborene, abnorme Ausdehnung des Augapfels durch wäßrige Flüssigkeit.

hydropisch: Hydrops* betreffend, wassersüchtig.

Hydrops: Wassersucht; Ansammlung von wäßriger Flüssigkeit in Körperhöhlen (z. B. in Gelenken = H. articularis), aber auch im Unterhautgewebe (H. anasarca).

Hydror|rhachis: Flüssigkeitsansammlung im Zentralkanal* oder – in abnormer Menge – im Subarachnoidalraum des Rückenmarks* (= H. interna bzw. externa).

Hy|dror|rhoe(a): wäßriger Ausfluß. **H. nasalis:** 1) sehr reichliche wäßrige Absonderung aus der Nase. – 2) Ausfluß von Liquor* cerebrospinalis durch die Nase bei Schädelverletzungen usw.

Hydrosalpinx: Tubensack* mit wäßrigem Inhalt.

Hydrotherapie: Wasserheilkunde. Therapeutische Anwendung von Bädern, Güssen, Wickeln usw.

Hydrothorax: Brustwassersucht; Ansammlung von wäßriger Flüssigkeit in der Pleurahöhle*.

Hydroxyde: Verbdg. von Metallen mit der einwertigen Hydroxylgruppe*.

Hydroxylgruppe: –OH-Gruppe, charakteristische Gruppe der Basen*.

Hydrozele: Wasserbruch. Geschwulst, die durch Ansammlung wäßriger Flüssigkeit zwischen bd. Blättern der Tunica* vaginalis des Hodens (H. testis) und Samenstrangs (H. funiculi) entsteht.

Hydrozephalozele: Kephalozele*, bei welcher der Bruchsack zugleich Flüssigkeit (Liquor) enthält.

Hydrozephalus, Hydrocephalus, Wasserkopf: Flüssigkeitszunahme im Bereich d. zerebralen* Liquor*-räume; mit oder infolge Hirnverlust. **H. aresorptivus:** H. infolge verminderter Liquor*-resorption. **H. externus:** H. durch Liquoransammlung im zerebralen* Subduralraum. **H. hypersecretorius:** H. durch vermehrte Liquorabsonderung. **H. internus:** H. mit Liquorzunahme im Bereich der Hirnventrikel. **H. occlusivus:** H. durch Unterbrechung der Liquorzirkulation.

Hygiene: Gesundheitslehre.

hygienisch: der Hygiene* entsprechend, gesundheitlich.

Hygrom(a): durch Flüssigkeitsansammlung infolge chron. Entzündung bedingte Wassergeschwulst, v. a. von Schleimbeuteln (= Ganglion) oder Sehnenscheiden.

hygro|skopisch: adj. Bez. für Stoffe, die aus der Luft oder anderen Substanzen Wasserdampf bzw. Wasser an sich ziehen.

Hymen: Jungfernhäutchen (→ Taf. **22**, 10).

Hyoid(e|um): Kurzform für Os hyoideum = Zungenbein*.

Hyoscyamus: Bilsenkraut.

Hyoszyamin: Alkaloid* in Blättern von Hyoscyamus*; wirkt wie Atropin*.

Hyp|äs|thesie: herabgesetztes Wahrnehmungsvermögen für sensible* Reize.

Hyp|akusis: vermindertes Wahrnehmungsvermögen für akust. Reize; meist nervös bedingt.

Hyp|albumin|ämie: Mangel an Serum*-albuminen*.

Hypalbuminose: Bez. für 1) Hypalbuminämie. – 2) einen allgemeinen Eiweiß*-mangelzustand (= Hypoproteinämie).

Hypalg(es)ie: Herabsetzung der Schmerzempfindlichkeit.

Hypazidität: verminderter Säuregehalt (des Magensaftes).

Hyper|ämie: vermehrte Blutfülle eines Körperbezirks durch vermehrten Blutzufluß (aktive, arterielle H.) od. erschwerten Blutabfluß (passive, Stauungs-H.).

H.behandlung: Anwendung aktiver oder passiver H. zu Heilzwecken. Hierzu gehören die *Bier'**Stauung, Saug- und Heißluftbehandlung.

Hyper|äs|thesie: Überempfindlichkeit, z. B. Kribbeln, Berührungsschmerz.

Hyperakusis: abnorme Feinhörigkeit. **H. Willisi:** Fähigkeit mancher Schwerhöriger, besser zu hören, wenn gleichzeitig ein starkes Geräusch besteht; → Parakusis.

Hyperalg(es)ie: abnorme Schmerzempfindlichkeit.

Hyperammonämie: Erhöhung des Ammoniak*-spiegels im Blut; i. e. S. die dazu führende angeborene Störung des Aminosäuren*-stoffwechsels.

Hyperazidität: vermehrter Säuregehalt, spez. des Magensaftes.

hyperbare Sauerstofftherapie: → Überdrucktherapie nach *Boeroma*.

Hyperbilirubinämie, Bilirubinämie: erhöhter Bilirubin*-gehalt des Bluts.

Hyperchlorämie: Zunahme der Chlorionen im Plasma*.

Hyperchlorhydrie: vermehrter Salzsäuregehalt des Magensaftes.

Hypercholesterinämie: Erhöhung des Cholesterin*-spiegels im Blut; als familiäre Erkrankung, aber auch sekundär, v. a. bei Leberzirrhose*.

hyperchrome Anämie: → Anämie.

Hyper|chromie: Farbstoffzunahme.
Hyperdaktylie: Polydaktylie.
Hyperemesis: übermäßiges Erbrechen. **H. gravidarum:** Schwangerschaftserbrechen.
hyperergisch: auf Allergene* gesteigert reagierend.
Hyperextension: übermäßige Streckung oder Ausdehnung.
Hyperfunktion: erhöhte Tätigkeit.
Hypergenitalismus: übermäßige Entwicklung der Geschlechtsdrüsen u. sekundären Geschlechtsmerkmale sowie des Geschlechtstriebes.
Hyperglobulie: Vermehrung der roten Blutkörperchen.
Hyperglobulinämie: Zunahme der Plasma*-globuline*.
Hyperglyk|ämie: vermehrter Zuckergehalt des Blutes.
Hyperglyzinämie: angeb. Anomalie des Glyzin*-stoffwechsels mit Glyzinvermehrung im Plasma*.
hypergonado|troper Hypogonadismus: → Hypogonadismus.
Hyperhidrosis: übermäßiges Schwitzen.
Hyperhydratation: Wasservergiftung, wie sie v. a. als hypotone H. bei Nierenversagen u. unkontrollierter Wasserzufuhr zustandekommt.
Hyperinsulinismus: durch vermehrte Insulin*-produktion charakterist. Zustand (mit Hypoglykämie* im Vordergrund). Nicht nur bei Tumoren der Pankreas*-inseln, sondern auch bei Entwicklung zu vieler Inseln* (= Polynesie) oder übermäßig großer Inseln (= Makronesie).
Hyperkaliämie: bei Nierenversagen, *Addison*' Krankheit u. Kaliumgaben i. v. vorkommende Zunahme des Kaliumspiegels im Plasma*. Gefahr der Myokard*-schädigung u. des Herzstillstands.
Hyperkalzämie: Erhöhung des Kalziumgehaltes des Plasmas* (z. B. bei Vitamin*-D-Überdosierung, Skelettmetastasen).
Hyperkalz|urie: vermehrte Kalzium*-ausscheidung im Harn* bei Hyperkalzämie*.
Hyperkapnie: Erhöhung der CO_2-Spannung im Blut (z. B. bei Hypoventilation*).
Hyperkeratosis: übermäßige Verhornung.
Hyper|kinese: übermäßig starke Muskeltätigkeit; Krampf.
Hyperkortizismus: gesteigerte Funktion der Nebennierenrinde*.
Hyperleukozytose: starke Vermehrung der Leukozyten*.
Hyperlipämie, idiopathische: eine Hyperlipidämie*, bei der v.a. die Triglyzeride* vermehrt sind (= essentielle Hypertriglyzeridämie).
Hyperlipidämie: Zunahme der Lipide* im Plasma*, z. B. als Hypercholesterinämie* bzw. Hyperlipämie*.
Hyperlordose, Hyperlordosierung: übermäßige Lordose*.
Hypermenor|rhoe: Menorrhagie.
Hypermetrie: Störung der Beweglichkeit mit über das gesteckte Ziel hinausgehenden Bewegungen.
Hypermetropie, Hyperopie: Übersichtigkeit. Hierbei werden parallel ankommende Lichtstrahlen erst hinter der Netzhaut vereinigt; das Auge ist im Verhältnis zu seiner Brechkraft zu kurz.
Hypermotilität: abnorm starke Bewegung bzw. Bewegungsfähigkeit.
Hypernatriämie: Zunahme der Plasma*-konzentration des Natrium*.
Hypernephrom: eine bösartige Geschwulst der Nebennieren*.
Hyper|onychie: abnorm starke Nagelbildung.
Hyperopie: Hypermetropie.
Hyperorexie: Heißhunger.
Hyperosmie: Überempfindlichkeit für Gerüche.
Hyperostosen: 1) Knochenauswüchse. – 2) Verdickungen im Innern d. Knochens.
Hyper|para|thyreoïdismus: Überfunktion der Nebenschilddrüsen* mit Knochenentkalkung (→ Ostitis fibrosa cystica generalisata), Hyperkalzämie*, -kalzurie*.
Hyperperistaltik: übermäßige Peristaltik*.
Hyperphalangie: 1) Verlängerung einzelner Phalangen*. – 2) Vermehrung der Phalangenzahl (= Polyphalangie).
Hyperphorie: latentes* Schielen, u. zwar Abweichung nach oben.
Hyper|pitui|tarismus: Hypertrophie* bzw. gesteigerte innere* Sekretion der Hypophyse* und dadurch bedingte Stö-

rungen. **H., basophiler:** *Cushing'* Syndrom.
Hyper|plasie: Vermehrung der Zellen eines Gewebes oder Organs über die Norm hinaus.
Hyperprotein|ämie: Vermehrung der Plasmaeiweißstoffe im Blut.
hyperpy|rẹtisch: mit abnorm hohen Körpertemperaturen einhergehend.
Hyperpyr|exie: Fieberzustand mit mehrere Tage dauernden Temperaturen von über 39°.
Hyperreflexie: Steigerung d. Reflexerregbarkeit u. Ausbreitung auf entfernte Gebiete.
Hypersekretion: übermäßige Absonderung, z. B. von Magensaft.
Hypersider|ämi̱e: Anstieg der Plasma*-konzentration des Eisens.
hypersonọr: adjekt. Bez. für schachtelartigen Klopfschall*.
Hypersteatọsis: abnorm starke Talgabsonderung.
Hyperteloṛismus: Vergrößerung der Distanz der inneren Augenwinkel mit entsprechender Verbreiterung der Nasenwurzel.
Hypertensịn: blutdrucksteigernder Stoff, der aus Hypertensinogen, einem Bestandteil der Bluteiweißkörper (α_2-Globulin), entsteht.
Hypertension: vermehrte Spannung, erhöhter Blutdruck; → Hypertonie.
Hyperthermie: erhöhte Temperatur, Fieber*.
Hyperthymie: seelischer Zustand hypomanischer Charaktere: fröhlich, betriebsam, oberflächlich, z. T. unzuverlässige, streitsüchtige Naturen.
Hyperthyreọse, Hyperthyreoidịsmus: gesteigerte Funktion der Schilddrüse* und ihre Folgen.
Hypertonie: vermehrter Tonus*; überdurchschnittliche Spannung der Muskulatur. Spez. gesteigerter Blutdruck. **H., maligne:** → *Goldblatt'* Syndrom.
hypertonisch: 1) Hypertonie* zeigend. – 2) größeren osmotischen* Druck besitzend.
Hypertrichọse: übermäßige Behaarung.
Hypertriglyzeridämie, essentielle: → Hyperlipämie, idiopathische.
Hypertrophie: Vergrößerung der einzelnen Zellen u. Gewebsbestandteile.
hypertrọphisch: Hypertrophie* betreffend.
Hyper|urik|ämi̱e: erhöhte Plasma*-konzentration der Harnsäure.
Hyperventilation: überstarke Atmung.
hyperventilatorisch: durch Hyperventilation* bedingt.
Hypervolämie: Zunahme der Gesamtblutmenge (Adj. **hypervolämisch**).
Hyph|ạma: Blutansammlung in der vorderen Augenkammer*.
Hy|phen: Pilzfäden.
Hyphomycetes: Fadenpilze, Schimmelpilze.
hyp|nagọger Zustand: Dämmerzustand.
Hypnọse: schlafähnl. Zustand, d. durch Suggestion* bei manchen Personen hervorgerufen werden kann und sich besonders durch erhöhte Suggestibilität* auszeichnet.
Hypnọtikum (Pl. **Hypnọtika**)**:** Schlafmittel.
hypnotisch: mit Hypnose zusammenhängend. – Schlaf herbeiführend.
Hypnotismus: Lehre von der Hypnose* u. ihrer Anwendung.
Hypo|adreni̱e: (relative) Nebennieren*-insuffizienz.
Hypo|chlor|ämie: Abnahme der Chlorionen im Blut; Extremfall: hypochlorämisches Koma*.
Hypochlorhydrie: verminderte Salzsäureabsonderung im Magen.
Hypocholesterinämie: Abnahme der Cholesterin*-konzentration im Plasma*.
Hypochondrie: tiefe, seelische Niedergeschlagenheit auf Grund eingebildeter oder unbedeutender körperlicher Leiden.
Hypochọndrium (Pl. **Hypochọndria**)**:** seitlicher Bezirk des Unterleibs unterhalb der Rippenknorpel.
hypochrọm: auf Hypochromie* beruhend.
Hypochromie: Farbstoff-, i. e. S. Blutfarbstoffmangel (mit verringerter Anfärbbarkeit der Erythrozyten*).
Hypodaktylie: Fehlen von Fingern.
Hypofunktion: verminderte Funktion*.
Hypogạstrium: Unterbauch.
Hypogenitalịsmus: Unterentwicklung

und verminderte Funktion der Geschlechtsdrüsen u. des äußeren Genitale*.
Hypo|globulie: Verminderung der Anzahl der roten Blutkörperchen.
Hypoglossus: Kurzform f. N.* hypoglossus (= XII. Gehirnnerv).
Hypoglyk|ämie: Blutzucker*-mangel; dadurch Angst, Zittern, Hungergefühl, Schweißausbruch, Pulsbeschleunigung.
Hypognathie: 1) Doppelmißbildung (= Hypognathus): am Unterkieferrand des entwickelten Individuums sitzt ein verkümmerter Kopf. – 2) zu geringe Entwicklung des Unterkiefers.
Hypognathus: → Hypognathie.
Hypogonadismus: endokrine* Insuffizienz* der Hoden*; entweder primär* mit vermehrter kompensatorischer* Ausschüttung gonadotroper* Hormone (= hypergonadotroper H.) oder sekundär infolge Ausfalls des HVL* (= hypogonadotroper H.).
Hypokaliämie: verringerte Plasma*-konzentration des Kaliums (z. B. nach Durchfällen, bei NNR*-Überfunktion).
Hypokalzämie: verringerte Plasma*-konzentration des Kalziums (z. B. bei Nebenschilddrüsen*-unterfunktion).
Hypokapnie: Verringerung der CO_2-Spannung im Arterienblut (z. B. bei Hyperventilation*).
Hypokinese: verminderte Beweglichkeit.
Hypomanie: leichtere Form der Manie*.
Hypometrie: Bewegungsstörung mit „Unterschätzung" der Entfernung (Ziel einer Bewegung wird nicht erreicht).
Hypo|mochlion: Drehpunkt eines Hebels; in d. Geburtshilfe Kindsteil, der den Ansatz zur Drehung um den Schambogen bildet.
Hyp|onychium: die unter dem Finger- bzw. Zehennagel gelegene Epidermis*.
Hypo|parathyreo|idismus: Unterfunktion der Nebenschilddrüsen* (mit Hypokalzämie*, Tetanie* u. a. spastischen Erscheinungen).
Hypopharynx: der unterste, hinter dem Kehlkopf liegende Teil des Pharynx*.
Hypophorie: latentes Schielen mit Abweichen des Auges nach unten.
hypophrenisch: unterhalb des Zwerchfells.
hypophysär: auf die Hypophyse* bezüglich. **h.e Fettsucht:** Dystrophia adiposogenitalis.
Hypophyse, Hypophysis, Glandula pituitaria: Gehirnanhang; ein bohnengroßer Körper, der mittels eines Stieles an der Gehirnbasis befestigt ist u. sich aus dem H.vorderlappen (HVL) u. dem H.hinterlappen (HHL) zusammensetzt. Drüse mit innerer* Sekretion*; im Türkensattel (= Sella turcica).
Hypopinea|lismus: Unterfunktion der Gehirnepiphyse (Corpus pineale).
Hypopituitarismus: Krankheitsbilder durch Unterfunktion der Hypophyse*.
Hypoplasie: Unterentwicklung. Unvollkommene Entwicklung eines Gewebes oder Organs (Adj. **hypoplastisch**).
hypoplastische Konstitution: Hypoplasie* des Gesamtkörpers.
Hypoproteinämie: Verminderung des Bluteiweißgehaltes, z. B. bei Hunger u. Kachexie*.
Hypo|pyon: Eiteransammlung in der vorderen Augenkammer*.
Hyp|osmie: herabgesetztes Riechvermögen.
Hypo|spadie: Mündung der Harnröhre an der unteren Fläche des Penis*, u. zwar im Bereich der Eichel (= **glanduläre H.**) bzw. des Penisschaftes (= **penile H.**), im Bereich des Skrotums* (= **skrotale H.**) oder des Dammes (= **perineale H.**). Zusammenhänge mit Hermaphroditismus* u. Pseudohermaphroditismus*.
Hyposphagma: Bluterguß unter die Augenbindehaut.
Hypostase: Senkung des Blutes u. dadurch bedingte Blutüberfüllung eines Teiles, spez. der hint. Lungenabschnitte bei bettlägerigen Kranken mit Herzschwäche.
hypostatisch: durch Hypostase* hervorgerufen.
Hypo|sthen|urie: verminderte Konzentrationsleistung d. Nieren. Dadurch sind der osmotische* Druck des Harns u. des Blutes annähernd gleich. Spezifisches Gewicht des Harns unter 1010.
Hypotension: verminderte Spannung, verminderter Druck.
Hypothalamus: unter dem Thalamus* gelegener Teil des Zwischenhirns*. Zen-

trum vegetativer* Funktionen; Hormonbildungsstätte.

Hypo|thẹnar: Kleinfingerballen.

Hypothermie: verminderte Körperwärme. Künstl. H. (Unterkühlung) mittels extrakorporaler* Blutkühlung (durch spezielle Apparate), Eisapplikation z.B. bei Operationen am offenen Herzen, bei Gefahr der Hypoxie des Gehirns etc.

Hypothẹse: Vermutung.

Hypothyreọse, Hypothyreoidịsmus: ungenügende Funktion der Schilddrüse* und dadurch bedingte Erscheinungen.

Hypotonie: niedriger Tonus, niedriger Blutdruck (Adj. **hypotọnisch**).

Hypotrichose: spärliche Haarentwicklung.

Hypotrophie: Unterernährung, mangelhafte Entwicklung (Adj. **hypotrọph**).

Hypovit|aminọse: Vitamin*-mangelkrankheit.

Hyp|ox|ämie: Verminderung des Sauerstoffgehalts im Blut (Adj. **hypoxạ̈misch**).

Hypoxie: Sauerstoffmangel (Adj. **hypọxisch**).

Hypsi|staphylie: hoher (= gotischer) Gaumen.

Hystẹra: Gebärmutter.

Hyster|algie: von der Gebärmutter* ausgehender neuralgischer Schmerz.

Hysterectomịa, Hysterektomie: operat. Gebärmutter*-entfernung, u. zwar nach Eröffnung der Bauchhöhle durch die Bauchdecken (= **H. abdominạlis**) bzw. von der Scheide aus (= **H. vaginạlis**); evtl. als H. supravaginalis, bei der die Zervix* erhalten bleibt.

Hysterịe: eine Psychoneurose*, bei der sich psychische Eindrücke u. Vorstellungen unter gesteigerter Gefühlsbetonung in krankhafte seelische und körperliche Vorgänge und Zustände umsetzen. Die sehr verschiedenartigen Symptome können durch die eigene Vorstellung des Kranken wie auch durch fremde Suggestionen* beeinflußt werden.

Hystero|epilepsie: Übergangs- u. Mischformen zwischen Hysterie* u. Epilepsie*.

Hystero|laparo|tomie: Eröffnung der Bauchhöhle von der Scheide her, i. e. S. die Hysterectomia abdominalis.

Hysteropexie: Anheftung der Gebärmutter* an die Bauchdecken oder an Nachbarorgane.

Hysterophọr: Pessar* zum Zurückhalten der vorgefallenen Gebärmutter* (→ Abb.).

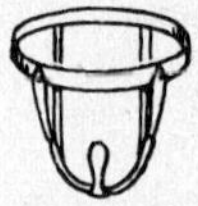

Hysterosalpingographịe: Röntgenaufnahme der Gebärmutter* u. der Eileiter* nach Kontrastmittelfüllung, um die Durchgängigkeit der Eileiter zu beurteilen.

Hysterotomịa, Hysterotomie: Gebärmutter*-schnitt. Fälschl. auch syn. gebraucht mit Hysterektomie. **H. abdominalis:** Kaiserschnitt. **H. vaginalis:** vaginaler* Kaiserschnitt.

I: Symbol des Blutgruppen*-systems Ii.
iatro|gen: durch den Arzt ausgelöst.
Ich|thyismus: Fischvergiftung.
Ichthyol: durch trockene Destillation gewisser Schieferarten erhaltenes Produkt.
Ichthyosis: Fischschuppenkrankheit. Die Haut ist hierbei mit Schüppchen oder dikken Epidermis*-plättchen bedeckt und abnorm trocken. **I. hystrix:** mit Bildung spitzer verhornter Stacheln.
I. C. R.: **I**nterkostal* (bzw. -**c**ostal-)-**r**aum.
ICSH: Interstitialzellen* stimulierendes* Hormon* → luteinisierendes Hormon.
Icterus: → Ikterus. **I. gravis:** schwere Form des Ikterus; auch Bez. für akute gelbe Leberdystrophie. **I. gravis neonatorum:** schwerer Ikterus der Neugeborenen (bei Rh*-Inkompatibilität*). **I. neonatorum:** der physiologische* Ikterus der Neugeborenen.
Ictus apoplecticus: Schlaganfall.
Ide: Erbanlagen.
identifizieren: die Persönlichkeit oder Gleichheit feststellen.
idiomuskuläre Kontraktion: Zusammenziehung eines Muskels an umschriebener Stelle bei mechanischer Reizung derselben.
idiopathisch: adjekt. Bez. für Krankheiten, die selbständig, primär auftreten, im Gegensatz zu den symptomatischen* und traumatischen*.
Idioplasma: Erbmasse.
Idiosyn|krasie: unüberwindliche Abneigung. Ungewöhnliche Folgeerscheinungen (Unverträglichkeitserscheinungen) nach Genuß bestimmter Speisen, Arzneimittel usw. → Allergie.
Idiotie, Idiotismus: angeborener oder früh erworbener Schwachsinn.
Idiotypus: → Genotypus.
Idiovariation: Änderung der Erbmasse durch äußere Einflüsse (= Mutation).
I.E.: 1) **I**mmunisierungs**e**inheit. – 2) **I**nternationale **E**inheit.
Ii-System: ein Blutgruppen*-system.
ikterisch: gelbsüchtig.
Ikterus, Icterus: Gelbsucht. Krankheitssymptom bei Übertritt von Gallenbestandteilen ins Blut. **I., hämatogener:** durch Blutkrankheit bedingter I. – **I., hämolytischer:** durch gesteigerten Erythrozytenzerfall bedingte Gelbsucht. – **I., hepatozellulärer:** durch primäre Schädigung der Leberzellen (bei Hepatitis*, *Weil'** Krkht., Vergiftungen) bedingter I. – **I., mechanischer:** durch Verschluß der Gallenwege bedingte Gelbsucht. → Icterus.
Ileïtis: Entzündung des Ileum*. **I. terminalis,** *Crohn'* Krankheit: ätiologisch* unklare Erkrankung des Endabschnitts des Ileum* mit Infiltration*, v. a. aber Darmstenose.
ileocaecalis, -e: → Ileozäkal ... (den Übergang von Ileum* ins Zäkum betreffend).
Ileo-kolo|stomie: Anastomosen*-bildung zwischen Ileum u. Kolon. **-stomie:** operativ angelegte Fistel* des Ileum* zur Stuhlentleerung. **-tomie:** Schnitteröffnung des Ileum*. **-zäkalklappe:** Valva ileocaecalis.
Ile|um: Krummdarm (→ Taf. **25**, 15). **I. terminale:** Endabschnitt des Ileum.
Ile|us: Darmverschluß. **I., mechanischer:** durch Verlegung des Darmlumens bedingter I. – **I., paralytischer:** auf Lähmung der Darmmuskulatur, z. B. bei Peritonitis*, beruhender Ileus.
iliacus, -a, -um: die Weiche bzw. das Weichen- = Hüftbein betreffend.
Iliaka: Kurzform für Arteria iliaca, die den re bzw. li Ast der Aortengabel darstellt u. sich selbst in einen äußeren u. inneren Ast aufzweigt.
Ilio|psoas: Kurzform f. Musculus iliopsoas; ein Muskel, der vom Darmbein (M. iliacus) u. von den Lendenwirbeln (M.

psoas major) entspringt u. sich am Trochanter* minor des Oberschenkels ansetzt (→ Taf. **16**, 15 u. 16; **4**, 9).

Iliosakralgelenk: Gelenk zwischen Kreuz- u. Darmbein (→ Taf. **4**, 3).

Illusionen: Sinnestäuschungen, bei denen wirklich vorhandene Gegenstände u. Erscheinungen falsch gedeutet werden.

i. m.: Abk. für intramuskulär.

imaginär: nur scheinbar, eingebildet.

Imagination: Einbildung.

Im|bezillität: angeborener oder in frühester Kindheit erworbener mittelgradiger Schwachsinn (Adj. **imbezil** [**I**]).

Imbibition: Durchtränkung; Eindringen von Flüssigkeiten in feste Körper.

Imidazol: eine 5gliedrige, ringförmige, 2 N-Atome enthaltende Verbdg., deren Kern mehreren Alkaloiden* u. der Aminosäure Histidin* zugrunde liegt.

Imitation: Nachahmung, Vortäuschung (Adj. **imitatorisch**).

immateriell: nicht körperlich vorhanden.

immaturus, -a, -um: unreif. – Immature Frucht: Frühgeborenes unter 1250 g Körpergewicht.

Immediatprothese: Zahnprothese, die sofort nach Extraktion* der Zähne angelegt wird, zur Vermeidung von Kieferumbildungen.

Immersion: 1) Methode, die unterste Linse eines mikroskopischen Objektivs* in eine Flüssigkeit zu tauchen, die auf das betr. Präparat gebracht ist. Hierdurch gelangen mehr Lichtstrahlen vom Präparat ins Mikroskop. Diese Wirkung ist am stärksten bei homogener I., bei der die Flüssigkeit (gew. Zedernöl, „Ölimmersion") dieselbe Lichtbrechungskraft besitzt wie das Deckgläschen. – 2) Dauerbad bei Hautkrankheiten.

imminens, imminent: bevorstehend, drohend.

Immissio: Einbringen, Einführen.

Immobilisierung: Fest-, Ruhigstellung, z. B. von Gelenken durch Verbände.

immun: unempfänglich.

Immunelektrophorese: Kombinierung von Gelpräzipitation* mit d. Papierelektrophorese* zur Differenzierung von Proteingemischen (Darstellung von Antikörpern* durch sichtbare Präzipitate*).

Immunglobuline: Art der Gammaglobuline* (etwa 80% derselben ausmachend). Träger der Immunität*.

Immunisierung: Erzeugung von Immunität*. Bei künstl. I. (Schutzimpfung) unterscheidet man aktive u. passive I., je nachdem, ob die Schutzstoffe von dem betreffenden Organismus selbst gebildet oder ihm fertig einverleibt werden; **aktive I.** erfolgt durch Impfung* mit lebenden (abgeschwächten) oder abgetöteten Krankheitserregern, Bakterienextrakten od. Stoffwechselprodukten der spezifischen* Bakterien, weiter durch Einverleibung von Antigenen* überhaupt; **passive I.** durch Übertragung von Blutserum* aktiv hochimmunisierter Tiere.

Immunisierungseinheit: → Immunitätseinheit.

Immunität: Unempfänglichkeit von Lebewesen gegen Krankheiten und krankheitserregende Einwirkungen (Bakterien, Gifte).

Immunitätseinheit: willkürlich gewählter Maßstab für die immunisierende Kraft bzw. den Antitoxin*-gehalt eines Heilserums*.

Immunkörper: → Antikörper.

Immunologie: Lehre von der Immunität* u. den immunbiologischen Reaktionen des Organismus (Adj. **immunologisch**).

immunologische Kompetenz: Fähigkeit zur angemessenen immunolog.* Reaktion auf Antigene*.

immunologische Toleranz: erworbener Zustand des Nichtreagierens auf eine sonst antigenwirksame Substanz.

immunopathologisch: adjektivische Bez. krankhafter Prozesse im Zusammenhang mit Immunreaktionen*.

Immunosuppression: Maßnahmen zur Hemmung bzw. Unterdrückung der Immunreaktionen* (medikamentös; durch Antilymphozyten*-serum).

Immunreaktion: Reaktion auf ein Antigen*, abhängig von natürl. vorhandenen oder durch Immunisierung* hervorgerufenen Abwehrstoffen u. -mechanismen.

Immunserum: Blutserum (von Tieren), das durch einen Immunisierungsprozeß bzw. durch Einspritzung von Antige-

nen* bestimmte (antitoxische*, bakterizide*, hämolytische*, agglutinierende* usw.) Eigenschaften gewonnen hat.
Immun|suppression: → Immunosuppression.
Immunsuppressiva: die Immuntoleranz* (→ Immunosuppression) – homologer – Transplantate* steigernde Präparate.
Immuntoleranz: durch Antigene* verursachte Unfähigkeit, auf einen Antigen*-reiz zu reagieren.
impaktiert: eingeklemmt, eingekeilt.
imperativ, imperatorisch: befehlend; unter einem Zwange erfolgend.
impermeabel: undurchdringlich, undurchlässig.
Impetiginisierung: Vereiterung (→ Impetigo) einer primär nicht zu Vereiterung neigenden Hautkrankheit.
Impetigo: Eitergrind, Eiterflechte; Eiterpusteln, die sich rasch in Krusten umwandeln u. ohne Narben heilen. → Impetiginisierung. **I. contagiosa:** ansteckende Form, die bes. im Gesicht auftritt. **I. herpetiformis:** mit Fieber einhergehende, schwere Form, z. B. bei Schwangeren und Wöchnerinnen.
Impfstoff: Vakzine.
Impfung: 1) Einführung eines (von Bakterien oder Viren stammenden) Stoffes (meist durch eine Hautwunde) in den Körper zur Vorbeugung von Krankheiten (präventive I., Schutz-I., Immunisierung) oder zur Heilung bereits ausgebrochener Krkhtn. (kurative I.). Oft syn. für Pockenschutzimpfung. – 2) Übertragung lebender Mikroorganismen auf einen Nährboden.
Implantation: Einpflanzung alloplastischen* Materials oder aber lebensunfähiger, nur vorübergehend gewisse Funktionen übernehmender (= homostatischer) Gewebe bzw. Organe.
Imponderabilien: 1) unwägbare Stoffe (z. B. Lichtäther). – 2) Einflüsse, die sich einer genaueren Bestimmung entziehen.
Impotentia, Impotenz: (Zeugungs-)Unvermögen. **I. coëundi:** Unfähigkeit, den Beischlaf zu vollziehen. **I. generandi:** Unfähigkeit zur Zeugung.
imprä|gnieren: durchtränken, durchsetzen.
Im|pressio, Impression: 1) Vertiefung, Eindruck. **I., basiliäre:** anlagebedingtes oder durch Malazie* der Knochen bedingtes Eindringen der Hinterhauptbasis in die hintere Schädelgrube*.
Impressiones digitatae: Vertiefungen an der Innenseite der Schädelknochen, den Hirnwindungen entsprechend.
Impressionsfraktur: Fraktur*, in deren Folge ein oder mehrere Fragmente* gegen die darunter liegenden Weichteile gepreßt werden; meist als Schädelbruch (Kalotten*-fraktur) vorkommend.
Impuls: Anstoß, Antrieb, auslösender Reiz.
impulsive Handlungen: triebartige und Affekthandlungen.
in|ad|äquat: nicht dazu passend.
inaktiv: untätig, unwirksam, z. B. optisch* inaktiv; ruhend. → aktiv.
inaktiviert: unwirksam gemacht. **i.es Serum:** Serum, in dem durch Erhitzen, z. B. 30 Min. auf 56°, das Komplement* zerstört ist.
Inaktivitätsatrophie: Schwund von Muskeln usw. infolge von Nichtgebrauch.
Inanition: Entkräftung infolge von Blutverlusten, Krankheiten, ungenügender Ernährung usw. **I.sdelirien:** Delirien* infolge von Inanition. **I.skrankheiten:** Krankheiten, die zu starker I. führen; z. B. Tuberkulose*.
Inappetenz: fehlendes Verlangen (nach Nahrung, nach Geschlechtsgenuß usw.).
Incarceratio: Brucheinklemmung; → Inkarzeration, Bruch.
incarnatus, -a, -um: eingewachsen.
incipiens, inzipient: beginnend.
Incisivus: Dens incisivus (Schneidezahn).
Incisura: Einschnitt, Einbuchtung eines Knochens, z. B. **I. trochlearis** (→ Taf. **6**, 2).
Inclinatio, Inklination: Neigung.
Inclusio, Inklusion: Einschließung.
Incontinentia, Inkontinenz: Unvermögen, Exkrete* usw. willkürlich zurückzuhalten. **I. alvi** oder **faecalis:** Unvermögen zur willkürl. Stuhlentleerung, verbunden mit unkontrollierten Stuhlabgängen. **I. urinae:** der I. alvi entspr. Verhältnisse bezügl. des Harns. **I. paradoxa:** tropfenweiser unkontrollierter Harnabgang nach spontaner Auffüllung der Blase.

Incremęntum, Inkremęnt: Zuwachs.
Įncubus: Alpdrücken.
Įncus: Amboß.
Index: 1) Verzeichnis. – 2) Verhältniszahl. – 3) etwas einen Zustand oder Vorgang anzeigendes (Ausdruck und Maß dafür ist). – 4) Zeigefinger.
Indicątio, Indikation: (Heil-)Anzeige, Heilaufgabe; die Umstände u. Gründe, durch die ein bestimmtes Heilverfahren angezeigt ist. **I. causąlis:** auf die Entfernung bzw. Unschädlichmachung einer Krankheitsursache bezogene Indikation. **I. curatįva** oder **mǫrbi:** Indikation, wie sie sich zur erfolgreichen Behandlung einer Krankheit ergibt. **I. sym|ptomątica:** nur die Krankheitssymptome berücksichtigende I. – **I. vitąlis:** aus lebensbedrohlichen Umständen sich ergebende I.
įndifferent: ohne Unterschied, ohne Wirkung, gleichgültig, harmlos. **i.e Elektrode:** große E., wo der elektr. Strom keine besonderen Wirkungen ausübt. **i.e Thermen:** Akratothermen.
In|di|gestiǫn: leichte Verdauungsstörung.
Indigokarmin: → Blauprobe.
Indikąn: ind|oxylschwefelsaures Kalium. **I.urie:** Ausscheidung von I. im Harn. Vermehrt bei Steigerung der Fäulnisvorgänge im Dünndarm*, bes. stark bei Darmverschluß.
Indikatǫren: Farbstoffe, die Eintritt oder Beendigung einer chem. Reaktion durch Farbenwechsel anzeigen, z. B. Lackmus, Phenolphthalein.
indirekt: nicht geradezu, mittelbar.
Indisposition: Unpäßlichkeit.
Individualantigene: Privatantigene.
individualisieren: das Einzelwesen bzw. den einzelnen Fall berücksichtigen.
indizięrt: angezeigt, ratsam.
Indoktrinatiǫn: psych. Folterung zur Erzwingung einer Wandlung des Wollens u. Denkens (Gehirnwäsche).
Indǫl: bei Fäulnis im Darm u. bei putriden Prozessen aus Tryptophan* entstehende Verbindung. Nach Resorption* durch die Darmwand Ausscheidung im Harn als Indikan*.
įndolent: 1) schmerzlos; z. B. die Lymphdrüsenanschwellungen bei Syphilis*. – 2) gleichgültig gegen etwas.
Indolenz: Schmerzlosigkeit, Gleichgültigkeit.
Induktion: 1) in der Vererbungslehre die Einwirkung des erwachsenen Organismus auf den Charakter seiner Keimzelle. – 2) Auftreten eines nervalen Hemmungsvorganges durch einen nervalen Erregungsprozeß oder umgekehrt. – 3) Entstehung eines elektrischen Stromes in einem Leiter durch Einwirkung eines benachbarten anderen elektrischen Stromes oder Magneten. Der erste heißt primärer oder induzierender, der zweite sekundärer oder induzierter oder Induktionsstrom.
Induktionsapparate: Apparate zur Erzeugung von Induktionsströmen.
Indųktor: Funkeninduktor.
Indurątio, Induratiǫn: Verhärtung von Geweben od. Organen, die durch Bindegewebswucherung bedingt ist.
induratįv, induriert: mit Verhärtung einhergehend, verhärtet.
induziert: durch etwas anderes hervorgerufen. **i.es Irresein:** Übertragung von psychischen* Veränderungen eines Geisteskranken auf Personen seiner Umgebung.
inęrt: untätig, ohne sichtbare Wirkung, träg, schwach.
Inęrtia ųteri: Wehenschwäche.
in extręmis: in den letzten Augenblicken (des Lebens).
Įnfans: Kind **Infąntes:** Kinder.
infantįl(is, -e): kindlich.
Infantilįsmus: körperliches u. geistiges Zurückbleiben auf einer kindlichen Entwicklungsstufe (einschl. Hypoplasie* des Genitale*).
Infąrkt: 1) Anfüllung von Geweben usw. mit fremden Stoffen. In diesem Sinne spricht man z. B. von Harnsäure*- und Kalkinfarkten der Niere*. – 2) durch Verstopfung kleiner Endarterien hervorgerufene Gewebsveränderungen (embolischer* oder thrombotischer* I.). Bleibt der hinter der verstopften Stelle liegende Bezirk blutleer, so spricht man von anämischem* oder weißem I.; erhält er wieder Blutzufluß, von hämorrhagischem* oder rotem Infarkt.
Infarzierung, hämorrhagische: extreme

stauungsbedingte Blutfülle eines Organs als Folge einer Behinderung des venösen Abflusses.

infaust(us, -a, -um): ungünstig.

Infekt: Infektion* in einem gegebenen Falle. **I.gastritis:** bei Infektionskrankheiten vorkommende – meist anazide – Gastritis*.

infektiös: zu Infektionen führend, auf Infektion beruhend.

Infektion: Eindringen krankheitserregender Stoffe (meist Mikroben*) in den Körper, wodurch es zu einer (örtlichen oder allgemeinen) Infektionskrankheit kommt. → putrid, pyogen, ruhend.

inferior: der untere, weiter unten gelegen.

Inferiorität: Minderwertigkeit.

Infiltrat: 1) die Substanz, die bei Infiltration* in die Gewebe* dringt. – 2) der durch Infiltration hervorgerufene Zustand, d. h. Anschwellung u. Verhärtung eines umschriebenen Gewebsbezirkes durch entzündl. Vorgänge oder Tumor*-wachstum.

Infiltration: Eindringen fremder Substanzen in Zellen und Gewebslücken. **I.sanästhesie:** *Schleich'* * Verfahren.

infiltrativ: mit Infiltration einhergehend, in Nachbarorgane eindringend bzw. diese durchwachsend.

infiziert: 1) angesteckt, eine Infektion* aufweisend. – 2) durch infektiöses* Material verunreinigt, nicht aseptisch*.

Inflammatio: Entzündung.

inflexibel: unbiegsam.

Influenza: epidemische, akute Infektionskrankheit, die bes. durch katarrhalische Erkrankungen der Luft- u. Verdauungswege sowie durch rheumatische u. nervöse Symptome* gekennzeichnet ist und durch Virus*-arten verursacht wird. **I.bakterien,** Haemophilus influenzae: bei manchen Formen der Influenza* nachweisbare Erreger.

infra: unterhalb.

infraklavikulär: unterhalb des Schlüsselbeins* gelegen oder sich damit projizierend.

infranukleär: unterhalb eines (Nerven-) Kerns, peripher* davon.

infraorbital(is, -e): unterhalb der Augenhöhle (Orbita*).

Infraktion: Einbrechung, Einknickung, Knickbruch; ein unvollständiger Bruch.

infrarote Strahlen: → ultrarote Strahlen.

Infrarot|thermo|metrie: Hauttemperaturmessung mit Hilfe der infraroten* Eigenstrahlung der Gewebe.

Infundibulum: Trichter, trichterförmige Vertiefung, i.e.S. der trichterförmige Übergang vom Zwischenhirn* zur Hypophyse*.

Infus: → Infusum.

Infusion: 1) Eingießung, Einfließenlassen größerer Flüssigkeitsmengen. → Injektion, Transfusion.–2) Infusum.

Infusionslösungen: zum Ersatz verlorengegangenen Blutplasmas, zur Behebung azidotischer u. alkalotischer Zustände, für die Kaliumersatztherapie, zum Ersatz von Sekretflüssigkeiten des Verdauungstraktes geeignete Lösungen zur v. a. intravenösen Infusion*.

Infusorien: „Aufgußtierchen"; eine Klasse der Protozoa*.

Infus(um): Aufguß. Bezeichnung für wäßrige Auszüge aus zerkleinerten Pflanzenteilen, die mit siedendem Wasser übergossen, fünf Min. im Wasserbad erhitzt und nach Erkalten abgepreßt werden.

Ingesta: die eingenommenen festen und flüssigen Nahrungsmittel.

Ingestionsallergen: Nahrungsmittelallergen.

Ingestpassage: Fortbewegung der zugeführten Nahrung durch den Magen-Darmtrakt*.

Ingredientien: Zutaten, Bestandteile.

Inguinal-bubo: Bez. für jeden, i. e. S. für den bei Lymphogranuloma* inguinale in der Leistenbeuge sich bildenden Bubo*. **-hernie:** Leistenbruch.

inguinal(is, -e): zur Leistengegend gehörig.

Inhalation: das Einatmen; spez. von Dämpfen, Gasen, fein zerstäubten Flüssigkeiten zu Heilzwecken. **I.skrankheiten:** Krkhtn., die durch Einatmung schädlicher Stoffe entstehen. → Pneumokoniose. **I.snarkose:** Allgemeinbetäubung, herbeigeführt durch Einatmen eines Narkosegases bzw. eines narkotisch wirksamen Dampfes.

in|hibieren: hemmen.

Inhibine: thermolabile* antibakterielle Hemmstoffe (besonders im Speichel vorkommend).

Inhibition: Hemmung.

Inhibitor: Hemmstoff, z. B. der Blutgerinnung* (= Antikoagulationsfaktor = Gerinnungsinhibitor).

inhomogen: ungleichmäßig.

Initial...: Anfangs...; **I.sklerose:** die Verhärtung, die als erstes sichtbares Zeichen der Syphilis* bei einem Schanker* eintritt, in einen harten Schanker übergeht.

Injectio, Injektion: 1) Einspritzung. – 2) die eingespritzte Flüssigkeit. – 3) starke Füllung kleiner Blutgefäße.

injizieren: einspritzen.

injiziert: → Gefäßinjektion.

Inkarzeration, Incarceratio, Einklemmung: die unter best. Umständen erfolgende Einklemmung von Eingeweiden* durch Stränge, in einer Bruchpforte*, im Zusammenhang mit einer Darmdrehung oder -knickung, gefolgt von Schock*, Nekrotisierung*, Peritonitis*, Ileus*.

inklinieren: Neigung zu etwas haben.

Inklusion: → Inclusio.

inkohärent: zusammenhanglos.

Inkohärenz: Mangel an Zusammenhang.

inkom|patibel: unverträglich, unvereinbar.

Inkompatibilität: Unverträglichkeit.

inkomplett: unvollständig. **i.e Antikörper:** AK* mit der Eigenschaft, sich in physiologischer Kochsalzlsg. an das homologe* Antigen* zu binden, ohne zu präzipitieren* oder zu agglutinieren*.

inkompressibel: nicht zusammendrückbar.

Inkon|gruenz: mangelnde Übereinstimmung, mangelnde Folgerichtigkeit.

inkon|stant: unbeständig.

Inkontinenz: → Incontinentia.

In|ko|ordination: mangelhafte oder fehlende Koordination*. → Ataxie.

Inkorporation: Einverleibung.

inkorporiert: in den Körper eingebracht, vom Körper aufgenommen.

Inkret: Hormon.

Inkretion: innere* Sekretion*.

inkretorisch: auf innerer Sekretion beruhend.

Inkrustation: Durchsetzung mit Salzen.

Inkubation: Bebrütung, Unterbringung im Inkubator*. – Auch inkorrekte Bez. f. Inkubationszeit. **I.szeit:** Zeit zwischen Eindringen der Erreger in den Organismus u. Ausbruch der durch sie bedingten Krankheit.

Inkubator: Brutapparat, -schrank. In der Pädiatrie geschlossenes Wärmebettchen zur Aufzucht Frühgeborener; mit Decke u. seitl. Wänden aus Glas, einer Vorrichtung zur künstl. O_2*-Zufuhr u. Luftanfeuchtung u. seitl. mit dichtschließenden Manschetten versehenen Öffnungen für die Arme von Pflegepersonen bzw. des Arztes.

inkurabel: unheilbar.

Innenkörper: werden in roten Blutkörperchen gefunden; 1. bei bestimmten Vergiftungen: *Heinz'* Innenkörper, 2. bei Splenektomierten: *Howell'-Jolly'* Innenkörper, 3. als *Cabot'* Ringe. Wahrsch. Reste von Kernmembranen.

Innenohr: das im Felsenbein* gelegene Labyrinth* (→ Taf. **13**, 10–12).

innere Kapsel, Capsula interna: zwischen Thalamus* u. Schweifkern sowie Linsenkern* verlaufende Nervenbahnen, u. a. die Pyramidenbahn*.

innere Sekretion*: Absonderung von Hormonen* in die Blutbahn.

innersekretorisch: mit innerer* Sekretion* zusammenhängend.

Innervation: 1) Versorgung eines Körperteils mit Nerven. – 2) Zuteilung der Nervenreize vom Zentralnervensystem* zu den einzelnen Organen, wo sie die verschiedenen Auslösungsvorgänge hervorrufen.

innervieren: Körperimpulse zuführen, anregen.

in|offensiv: harmlos.

Inokulation: Einimpfung, Impfung*.

inoperabel: nicht durch Operation heilbar.

Inosit: im Tier- u. Pflanzenreich weit verbreiteter, im weiteren Sinne zum Vitamin-B-Komplex gerechneter Körper. **I.urie:** Ausscheidung von I. mit dem Harn.

ino|trop: die Kontraktion* betreffend, auf die Kontraktion gerichtet; als positiv inotrop gelten Reize, die zu einer Inten-

sivierung* bzw. Verlängerung der Dauer der Kontraktion des Herzmuskels führen (vom Sympathikus* ausgehend).
Insektizid: Insektenvertilgungsmittel.
insektizid: Insekten abtötend.
Insel: → Insula. **I.zellen:** Zellen der *Langerhans'* Inseln des Pankreas*.
Inselzelladenom, Insulinom: aus Zellen der *Langerhans'* Inseln bestehender, mit übermäßigen Insulin*-effekten* einhergehender Tumor*; → Hyperinsulinismus.
In|semination: 1) Besamung, Eindringen d. Samenfadens in die Eizelle. – 2) künstliche Befruchtung.
insensibel: unempfindlich, unmerklich.
Insertio(n): Ansatz(stelle); z. B. eines Muskels am Knochen. **I. velamentosa:** Ansatz der Nabelschnur* an den Eihäuten* (statt an der Plazenta*).
insidiös: hinterlistig, heimtückisch, schleichend.
insipidus, -a, -um: nicht schmeckend. → Diabetes.
in situ: am natürl. Ort. Bei Neoplasmen* Bez. für ein Anfangsstadium, das nur mikroskop. erkennbar u. auf den Ort der Entstehung beschränkt ist.
Insolation: Bestrahlung durch die Sonne u. dadurch bedingte Folgen: v. a. Sonnenstich und Hitzschlag.
insolubel: unlöslich.
Insomnie: Schlaflosigkeit.
Inspektion: Besichtigung, Betrachtung.
Inspiration, Inspirium: Einatmung, Einatmungsphase.
inspiratorisch: auf Einatmung bezüglich.
Instillation: Einträufelung.
instinktiv: triebartig, unbewußt.
Insuf|fizi|enz: ungenügende Funktion* eines Organs*. Als Herzklappenfehler ist Insuffizienz gleichbedeutend mit Schlußunfähigkeit.
Insuf|flation: Einblasung von Flüssigkeiten oder Pulvern in Körperhöhlen.
Insufflator: Bez. für Geräte zur künstl. Beatmung.
Insula, Insel: ein in der Tiefe der großen seitl. Hirnfurche gelegenes Hirnrinden*-gebiet. → Inselzellen.
Insulin: das den Blutzucker* senkende Hormon* der B-Zellen des Pankreas* (→ *Langerhans'** Inseln). Mangel führt zu Diabetes* mellitus. **I.schock:** durch Insulinüberdosierung bzw. -überangebot bedingter Schockzustand. Therapeut. Anwendung bei Schizophrenie* u. endogenen* Depressionen*.
Insulom: Inselzelladenom; gut-, aber auch bösartiger Tumor* der Inselzellen*.
Insult: Anfall (z. B. apoplektischer I.); Verletzung.
in suspenso: unentschieden.
intakt; intactus, -a, -um: unberührt, unversehrt.
integrierend: wesentlich.
Integrität: Unversehrtheit.
Integument(um): Körperdecke, Haut.
Intellekt, Intelligenz: Vernunft, Verstand.
intendiert: beabsichtigt.
Intensität: Stärke, Wirksamkeit.
Intensivabteilung: Spezialabteilung, meist im Rahmen einer Anästhesieabteilung, mit Spezialeinrichtung zur laufenden Kontrolle der lebenswichtigen Funktionen u. zur entsprechenden Therapie.
Intentio, Intention: Streben, Absicht. – Sanatio per primam bzw. per secundam intentionem: Primär*- bzw. Sekundärheilung*.
Intensions|tremor: Zittern, das eintritt, wenn die Kranken willkürliche Bewegungen machen wollen.
inter|costalis, -e; interkostal: zwischen Rippen liegend.
interdental: zwischen den Zähnen.
interdigital(is, -e): zwischen Fingern u. Zehen.
Interferon: ein virushemmender, von der Wirtszelle als Reaktion* auf Viren*, Bakterien* etc. gebildeter Eiweißkörper*.
intergenesischer Abstand: Abstand zwischen 2 Geburten.
Interkostalneur|algie: jede Neuralgie* im Bereich der Zwischenrippennerven.
interkurrent: dazwischenkommend, hinzutretend.
Interlobärspalt: Spalt zwischen 2 Lappen, im klin.* Sprachgebrauch zwischen Lungenlappen.
interlobulär: zwischen Läppchen gelegen.
intermediär: in der Mitte liegend. **i.er Stoffwechsel:** Zwischen- oder Zellstoffwechsel; alle Veränderungen, die die Be-

standteile der Nahrung von ihrer Resorption* bis zur Ausscheidung als Stoffwechselendprodukte* erfahren.
Inter|mediarprodukt: Produkt des intermediären* Stoffwechsels*.
intermedius, -a, -um: in der Mitte, dazwischen liegend.
Intermission: Aussetzen von Krankheitserscheinungen; besonders Pause zwischen 2 Fieberanfällen.
Intermittens: Kurzform für Febris* intermittens.
intermittens: → intermittierend.
intermittierend: in bestimmten Zwischenräumen erfolgend. → Intermittens.
Internierung: Unterbringung in einer geschlossenen Anstalt.
Internist: Facharzt für Innere Medizin.
intern(us, -a, -um): innerer, im Inneren befindlich, nach innen gelegen.
interosse|us, -a, -um; interossär: zwischen 2 Knochen liegend.
interozeptiv: Funktion* der Rezeptoren* auf Reize der vegetativen* Sphäre.
interponiert: zwischengeschoben.
Interposition: Zwischenschaltung, z. B. Verpflanzung von Fettgewebe zw. 2 Knochen bei Gelenkplastik, Überbrückung von Hohlorgandefekten durch eine Darmschlinge etc.
Interpositum: bei Interposition* zwischengeschaltetes Gewebe*, Organ*.
Interrenalismus: auf übermäßiger NNR*-Hormon*-produktion beruhendes Krankheitsbild mit Pubertas praecox*, Makrogenitalismus*, Feminisierung* oder Virilisierung*.
Interruptio: Unterbrechung, speziell einer Schwangerschaft.
Intersexualität: auf Anomalien* der Chromosomen* beruhende Fehlentwicklung mit Anomalien* der Geschlechtsorgane* (Merkmale beider Geschlechter, unklare Ausprägung des äußeren Genitale* usw.).
Intersextyp: die auf Anomalien* der Chromosomen* beruhenden verschied. Typen der Intersexualität*: Hermaphroditismus*, Pseudohermaphroditismus*, *Klinefelter'* Syndrom, Gynäkomastie* etc.
Interspinallinie: die beide vorderen Darmbeinstachel (→ Taf. **4**, 6), in der Geburtshilfe die beide Sitzbeinstachel (→ Taf. **4**, 21) verbindende Linie.
Interstitialzellen: *Leydig'* (Zwischen-) Zellen. **I.-stimulierendes Hormon,** ICSH: → luteinisierendes Hormon.
interstitiell: Zwischenräume betreffend. **i.es Gewebe:** das zwischen d. Parenchym* liegende (Binde-)Gewebe. **i.e Schwangerschaft:** Einbettung des Eies in dem Teile des Eileiters*, der in der Wand der Gebärmutter* liegt.
Interstitium: Zwischenraum.
Intertrigo: Hautentzündung, die durch gegenseitige Reibung zweier Hautstellen entsteht u. durch Schwitzen begünstigt wird. **I. perinealis:** I. am Damm* und After* („Wolf").
intertrochantär: zwischen den Trochanteren liegend.
intertubercularis, -e: zwischen den Tubercula (→ Tuberculum) gelegen.
Intervall: Zwischenzeit; Zwischenraum. **I.operation:** Operation in der anfallsfreien Zeit, z. B. bei chron. Appendizitis*.
Intervention: Eingriff.
interzellular: zwischen den Zellen liegend.
Interzellularsubstanz: ungeformte oder geformte (faserhaltige) Substanz zwischen den Zellen der Gewebe.
intestinal(is, -e): zu Eingeweiden, bes. zum Darm* gehörig.
Intestinaltrakt: Gesamtheit des Verdauungsschlauchs (einschl. der großen Drüsen*, Leber* u. Pankreas*) vor der Speiseröhre* bis zum Enddarm.
Intestinum: Darm. **I. caecum:** Blinddarm. **I. crassum:** Dickdarm. **I. i|leum:** Krummdarm. **I. jejunum:** Leerdarm. **I. rectum:** Mastdarm. **I. tenue:** Dünndarm.
Intima: die innerste, aus Endothelien* bestehende Schicht der Blutgefäßwand.
Intim|ektomie: operative Entfernung der Intima* bei gewissen Verschlußkrankheiten der Gefäße.
Intoleranz: Unduldsamkeit, Widerstandslosigkeit; Eigenschaft, etwas schlecht zu vertragen.
Intorsion: einwärts gerichtete Rollbewegung des Augapfels.
Intoxikation: Vergiftung.

intra|abdominạl: im Bauchraum.
intraartikulạ̈r: im Gelenk; die Gelenkhöhle betreffend.
intra|epidermạl: innerhalb der Epidermis*.
intrahepạtisch: in der Leber gelegen bzw. ablaufend. **i.er Block:** durch Narben (z. B. bei Zirrhose*) bedingte Behinderung bis völlige Hemmung der Blutzirkulation* in der Pfortader*; zu Pfortaderhypertension* führend.
intrakanalikulạ̈r: in einem „Kanalsystem" gelegen, auf dem Wege darüber erfolgend.
intrakardiạl: im Herzinnern; das Herzinnere betreffend.
intrakavitạ̈r: innerhalb einer Körper- oder Organhöhle.
intrakorporạl: im Körper gelegen bzw. ablaufend.
intrakraniẹll: innerhalb des Schädels.
intrakutạn: in der Haut, in die Haut.
Intrakutan-naht: Hautnaht (fortlaufend) mit in die Haut versenktem Faden; ergibt zarte stichförmige Narbe. **-test:** Prüfung einer Substanz, z. B. auf Allergen*-wirkung, durch Einspritzung in die (nicht unter [!] die) Haut mit Bildung einer Quaddel.
intraligamentạ̈r: innerhalb des Ligamentum* latum.
intralobulạ̈r: innerhalb eines Läppchens gelegen bzw. ablaufend.
intramedullạ̈r: innerhalb des Rücken*- oder Knochenmarkes.
intramurạl: innerhalb der Wand.
intramuskulạ̈r: im Innern bzw. ins Innere des Muskels hinein.
intra|okulạr: innerhalb des Auges.
intra|operatịv: im Verlauf einer Operation.
ịntra pạrtum: unter der Geburt.
intraperitone|ạl: im Peritonealsack, in der freien Bauchhöhle. → Peritoneum.
intrapleurạl: den Pleuraraum betreffend, im Pleuraraum gelegen; → Pleura.
intrathekạl: den Liquorraum betreffend, in den L. erfolgend.
intra-thorakạl, -thorạzisch: innerhalb der Brusthöhle.
intra|uterịn: innerhalb der Gebärmutter*.
Intra|uterịnpessar, IUP: in die Uterus*-höhle oder den Zervikalkanal* einzuführendes Pessar* (teilweise als Okklusivpessar*).
intravasạl: innerhalb eines Gefäßes.
intravenös, i. v.: innerhalb einer Blutader, in eine Blutader.
ịntra vịtam, intravitạl: während des Lebens.
intrazellulạ̈r: im Zellinnern.
intrazerebellạr: das Innere des Kleinhirns* betreffend.
intrazerebrạl: das Innere des Gehirns, i.e. S. des Großhirns*, betreffend.
Intrinsic-factor: im Magen gebildeter Stoff, der zusammen mit dem Extrinsic*-factor einen für die normale Blutkörperchenentwicklung nötigen Reifungsstoff (= Antiperniziosaprinzip) ergibt.
Intrinsic-sytem: die im Blut (nicht in den Geweben!) vorhandenen Faktoren der Blutgerinnung.
Intrọitus: Eingang.
introvertiẹrt: nach innen gerichtet, von der Umwelt abgeschlossen.
Intubation: Einführung einer Röhre; spez. in den Kehlkopf, um bei Verengerung desselben Erstickung zu verhüten (→ Abb.); methodisch bei bestimm-

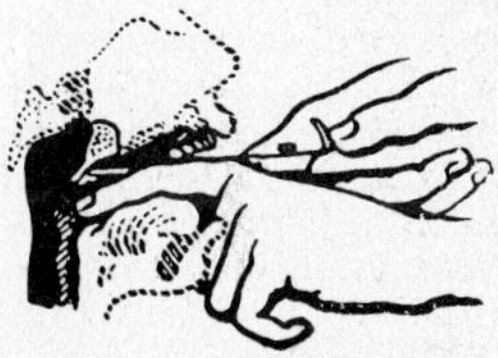

ten Narkosen (= **I.snarkose**). **I., endobronchiạle:** Tubuseinführung in einen Hauptbronchus*. **I., endotracheạle:** Tubuseinführung in die Trachea*. Je nach Einführung durch Nase bzw. Mund werden die **naso-** bzw. **orotracheạle I.** unterschieden.
Intumes|cẹntia, Intumeszenz: Anschwellung (z. B. im thorakalen oder lumbalen Bereich des Rückenmarks*).
Inturges|zẹnz: Anschwellung infolge erheblicher Flüssigkeitsansammlung.
Intus|sus|zeption: Einstülpung eines Darmabschnitts in die Höhlung eines benachbarten.

Intus|sus|zeptum: bei der Intussuszeption* der eingestülpte Darmabschnitt.
Intussuszipiens: der sich bei der Intussuszeption* über einen Darmabschnitt stülpende Darm.
Inulin: stärkeähnliches Kohle(n)hydrat*. Zerfällt bei Hydrolyse* in Fruchtzucker. Diätetisch gut für Diabetiker. → Klärwertbestimmung.
In|unktionskur: systematische Auftragung oder Einreibung von Salben; spez. die sog. Schmierkur*.
Inv: Symbol für genetischen* Faktor der Immunglobuline*.
Invagination: Intussuszeption.
Invaginat: Intussuszeptum.
Invasion: Einbruch, Eindringen.
invasiv: eindringend.
Inversio: Umkehren, Umdrehung, Umstülpung. **I. sexualis:** konträre* Sexualempfindung. **I. uteri:** Einstülpung oder vollkommene Umstülpung des Fundus* uteri; in letzterem Falle tritt derselbe durch den Muttermund in oder vor die Scheide. **I. viscerum:** Situs inversus.
inveteriert: veraltet, verschleppt.
invisibel: unsichtbar.
in vitro: im Glase, d. h. im Reagenzglasversuch.
in vivo: im Leben, beim lebenden Individuum.
Involution: Rückbildung, entweder des ganzen Organismus im Alter oder einzelner Organe, spez. der Thymusdrüse* u. der weiblichen Geschlechtsorgane.
Inzest, Inzucht: Paarung direkt verwandter Individuen miteinander, also von Eltern mit Kindern bzw. von Geschwistern oder Enkeln untereinander (Schändung).
Inzi...: → Inci... .
Inzision: das Einschneiden, der Einschnitt.
Inzucht: Inzest.
i.o.: intraokulär.
Ionen: elektrisch geladene Atome* oder Atomgruppen, die in Elektrolyten* vorhanden sind und unter dem Einfluß eines hindurchgesandten elektrischen Stromes zu den Elektroden* wandern. Die positiv* geladenen Kationen (Wasserstoff- u. Metall-Ionen) wandern zur Katode u. werden gemäß ihrer elektr. Wertigkeit mit Punkten (oder + Zeichen) hinter ihrem chem. Symbol gekennzeichnet. Die negativ* geladenen Anionen* (Molekülreste) gehen zur Anode u. werden entsprechend ihrer Wertigkeit mit Strichen (oder –Zeichen) versehen; z.B. Na˙ bzw. Cl′ (Na^+ bzw. Cl^-).
Ionenaustauscher: Kunstharze (wie Polystyrole), deren Ionen* austauschbar sind, z. B. gegen solche, die man aus dem Organismus entfernen möchte.
Ionisation: Umwandlung von Atomen*, z. B. unter der Wirkung ionisierender* Strahlen, in Ionen*.
ionisierende Strahlen: Ionen* erzeugende, energiereiche elektromagnetische oder Korpuskularstrahlen.
Ionogramm: Aufstellung der Plasmakonzentration der verschiedenen Elektrolyte*, in Milliäquivalent/Liter Plasma* angegeben.
Ionto|phorese: durch elektr. Strom bewirkte Einführung von Ionen* in den Körper.
i.p.: intraperitoneal.
Irid|ektomie: Ausschneidung eines Stükkes der Iris* bei zentralen Hornhautnarben, um eine neue Pupille zu bilden (optische I.) oder um den Druck im Auge bei Glaukom* zu verringern.
Irid|en|kleisis: Glaukom*-operation, bei der ein Iris*-stück in einen Spalt der Lederhaut*, dicht am Hornhautrand, eingeklemmt wird (Fistelbildung).
Irido-chorioïditis: Entzündung der Iris u. Chorioidea*. **-dialyse:** Ablösung der Iris* an ihrem äußeren Rande. **-donesis:** Irisschlottern. **-tomie:** Durchschneidung der Iris*, um eine neue Pupille zu bilden. **-zele:** Iris*-vorfall durch Hornhautwunde. **-zyklitis:** Entzündung der Iris* u. des Ziliarkörpers*.
Iris: Regenbogenhaut (→ Taf. **14**, 4).
I.muskeln: → Augenmuskeln.
Iritis: Entzündung der Regenbogenhaut.
Ir|radiation: Ausstrahlung; z. B. einer (schmerzhaften) Empfindung von der direkt gereizten Stelle in die Umgebung.
irregulär: unregelmäßig.
irreparabel: nicht wiederherstellbar, unheilbar.
irreponibel: nicht reponibel*.

ir|re|spirabel: nicht einatembar.
irreversibel: nicht umkehrbar.
Irrigation: Begießung, Bespülung, Ausspülung.
Irrigator: Gefäß für Spülungen mit Schlauch und Ansatzstück.
Irrigo|skopie: Rö-Kontrasteinlaufuntersuchung des Dickdarms*.
irritabel: reizbar.
Irritabilität: Reizbarkeit.
Irritantia (Sg. **Irritantium**)**:** reizende Mittel.
Irritation: Reizung, Reizzustand.
irritativ: reizend, Reiz verursachend.
Is|chämie: örtliche Blutleere.
is|chämische Lähmung: Muskellähmung infolge zu geringer Blutzufuhr, z. B. durch zu feste Verbände. → Schlauchlähmung.
ischi|adicus, -a, -um: die Hüfte bzw. das Hüftbein betreffend.
Ischiadikus: Kurzform für Nervus ischiadicus.
Ischiagra: Hüftgicht.
Ischialgie, Ischias: Hüftweh; Neuralgie* im Gebiet des Ischiadikus*.
Is|chio|pubio|tomie: Durchsägung des Sitz- und Schambeins, um bei engem* Becken die Geburt zu ermöglichen (obsolet).
Ischuria: Harnverhaltung. **I. spastica:** durch Krampf der Blasenhalsmuskulatur bedingt. **I. paradoxa:** Incontinentia paradoxa.
Iselin' Syndrom (spr. iselän): aseptische* Knochennekrose* der distalen* Epiphyse* des Os metatarsale* V.
Iso|antikörper: Antikörper*, durch arteigene Antigene* (z. B. Blutkörperchen) hervorgerufen.
isochrom: gleichfarbig, gleichmäßig gefärbt.
isochron: gleichzeitig, gleichläufig.
isodynamisch: bezüglich der Qualität als Energielieferant gleichwertig.
Isokorie: Gleichheit der Pupillen.
Isoleuzin: eine essentielle Aminosäure*; u. a. reichlich in Hämoglobin* u. Serumproteinen* vorhanden.
Isolierung: 1) Absonderung, Abschließung. – 2) Züchtung von Reinkulturen aus Bakteriengemischen.
isolog: von einem genetisch* identischen Individuum (eineiigem Zwilling) stammend; z. B. isologes Transplantat*.
isometrische Muskelarbeit: liegt vor, wenn trotz vermehrter Eigenspannung des Muskels keine Verkürzung erfolgt; → isotonisch.
isometrop: gleichsichtig auf beiden Augen.
isomorph: von gleichem Aussehen, von gleicher Art.
isoperi|staltisch: bezügl. der Richtung der Peristaltik* gleichsinnig (z. B. bei der Anastomosierung* zweier Darmschlingen).
isosexuell: das gleiche Geschlecht betreffend.
is|osmotisch: von gleichem osmotischem* Druck.
Iso|sthen|urie: gleichbleibende (u. gleichzeitig verringerte) Konzentrationsfähigkeit der Niere. Harn*-konzentration liegt bei bzw. um 1010 (spezif. Gewicht).
isoton(isch): 1) von gleichem osmotischem* Druck. – 2) von gleichem Tonus*.
i.e Muskelarbeit: liegt vor, wenn der Spannungszustand des Muskels gleich bleibt, die Länge sich aber ändert; → isometrisch.
isotop: bezüglich des Orts (u. der Umgebung) gleichartig, z. B. die Einpflanzungsstelle eines Transplantats* im Vergleich zur Entnahmestelle.
Isotope: Elemente gleicher Ordnungszahl, die sich chem. gleich verhalten, sich aber in ihrem Atomgewicht u. in der Radioaktivität* unterscheiden. Die einzelnen Formen heißen Isotope und können in vielen Fällen künstlich radioaktiv gemacht worden sein (radioaktive Isotope). Anw. zur Diagnostik (z. B. ^{131}J = J-131) u. Therapie.
Isotransplantat: von einem genetisch identischen Individuum stammendes Transplantat; → isolog.
Isozym: Enzym*, das mit einem anderen in der Funktion, nicht aber in der chem. Struktur gleich ist.
Isth|mus: verengte Stelle. **I. aortae:** Übergang des Aortenbogens in den absteigenden Teil. **I. faucium:** Rachenenge. Übergang zwischen Mund- und Rachenhöhle. **I. glandulae thyro|ideae:** schmales

Verbindungsstück zwischen den beiden Schilddrüsenlappen. **I. gyri cin|guli:** schmalste Stelle zwischen Gyrus cinguli* u. Gyrus parahippocampalis (kräftige an der Medialseite des Gehirns gelegene Hirnwindung). **I. prostatae:** Mittelstück der Vorsteherdrüse, den re u. li Lappen verbindend. **I. tubae auditivae:** Enge der Ohrtrompete am Übergang vom knöchernen zum knorpeligen Teil. **I. tubae uterinae:** enger Teil des Eileiters an dessen medialem Ende. **I. uteri:** innerer Muttermund* (etwa 1 cm lange röhrenförmige Verengung des Uteruslumens zwischen Corpus u. Cervix* uteri; → Taf. **23**, 5).
Isthmus|stenose: Kurzform für Aortenisthmusstenose*. Umgekehrte Isthmusstenose: Aortenbogensyndrom*.
Iteration: zwangsmäßige Wiederholungen beim Sprechen, aber auch zwanghafte Wiederholungen von Handlungen.
iteretur: Rezepturanweisung i.S. der Erneuerung einer Verordnung.
Ito Reenstierna' Reaktion: Hauttest auf Ulcus* molle.
IU: Abkürzung für (engl.) **I**nternational **U**nit = Internationale Einheit (IE).
i.v.: Abk. für **i**ntra**v**enös*.
Ivemark' Syndrom: kombinierte kongenitale Mißbildung mit Agenesie* der Milz*, Herzmißbildungen u. Lageanomalie der Baucheingeweide*.
Ix|odes: Zeckengattung; menschen- u. tierpathogen.
Ixodes ricinus: Holzbock, Hundszecke.

J: Symbol für Jod. ^{131}**J, J-131:** radioaktives Jod (Isotop); für Szintigraphie.

Jacket' Krone (spr. d*sch*äkit): Porzellankrone, die auf den abgeschliffenen Zahnstumpf aufgesetzt wird.

Jackson' Epilepsie (spr. d*sch*äckßen): auf bestimmte Muskelgruppen bzw. auf eine Körperhälfte beschränkte tonisch-klonische* Krämpfe, die durch einen Krankheitsherd in der Großhirnrinde bedingt sind. **J.' Lähmung:** Lähmung einer Zungenhälfte mit gleichzeitiger Lähmung d. Extremitäten d. entgegengesetzten Körperhälfte, bei kleinen Herden im verlängerten Mark*.

Jactạtio, Jaktation: das unruhige Sich-hin-und- herwerfen Kranker.

Jaffé'-Lichtenstein' Syndrom (spr. *sch*afẹh): juvenile, oft einseitig oder in einer Extremität auftretende Knochenerkrankung (polyostotische Fibroplasie*; → *Albright*).

Janet' Methode (spr. *sch*ané): Spülungen der ganzen Harnröhre mit antiseptischen Lösungen mittels einer auf ihre Mündung aufgesetzten Spritze.

Jẹcur (Gen. **jecoris**): Leber.

jejunạlis, -e: zum Jejunum* gehörig.

Jejunịtis: Entzündung des Leerdarms*. **J. necrọticans:** Darmbrand.

Jejuno-gastroplastik: Bildung eines Ersatzmagens durch Vereinigung des Magenstumpfes mit einer Jejunum*-schlinge.

-jejunostomie: Anastomose* zwischen 2 Jejunum*-schlingen, z. B. bei der *Braun*'* Anastomose. **-stomịe:** Anlegung einer Fistel* des Jejunum*. → Darmfistel.

Jejụnum: Leerdarm* (→ Taf. **25**, 11).

Jendrạssik' Handgriff: verhakendes Falten der Hände mit Versuch des Auseinanderziehens als Ablenkungsmaßnahme bei Prüfung des PSR*.

Jochbein, Os zygomạticum: ein Knochen, der im Gesichtsbereich des Schädels konturbildend ist (→ Taf. **1**, 7).

Jod, J: ein chem. Element; bedeutsam für die Funktion der Schilddrüse*. Aktiv v. a. in der an Eiweiß gebundenen Form (proteingebundenes Jod = **p**rotein **b**ound **i**odine = PBI).

Jodate: Bezeichnung für Salze der Jodwasserstoffsäure.

jodieren: mit Jod bestreichen.

Jodịsmus: nach längerer Jodanwendung auftretende Erscheinungen: Schnupfen, Husten, Konjunktivitis*, Ausschlag.

Jodoform: Trijodmethan; Pulver zur Wundbehandlung.

Jodoformin: Verbdg. von Jodoform und Hexamethylentetramin; dient als Jodoformersatz; geruchlos.

Jodschnupfen: Schnupfen nach Gebrauch von Jodpräparaten.

Joghurt: → Yoghurt.

Jolly: → *Howell*.

Jones' Eiweißkörper: → *Bence*.

Judet' Prothese (spr. *sch*üdạ̈): Kunstharzprothese des Hüftkopfes*.

Jugendliche: Metamyelozyten*.

Jugularis: klin. gebr. Bez. für die V. jugularis (→ Jugularvenen).

juguḷaris, -e: zur vorderen Halsseite (Drosselgrube) gehörend.

Jugulạrvenen: Hauptvenen des Kopfes (v. a. die innere J.); leiten das Blut in die V. subclavia der entspr. Seite.

Jụgulum: Kehle, Hals.

Junctụra: (Gelenk-)Verbindung.

Junktionsnävus, Übergangsnävus: flacher Nävus mit Melanozyten* im Übergangsbereich zwischen Korium* u. Epidermis*.

juveniḷ(is, -e): das jugendliche Alter betreffend, z. B. juvenile Knochennekrose*.

juxta|artikulär: neben dem Gelenk.

juxtaglomerulär: neben den Glomeruli*.

juxtapylọrisch: neben dem Pylorus.

K: 1) chem. Symbol f. Kalium. – 2) Abk. f. Kathode. – 3) → *Kell.*
kach|ektisch: unter Kachexie leidend, durch K. bedingt.
Kachexia, Kachexie: schlechter Ernährungszustand u. Kräfteverfall bei gewissen Allgemeinleiden, z. B. Krebs, Syphilis* (Adj. **kachektisch**). **K. strumipriva** u. **thyreopriva:** myxödemartige Erscheinungen nach vollkommener Entfernung eines Kropfes bzw. einer gesunden Schilddrüse.
Kadaverstellung: konstante* Stellung des Stimmbandes* bei Rekurrenslähmung* in der Mitte zw. der Lateralstellung bei Inspiration* u. der Schlußstellung.
Kader' Fistel: eine Art der Gastrostomie* (mit Hilfe eines Katheters* angelegt).
Kadmium, Cd: ein Metall. **K.reaktion:** Probe zum Nachweis einer Globulin*-vermehrung (Trübung).
Kälteagglutinine: unspezifische Antikörper*, die bei Viruserkrankungen, Blutkrankheiten, chron. Infekten* u. auch bei Gesunden auftreten können, Agglutination* erst bei Temperaturen unter 20°.
käsige Entartung: Umwandlung eiweißartiger Gebilde (Eiter, Tuberkel, pneumonische Exsudate* usw.) in eine gelblichweiße Masse, die ähnlich wie Käse aussieht.
Kahnbauch: kahnförmige Einziehung d. Bauches durch Krampf der Därme u. Bauchmuskulatur, z. B. bei Meningitis*.
Kahnbein: ein Knochen der Handwurzel (Os scaphoideum, → Taf. **8**, 3) bzw. der Fußwurzel (Os naviculare, → Taf. **9**, 3).
Kahn' Reaktion: eine Flockungsreaktion auf Syphilis*.
Kaiserschnitt, Sectio caesare|a: Einschnitt in die schwangere Gebärmutter* zwecks Entbindung. 1) mit Eröffnung der Bauchhöhle (transperitoneal): a) unter Erhaltung u. Naht der Gebärmutter (klassischer oder konservativer K.); b) mit Entfernung der Gebärmutter (*Porro*' Operation). 2) ohne Eröffnung der Bauchhöhle (extraperitoneal, suprasymphysär, zervikal). 3) von der Scheide her (vaginaler* Kaiserschnitt).
Kako|geusie: üble Geschmacksempfindung.
Kak|osmie: üble Geruchsempfindung.
Kako|stomie: übler Mundgeruch.
Kal, kal: → Kalorie.
Kala-Azar: meist zum Tode führende tropische Infektionskrankheit.
Kalbsmilch: Thymus* des Kalbes.
Kalilauge: Lösung von Kaliumhydroxid in Wasser.
Kalium, K: ein Alkalimetall*. Im Blut erhöht bei vermehrter Hämolyse*, Insuffizienz* der NNR*; erniedrigt nach Erbrechen, Durchfall; bei NNR*-Überfunktion. **K. bitartaricum:** Tartarus depuratus. **K. bromatum:** Kaliumbromid, Bromkalium. **K. chloricum:** Kaliumchlorat, chlorsaures Kalium. **K. jodatum:** Kaliumjodid, Jodkalium. **K. nitricum:** Salpeter. **K. permanganicum:** übermangansaures Kalium. **K. sulfuratum:** Schwefelleber; Gemisch verschiedener Kalium-Schwefelverbindungen.
Kalkane|odynie: Fersenschmerz.
Kalka|ne|us, Calcane|us, Os calcis: Fersenbein (→ Taf. **9**, 14). **K.fraktur:** Fersenbeinbruch. **K.sporn:** Exostose* des Fersenbeins, spornartig nach hinten oder fußsohlenwärts ragend.
Kalk-gicht: Ablagerung von phosphor- u. kohlensaurem Kalzium in der Haut. **-infarkt:** Kalkablagerungen in Infarkten. **-metastase:** Ablagerung von K. in verschiedenen Organen bei Hyperkalzämie*. **-milch:** gelöschter Kalk (1), Wasser (10) zur Desinfektion. **-seifenstühle:** an fettsaurem Kalk reiche, graue trockene Stühle.
kalkulös: Konkremente* (Calculi) betreffend.

Kallus, Callus: Knochennarbe, -schwiele; das an u. im Spalt eines Knochenbruchs neu gebildete Gewebe, erst bindegewebig, dann knöchern. → Callositas.
Kalomel: Hydrargyrum* chloratum. Mittel zum Abführen u. Entwässern.
Kalorie: Wärmeeinheit; Wärmemenge, die nötig ist, um 1 kg (große K., Kcal, Kilokalorie [Kal]) bzw. 1 g (kleine K., Grammkalorie = gcal [kal]) Wasser um 1°(14,5° auf 15,5°) zu erwärmen.
Kalorimetrie: Messung von Wärmemengen.
Kalorisationsprüfung: Kalt- und Warmwasserspülung des äußeren Gehörganges; einzige Möglichkeit zur einseitigen Prüfung des Gleichgewichtsorgans. → Vestibularapparat.
kalorisch: auf Wärme bezüglich.
Kalotte: Schädeldach.
kalter Knoten: szintigraphisch* (→ Radiojod*) aktivitätsarmer, hormonell inaktiver* Schilddrüsenknoten (kaltes Adenom); → Knoten.
Kalzikose: Kalkstaubpneumokoniose*.
Kalzium, Calcium, Ca: ein alkalisches* Erdalkalimetall*. Im Blut erhöht bei Überfunktion der Nebenschilddrüsen*, erniedrigt bei irrtümlicher Entfernung derselben anläßlich Strumektomie*. **K.ionenwirkung:** Faktor IV der Blutgerinnung.
Kammer: → Augen- und Herzkammern. **K.flattern:** dem K.flimmern ähnl. Herztätigkeit, mit Frequenz unter der des Flimmerns (< 300/Min). **K.flimmern:** unregelmäßige Herztätigkeit der Kammern durch ungleichzeitige Zusammenziehung der einzelnen Muskelfasern. **K.komplex:** im EKG* der mit QRS* markierte Teil der Stromkurve. Ebenfalls zum Kammerteil gehören die ST-Strecke sowie T- u. U-Welle. **K.wasser:** die Flüssigkeit in der Augenkammer* (vom Ziliarkörper* produziert). **K.winkel:** von Iris* u. Cornea* gebildeter Winkel.
Kamm-Muskel, Schambeinkamm-Muskel: Musculus pectineus; → Pektineus.
Kampfer: eigenartig riechende Stoffe in gewissen Pflanzen.
Kampimetrie: (*Bjerrum*) Nachweismethode für feine Skotome*.
Kampto|daktylie: Beugekontraktur der (kleinen) Finger.
Kandida|mykose: durch Candida (= Monilia) albicans bedingte Pilzerkrankung.
Kanikolafieber: vom Hund auf den Menschen übertragene Krankheit mit Fieber, Muskel- u. Hinterhauptsschmerzen, teilweise Gelbsucht. Erreger: Leptospira canicola (Syn. Stuttgarter Hundeseuche).
Kankroid: gutartiger Hautkrebs.
Kankro|phobie, Kanzero|phobie: krankhafte Angst vor Krebs (= Cancer).
Kantharidin: wirksamer Bestandteil der Kanthariden (Cantharides*).
Kantharidismus: Vergiftung mit Kanthariden bzw. Kantharidin.
Kanthoplastik: Lidwinkelbildung zur Erweiterung der Lidspalte.
Kanüle: Röhre; z. B. Trachealkanüle*, Hohlnadel von Rekordspritzen usw.
kanzerogen: Krebs verursachend.
kanzerogene Substanzen: → karzinogene Substanzen.
Kapazität: Fassungsvermögen. → Vitalkapazität.
kapillar: auf Kapillaren* bezüglich.
Kapillar|apo|plexien: kleine punktförmige Blutungen.
Kapillardruck: der innerhalb der Kapillaren* herrschende Blutdruck.
Kapillaren: 1) Haargefäße; die feinsten Verzweigungen der Blut- u. Lymphgefäße usw.–2) Haarröhrchen; sehr dünne Glasröhrchen.
Kapillar|fragilität: Brüchigkeit der Kapillaren*.
Kapillarmikro|skop: Mikroskop zur Beobachtung der Kapillar*-durchblutung.
Kapillaro|skopie: Mikroskopie der Kapillaren am Lebenden, besonders am Nagelfalz* zur Beobachtung der Durchblutung.
Kapillaro|pathie: Kapillarerkrankung.
Kapillar-per|meabilität: K.-durchlässigkeit. **-puls:** pulsatorische Schwankungen im Kapillargebiet, die sich u. a. durch rhythmisches Rot- u. Blaßwerden der betr. Stellen äußern. **-punktion:** Punktion* mit sehr dünnem Trokar* bzw. Kanüle. **-röhrchen:** Kapillaren (2).
Kapistrum: → Capistrum.

Kapitatum, Os capitatum: Kopfbein (→ Taf. **8**, 6).
Kaposi' Syndrom: bösartige Wucherung des Gefäßretikulums* der Lymphknoten u. der Haut.
Kappeler' Handgriff: dem Vorziehen des Unterkiefers (und der Zunge) bei der Narkose dienender Handgriff (→ Abb.).

Kapsikum-pflaster, -tinktur: aus Fructus Capsici (Spanischer Pfeffer) hergestellt; hautreizend.
Karbamid: Harnstoff.
Karboanhydrase-Hemmer: diuresefördernde Mittel (Hemmung des Enzyms* Karboanhydrase u. damit der Rückresorption u. des Austausches für die Diurese* wichtiger Ionen*).
Karbolsäure: → Phenol.
Karbonate: kohlensaure Salze.
Karbunkel: → Carbunculus.
Kard...: s. a. Card....
Kardia: 1) Herz. –2) Magenmund, Übergang von der Speiseröhre in den Magen.
kardial: das Herz betreffend, auf Herzleiden beruhend.
Kardi|algie, Kardi|odynie: Herzschmerz.
Kardi|asthenie: nervöse Herzschwäche.
Kardio|gramm: bei der (Angio*-)Kardiographie* gewonnenes Bild. **-graphie:** Aufzeichnung der Herzbewegungen. Der Apparat hierzu heißt **-graph**, d. erhaltene Kurve -gramm*. **-lyse:** Lösung von Verwachsungen des Herzbeutels mit der Brustwand. **-megalie:** Herzvergrößerung. **-myotomie:** Durchtrennung der – hypertrophischen – Muskulatur der Kardia* bei Kardiospasmus*. **-omento|pexie:** der Verbesserung der Durchblutung des Herzmuskels dienende Anheftung des großen Netzes* an das Herz. **-plastik:** operative plastische Korrektur der Kardia (2). **-ptose:** Herztiefstand. **-r|rhexis:** Herzruptur. **-skop,** Elektrokardioskop: Gerät, das die Herzaktion als wandernde EKG-Kurve auf einen Leuchtschirm zeichnet. **-spasmus:** Krampf des Mageneingangs. **-tonika:** herzstärkende Mittel.
kardiovaskulär: Herz u. Gefäße betreffend.
Kardio-version, Synchrodefibrillation: Defibrillation* mittels eines Gleichstromstoßes. **-zele:** Vortreten des Herzens aus dem Thorax*. → Ektokardie. **-zentese:** Herzpunktion.
Karditis: Herzentzündung.
Karell' Kur: eine Entlastungs- und Schonungskur für Herzkranke (Milch und Zwieback).
Karenz: Entbehrung, Aussetzen.
Karies, Caries: Knochenfraß; chronische Knochenentzündung, die zu geschwürigem Zerfall der Knochensubstanz führt u. meist mit Eiterung (C. humida), seltener ohne solche (C. sicca) einhergeht. **K. der Zähne:** fortschreitende Zerstörung des Zahnschmelzes u. Zahnbeins.
Karina, Carina tracheae: Trennleiste an der Teilungsstelle der Trachea*.
kariös: Karies* zeigend, auf K. beruhend.
Karminativa: Mittel gegen Blähungen.
Karnifikation: fleischähnliche Beschaffenheit des Lungengewebes bei Atelektase*, Pneumonie* etc.
Karotidenhüpfen: starke sichtbare Pulsationen der Karotis*.
Karotin: Pflanzenfarbstoff, vermutlich Vorstufe des Vitamins A.
Karotis, Carotis: die zum Kopf führende Halsschlagader (= Arteria carotis). **K.-drüse:** ein an oder innerhalb der Teilungsstelle der A. carotis gelegener Drüsenkörper. **K.sinusnerv:** Ast des IX. Hirnnervs*, dessen Reizung Verlangsamung der Herztätigkeit und Erweiterung der Gefäße bewirkt. **K.siphon:** der stufenförmig ansteigende intrakranielle Teil der inneren Karotis.
Karpalgelenke: Gelenke zwischen den Handwurzelknochen*.
Karpalia: Handwurzelknochen (→ Taf. **8**, 2–10).
Karpaltunnel: der durch die Rinne zwischen den Karpalia*, Kahn*- u. Vieleckbein* sowie Haken*- u. Erbsenbein* (= Sulcus carpi) u. das Ligamentum* carpi transversum gebildete Kanal für die Fingerbeugemuskeln u. den Nervus* medianus.
kartilaginär: aus Knorpel (Cartilago) bestehend.

Karyo-gramm: Muster der in der Kernteilungsphase (-kinese*) erkannten, photographierten u. vergrößerten Chromosomen*, geordnet nach Form, Größe u. zusammengehörenden Paaren. Wichtig für Diagnostik* der Intersextypen* u. zur Erkennung des chromosomalen Geschlechts. **-kinese,** Mitose: indirekte Zellteilung, bei der zuerst der Zellkern verwickelte Verwandlungsvorgänge durchmacht (→ Chromosomen). **-lyse:** Auflösung des Zellkerns. **-mitose** = -kinese. **-plasma:** Protoplasma* des Zellkerns. **-r|rhexis:** Fragmentation* des Zellkerns. **-typus:** das für ein Lebewesen unter Berücksichtigung seines Geschlechts typische -gramm.

karzino|gene Substanzen: chem. u. physikal., schädl. Substanzen, die Krebs hervorrufen können, z. B. Arsen, Anilin, Pech, Röntgenstrahlen usw.

Karzinoid: meist relativ gutartiger, gelegentl. aber stark wuchernder u. metastasierender (= malignes K.) Tumor* der gelben (= argentaffinen*) Zellen. **K. syndrom:** durch malignes* K. des Dünndarms* bedingtes Krankheitsbild (Hyperperistaltik*, palpable* Tumoren*, Herzklappenfehler, anfallsweise Hautröte (= Flush).

Karzinom, Carcinoma: Krebsgeschwulst, Krebsgeschwür. Bösartige Geschwulst, die aus Epithelzellen* besteht und oft geschwürig zerfällt. → Metastasen, Sarkom.

Karzino|phobie: Furcht, ein Karzinom* zu haben oder zu bekommen.

Karzinosarkom: bösartige Geschwulst, die teils einem Karzinom*, teils einem Sarkom* entspricht.

Karzinose: ausgedehnte Überschwemmung des Organismus mit krebsartigen Geschwülsten.

Kaschin'-Beck' Krankheit: in Sibirien u. am Baikalsee vorkommende frühkindliche Knochen- u. Gelenkerkrankung bes. mit Ossifikationsstörung im Bereich der Epiphysen*.

Kasein: Käsestoff, Eiweißkörper in Milch usw.

Kastration: Entfernung beider Hoden oder Eierstöcke bzw. andersartige Ausschaltung ihrer Funktion (z. B. durch Röntgenbestrahlung).

Kasuistik: Sammlung bzw. Beschreibung einzelner Krankheitsfälle.

KaSZ: Kathoden**s**chließungs**z**uckung.

kata|bol: Katabolismus betreffend.

Katabolismus: Dissimilation. Abbau im Stoffwechsel.

katakrot: adj. Bez. von Erhebungen auf dem absteigenden Schenkel der Pulswelle.

Katalase: ein in atmenden Zellen vorhandenes Enzym*, das im intermediären* Stoffwechsel H_2O_2 spaltet (unter Bildung von O_2 u. H).

Katalepsie: bei manchen Geisteskrankheiten vorkommendes Phänomen des Beibehaltens selbst unbequemer, passiv herbeigeführter Stellungen u. Haltungen.

Katalysator: → Katalyse.

Katalyse: Beschleunigung oder Verlangsamung einer chem. Reaktion durch einen Stoff (Katalysator), der dabei nicht verändert wird.

Kata|mnese: Krankheitsgeschichte nach Abschluß der ärztlichen Behandlung.

Kataplasie: Rückbildung, Ausbildung von Körper- u. Organzellen nach einer fehlerhaften Richtung hin.

Kataplasma: (warmer) Breiumschlag.

Katarakt: → Cataracta.

Katarrh: Entzündung einer Schleimhaut mit Bildung eines Exsudats*, weiter auch ohne solches. Populär syn. f. Schnupfen, Luftröhren- und Bronchialkatarrh.

katarrhalisch: zu einem Katarrh* gehörig, mit K. einhergehend; → Pneumonia. **k.e Entzündung:** → Katarrh.

Katatonie: Spannungsirresein. Form der Dementia* praecox mit Spannungszuständen in Muskeln (K. im engeren Sinne), Katalepsie*, Stereotypien*, Negativismus* usw.

Katharsis: Reinigung.

Kathartika: Abführmittel.

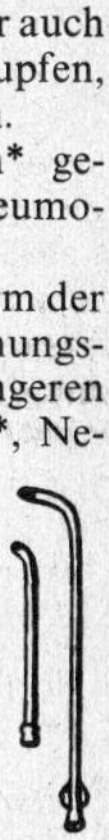

Katheter: röhrenförmiges Instrument, das in bestimmte Hohlräume des Körpers eingeführt wird, um etwas zu entleeren od. einzuführen. Unter K. schlechtweg versteht man Harnblasen-K. zum Ablassen von Harn. Bekannte Modelle, z. B. nach *Nélaton*, *Casper*, *Pezzer*. An-

gabe v.a. in Charrière*. Einfache Modelle → Abb. **K.gastro|stomie:** über einem Katheter angelegte u. durch diesen nach außen führende Gastrostomie*.
Katheterismus: Einführung eines Katheters (= katheterisieren). **K. der Luftwege** = Intubation. **K., hinterer** (= **posteriorer** oder **retro|urethraler**): Einführung eines Katheters in die hintere Harnröhre von der (geöffneten) Blase aus.
Kathode: Katode.
Kationen: → Ionen. **K.austauscher:** Kunstharzpräparate, die – unter Abgabe anderer Ionen – dem Körper Natrium- u. Kaliumionen zu entziehen vermögen.
Katode, Kathode: die mit dem negativen Pol einer Elektrizitätsquelle verbundene Elektrode*.
Katodenstrahlen: aus Elektronen* bestehende Strahlen, die in Röntgenröhren usw. von der Katode* ausgehen.
Katodenzuckung: Muskelzuckung, die bei Schließung bzw. Öffnung des elektrischen Stromes entsteht, wenn die Katode* Reizelektrode* ist (Katodenschließungs- bzw. Öffnungszuckung).
Katzenkratzkrankheit: Virusinfektion, die durch Katzen auf den Menschen übertragen wird. Anschwellen der regionären* Lymphknoten (Syn. Felinose).
Katzenschnurren: → Frémissement cataire.
kaudal: schwanzwärts, fußwärts liegend.
Kauffmann'-White'Schema: Einordnung der Salmonellen auf Grund morphologischer*, biochemischer*, serologischer* u. pathogenetischer* Gesichtspunkte.
kausal: ursächlich.
Kaus|algie: brennender Schmerz.
Kau|salität: ursächlicher Zusammenhang.
Kaustik: Kauterisation.
Kaustikum: Ätzmittel.
kaustisch: causticus. **k.e Alkalien:** Ätzkalk, Ätznatron usw.
Kautelen: Vorsichtsmaßregeln.
Kauter: Brenner. → Galvano-, Thermokauter.
Kauterisation: Ätzung, Verschorfung.
Kauterium: Brenn- oder Ätzmittel.
Kava: Kurzform f. Vena cava (= Hohlvene). **K.ligatur:** Unterbindung der (unteren) Hohlvene* als selten angewandte Maßnahme bei Rechtsinsuffizienz* des Herzens.
Kaverne: Höhle, bes. in den Lungen bei Tuberkulose* und Gangrän*. **K.nsaugdränage:** Methode z. Beseitigung von tuberkulösen Kavernen. Kombination von Absaugung mit lokaler Verabfolgung von Tuberkulostatika*.
kavernös: Hohlräume enthaltend, mit Hohlraumbildung einhergehend. **k.es Gewebe:** aus Balkenwerk elastischer Fasern u. blutgefüllten Hohlräumen bestehendes Gewebe (z. B. der Schwellkörper*).
KBR: **K**omplement**b**indungs**r**eaktion.
Kcal: Kilokalorie (→ Kalorie).
Kefir, Kefyr: durch Zusatz von Kefirenzymen (getrocknet: Kefirkörner; besteht aus mehreren Bakterienarten) alkoholisch vergorene Kuhmilch.
Kehl-deckel: Epiglottis (→ Taf. **10**, 16; **11**, 1; **12**, 3). **-kopf:** → Taf. **10**, 15 u. **11**. → Laryngeal..., Laryngo.... **-kopfspiegel:** kleiner hinter den Zäpfchen eingeführter Spiegel, der das Kehlkopfinnere zeigt.
Kehr' Drän: dünne Sonde mit T-förmigem Ende; zur Choledochus*-dränage*.
Keilbein: 1) Os sphenoidale: ein Knochen der Schädelbasis*; mit Türkensattel (= Sella turcica), je einem großen u. kleinen, flügelartig zur Seite ausladendem Fortsatz bds. (= **K.flügel** = Ala major bzw. minor ossis sphenoidalis; → Taf. **1**, 3) u. einer Höhle re u. li der Mitte im Körper d. Knochens (= **K.höhle** = Sinus sphenoidalis [→ Taf. **10**, 21]; → Nasennebenhöhlen). – 2) drei Knochen der Fußwurzel (Os cuneiforme mediale, intermedium u. laterale = inneres, mittleres u. äußeres Keilbein [→ Taf. **9**, 4, 5, 9]).
Keilwirbel: durch Zusammendrücken des Wirbelkörpers zustandekommende keilartige Wirbelform, z. B. bei tuberkulöser Spondylitis*.
Keim: 1) Embryo. – 2) Mikroorganismus. → Krankheitskeime. **K.blase:** Blastula. **K.blätter:** bei Bildung der Gastrula* sich abgrenzende Schichten (innen: Entoderm*; außen: Ektoderm*; zwischen diese Schichten einsprossend: Mesoderm*) aus denen sich spezif. Organe u. Gewebe entwickeln. **K.drüsen:** Geschlechtsdrüsen (Ovarien* u. Testes*).

keimfrei: ohne Krankheitskeime.

Keimträger: Personen, die Krankheitskeime (Bazillen*, Bakterien*) usw. beherbergen u. evtl. auf andere übertragen, ohne selbst krank oder krank gewesen zu sein. → Dauerausscheider.

Keith'-Flack' Knoten (spr. kieß-fläck): Sinusknoten.

Kelch: Kurzform f. Nierenkelch = Calix renalis (→ Taf. **19**, 9). **K.gewölbe:** gewölbter oberer Teil des Nierenkelchs, der zirkulär die in ihn hineinragende Nierenpapille (→ Taf. **19**, 8) umgibt u. bei Nierenbeckenfüllung mit Kontrastmitteln unter zu hohem Druck leicht einreißt (→ Fornixruptur).

Kell (-Cellano): Bezeichnung für ein erbliches Blutkörperchenmerkmal; kell-positiv (K), kell-negativ (R).

Keloid: harte, knollige oder platten- u. streifenförmige Geschwulst der Haut, oft im Anschluß an Narben.

Kempner' Diät: eine kochsalzfreie Diät.

Kennedy' Syndrom: homolaterale* Optikusatrophie* u. kontralaterale* Stauungspapille* als Symptom eines Hirntumors* der vorderen Schädelgrube* bzw. des Stirnhirns*. Bei Einbruch in die Orbita* Exophthalmus* u. Augenmuskellähmungen*.

Keph...: → Ceph....

Kephal|algie: hartnäckiger Kopfschmerz.

Kephalhämatom(a): Kopfblutgeschwulst (Bluterguß zwischen Schädelknochen u. ihrem Periost*).

Kephalin: ein Phospholipid. **K.-Cholesterin-Flockungsreaktion:** eine Serumlabilitätsprobe*; pos. v. a. bei Vermehrung der Gammaglobuline*.

Kephalo-metrie: Schädelmessung. **-thrypsie, -tripsie:** Zermalmung u. Herausziehung des kindlichen Schädels mittels eines geburtszangenähnlichen Instruments **(-thryptor, -trib)**. **-zele:** Kopfbruch; Vortreten von Teilen des Schädelinhalts durch Lücken des Schädeldaches.

Kerasin: ein Sphingolipoid; bei *Gaucher*' Krkht. gespeichert (u. a. zu Hepatomegalie* führend).

Kerat|ektasie: umschriebene Vorwölbung der Hornhaut*, meist an ihrem Rand.

Keratin: Hornstoff; **k.ieren:** Pillen mit K. überziehen, so daß sie sich erst im Dünndarm* auflösen.

Keratitis: Hornhautentzündung. **K. ekcematosa** od. **phlyctaenulosa:** mit Bildung von Phlyktänen*. **K. fascicularis:** „Gefäßbändchen"-K. **K. interstitialis** od. **parenchymatosa** od. **profunda:** Entzündung der tiefen Hornhautschichten.

Kerato|con|junctivitis epidemica: durch Virus* hervorgerufene, ansteckende Bindehautentzündung m. kleinfleckigen Entzündungsherden der Hornhaut. **K. scrophulosa:** skrophulöse* K. mit knötchenförmigen Entzündungsherden (Phlyktänen*).

Kerato-globus: kugelige Vorwölbung der (abnorm vergrößerten) Hornhaut* des Auges. **-konus:** kegelförmige Vorwölbung der Kornea* infolge zunehmender dystrophischer* Verdünnung derselben.

Keratolyse: Auflösung von Keratin*. Auch Bez. für Epidermolyse* (→ Epidermolysis).

Keratom(a): Horngeschwulst; starke Verdickung der Hornschicht der Haut.

Kerato-malazie: Hornhauterweichung durch Vit.-A-Mangel. **-metrie:** Messung des Hornhautdurchmessers u. der Hornhautkrümmung. Instrument dazu: Keratometer. **-nyxis:** Hornhautstich. **-plastik:** Augenoperation, bei der getrübte Hornhautteile herausgenommen u. durch klare Leichenhornhaut ersetzt werden.

Keratosis, Keratose: Verhornung; Hyperkeratosis → Callositas.

Kerato-skop, *Placido'* **Scheibe:** runde Scheibe, deren eine mit weißen und schwarzen Ringen bemalte Seite vor d. Auge des Kranken gehalten wird, das man durch ein Loch in der Mitte der Scheibe beobachtet (→ Abb.). Bei Astigmatismus* erscheinen die Spiegelbildchen der Kreise verzerrt. **-zele:** Hornhautbruch; blasenartige Vorstülpung der *Descemet'** Membran in ein Hornhautgeschwür.

Kerion Celsi: bei Pilzerkrankung der Kopfhaut (tiefe Trichophytie*) auftretendes entzündl., erhabenes Granulom*.

Kern: 1) Zellkern. – 2) umschriebene Anhäufungen v. Ganglienzellen, bes. solche, die mit Nervenwurzeln bzw. Bahnen des Zentralnervensystems* in Verbdg. stehen. → Nucleus.

Kernig' Zeichen: Unmöglichkeit der passiven Beugung des gestreckten Beins im Hüftgelenk (alsbald Eintreten einer Kniebeugung) sowie der Streckung des in Knie u. Hüfte gebeugten Beins im Kniegelenk; bei Meningitis*, Meningismus* etc.

Kernikterus: mit Hirnschädigung (Enzephalopathie) u. Farbstoffablagerung in die Kerne* des ZNS*, v.a. die Basalganglien*, verbundener Ikterus*.

Kernlähmung: Lähmung infolge von Erkrankung der Kerne* im Zentralnervensystem*.

Kernplasma, Nukleoplasma: das den Zellkern bildende Plasma*.

Kernstar: Cataracta nuclearis.

Ketọn: chem. Verbindung mit einer (reduzierbaren) =C=O-Gruppe (z. B. Azeton u. andere Ketokörper).

Keto(n)körper: path. Substanzen im Blut und Harn bei Diabetes* mellitus und Hungerzuständen.

ketoplastisch: Ketokörper* bildend.

Keton|urie: Ausscheidung von Ketokörpern* mit dem Harn.

Ketọse: Zucker (Monosaccharid) mit Struktur eines Ketonalkọhols.

Kẹtosteroịde: Abbauprodukte der Steroidhormone mit Keton*-charakter, im Harn z.B. als 17-Ketosteroide ausgeschieden.

Kettenkokken: Streptokokken*.

Keuchhusten: Pertussis.

KH: übl. Abkürzung für **K**ohlen**h**ydrat(e).

Kidd: Bezeichnung für ein erbliches Blutkörperchenmerkmal (Symbol I^a, I^b).

Kiefer: 1) Maxilla. – 2) Mandibula. **K.-höhle:** Oberkieferhöhle. **K.klemme:** Unfähigkeit, den Mund zu öffnen (durch Muskelkrampf oder -lähmung, Verwachsungen usw.).

Kielbrust: Pectus carinatum*.

Kiemenbögen: embryonale* Gebilde im Kopfbereich (häutig → knorplig → knöchern), aus denen sich der Unterkiefer, die Gehörknöchelchen etc. entwickeln.

Kiemengangsfisteln: angeborene Fisteln am Halse, welche Reste der embryonalen* **Kiemenspalten** (embryonale* taschenartige Gebilde zwischen den Kiemengängen, aus denen Ohrtrompete, Nebenschilddrüsen etc. hervorgehen) darstellen.

Kienböck' Krankheit: juvenile* (aseptische*) Knochennekrose des Mondbeins (→Taf. **8**, 10) = Lunatum*-malazie.

Killian' Operation: 1) Eröffnung der Stirnhöhle* u. Herstellung einer breiten Verbdg. zw. ihr u. der Nase. – 2) submuköse Fensterresektion*.

K.' Nasenspekulum: → Abb.

Kilokalorie: → Kalorie.

Kimmelstiel'-Wilson' Syndrom: eine für Diabetes* mellitus typische Nierenerkrankung (Glomerulosklerose*).

Kin|äs|thesịe: Bewegungsgefühl, Bewegungsempfindung (Adj. **kinästhetisch**).

Kinạse: Stoff, der ein Zymogen* in ein wirksames Enzym* (Ferment) überführt. → Enterokinase u. Thrombokinase.

Kindbettfieber: Puerperalfieber.

Kinderheilkunde: Pädiatrie.

Kinderlähmung: Lähmung im Kindesalter durch Erkrankung des Gehirns (zerebrale K.) oder Rückenmarks (spinale K.). Bei der spinalen K. handelt es sich um eine zuweilen epidemisch auftretende infektiöse Poliomyelitis* anterior (auch bei Erwachsenen vorkommend; schwer), hervorgerufen durch ein Virus, von dem 3 Typen bekannt sind, die aber im wesentlichen alle den gleichen Krankheitsverlauf verursachen.

Kindslage: Lage des Kindes in der Gebärmutter*. Bei Geradlagen ist die Längsachse beider parallel, bei Quer- u. Schieflagen nicht. Geradlagen unterscheidet man wieder nach dem vorliegenden Teil in Kopflagen (Schädel-, Vorderhaupt-, Stirn- u. Gesichtslagen) u. Beckenendlagen (Steiß-, Fuß-, Knielagen). Liegt dabei der Rücken links, so spricht man von 1. Schädellage usw.; liegt er rechts, von 2. Schädellage usw. Eine 1. Querlage liegt vor, wenn der Kopf links steht, eine 2, Querlage, wenn er rechts steht. Beide können wieder dorsoanterior oder dorsoposterior sein, je nachdem, ob der Rücken vorn oder hinten liegt. → Situs, Positio, Praesentatio, Habitus.

Kindspech, Mekonium: der dunkle, geruchlose Inhalt des Dickdarms* beim Fetus* ab 2. Hälfte der Schwangerschaft.

Kineplastik: operat. Korrektur eines Amputationsstumpfes durch Bildung von Muskelkanälen etc., die die Kraftübertragung von den Muskeln des Stumpfes auf die Prothese ermöglichen.

Kinesiotherapie: Bewegungstherapie, Heilgymnastik.

kinetisch: auf Bewegung bezüglich. **k.e Energie:** Fähigkeit zur Arbeitsleistung, die ein Körper durch seine Bewegung besitzt.

Kinetose: Bewegungs- oder Reisekrankheit, wie See-, Luft- oder Autokrankheit.

King'-Armstrong' Einheit: in der klin. Praxis gebräuchl. Einheit für Serum*-phosphatase*.

Kinnbacken: Unter- und Oberkiefer. **-krampf:** Kaumuskelkrampf.

Kionitis: → Cionitis.

Kirschner' Draht: Stahldraht für Drahtextension*, Transfixation u. a. Eingriffe an Knochen.

Kitzler: Clitoris (→ Taf. **22**, 2, 3).

Kjelland' Zange: Modell einer Geburtshelferzange (Forzeps).

Kjeldahl' Methode: klin. Standardmethode zum quantitativen* Nachweis von Stickstoff* in organischen* Substraten*.

Klärwertbestimmung: Clearance: der Klärwert gibt die Plasmamenge in ml an, die innerhalb der Zeiteinheit von einer Substanz (z. B. Harnstoff*, Inulin*, Glukose*, Paraaminohippursäure) durch die Nierenfunktion befreit wird. Anwendung mit den verschiedenen Substanzen zur Feststellung, durch welchen Nierenteil eine Störung bedingt ist.

Klappe, Valva, Valvula: Membranen* u. häutige Gebilde, welche Hohlräume ventilartig verschließen. → Herz- u. Venen-K. **K.nfehler** = Herzklappenfehler. **K.ntöne:** durch plötzliche Anspannung von Herz- und Venenklappen entstehende Töne.

klassisch: oft = typisch.

Klauenhand: Verkrümmung der Hand durch Lähmung gewisser Handmuskeln (bei Ulnarislähmung* usw.).

Klaustro|phobie: krankhaftes Angstgefühl in geschlossenen Räumen.

Klavikel, Klavikula: → Clavicula (→ Taf. **3**, 1).

Klebsi|ella pneumoniae, *Friedländer'* Bazillus: Erreger einer bösartig verlaufenden (zu Komplikationen neigenden) Pneumonie*, die meist als Sekundärerkrankung auftritt.

Kleido|tomie: Durchtrennung des Schlüsselbeins.

kleine Kindsteile: Beine u. Arme.

Kleinhirn, Cerebellum: das unter dem Tentorium* in der hinteren Schädelgrube* gelegene Koordinationszentrum für Bewegungen sowie Muskeltonus- und Gleichgewichtszentrum des ZNS*, bestehend aus 2 Hemisphären* u. dem Wurm (→ Taf. **10**, 4). Teil des Metencephalon. **K.arme:** Pedunculus cerebellaris medius (= Brachium pontis). Der die Brücke* mit dem Kleinhirn verbindende K.stiel. **K.brückenwinkeltumor:** im Winkel zwischen Kleinhirn u. Pons* befindl. Geschwülste wie Fibrome*, Neurofibrome*, Psammome*. **K.stiel,** Pedunculus cerebellaris (superior, medius u. inferior): die das Kleinhirn bds. mit Hirnstamm*, Brücke* u. Olive* verbindenden Gebilde. → K.arme.

kleinzellige Infiltration: Auftreten zahlreicher kleiner Rundzellen* (bes. Lymphozyten*) in entzündeten Geweben.

Klepto|manie: krankhafte Sucht zu stehlen.

Kletterpuls: stufenförmiges Ansteigen der Pulsfrequenz.

Klick: scharfer Extraton in der Systole* der Herzaktion.

Klimakterium, Climacterium, Klimax: „Stufenjahre", „Wechseljahre". Zeitabschnitt, in der die weiblichen Geschlechtsorgane sich zurückbilden. Gekennzeichnet durch Beschwerden verschied. Art u. Aufhören der Menses*. **Climacterium virile:** ähnliche Erscheinungen bei alternden Männern.

Klimatologie: Lehre vom Klima.

Klimatotherapie: Anwendung des Klimas zu Heilzwecken.

Klimax: Klimakterium.
Klinefelter' Syndrom (spr. kleinfelter): auf Anomalie* der Chromosomen*, u. zwar der Gonosomen*, basierendes Syndrom mit Fehlentwicklung des Geschlechts. Phänotypisch sind die Patienten männlich. Sekundäre Geschlechtsmerkmale normal oder schwach ausgebildet; Gynäkomastie. Bei den abnorm kleinen Hoden* handelt es sich um mißgebildete Eierstöcke*.
Kline' Test (spr. klein): eine sehr empfindliche Serum*-reaktion auf Syphilis* mit Hilfe von Cardiolipin*-Lezithin*-Antigen*.
Klinik: Anstalt zur (längeren) Aufnahme u. Behandlung (bettlägeriger) Kranker.
klinisch: zur Klinik gehörig. Auf Beobachtung am Kranken beruhend. **k.e Bezeichnung:** am Krankenbett gebr. Bez.
Klipp, Clip: Klemme, Klammer (z. B. aus Silberdraht) zur Gefäßabklemmung.
Klippel'-Feil' Syndrom: angeborener Kurzhals oder Fehlen des Halses; oft noch weitere Mißbildungen.
Klippel'-Trenauney'-Weber' Syndrom (spr. ...trenohnäh...): mit flächenhaftem Hämangiom* d. Extremitäten (meist einseitig) verbundener Riesenwuchs der betroffenen Gliedmaße.
Klitoris: Kitzler (→ Taf. **22**, 1–3).
Kloake, Cloaca: der während der Embryonalzeit vorhandene gemeinsame Ausführungsgang des Darms u. Urogenitaltraktes*.
Kloni (Sg. **Klonus**): klonische Krämpfe.
klonischer Krampf, Klonus: aus schnell aufeinander folgenden Muskelzuckungen bestehender Krampf.
Klopfschall: das bei Perkussion* eines Organs auftretende Schallphänomen, z. B. Dämpfung, hypersonorer* Schall etc.
Klostridien: → Clostridium.
Klump-fuß: jede dauernde fehlerhafte Stellung des Fußes. Im engeren Sinne Pes* varus und equinovarus. **-hand:** angeborene Mißbildung des Handgelenkes, z. B. bei Unterentwicklung oder Fehlen des Radius*. **-hüfte:** → Coxa vara.
Klumpke' Lähmung: Lähmung d. unteren Wurzeln des Plexus* brachialis*, z. B. infolge Druckschädigung, mit okulopupillärem* Syndrom sowie Lähmung der Hand- u. Fingerbeugemuskeln.
Klysma, Klystier: Einführung von Flüssigkeiten mittels Irrigators* („Einlauf"), seltener mit Spritze.
Knapp' Rollpinzette: eine Trachom*-pinzette (→ Abb.) zum Ausquetschen der Körner aus der Bindehaut.

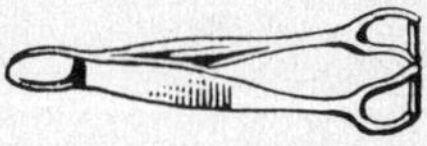

Knaus'-Ogino' Regel: Das Optimum der Konzeptions*-fähigkeit liegt etwa zwischen dem 10.-16., die Konzeptionsmöglichkeit zwischen 10.–18. Tag des normalen weiblichen Zyklus.
Kneipp' Kur: eine von dem Wörishofener Pfarrer K. entwickelte Wasser- und Abhärtungskur gegen Kreislauf- u. Stoffwechselstörungen.
Knickbruch: → Infraktion.
Knickfuß: Pes* valgus im engeren Sinne.
Knicksenkfuß: Knickfuß mit Abflachung der Längswölbung u. vermehrter Supination* des Vorfußes.
Kniebohrergang: Bezeichnung für die bei X-beinigen typische Gangart.
Knie-ellenbogenlage: Lage, bei der sich Patient auf seine Ellenbogen und Vorderarme sowie Knie u. Unterschenkel stützt. **-hackenversuch:** man läßt den Kranken bei geschlossenen Augen auf Kommando rasch seine eine Ferse auf das andere Knie setzen. **-lage:** → Kindslage. **-phänomen, -reflex,** Patellarsehnenreflex, PSR: Streckung des Unterschenkels bei Beklopfen des Kniescheibenbandes. **-scheibe:** Patella (→ Taf. **16**, 9). **-scheibenband:** Ligamentum patellae. **-scheibenphänomen:** Patellarklonus. **-sehnenreflex:** -phänomen.
Knisterrasseln: ein sehr feinblasiges Rasselgeräusch* über kranken Lungenteilen.
Knochen-bolzung: Vereinigung zweier Knochen(teile) dadurch, daß man einen Stift aus Elfenbein usw. durch sie treibt. **-fraß:** → Karies. **-haut:** Periost. **-kern:** an typ. Stelle u. zu einem typ. Zeitpunkt im knorplig vorgebildeten Knochen auftretendes Zentrum der Verknöcherung. **-lade:** Totenlade. **-leitung:** Fortleitung von Schallwellen durch die Kopfknochen zum Gehörorgan. → *Rinne'* Versuch.

-mark: das weiche Gewebe, das die Hohlräume d. Knochen ausfüllt; rotes K. enthält rote u. weiße Blutkörperchen in ihren Entwicklungsstadien; gelbes K. besteht im wesentlichen aus Fettgewebe. → Myelogramm. **-nekrosen, juvenile:** im Jugendalter auftretende keimfreie Nekrosen* unbekannter Ursache, z. B. *Perthes*', *Köhler*', *Schlatter*' Krkht. **-plombierung:** Ausfüllung von Knochenhöhlen mit erhärtendem Material (Gips, Paraffin, Seesand usw.). **-tuberkulose:** tuberkulöse* Osteoarthritis* (als Karies*) bzw. Synovitis*, auch in Form des Tumor* albus.
Knöchel: Malleolus (→ Taf. **7**, 6, *7*). **K., hinterer:** die nach hinten etwas vorstehende Gelenkfläche der Tibia* zum Talus*; bei Knöchelbrüchen als *Volkmann*' Dreieck gelegentl. herausgesprengt. **K.-gabel:** distales* Ende beider Unterschenkel mit gabelzinkenartig vorspringenden innerem u. äußerem Knöchel (Malleolus).
Knopfnaht: Naht, bei der jeder Faden nach Ein- u. Ausstich für sich geknüpft wird (→ Abb.).

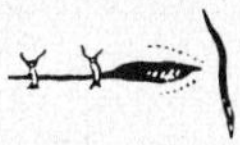

Knorpel: Cartilago. Stützgewebe, bestehend aus wasserreichen Knorpelzellen (Chondrozyten) und Interzellularsubstanz*. Nach der Art der Zusammensetzung unterscheidet man: elastischen, hyalinen u. Faser-Knorpel.
Knorren: → Epicondylus, Tuber, Trochanter.
Knoten, heißer: im Szintigramm* der Schilddrüse* durch reichl. Aufnahme von radioaktivem Jod (^{131}J) gekennzeichneter Knoten („toxisch"). **K., kalter:** Aussparung im Schilddrüsen-Szintigramm*; Verdacht auf Neoplasma*.
Koagubilität: Gerinnungskraft, Gerinnungsvermögen.
Koagulation: Gerinnung (→ Blutgerinnung).
Koagulationsnekrose: mit Gerinnungsvorgängen verbundene Form des Gewebsunterganges; z. B. bei Diphtherie*-membranen* nach Einwirkung v. Säuren.
koagulieren: gerinnen, ausfällen, ausflokken.
Koagulogramm: Gerinnungsstatus (→ Blutgerinnung).
Koagulopathie: Blutgerinnungs*-störung.
Koagulum: Gerinnsel aus Fibrin* u. Erythrozyten*.
Koalition: → Coalitio.
Koaptation: richtige Zusammenfügung, z. B. gebrochener Knochen.
Koarktation: → Coarctatio.
Kobalamin: Cobalamine.
Kobalt, Co: chem. Element, auch im Vitamin B_{12} enthalten. → Radiokobalt. **K.kanone:** Gerät zur Fernbestrahlung mit Radiokobalt*.
Kobrak: Kurzform f. eine von *Kobrak* angegebene Methode der Kalorisationsprüfung*.
Koch' Bazillus: i. allg. Tuberkelbazillus (Mycobacterium tuberculosis), auch Cholerabakterium.
Kocher' Klemme: eine Arterienklemme (→ Abb.).

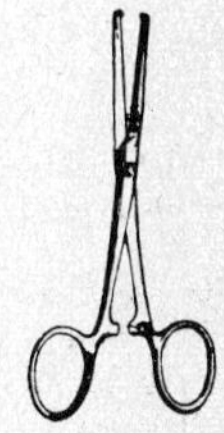

kochle|ar: zur Schnecke (= Cochlea) des Innenohrs* gehörig.
Kochleo-palpebralreflex: auf unerwartete Schalleinwirkung erfolgender Augenlidschluß. **-phonationsreflex:** Zunahme der Lautstärke bei einem laut Lesenden auf Betäubung beider Ohren. **-pupillarreflex:** auf unerwartete Schalleinwirkung erfolgende Miosis* mit nachfolgender Mydriasis*.
Kochprobe: Kochen von Harn unter nachfolg. Zusatz von etwas Salpetersäure oder verdünnter Essigsäure. Bleibender Niederschlag ist Eiweiß.
Kochsalz: Natriumchlorid, NaCl. **K.infusion:** Verabfolgung von physiologischer Kochsalzlsg. unter die Haut oder in die Vene bei Blut- u. Flüssigkeitsverlusten. **K.lösung, physiologische:** 0,85%ige Lösung von NaCl in Wasser.
Kodein, Codein: ein Alkaloid* aus Mohn.
Köhler' Krankheit: aseptische* juvenile* Knochennekrose* des Köpfchens des Metatarsale* II (→Taf. **9**, *7*), evtl. auch III u. IV (= „**Köhler I**") bzw. des Kahnbeins (→ Taf. **9**, 3) der Fußwurzel (= „**Köhler II**"). **K.'-Müller'-Weiss' Syndrom:** Köhler I.
Koënzym, Kosubstrat: wirkungsspezif.

Bestandteil zusammengesetzter Enzyme*, dort auch prosthetische* Gruppe genannt; → Enzym.
Körnerkrankheit: Trachom*.
Körperkreislauf: Kreislauf des Blutes von der linken Herzkammer durch Aorta* u. die aus ihr hervorgehenden Arterien*, Körperkapillaren* und Körpervenen* zum rechten Vorhof.
Koexistenz: gleichzeitiges Vorhandensein.
Kofaktor: die Wirkung eines Holoenzyms* unterstützender, ergänzender Stoff, z. B. Magnesium-, Chlorionen etc.
K. V: Faktor V der Blutgerinnung.
Koferment: Koënzym.
Koffein: → Coffeinum.
Kohabitation: Beischlaf.
Kohärenz: Zusammenhang.
Kohäsion: molekulare* Anziehungskraft zwischen Teilchen desselben Körpers.
Kohlen-dioxid: Anhydrid* der Kohlensäure (CO_2). **-hydrate:** organische* Verbindungen, in denen außer Kohlenstoff noch Wasserstoff u. Sauerstoff im Verhältnis von 2:1 (also wie im Wasser) enthalten sind. Hierzu gehören die Zuckerarten. **-oxid, -mon|oxid:** geruchloses, sehr giftiges Gas (CO), das bei ungenügender Verbrennung von Kohle entsteht.
Kohlensäureschneemethode: Vereisung v. krankhaft veränderter Haut durch Anwendung flüssiger Kohlensäure, die rasch verdunstet u. dabei zu einer schneeartigen Masse erstarrt.
Kohlenstoff, C: chem. Element*, das frei als Kohle, Diamant, Graphit vorkommt, in gebundener Form den wesentlichen Bestandteil der „organischen" Verbindungen ausmacht.
Kohlenwasserstoffe: organische* Verbindungen aus Kohlenstoff* u. Wasserstoff*, letzterer durch andere Elemente u. Gruppen bzw. Ketten ersetzbar.
Ko|inzidenz: gleichzeitiges Auftreten.
Koïtus: → Coitus.
Kojewnikoff' Syndrom (Epilepsie): tagelang anhaltender epilept. Anfall (Myoklonien*, Paresen* u. Parästhesien*) ohne Bewußtseinsverlust.
Kokain: Alkaloid* in Blättern des Cocastrauches (Amerika); Anästhetikum*.
Kokainismus: Kokainvergiftung, -sucht.
Kokarboxylase: → Cocarboxylase.
Kokken: kugelförmige, nicht sporenbildende Spaltpilze.
Kok|zidi|en: weit verbreitete Familie intrazellulärer* Parasiten*.
Kokzidio|idomykose: Wüstenfieber. Durch Pilze (Coccidioides) verursachte Krkht., als grippaler* Infekt*, Pneumonie* od. septische* Allgemeinerkrankung.
Kokzidiose: durch Kokzidien* verursachte Krankheit.
kok|zygeal: das Steißbein betreffend.
Kokzyg|odynie: Steißbeinschmerz.
Kolchizin: → Colchicinum.
Koli-bakterien, -bazillus: → Bacterium coli.
kolieren: durchseihen; durch ein leinenes oder wollenes Tuch filtrieren.
Koli-infektion, -pyelitis, -sepsis, -zystitis: durch Bacterium* coli verursachte Infektion* usw.
Kolik: → Colica.
Kolitis: → Colitis.
Koli|urie: Ausscheidung von Kolibakterien* im Harn.
Kolla: Leim.
Kolla|gen: leimgebende Substanz, Gerüsteiweißkörper.
kollagene Fasern: aus feinsten, unverzweigten Fibrillen* bestehende Bindegewebsfasern.
Kollagenosen: verschiedene Krankheiten, bei denen das kollagene Gewebe verändert wird, z. B. rheumatische* Erkrankungen, Erythematodes* u. a.
kollabieren: zusammenfallen, verfallen, einen Kollaps* bekommen.
Kollaps: das Zusammenfallen, -sinken. Verfall eines Kranken durch plötzliches Versagen des Blutkreislaufs bzw. eines lebenswichtigen Organs. **K.therapie:** Maßnahmen, die ein Zusammenfallen der Lunge zur Folge haben (bei Tbk).
Kollargol: kolloidales* Silber.
kollateral: seitlich; → Kollateralbahnen.
Kollateralbahnen, Kollateralen: seitl. Verbindungsbahnen zwischen Gefäßen oder Nerven, die bei Unwegsamkeit der Hauptbahn diese ersetzen, bzw. nervöse Impulse von einem Leitungssystem in ein anderes überleiten.

Kol|lateralkreislauf: Umgehungskreislauf; künstlich angelegte Umgehung: Bypass.

Kolle' Schalen: flache Flaschenkölbchen für Bakterienkulturen (→ Abb.).

Kolliquation: Einschmelzung bzw. Verflüssigung von Geweben. **K.snekrose:** Absterben von Geweben mit Erweichung (Verflüssigung), z. B. nach Laugeneinwirkung.

kolliquativ: mit Erweichung einhergehend. Auch adjektiv. Bez. für Erschöpfungszustand infolge übermäß. Schwitzens oder Diarrhöen.

Kollodium: Klebäther; Auflösung von Kollodiumwolle (Zellulosenitrat) in Äther und Weingeist.

Kolloid: gallertartiger oder schleimartiger Stoff, wie er z. B. in Schilddrüse*, Eierstöcken*, Geschwülsten usw. vorkommt. → Kolloide.

kolloïd(al): leimähnlich, zu Kolloiden gehörig; von der Beschaffenheit eines Kolloids*.

kolloïdale Lösung: Flüssigkeit, die feinst verteilte Kolloide enthält.

Kolloide: Körper, die keine wirklichen Lösungen bilden u. nur sehr schwer durch tierische Häute hindurchtreten können; z. B. Eiweiß, Leim. → Kristalloide. → Kolloid.

kolloid|osmotischer Druck: → osmotischer Druck.

Kolloidstaub: lungengängiger, Nase u. obere Atemwege passierender Staub mit Teilchengröße unter 5 Mikron.

Kollum: Kurzform für Collum = Cervix uteri (→ Taf. **24**, 6).

Kollumkarzinom: Krebs des Gebärmutterhalses (→ Taf. **24**, 6).

Kollyrium: Präparat zur lokalen Augenbehandlung.

Kolobom(a): angeborene oder operativ hergestellte Spaltbildung der Iris*, als angeborene Mißbildung an Aderhaut*, Netzhaut*, Augenlidern vorkommend; auch Bez. für Spaltbildung anderer Organe (**K.a faciei** = Gesichtsspalte).

Kolo-gastroplastik: Bildung eines Ersatzmagens aus dem Kolon* (meist Colon* transversum). **-kolostomie:** operat. Verbindung (Anastomosierung) zweier Kolon*-abschnitte.

Kolon: → Colon (→ Taf. **25**, 18, 19, 10, 12).

K.interposition: Zwischenschaltung (Verpflanzung) eines Kolon*-abschnitts, z. B. zwischen Speiseröhre u. Magenstumpf bei Kologastroplastik*.

Kolo-pexie: Anheftung des (abnorm beweglichen) Kolons*. **-ptose:** Senkung des Kolons*. **-rektostomie:** Herstellung einer Verbindung zwischen Kolon* u. Rektum*.

Kolonie: eine zusammenhängende Ansiedlung bzw. Kultur* von Bakterien* auf festem Nährboden.

Kolorimetrie: Methode zur Bestimmung der Konzentration von Lösungen durch Messung ihrer Farbstärke (im Vergleich mit einer Standard-Lsg.). Farblose Lösungen müssen zur Anwendung dieser Methode erst in gefärbte übergeführt werden.

Kolorit: Hautfarbe.

Kolostomie: Anlegen einer äußeren Dickdarmfistel zur Ableitung von Stuhl.

Kolostrum: Vormilch; Sekret* der weibl. Brustdrüsen in der Schwangerschaft bis kurz nach der Geburt des Kindes.

Kolo-tomie: Eröffnung des Dickdarms*. **-typhus:** hauptsächlich im Dickdarm* sitzender Typhus* abdominalis. **-zystoplastik:** Neubildung der Harnblase aus dem Kolon* (z. B. als Zäkum-, Sigmablase).

Kolpeurynter: Kautschukballon mit durch Hahn verschließbarem Schlauch (→ Abb.). Wird leer in die Scheide bzw. den Zervikalkanal eingeführt, dann mit Wasser gefüllt, wodurch er als Tampon* wirkt. **Kolpeuryse:** künstliche Erweiterung der Scheide durch den Kolpeurynter*.

Kolpitis: Entzündung der Scheide.

Kolpo-hyster|ek|tomie: operative Entfernung des Uterus* von der Vagina* aus. **-hysterotomie, -hysterotomia vaginalis:** vaginaler* Kaiserschnitt. **-kleisis:** Verschluß des Scheideneingangs durch Naht. **-perineoplastik, -perineor|rhaphie:** Kolporrhaphia* posterior mit Perineoplastik* zur Schaffung eines widerstands-

fähigen Beckenbodens; bei Gebärmutter*-vorfall usw. **r|rhaphịa:** Verengerung der Scheide durch Ausschneiden von Schleimhautlappen aus der vorderen od. hinteren Scheidenwand (K. anterior u. posterior) mit folgender Vernähung der Wundränder. **-skop:** optisches Gerät zum Spiegeln der weibl. Genitalien (-skopie [10–20fache Vergrößerung] bzw. -mikroskopie [bis 200fache V.]). **-tomie:** Scheidenschnitt. **-zẹle:** Senkung u. Heraustreten der Scheide vor die Vulva*. **-zöliotomie:** Coeliotomia* vaginalis.
Kọma: tiefste Bewußtlosigkeit; z. B. bei Diabetes*, Urämie*, Schlaganfall.
kombiniert: verbunden, zusammengesetzt. → Wendung. **k.e Untersuchung:** Abtastung von Bauchorganen mit beiden Händen, von Scheide oder Mastdarm bzw. von den Bauchdecken.
Komedọnen, Mitesser: Stauungen in den Talgdrüsen, verursacht durch Hyperkeratose* der Ausführungsgänge. **K.akne:** im Bereich von K. auftretende Akne (Acne vulgaris).
Kommabazillen: → Vibrionen; spezielle Cholerabakterien*.
Kommensạlen: an der Oberfläche oder im Körperinneren eines Individuums lebende, ihren Wirt weder direkt noch indirekt schädigende (nicht parasitierende, apathogene*) Lebewesen.
Komminutịvbruch: Splitterbruch.
Kommissụr, Commissura: Verbindung, Verbindungsbahn(en).
Kommotiọ(n): Erschütterung, → Commotio. **K.sneurosen:** übertriebene Beschwerden u. Klagen über Kopfschmerz, Schwindel usw. nach Gehirnerschütterung. **K.ssyndrom:** Commotio* cerebri.
kommunizieren: in Verbindung stehen.
kompakt: fest. → Kompakta.
Kompạkta, Compacta: dichte Knochensubstanz bzw. Schicht der Funktionalis* (des Endometriums*).
Kompatibilität: Verträglichkeit.
Kompendium: kurzes Lehrbuch.
Kompensation: Ausgleich, spez. Ausgleich einer Störung durch gesteigerte oder veränderte Tätigkeit an einer anderen Stelle.
kompensatọrisch: Kompensation* bewirkend. **k.e Pause:** zeitlicher Abstand zwischen Extrasystole* u. der nächsten regulären Herzkontraktion*.
kom|pensiẹrt: ausgeglichen.
kompetitịv: konkurrierend.
Komplement: → Komplemente.
komplementär: ergänzend.
Komplementär-luft: Luftvolumen, das nach einer gewöhnlichen Einatmung noch eingeatmet werden kann (= inspiratorisches Reservevolumen); → Reserveluft. **-raum, -sinus:** der unterste Teil des Pleurasacks, der bei tiefer Einatmung von den Lungen ausgefüllt wird.
Komplementbindungsreaktion, KBR: Bindung eines Komplements* durch ein Antigen* mit dazugehörigem spezif. Antikörper*. Sichtbarmachung dieses Vorgangs durch ein hämolytisches* System. → *Wassermann.*
Komplemente: Ergänzungsstücke. Eiweißartige, nicht hitzebeständige Stoffe im normalen Serum*, die auf Zellen* (Blutkörperchen, Bakterien usw.) auflösend wirken, wenn sie durch einen Ambozeptor* daran verankert sind. → z. B. hämolyt. System (→ Abb.); Prinzip der Komplementbindung:

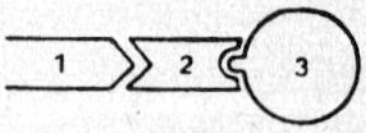

1) Komplement. – 2) hämolytischer Ambozeptor. – 3) Hammelblutkörper.
Komplex: 1) Vereinigung mehrerer Glieder, Gruppe. – 2) aufgrund unliebsamer Ereignisse zustandegekommene „affektgeladene" Vorstellungen u. Gedanken.
komplex: aus mehreren Teilen bestehend, verwickelt.
Komplexọne: mit mehrwertigen Metallen (z. B. bei der Behandlung von Schwermetallvergiftungen) Chelate* bildende Aminopolykarbonsäuren (Aminosäuren mit mehreren COOH-Gruppen).
Komplikation: Verwicklung; neu hinzutretende Erkrankung.
kompliziert: verwickelt. **k.er Bruch:** Fraktur, offene.
Komponente: Teil eines Ganzen.
Kompresse: (mehrfach zusammengelegtes) Verbandstück aus Mull, Leinwand usw. zum Auflegen auf Wunden, für heiße Umschläge usw.

kom|pressịbel: zusammendrückbar.
Kompressiọn: Zusammenpressung, Druck, Verdichtung. **K.smyelịtis:** Drucklähmung des Rückenmarks*. **K.sverband:** Druckverband.
Kompressọrium: Druckapparat, Presse.
Komprẹtten: durch starke Kompression hergestellte kleine Tabletten.
komprimieren: zusammenpressen.
kompulsịv: zwanghaft.
Ko|n|cho|tọm: Instrument zur Konchotomie* (→ Abb.).

Konchotomịe: Abtragung der (unteren) Nasenmuschel.
Kondensation: 1) Verflüssigung eines Gases durch Druckerhöhung oder Temperaturerniedrigung. – 2) chem. Reaktion, bei der unter Wasserabspaltung Kohlenstoffatome zusammentreten.
Kondensator: Apparat zur Ansammlung (Verdichtung) von Elektrizität.
kondensiert: verdichtet, eingedickt.
Kondition: Verfassung, Zustand. → Conditio.
Konditionịerung: Maßnahmen zur Änderung biolog. Reaktionsabläufe, i.e.S. der Immunreaktion*.
Kondọm: Überzug über den Penis* aus Gummi usw. zum Schutz gegen Ansteckung beim Beischlaf und zur Empfängnisverhütung.
Kondụktor: Träger rezessiver* Erbanlagen.
Kondurạngorinde: Rinde von Marsdenia condurango (Südamerika); Stomachikum*.
Kondylom: Feigwarze; → Condyloma.
Kọndylus: → Condylus.
Konfabulatiọnen: erdichtete Erzählungen Geisteskranker.
Konfiguration: Gestaltung, Gestalt, Anordnung der Teile.
konfluierend: zusammenfließend.
Kongelatiọn, Congelạtio: Erfrierung.
kongenitạl: angeboren.
Kongestion: aktive Hyperämie*.
Kongestionsabszeß: durch Zusammenfließen mehrerer Abszesse entstandener Abszeß; auch Senkungsabszeß*.
Konglomerạt: Zusammenhäufung.
Konglutination: Verklebung.
Kongopapier: mit Kongorot* gefärbtes Filtrierpapier. Kongorot wird durch freie Säure gebläut.
Kongorot: ein Indikator*; → Kongopapier.
Konịdi|en: eine Art Pilzsporen.
Konịko|tomịe: → Koniotomie.
Koniotomie: ein Noteingriff zur Eröffnung der Luftröhre zwischen Ring*- u. Schildknorpel (→ Taf. **11**, 2, 3).
Konisatiọn: konische Ausschneidung der Portio* (Kegelbasis scheidenwärts).
kọnisch: kegelförmig. → Conus.
Kon|jugạta: → Conjugata.
Konjugatiọn: vorübergehende Vereinigung zweier Zellen oder einzelliger Tiere zwecks Fortpflanzung.
konjugiert: zugeordnet, entsprechend.
Konjunktịva: → Conjunctiva (Bindehaut des Auges).
konjunktivạl: die Konjunktiva* betreffend, im Bereich der K. erfolgend. **k.e Injektiọn:** Hyperämie* der oberflächlichen Blutadern der Augapfelbindehaut. → Gefäßinjektion.
Konjunktival-probe: eine Allergie*-probe; Einbringen einer Testflüssigkeit (hoch verdünnt) in den Bindehautsack. **-reflex:** Lidschluß bei Berührung der Bindehaut des Auges.
Konjunktivịtis, Conjunctivitis: Bindehautentzündung.
konkạv: hohl vertieft. **K.glas:** Zerstreuungslinse; für Kurzsichtigkeit. **K.spiegel:** Hohlspiegel.
konkomitịerend, concomitans: begleitend.
Konkrement: feste Masse, die in Körpergeweben u. -flüssigkeiten, z. T. um Fremdkörper herum, abgeschieden wird, z. B. Gallen- oder Nierensteine.
konkrẹt: wirklich vorhanden, greifbar, ein bestimmtes Wesen oder Ding betreffend.
konnatạl: angeboren.
Konnẹx: Zusammenhang.
Konsanguinitạ̈t: Blutsverwandtschaft.
konsekutịv: nachfolgend.
konsensuell: gleichsinnig. **k.e Reaktion d. Pupillen:** bei Belichtung eines Auges das Mitreagieren (ebenfalls Verengung) der Pupille des anderen Auges.

kon|servativ: Erhaltung von Körperteilen bezweckend; nicht operativ.
Konserve: Bez. für Organe oder Gewebe, die sich – nach entspr. Präparation u. spezieller Aufbewahrung – zur Verpflanzung bzw. Übertragung eignen; i.e.S. die Blutkonserve.
Konsilium: Beratung zweier oder mehrerer Ärzte.
konsistent: dicht, fest.
Konsistenz: der Grad der Dichtigkeit od. des Zusammenhängens eines Gebildes (z. B. feste, dünnflüssige, ölige, breiige K.).
Konsolidation: das Festwerden, spez. die Verknöcherung des Kallus*.
konsonierend: klingend.
konstant: beständig, gleichbleibend. **k.er Strom:** galvanischer Strom.
Konstante: Größe, die ihren Wert beibehält.
Konstipation: Verstopfung.
Konstitution: Gesamtveranlagung, Körperbeschaffenheit.
konstitutionell: die Konstitution* betreffend, anlagebedingt. **k.e Krankheiten:** allgemeine K., die in der Konstitution* ihren Grund haben bzw. den ganzen Körper in Mitleidenschaft ziehen, z. B. Krebs, Syphilis*.
Konstitutions|an|omalien: fehlerhafte Veranlagung bestimmter Organe bzw. des ganzen Organismus.
Konstriktion: Zusammenziehung, Zusammenschnürung.
Konsultation: ärztliche Beratung.
konsultieren: um (ärztlichen) Rat fragen.
konsumierend: verzehrend.
Konsumptionskrankheiten: mit Abzehrung einhergehende K. (= **konsumierende K.:** z. B. Tuberkulose*, Karzinom*).
kontagiös: ansteckend.
Kontagion: Ansteckung.
Kontagiosität: Möglichkeit u. Fähigkeit zur Ansteckung.
Kontagium: Ansteckung(-sstoff).
Kontakt: Berührung. **K.all|ergen:** bei Berührung wirksam werdendes Allergen*. **K.ekzem:** am Ort der Einwirkung einer Noxe* entstehendes Ekzem* (Dermatitis). **K.glas** oder **K.schale:** → Haftglas. **K.infektion:** Übertragung einer Infektion durch Berührung. **K.insektizid:** auf Insekten tödl. wirkendes Berührungsgift.
Kon|tamination: Verunreinigung.
Kontentivverbände: Stützverbände.
Kontiguität: → Contiguitas.
Kontinenz: Fähigkeit, etwas zurückzuhalten; → Incontinentia.
Kontinua: Kurzform für Febris* continua (anhaltendes Fieber mit Tagesschwankungen unter 1 Grad).
kontinuierlich: zusammenhängend, beständig, ununterbrochen.
Kontinuität: unmittelbarer Zusammenhang, Stetigkeit. **Unterbindung in der K.:** Gefäßunterbindung, die nicht in der Wunde selbst erfolgt.
Kontorsion: Verdrehung, Verrenkung.
konträr, contrarius: entgegengesetzt. **-k.e Sexualempfindung:** Homosexualität.
Kontra|extension: Gegenzug.
Kontra|indikation: Gegenanzeige, Umstand, der gegen ein Heilverfahren spricht.
Kontra|inzision: Gegenöffnung durch Einschnitt.
kontrakt: → contractus.
kontraktil: einer Kontraktion fähig.
Kontraktion: Zusammenziehung, das Sichzusammenziehen, z. B. von Muskeln. **K.sring:** Wulst, der sich bei der Geburt zwischen oberem, kontraktionsfähigem Teil der Gebärmutter* und unterem Uterinsegment* bildet.
Kontraktur: dauernde reflektor. Verkürzung von Muskeln u. anderen Weichteilen. Auch die hierdurch bewirkte fehlerhafte Stellung von Gelenken (meist in Beugestellung = Beugekontraktur).
kontralateral: auf der entgegengesetzten Seite.
Kontrapunktion: Gegenöffnung durch Einstich.
Kontrast: Gegensatz. **K.darstellung:** -mitteldarstellung. **K.mahlzeit:** Einführung eines -mittels, gemengt mit Wasser, Kartoffelbrei usw., in d. Magen-Darmkanal. **K.mittel:** Stoffe (Wismut-, Jodöl- u. Bariumpräparate, Kollargol, Luft usw.), die, in Körperhohlräume eingeführt, diese röntgenologisch gut sichtbar machen.
Kontrazeption: Empfängnisverhütung.
kontrazeptiv: empfängnisverhütend.
Kontrazeptivum (Pl. **Kontrazeptiva**)**:** empfängnisverhütende Mittel bzw. Präparate.

kon|tro|vers: strittig.
Kontur: Umriß. **K.schuß:** Schuß, der eine Körperhöhle umgeht, ohne sie zu öffnen.
Kontusion: Quetschung. **K.spneumonie:** Lungenentzündung nach Brustquetschung.
Konus, Conus: Kegel. **K.stenose:** angeborener Herzfehler, Verengung des Übergangs vom re Ventrikel* in die Pulmonalarterie. **K.syndrom:** bei Schädigung des Conus* medullaris „Reithosenanästhesie" u. Störungen der Blasen- u. Mastdarmfunktion.
konvergent: adj. Bez. für 2 Linien usw., die sich bei Verlängerung schneiden bzw. gegeneinander geneigt sind (= **konvergieren**). → Belastung.
Konvergenz: Stellung der Augen beim Nahesehen, bei der sich die Blicklinien vor dem Auge schneiden. **K.lähmung:** Unmöglichkeit zu konvergieren bei erhaltener Adduktionsfähigkeit. **K.reaktion:** Verengung der Pupillen bei Einstellung der Augen für die Nähe.
Konversion: Umwandlung, Umkehr.
Konversionsreaktion: Konversion* der Angst in Störungen verschiedener Organfunktionen* (Umwandlung psychischer* Symptome* in organische).
konvex: gewölbt. **K.glas:** Sammellinse zum Ausgleich von Hypermetropie*. → Linse. **K.spiegel:** Zerstreuungsspiegel.
Konvexitätsmeningitis: Meningitis* der Hirnhäute über dem gewölbten Teil des Gehirns (im Gegensatz zur Basilarmeningitis*).
Konvolut: Knäuel.
Konvulsion: → klonischer* Krampf.
Konzentration: 1) Gehalt einer Lösung an wirksamem Stoff. –2) Richtung aller Gedanken auf einen bestimmten Vorstellungsinhalt.
Konzentrationsversuch: → *Volhard'* Versuch.
konzentriert: 1) mit hohem Gehalt an gelöster Substanz. –2) auf einen Punkt gerichtet, gesammelt.
konzentrisch: denselben Mittelpunkt besitzend, nach allen Seiten gleichgroß.
Konzeption: 1) Empfängnis; Befruchtung des reifen Eies beim Weib. –2) Auffassung.
Ko|ordinatensystem: Liniensystem zur zeichnerischen Darstellung bestimmter Verhältnisse. Auf die horizontale Abszisse (0X in Abb.) u. die hierzu senkrechte Ordinate (0Y) trägt man die betr. Größen ein, z. B. auf der Abszisse die Tagesstunden, auf der Ordinate die Körperwärme in Graden.

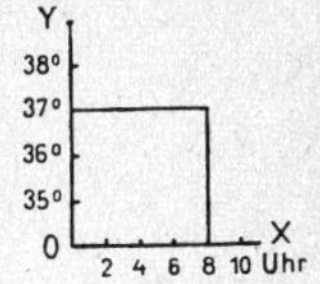

Will man ausdrücken, daß um 8 Uhr eine Temperatur von 37° bestand, so zieht man durch den betr. Punkt der Abszisse eine Parallele zur Ordinate u. umgekehrt, bis sich beide Linien schneiden. Führt man dies weiter aus und verbindet die betr. Schnittpunkte, so erhält man eine Kurve*, im vorliegenden Fall eine Fieberkurve.
Koordination: das harmonische Zusammenwirken mehrerer Muskeln zur Ausführung einer verwickelten Bewegung.
koordiniert: geordnet, zusammenwirkend.
Kopf-bein, Os capitatum, Capitatum: ein Handwurzelknochen (→ Taf. **8**, 6). **-geschwulst:** Caput succedaneum. **-lage:** Geradlage mit Kopf als führendem Teil (→ Kindslage, Lage). **-nicker:** M. sternocleidomastoideus (→ Taf. **15**, 28; **17**, 3). **-schlagader, gemeinsame:** Arteria carotis communis (→ Taf. **25**, 33).
kopiös: reichlich, massenhaft.
Koplik' Flecke: kleine, blaßrote, in der Mitte bläulichweiße Flecke auf der Mundschleimhaut vor Ausbruch der Masern*.
Ko|prämie: Autointoxikation* infolge langdauernder Obstipation*. Kopfschmerz, Schwindel, Appetitlosigkeit.
Kopragogum (Pl. **Kopragoga**): kotentleerende Mittel.
Kopremesis: Kotbrechen.
Kopro-lalie: zwangsartiges Sprechen schmutziger Worte. **-lith:** Kotstein. **-phagie:** Kotessen (Geisteskranker). **-porphyrine:** in Fäzes* enthaltene Porphyrine*, die in einem strengen Verhältnis zur Retikulozytenzahl stehen. **-stase:** Kotstauung, Verstopfung.
Kopulation: dauernde Verschmelzung

zweier Zellen oder einzelliger Lebewesen zwecks Fortpflanzung.
Kore|lysis: Ablösung von Verwachsungen zwischen Iris* u. Linsen*-kapsel.
Korium: Lederhaut. Schicht zwischen Epidermis* u. Unterhautzellgewebe*.
Kornea: → Cornea.
Kornealreflex: Hornhautreflex.
Kornzange: Zange, deren Branchen* vorn an der Innenseite gekerbt sind (→ Abb.).

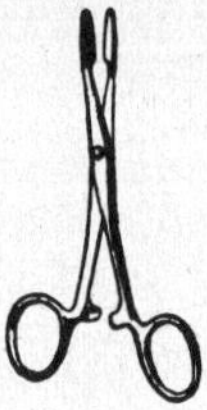

koronar; coronarius, -a, -um: die Kranzgefäße des Herzens betreffend. **k.e Durchblutungsstörungen:** die Herzkranzgefäße betreffende Insuffizienz, u. a. mit Angina* pectoris, u. U. auch mit Herzinfarkt*.
Koronar-arterien: Kranzarterien. **-arteriographie:** Kontrastmitteldarstellung* der -arterien*. **-i|en:** Kranzarterien*, i. w. S. auch die Venen. **-insuffizienz:** Mißverhältnis zwischen Blutzufuhr zum Herzmuskel u. seinem Blutbedarf. **-naht:** Sutura coronalis. **-perfusion:** künstliche u. gesonderte Durchströmung der -arterien bei Anwendung der Herz-Lungen-maschine. **-sklerose:** Arteriosklerose der -arterien.
Korpus: → Corpus.
Korpuskarzinom: Krebs eines Organkörpers (Corpus), i.e.S. das Karzinom des Corpus* uteri.
korpuskuläre Elemente: kleine, feste Bestandteile; gebr. Bez. für die geformten (=zellulären) Elemente des Bluts.
Korpus|kularstrahlen: aus sich schnell bewegenden Atomkernteilchen bestehende Strahlung.
Kor|rektion: Verbesserung, Ausgleich. → Korrigens.
Korrelation: Wechselbeziehung, Abhängigkeitsverhältnis.
korrespondierend: entsprechend, zu etwas passend.
Korrigens (Pl. **Korrigentien**)**:** Zusatz zu einer Arznei, um Geruch, Geschmack oder Farbe zu verbessern.
Korrosion: Zerstörung von Gewebsteilen durch Ätzmittel oder geschwürige Prozesse.
korrosiv: mit Korrosion* einhergehend.
Korsakow' Syndrom (Psychose): Verlust der Merkfähigkeit für die jüngste Vergangenheit mit Unfähigkeit, sich räumlich und zeitlich zurechtzufinden. Oft dabei Polyneuritis* (namentlich bei Alkoholikern).
kortikal: auf die Rinde eines Organs, i. e. S. die Großhirnrinde* bezüglich oder von ihr ausgehend.
Kortikoide, Kortiko|sterone: Sammelbezeichnung für die von der Nebennierenrinde* gebildeten Hormone* (bzw. deren synthet. Nachbildungen einschl. der Derivate*); → Glukokortikoide, Mineralokortikoide, Sexualhormone.
Kortikotropin, ACTH: Hormon der basophilen* Zellen des Hypophysen*-vorderlappens. Stimuliert die Nebennierenrinde*. Gesteigerte Ausscheidung bei Streß*.
kosmisch: auf das Weltall bezüglich.
kostal; costalis, -e: mit Rippen zusammenhängend, Rippen betreffend.
Kostalstigma: bei *Stiller'** Syndrom vorkommende Fluktuation* der 10. Rippe.
Kosto|tomie: Rippendruchschneidung.
Kostotrans|vers|ek|tomie: Resektion des Rippenköpfchens u. des mit ihm ein Gelenk bildenden Wirbelquerfortsatzes zur Freilegung des Wirbelkörpers* u. des Rückenmarks*.
Kostozervikalsyndrom: Skalenussyndrom.
Kot-erbrechen: Miserere. **-fistel:** zur Darmentlastung operativ angelegte, der Entleerung dienende Fistel (z. B. als Zäkostomie*) oder spontan* entstandene Fistel mit -entleerung. **-stein,** Koprolith: v. a. bei Koprostase* durch Eindickung des Kotes u. Flüssigkeitsentzug entstandene Konkremente* im Darm.
Konsubstrat: Koenzym.
Kox-algie: Hüftschmerz; → Coxalgia. **-arthrose:** deformierendes chron. Hüftgelenksleiden.
Koxitis: Hüftgelenksentzündung.
Krätze: → Skabies.
Krallenhand, Klauenhand: Folge einer Lähmung des Nervus* ulnaris mit starker Beugung der Mittel- u. Endglieder des 4. u. 5. Fingers, Verlust des Spreizver-

mögens der Finger, Einsinken der Zwischenknochenräume am Handrücken u. Streckung der Endglieder.
Krampfadern: krankhaft erweiterte Blutadern, besonders an den Beinen. → Varizen.
Krampfaderbruch: Varikozele.
Krampus: Muskelkrampf; i.e.S. tonischer u. schmerzhafter Muskelkrampf.
kranial; cranialis, -e: nach dem Kopf zu gelegen.
Kranio-klasie: Perforation des kindl. Schädels mit einem zangenartigen Instrument, das **-klast** heißt (→ Abb.). **-metrie:** Schädelmessung. **-pagus:** Doppelmißgeburt, die an den Köpfen zusammengewachsen ist. **-pharyngiom, -pharyngeom:** Tumor* der hinteren Rachenwand u. der Schädelbasis entsprechend dem Verlauf der *Rathke'* Tasche. **-rhachi|s|chisis:** angeborene kombinierte WS*- u. Schädelspalte.

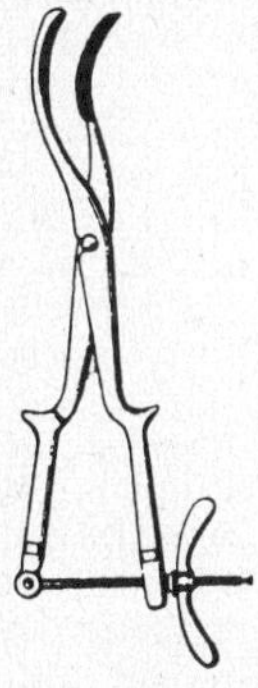

-sklerose: Osteosklerose* der – gleichzeitig an Dicke zunehmenden – Schädelknochen*. **-stenose:** Einengung des Schädelhohlraums infolge vorzeit. Verknöcherung der Nähte (→ Sutura) des Schädels. **-tabes:** Erweichung der Knochen d. Schädeldachs, v. a. der hinteren Scheitelbein*-abschnitte. **-tomie:** Eröffnung des Schädels. In der Geburtshilfe jede Operation, die bezweckt, den kindlichen Schädel zu verkleinern, um ihn herauszuziehen; spez. Perforation*.
kraniotympanale Leitung: Fortleitung der Schallwellen durch die Kopfknochen zum Trommelfell.
Kranium: der knöcherne Schädel.
Krankheitskeime: Krankheitserreger, insbesondere Viren*, Bakterien* und Protozoen*.
Kranz-arterien: die den Herzmuskel selbst mit Blut versorgenden Schlagadern (Arteria coronaria dextra bzw. sinistra). **-naht:** Schädelnaht zwischen Stirnbein u. Scheitelbeinen (→ Taf. **1**, 23).
Kratzwürmer, Acanthocephala: als Endoparasiten* lebende, in die Darmwand eindringende Eingeweidewürmer. Beim Menschen zu Acanthocephaliasis* führend.
Kraurosis vulvae: Schrumpfung der äußeren weiblichen Geschlechtsteile.
Kreatin: zuerst im Fleisch gefundenes Zwischenprodukt des intermediären* Stoffwechsels; Reststickstoffsubstanz.
Kreatinin: Anhydrid* des Kreatins.
Krebs: jede bösartige Geschwulst, spez. Karzinom*.
Kreislauf: die ununterbrochene kreisende Bewegung des Blutes innerhalb d. Gefäßsystems; auch das System selbst. Großer Kreislauf = Körper-, kleiner = Lungenkreislauf.
Kreißsaal: Raum in Kliniken für Kreissende, in Geburtswehen befindliche Frauen.
Kremaster: Musculus cremaster; Teil des inneren schrägen Bauchdeckenmuskels; umgibt den Samenstrang; hebt den Hoden. **K.reflex:** Hebung des Hodens* bei Bestreichen der inneren Oberschenkelfläche.
Kreno|therapie: Balneotherapie.
Kreosot: aus Buchenholzteer gewonnenes fäulniswidriges Mittel.
Krepitation: → Crepitatio.
krepitierendes Rasseln: Knisterrasseln.
Kreszendo: → Crescendo.
Kresol: ein fäulniswidriges Mittel. **K. seifen:** Lösungen von Rohkresol in Harzseifen.
Kretin (franz.; spr. kretãñ): ein mit Kretinismus behafteter, schwachsinniger Mensch.
Kretinismus: angeborene od. im Kindesalter entstandene Idiotie* infolge Störung der Schilddrüsentätigkeit, wobei zugleich körperliche Mißbildungen bestehen, besonders Zwergwuchs, Anomalien des Schädels u. der Gliedmaßen, kropfige Entartung usw.
kretinoid: kretinartig.
Kreuz-band, Ligamentum cruciatum: von der Eminentia intercondylaris der Tibia (→ Taf. **7**, 3) ausgehendes vorderes u. hinteres, zu den Femur*-kondylen ziehendes Innenband des Kniegelenks.

-bein, Os sacrum: Knochen am unteren Ende der Wirbelsäule. Besteht aus 5 verwachsenen Wirbeln (→ Taf. **4**, 22). **-probe:** vor jeder Bluttransfusion* notwendige Sicherung zum Nachweis der Verträglichkeit von Spender- u. Empfängerblut. **-wickel:** Umschlag um Brust und Schulter (→ Abb.).

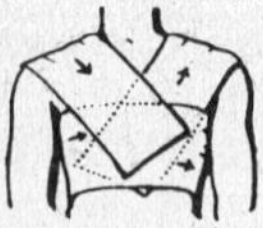

Kreuzungsphänomen: in der Netzhaut* drückt bei Arteriosklerose* oder erhöhtem Blutdruck die Arterie die darunter liegende Vene zusammen (*Gunn'* Zeichen) oder verdrängt sie bogenförmig (*Salus'* Zeichen).

Kriko|arytä|noïde|us: → Crico....

Krikotomie: Ringknorpelspaltung.

kriminell: verbrecherisch, strafbar.

Krise: entscheidende Wendung im Verlaufe einer Krankheit; bei fieberhaften Krankheiten mit plötzlichem Absinken des Fiebers verbundener Zustand (→ kritischer* Temperaturabfall). Auch Bez. für anfallsweise auftretende Krankheitserscheinungen, z. B. bei Tabes* (= tabische Krise), hämolyt. Anämien* (= hämolyt. Krise) etc. **K., schwarze:** mit kaffeesatzart. Erbrechen einhergehende tabische* Magenkrise*. **K., vasovagale:** Kollaps*-anfall infolge Vagus*-wirkung; auffallend langsamer Puls.

Krisis: Krise. → kritischer* Temperaturabfall.

kritischer Temperaturabfall: plötzlich erfolgender – im Gegensatz zum langsam, über Tage erfolgenden lytischen – Fieberabfall. Vielfach mit gefährlichen kardiovaskulären Symptomen einhergehend.

Kristall: fester, von ebenen Flächen begrenzter Körper, dessen gleiche Teilchen nach einem für die Substanz charakteristischen Gittermuster angeordnet sind.

kristallinisch: der Kristallisation (Kristallbildung) fähig, aus unentwickelten Kristallen bestehend.

Kristalloïde: leicht durch tierische u. pflanzliche Membranen* usw. hindurchtretende Stoffe (Salze, Zucker u. a.).

Kristeller' Handgriff: Druck auf den Fundus* uteri zur Verstärkung der Bauchpresse bei Geburt des Kopfes bzw. bei Beckenendlagen*.

Kriterium: entscheidendes Kennzeichen.

kritisch: zu einer Krise* gehörig, nach Art einer Krise. **k.es Alter:** → Klimakterium*.

Krönlein' Magenresektion: in Abänderung der *Billroth'** Magenresektion (II) durchgeführte Magenoperation, bei der vor der Vereinigung des Magenstumpfs mit dem Dünndarm* die Wunde am Magen* verkleinert wird.

Krötentest: Schwangerschaftsnachweis durch Einspritzung des fraglichen Harns oder Serums* in den Lymphsack von männl. Kröten; im positiven Fall enthält der Harn der Kröten nach mehreren Stunden Spermatozoen*. → *Hogben'*, *Galli'-Mainini'* Test.

Kronen-fortsatz, Processus coronoïdeus: ein Fortsatz der Elle im Bereich des Ellenbogengelenks (→ Taf. **6**, 3) sowie des Unterkiefers (vor dem Gelenkfortsatz des aufsteigenden Astes = Kronenmuskelfortsatz). **-grube,** Fossa coronoidea: Vertiefung im distalen Ende des Humerus für -fortsatz (→ Taf. **5**, 9). **-katheter:** Blasenkatheter* mit spitzennaher kronenartiger Ausweitung (bei Einführung mittels Mandrins* auf Normalweite streckbar). „Krone" verhindert spontanen* Abgang des Katheters* bei Dauerkatheterismus. → *Casper*, *Pezzer*. **-muskelfortsatz:** → -fortsatz* des Unterkiefers (→ Taf. **1**, 13). **-sequester:** kronenartiger Sequester* an Amputationsstümpfen.

Kropf: Struma. **K.herz:** Sammelname für krankhafte Erscheinungen am Kreislaufapparat, die als Folge von Vergrößerung oder abnormer Funktion der Schilddrüse* auftreten. **K.tod:** plötzlicher Erstickungstod Kropfkranker.

Krozidismus: → Crocidismus.

Krugatmen: amphorisches* Atmen.

Krukenberg' Arm: plastisch-chirurg. modellierter Unterarmstumpf, bei dem Elle u. Speiche so voneinander getrennt sind, daß gröbere Gegenstände zangenartig damit festgehalten werden können. **K.'Spindel:** senkrechte, spindelförmige Pigmentablagerung im Hornhautendothel. **K.'**

Tumor: Gallertkrebs, schleimbildende metastatische Eierstockgeschwulst.

Krummdarm, Intestinum ileum, Ileum: an der *Bauhin'* Klappe in den Blinddarm übergehender unterster Teil des Dünndarms (→ Taf. **25**, 15).

Krupp: akute kruppöse* Entzündung der Schleimhaut des Kehlkopfes (evtl. auch Luftröhre* u. Bronchien*); auch syn. für Diphtherie*.

kruppöse Entzündung: mit Fibrin*-abscheidung einhergehende Entzündung. → Pneumonia.

Kruralhernie: Schenkelhernie.

Kruro|tomie, Pedunkulotomie: operative Durchtrennung der Crura* cerebri.

Kryo|globuline: kältelabile Globuline*.

Kryo|skopie: Gefrierpunktbestimmung.

Kryotherapie: Bez. für therapeut. Maßnahmen, die auf der Anwendung von Kälte beruhen (Gefrierbehandlung).

Krypt|agglutinine: Antikörper* in der Blutflüssigkeit (Hämantikörper), die nur unter bestimmten Voraussetzungen zur Zusammenballung von roten Blutkörperchen führen.

Krypten: Buchten.

Krypto|didymus, Fetus in fetu: Doppelmißbildung mit einem im Körper des Autositen* eingeschlossenen Parasiten*.

Kryptokokkose, Torulose, europ. Blastomykose: generalisierte Erkrankung durch die Hefe Torulopsis neoformans; Haut-, Lungen- u. ZNS-Symptome.

kryptogenetisch: adj. Bez. für Infektions*-krankheit, wenn der Herd oder die Eintrittsstelle des Erregers nicht zu ermitteln ist. → Anämie.

Krypt|orchismus: Zurückbleiben des Hodens* in der Bauchhöhle (= Retentio* testis abdominalis); i.w.S. auch für Pendel*- bzw. Leistenhoden* gebräuchlich.

Kubital...: Ellenbeugen....

Kuboid: →Os cuboïdeum (→ Taf. **9**, 10).

Kühlsonde: doppelläufiger Katheter*, in dem kühles Wasser zirkuliert.

Kümmell' Krankheit: Spondylopathia* traumatica.

künstliche Niere: Apparat zur Entfernung harnpflichtiger (mit d. Harn auszuscheidender) Substanzen aus dem Blut bei Nierenversagen (→ Hämodialyse).

Küntscher' Nagel: versenkbarer Marknagel* (gerade oder leicht gebogen als Standardtyp; daneben auch andere Typen) zur intramedullären* Fixierung* einer Fraktur* der Röhrenknochen.

Kürette: → Curette.

Küstner' Steißhaken: Instrument zur Extraktion* bei Steißlagen (→ Abb.).

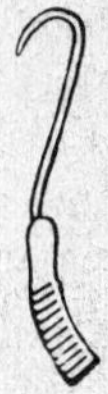

Kugelberg'-Welander' Typ: → Muskelatrophie.

Kugelzelle: Sphärozyt.

Kuhn' Maske: Gesichtsmaske aus Zelluloid, die mittels verstellbaren Ventils eine abgestufte Erschwerung d. Einatmung ermöglicht, wodurch Luftverdünnung im Brustraum und Ansaugen des Blutes nach der Lunge

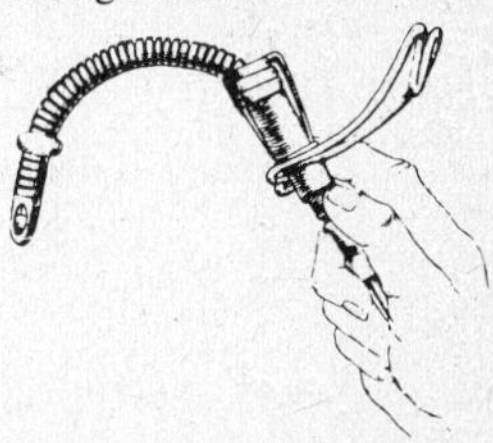

erzielt werden. **Kuhn' perorale Tubage** (franz.; spr. tuba*sch*): Einführung eines biegsamen Metallschlauches in den Kehlkopf zur Narkose* bei Gesichtsoperationen usw. (→ Abb.).

Kuhnt' Expressor: eine Trachompinzette* (→ Abb.). → *Knapp*.

Kuldo|skopie: Endoskopie* des *Douglas'** Raums. Einführung des Instruments durch das hintere Scheidengewölbe (→ Taf. **23**, *7*).

Kulissenschnitt: → *Lennander*.

Kulmination: Höhepunkt, höchster Grad.

Kultur: auf geeigneten Nährböden gezüchtete Bakterien bzw. die Züchtungsverfahren selbst.

Kumulation, kumulative Wirkung: Häufung, die verstärkte Wirkung kleiner Gaben von Arzneimitteln, wenn sie in so kurzen Zwischenräumen gereicht werden, daß der Körper noch unter dem Einfluß der früheren Gaben steht.

Kumys: alkoholisch vergorene Stutenmilch. → Kefir.

Kupfer, Cu: im Serum* im Coeruloplasmin*; ferner in Erythrozyten*. Vermehrt bei Infektionen*, Zirrhose*, Herzinfarkt*, vermindert bei *Wilson'** Krankheit.
Kupferfinne: Acne rosacea.
Kupfermangelanämie: Kuhmilchnährschaden der Säuglinge, Erythrozyten*-zahl u. Hämoglobin* erniedrigt.
Kupffer' Sternzellen: phagozytierende* Zellen des RES* der Leber.
kupieren: die Weiterentwicklung eines Krankheitsprozesses unterdrücken.
Kuppelraum: → Recessus* epitympanicus.
Kurare, Curare: amerikan. Pfeilgift aus der Rinde von Strychnos toxifera u. verwandten Arten.
kurativ: heilend.
Kurella' Brustpulver: Pulvis* Liquiritiae compositus.
Kurvatur, kleine u. große: → Curvatura (→Taf. **25**, 6 u. 7).
Kurve: krumme Linie, bes. solche, die bestimmte (Bewegungs-)Vorgänge zeichnerisch darstellt.
Kurzwellen: (auch Ultrakurzwellen, Meterwellen) elektromagn. Wellen zw. 1 u. 20 m. Zugelassene Schwingungszahl: 13,56 oder 27,12 oder 40,68 Millionen Hertz. Heilwirkung beruht auf Beeinflussung des Zellstoffwechsels, bes. des vegetativen* Nervensystems. Zu K.durchflutungen werden Elektronenröhren-, seltener Funkenstreckenapparate benutzt.
Kussmaul' Atmung: langsame, abnorm tiefe, geräuschvolle Atmung bei Azidosen*, z. B. im Coma* diabeticum.
kutan: die Haut betreffend, über oder durch die Haut erfolgend.
Kutanprobe: Einbringen einer Allergen*-verdächtigen Substanz oder von Tuberkulin* (*Pirquet'*, *Tine'* Probe) in die Haut (mittels Bohrinstruments, zinkentragenden Stempels usw.).
Kutis: → Cutis.
Kveim' Antigen: Antigen* aus Sarkoid*-gewebe des *Boeck'** Sarkoids.
Kwashiorkor: schwerer, ernährungsbedingter Eiweißmangel bei Kleinkindern in subtropischen u. tropischen Gebieten mit Dystrophie*, Parenchym*-schädigung, grauroter Pigmentation* der Haut.
Kybernetik: Regelkunde. Lehre von den regulierenden Vorgängen in geschlossenen Systemen, z. B. Aufrechterhaltung d. Körperwärme, des Blutdrucks usw.
Kyemopathie: pränatale* Erkrankung (→ Blastopathie, Embryopathie, Fetopathie); i. e. S. nur die Embryopathie.
Kymo-gramm: Röntgenbild der -graphie. **-graphie:** Röntgenverfahren, das mit Hilfe eines bewegten Bleirasters den Bewegungsablauf eines Organs wiedergibt (z. B. am Herzen).
Kyphose: Biegung der Wirbelsäule nach hinten, so daß ein Buckel entsteht, mäßige Kyphose im Bereich der Brustwirbelsäule physiologisch. Gegenteil: Lordose.
Kypho|skoliose: gleichzeitige Kyphose* und Skoliose*.
kyphotisch: bucklig. **k.es Becken, Kyphosebecken:** oben stark nach hinten gekrümmtes (verlängertes), unten trichterförmig verengtes Becken bei Kyphose*.
Kystom: → Zystadenom.

L: Abk. für **L**ues*, Symbol für **L**umbal-.
l.a.: Abk. für **l**ege* **a**rtis.
Labferment: Enzym im Magensaft, das Milch zum Gerinnen bringt.
Labhardt' Zeichen: Lividität* in der Umgebung der Harnröhrenmündung als frühes Zeichen einer Schwangerschaft.
Lạbia: Lippen. → Labium. **L. majọra pudẹndi** = große u. **minọra** = kleine Schamlippen*. **L. ụteri:** Muttermundslippen. **L. vocạlia:** Stimmlippen.
labiạl(is, -e): zu den Lippen gehörig.
labịl: gleitend, den Ort wechselnd, schwankend, unbeständig.
Labilitạ̈tsproben: Kurzform für Serumlabilitätsproben.
Lạbium (Pl. **Labia***)**:** Lippe. **L. dụplex:** Doppellippe. **L. fịssum** oder **leporinum:** Hasenscharte. **L. mạjus pudẹndi:** große Schamlippe (→ Taf. **22**, 14). **L. mịnus pudẹndi:** kleine Schamlippe (→ Taf. **22**, 13).
laborieren: sich abmühen um Besserung eines Leidens.
Labyrinth: das innere Ohr (Schnecke, Bogengänge usw.). → Drehprüfungen, Kalorisationsprüfungen, Nystagmus; → Siebbeinlabyrinth.
Labyrin|thịtis: Labyrinth*-entzündung.
Lac: Milch, milchähnliche Flüssigkeit.
Lacerạtio: Zerreißung. **L. cẹrvicis:** Gebärmutter*-halsriß.
Lacẹrtus fibrọsus: ältere Bez. für Aponeurosis m. bicipitis brachii. Ein Teil der Endsehne d. zweiköpfigen Oberarmmuskels (→ Taf. **15**, 9).
Lach-gas: Stickoxydul; ein Narkosegas. **-krampf,** Gelasma: grundloses Lachen, das zunächst nicht gestillt werden kann. **-schlag:** Geloplegie.
Lackmus: Saft gewisser Flechten, der als Indikator durch Säuren rot, durch Alkalien blau gefärbt wird. **L.papier:** mit L. getränktes Papier.
Lạ|crima: Träne.
lacrimạlis, -e: zu den Tränen(-organen) gehörend.
Lact...: → Lakt....
lạc|tans: stillend.
Lacụna: Lücke, Vertiefung. **L. musculọrum:** Muskelfach unter dem Leistenband für M. iliopsoas. **L. vasọrum:** Lücke unter dem Leistenband für die Schenkelgefäße.
Lacụnae urethrạles (Morgagni'): kleine Buchten der Harnröhrenschleimhaut.
lacunạris, -e: buchtenreich.
Ladd' Band (spr. lädd)**:** von hochgelegenem Zäkum* bei Malrotation* quer über den absteigenden Teil des Duodenum* verlaufendes (embryonales*) Band.
Ladinski' Zeichen: bei bimanueller* Palpation* des Uterus* feststellbare umschriebene Weichheit am Übergang der Zervix* zum Korpus* als frühes Schwangerschaftszeichen.
Lähmung: Herabsetzung (= Parese) bzw. Aufhebung (= vollständige L. = Paralyse) der Tätigkeit eines Organs infolge Störung des ZNS*, der das Organ versorgenden Nerven oder der Muskeln. **L., atrophische:** von Muskelschwund gefolgte L. **L., schlaffe:** L., die mit Herabsetzung des Tonus* der Muskulatur einhergeht. **L., spastische:** L. mit Steigerung des Muskeltonus.
Laẹnnec' Zirrhose (spr. la-ẹnnek)**:** atrophische Leberzirrhose*.
Läppchenprobe: Versuch zum Nachweis eines Allergens* durch Auflegen mit der Testsubstanz getränkter Läppchen auf die Haut.
Lạesio, Läsiọn: Verletzung, Störung.
lạevis, -e: links.
Lävo-depression: Schrägbewegung des Auges mit Blick nach li unten. **-elevation:** Schrägbewegung des Auges mit Blick nach li oben. **-gramm:** Kontrastdarstellung* der li Herzhälfte u. der zugehöri-

gen Gefäße. **-versiọn:** Seitwärtsbewegung des Auges nach links.

Lävulose: Fruchtzucker. **L. intoleranz-Syndrom:** → Fruktose-Intoleranz.

Lävulos|urie: Vorkommen von Lävulose* im Harn.

Lage: Situs (Frucht- bzw. Kindslage*).

Lag|ophthạlmus: „Hasenauge"; abnorm weite Lidspalte.

Lakt|agọga (Sg. **Laktagogum):** Galaktagoga (Milchsekretion anregende Mittel).

Laktalbumin: ein Protein* der Milch.

Lak|tạrium: Sammelstelle für Frauenmilch.

Laktasemangel-Syndrom: auf Mangel des Laktose* abbauenden Enzyms* Laktase beruhende angeborene Krankheit mit Gärungsdyspepsie im Vordergrund der Symptomatik*.

Laktatdehydrogenase, LDH: ein im Blut nachweisbares Enzym* des Gewebsstoffwechsels.

Laktation: Milchabsonderung. Auch das Säugen, Stillen.

Lakto|flavin: Vitamin B_2.

Laktogenẹse: Milchbildung, -entstehung.

laktoprịv: milchfrei, milcharm.

Laktọse: Milchzucker.

Laktos|urịe: Ausscheidung von Milchzucker im Harn.

laktotrọpes Hormon: Prolaktin.

laktovegetabile Kost: Mischkost, die neben Obst u. Gemüse Milchprodukte enthält.

lakunạr: höhlenartig, buchtig.

lakunäres Syndrom: auf Durchblutungsstörung mit nachfolg. Lakunenbildung im Gehirn beruhendes Krankheitsbild bei Zerebralsklerose* (Merkschwäche, intermittierende* Lähmungen*, Schlafstörungen u. a.).

Lalatio: Lallen.

Lalo|pathie: Sprachstörung.

Lalophobie: Sprachscheu der Stotterer.

Lambda|naht, Sutura lambdoidea: Knochennaht zwischen Hinterhauptsbein u. Scheitelbeinen (→ Taf. **1**, 20).

Lambdazismus: 1) schlechte Aussprache des Buchstabens „l". – 2) Sprechen von „l" statt „r".

Lạmblia intestinạlis: im Dünndarm* lebender Parasit* (ein Flagellat).

Lam|blịasis: durch Lamblien verursachte Gallenwegserkrankung. → Lamblia.

Lamella: Lamelle, dünnes Blättchen.

lamell-ạr, -ös: aus Lamellen bestehend.

Lạmina: dünne Platte, Schicht. **L. tẹcti:** Vierhügelplatte.

Laminạriastifte: quellbare Stengel von Laminaria-Arten (= Algen), die zur Erweiterung des Zervikalkanales* dienen.

Lamin|ektomịe: Entfernung eines oder mehrerer Dornfortsätze und angrenzender Wirbel*-bogenteile zur Freilegung des Rückenmarks*.

Landau' Reflex: ein frühkindlicher Reflex. Das an den Oberschenkeln in Bauchlage hochgehobene Kind hält den Kopf bei gleichzeitiger Hyperlordosierung* der WS* hoch. Fehlt bei hirngeschädigten Kindern.

Landkartenzunge: Zunge mit ausgedehnten, von grau-gelbem Rande umgebenen roten Flecken, die Größe und Form wechseln.

Landouzy'-Déjerine' Syndrom (spr. lañdusie-dẹ*sch*eräñ), Dystrophia musculorum progressiva myopathica: eine hereditäre* Myopathie* mit Schwund der rumpfnahen Extremitätenmuskeln, begleitet von Pseudohypertrophie*. → Muskeldystrophie.

Landry' Paralyse*: akute, oft tödliche, aufsteigende Rückenmarks*-lähmung.

Lane' Klemme (spr. lejn): weiche, aufgebogene Anastomosen*-klemme mit längsgerieften Branchen. Anwendung paarweise in der Magen-Darmchirurgie.

L.' Methode: transdiaphragmale* indirekte Herzmassage.

Lange' Syndrom, *Cornelia de Lange'* Syndrom: auf embryonaler* Entwicklungsstörung beruhende multiple* Degenerations*-symptome: u.a. clownartiges Gesicht, Hypertelorismus*, tiefer Nasensattel, Zehen- u. Fingerfehlbildungen, Oligophrenie*.

Langerhans' Inseln: Gruppen von Epithelzellen im Pankreas*, die das Insulin* erzeugen.

Langhans' Zellen: Riesenzellen in Tuberkeln*.

Lanolin: wasserhaltiges Wollfett.

Lan|thaniden: Seltenerdmetalle (z.B. Zer, Neodym, Praseodym) s. 1963 **Lanthanoïde.**
Lanugo: Wollhaar, Flaumhaar. Die feinen Härchen am ganzen Körper.
Lanz' Punkt: rechtsseit. Drittelpunkt der *Lenzmann'** Linie; bei Appendizitis* druckempfindlich.
Lanzenmesser: Messer mit dreieckiger Spitze, besonders für Augenoperationen. → *Graefe.*

a b

Lanzette: zweischneidiges lanzenförmiges Messerchen, bes. zum Impfen (→ Abb. a), Aderlaß und zur Abszeßeröffnung (b).
lanzinierend: „lanzenstichartig", blitzartig (Bez. für typ. Schmerzen bei Tabes* dorsalis).
Laparo...: Bauch....
Laparo-entero|tomie: operat. Darmeröffnung durch Bauchwandschnitt. **-hysterektomie:** Bauchschnitt mit Entfernung der Gebärmutter*. **-hystero|tomie:** abdominaler* Kaiserschnitt*. **-kolpotomie:** Bauch-Scheidenschnitt. **-skopie:** Untersuchung der Bauchhöhle mittels Endoskops*. **-thorakotomie:** durch zusätzliche Eröffnung der Brusthöhle erweiterte Laparotomie*. **-tomie:** Bauchschnitt; operative Eröffnung der Bauchhöhle. **-zele:** Bauchbruch.
Lapis: Stein. Oft als Kurzbez. für **L. infernalis:** Höllensteinstift.
Lappen-extraktion: Staroperation (Entfernung der getrübten Linse) mit Bildung eines Bindehautlappens*. **-schnitt:** primäre Bildung von 1 oder 2 Hautlappen bei Amputationen*.
Lapsus: Fehler, Versehen.
Larrey' Spalte (spr. larej): zwischen dem kostalen* u. lumbalen* Schenkel des Diaphragma* gelegene Lücke (Trigonum lumbocostale).
Larva migrans: ein juckendes Hautleiden, wahrscheinlich durch Fliegenlarven bedingt.
larvatus, -a, -um; larviert: maskiert, versteckt, ohne die gewöhnlichen Zeichen.
laryn|geal: zum Kehlkopf gehörig.
Laryng|ektomie: Herausschneiden des Kehlkopfs (→ Larynx).
laryngicus, -a, -um: zum Kehlkopf gehörig.
Laryn|gismus stridulus: Stimmritzenkrampf* mit krächzender Einatmung.
Laryngitis: Kehlkopfentzündung.
Laryngo...: Kehlkopf....
Laryngo-fissur: Spaltung des Kehlkopfs*. **-loge:** Spezialart für Kehlkopfkrankheiten. **-paralyse:** Lähmung der Kehlkopfmuskeln. **-pharyngitis:** Entzündung des Kehlkopfs u. Rachens. **-phthise:** Kehlkopftuberkulose. **-skop:** Kehlkopfspiegel. **-skopie:** Spiegeluntersuchung des Kehlkopfs. **-spasmus:** Stimmritzenkrampf. **-tomie:** Kehlkopfschnitt; Eröffnung des Kehlkopfs. **-tracheïtis:** Entzündung von Kehlkopf und Luftröhre*. **-zele:** Ausbuchtung des Kehlkopfs zwischen Stimm- u. Taschenbändern.
Larynx: Kehlkopf (→ Taf. **10**, 15; **11**).
L. stenose: jegliche Verringerung der lichten Weite des Larynx.
Lasègue' Zeichen (spr. lasägh): auf passive Hebung des im Knie gestreckten Beins heftiger Schmerz hinten am Oberschenkel u. Gesäß (bei Alterationen* des Nervus* ischiadicus).
lascivus, -a, -um; lasziv: geil, schlüpfrig.
Lassar' Paste: eine Zink-Salizylpaste.
Lassitudo: Erschöpfung.
latent: verbogen, nicht wahrnehmbar.
Latenz: 1) zeitweiliges Verborgenbleiben von Krankheiten. – 2) die Zeit, die vom Setzen eines Reizes bis zum Auftreten einer Erregung verstreicht. **L.stadium:** Inkubationsstadium.
lateral(is, -e): seitlich, von der Mitte abgewandt.
lateralisieren: nach einer Seite hin verlegen. → *Weber.*
Lateral|sklerose: myatrophische L.
latero-: seitlich. **l.-lateral:** Seit-zu-Seit. **L.-flexio uteri:** seitl. Abbiegung des Uterus*-körpers gegen die Zervix*. **l.-medial:** von der Seite zur Mitte hin. **L.-positio uteri:** Verlagerung der ganzen Gebärmutter* aus der Mitte des Beckens zur Seite. **l.-terminal:** Seit-zu-End.
Latex: Trägerstoff (pflanzlicher Herkunft) für Antikörper*.
Lathyrismus: Vergiftung mit Lathyrus-(Platterbsen-)Arten; bedingt Ausfallserscheinungen seitens des Gehirns* und des Rückenmarks*.

Latissimus dorsi: Musculus latissimus dorsi (breiter Rückenmuskel, Taf. **17**, 21).
LATS: (engl. **L**ong-**A**cting **T**hyroid **S**timulator) im Blut nachweisbare Substanz von langanhaltender thyreotroper* Wirkung.
latus, -a, -um: breit.
Latwerge: → Electuarium.
Laudanum: Opium.
Laurence'-Moon'-Biedl'-Bardet' Syndrom: (spr. lorenz-muhn-...-bardeh): erbliche Erkrkg. mit den Leitsymptomen Fettsucht, Debilität*, Retinopathie* u. genitaler* Hypoplasie*.
Laverania malariae: Plasmodium* der Malaria* tropica.
Lawrence' Syndrom (spr. lohrenz): eine komplexe Krkht. unklarer Ätiologie*, mit den Leitsymptomen jugendlicher Diabetes* mellitus, Hepatomegalie*, Schwund des Fettpolsters der Haut, Hypertrichose* u. Wachstumsbeschleunigung.
lax: schlaff, locker.
Laxans (Pl. **Laxantia**): Abführmittel.
Laxativum (Pl. **Laxativa**): Abführmittel.
Lazeration, Laceratio: Zerreißung.
LCM-Virus: Virus der **l**ymphozytären **C**horio**m**eningitis.
LDH: **L**aktat**deh**ydrogenase.
Leber' Syndrom (Sehnervenatrophie): familiär-erbliches Leiden; in jugendlichem Alter sich manifestierende Sehnervenerkrkg. mit fortschreitendem zentralem Skotom*. Androtropie*.
Leber, Hepar: großes parenchymatöses* Organ (größte Drüse des Verdauungstraktes) im re Oberbauch, unterteilt in mehrere Lappen (→ Taf. **20**, 2 u. **25**, 2, 3). Produziert Galle, die sie über Gallengänge* in das Duodenum* absondert. Zentrales Stoffwechselorgan.
Leber-atrophie: Leberverkleinerung durch Entartung u. Untergang d. Leberzellen. Auch als -dystrophie* bezeichnet. Akute gelbe -atrophie, akute gelbe -dystrophie: rapid* verlaufende, von Ikterus* begleitete Form der Krankheit; vielfach letal* endend. **-band, rundes:** Ligamentum teres hepatis. **-egel:** Dicrocoelium lanceolatum (→ Dicrocoeliasis). **-dystrophie:** → -atrophie. **-funktionsproben:** der Erkennung latenter Störungen der -funktion dienende Teste (z. B. Galaktoseprobe*, *Mac Lagan*'* Reaktion). **-galle,** A-Galle: 1. Portion bei der Sondierung des Duodenum*. **-hilus:** -pforte. **-(parenchym-)schutztherapie:** der fettigen Entartung der Leber entgegenwirkende Maßnahmen (KH*-reiche, hochwertiges Eiweiß [evtl. entsprech. Hydrolysate* als Infusion*] enthaltende fettarme Diät mit lipotropen* Substanzen). **-pforte:** Furche an der Unterseite der Leber. Eintrittsstelle der Gefäße, Austrittsstelle d. großen Gallengänge*. **-tran:** aus Dorschleber gewonnenes Öl. **-vene,** Vena hepatica: das venöse -blut in die untere Hohlvene leitende Vene*. **-zirrhose:** chron. Entzündung der Leber mit Zunahme des Bindegewebes* auf Kosten des eigentl. Lebergewebes. Hierbei kann es zur Vergrößerung der Leber (hypertrophische Leber) oder durch folgende Schrumpfung zur Verkleinerung d. Leber (atrophische L.) kommen. Bei biliärer* L. besteht zugleich Gelbsucht.
Lecithine: → Lezithine.
Lederhaut: Korium und Sklera.
Leerdarm, Intestinum jejunum, Jejunum: der auf den Zwölffingerdarm* folgende, ins Ileum übergehende Abschnitt des Dünndarms (→ Taf. **25**, 11).
LE-Faktor: ein bei **L**upus* **e**rythematodes auftretender Antikörper* (ein Gammaglobulin*). Reagiert mit den Kernen der Leukozyten* (Bildung sog. LE-Zellen).
Le Fort' Bougie: eine Harnröhrensonde.
Lefze: Lippe. Rand einer Wunde.
Leg|asthenie: Leseschwäche.
lege artis, l. a.: kunstgerecht.
Legg'-Perthes'-Calvé' Krankheit: → *Perthes'* Krankheit.
Legierungen: Verschmelzung zweier oder mehrerer Metalle.
Leguminosen: Hülsengewächse bzw. Hülsenfrüchte (Erbsen, Bohnen, Linsen usw.).
Leichentuberkel: warzenartige Neubildung, bes. an den Händen von Ärzten u. Sektionsgehilfen, durch Eindringen von Tuberkelbakterien (z. B. bei Sektion* an Tuberkulose* Verstorbener).

Leiner' Krankheit: bei Säuglingen in den ersten 3 Mon. auftretende Erythrodermie*. Haut ist mit abschilfernden, fettigen Schuppenlamellen bedeckt, daneben Magen- u. Darmstörungen.
Leio|dẹrma: Glanzhaut. → Liodermie.
Leiomyom(a): Geschwulst aus glatten Muskelfasern. → Myom.
Leiomyosarkọm: von glatten Muskelfasern gebildetes Sarkom*.
Leishmạnia: intrazelluläre Blutparasiten.
Leishmaniọse: durch Leishmania*-Arten hervorgerufene Krkht., z. B. Kala-Azar.
Leisten-band: Ligamentum inguinale. **-bruch,** -hernie: angeborener oder erworbener Eingeweidebruch in der -gegend; bei den indirekten = äußeren Hernien* Durchtritt durch den -kanal, bei den direkten = inneren direkt durch die Bauchdecken in Höhe des äußeren -rings. **-gegend:** Grenze zwischen Bauch u. Oberschenkel. **-hernie:** -bruch. **-hoden:** im -kanal steckengebliebener Hoden. → Kryptorchismus. **-kanal:** Kanal, der in der -gegend die Bauchdecken schräg von hinten u. lateral nach vorn medianwärts durchsetzt. **-ringe:** vordere (innere, mediale) und hintere (seitl., laterale) Öffnung des Leistenkanals (→ Taf. **15**, 11).
Leitungsanästhesie: Anästhesie* durch Betäubung der Nervenbahnen, die ein bestimmtes Gebiet versorgen.
Lembert' Naht (spr. lañbặhr): eine Darmnaht durch Einstülpung der bauchfellüberkleideten Außenwand des Darmes (Stich erfaßt jeweils die Serosa* u. teilweise auch die Muskelschicht).
Lendenmuskel: Musculus psoas (= großer L.) u. M. quadratus lumborum (= viereckiger L.). → Taf. **16**, 16 u. **21**, 10 bzw. **17**, 12 u. **21**, 8.
Lendenstich: Lumbalpunktion.
Lẹniens (Pl. **Leniẹntia**): lindernde Mittel.
lẹniens: lindernd.
Lennander' Kulissenschnitt: ein Laparotomie*-schnitt. Längsdurchtrennung der Rektusscheide* nahe dem lateralen Rand (erst äußeres, nach Wegziehen des Muskels nach der Medialseite, dann inneres Blatt einschl. des queren Bauchmuskels u. Peritoneums*).
Lens (crystallịna): Linse* des Auges.
lenteszịerend: langsam verlaufend, schleichend.
Lentịgo: Linsenfleck; bis linsengroßer hellbrauner Hautfleck. **L. senịlis:** v. a. an lichtexponierten Stellen auftretende dunkle Hautflecken bei älteren Menschen.
Lentikọnus: Anomalie* der Augenlinse. Kegelförmige Ausbuchtung der Linsenvorderfläche (Lenticonus anterior) oder Linsenhinterfläche (L. posterior).
lentikulặr: linsenartig, -förmig.
Lenzmann' Linie: Verbindungslinie der vorderen oberen Darmbeinstachel (Interspinallinie); → *Lanz*.
Leontịasis: Löwengesicht; Gesicht, das durch Geschwulstbildung bei Lepra* oder durch Riesenwuchs der Gesichtsknochen (L. ossea) löwenähnlich aussieht.
Leopold' Handgriffe: der Bestimmung des aktuellen Standes des Uterus*-fundus*, der Positio*, des vorliegenden Kindteils u. der Einstellung des führenden Teils zum Beckeneingang dienende 4 geburtshilfliche Handgriffe.
Lepra: Aussatz. Durch Leprabakterien bedingtes chron. Leiden, bei dem es besonders zu Ausschlägen (Flecken, Knoten, Blasen, Geschwüren) an Haut u. Schleimhäuten, zu Erkrankung von Nerven mit schweren Störungen der Empfindung u. Gewebsernährung sowie zur Erkrankung von Eingeweiden kommt.
L. anaesthẹtica: Nervenaussatz, der zur Anästhesie* im Bereich der erkrankten Nerven führt. **L. maculọsa:** Fleckenaussatz. **L. mụtilans:** mit Verstümmelung (Abfall von Gliedern) einhergehend. **L. nodọsa** oder **tuber(cul)ọsa:** Knotenaussatz.
Lepros-erie, -ọrium: Asyl für Aussätzige.
Leptomeningịtis: Entzündung der weichen Hirnhaut*.
Leptosome, Astheniker: Menschen mit magerem, schlankaufgeschossenem Körperbau.
Leptospịren: schraubenartig gewundene Mikroorganismen; Erreger der Leptospirosen (z. B. Leptospira icterohaemorrhagiae der *Weil'** Krankheit, L. grippotyphosa des Feldfiebers*).

Lepto|spirosen: durch Leptospiren* hervorgerufene Krankheiten.
Leptostaphylie: Schmalheit des Gaumens.
Leptus autumnalis: Erntegrasmilbe.
Lériche' Syndrom (spr. lerisch): auf einer Thrombose* der Bauchaorta beruhende Durchblutungsstörungen der Beine.
lesbische Liebe: Sapphismus*.
letal(is, -e): tödlich (z. B. Exitus letalis = Tod).
Letalität: Prozentsatz der Todesfälle bei einer Erkrankung.
Le|thargie: Schlafsucht, völlige Gleichgültigkeit gegen äußere Eindrücke.
Lethargus: Koma*, bei dem auch auf stärkste Reizung des N.* trigeminus keine Reaktion erfolgt.
Letterer'-Siwe' Krankheit: sepsisartig verlaufende Retikuloendotheliose* bei Säuglingen u. Kleinkindern.
Leucin, Leuzin: eine Aminosäure.
Leuk|ämie: Erkrankung der blutbereitenden Organe mit Vermehrung der weißen und Abnahme der roten Blutzellen. Je nachdem das lymphatische* oder myeloische* Gewebe der Ausgangspunkt ist, unterscheidet man lymphatische und myeloische Leukämien.
Leuk|an|ämie: Mischform zwischen Leukämie* u. perniziöser Anämie*.
Leuko|blasten: Mutterzellen der Leukozyten*.
Leukoderma, Leukodermie: Weißfärbung einzelner Hautstellen durch Pigmentmangel.
Leukodys|trophien: Entmarkungskrankheiten des ZNS*.
Leukom(a): dichte, weißliche Hornhautnarbe.
Leukomel|algie: schmerzhafte Anfälle von Durchblutungsstörungen der Extremitäten mit kalter, blasser Haut.
Leuk|onychie: weiße Flecken der Fingernagelplatte.
Leuko|pathie: Leukoderma* bzw. Albinismus*.
Leukopenie: Verminderung der weißen Blutkörperchen.
leukopenisch: mit Leukopenie* einhergehend.
Leukoplakia, Leukoplakie: Auftreten kleiner weißlicher Flecke auf der Schleimhaut des Mundes (L. oris, L. buccalis) bzw. der Zunge (L. linguae).
Leukorrhoe: weißer* Fluß (Fluor albus).
Leukose: → Leukämie. **L., aleukämische:** Aleukämie.
Leukotomie: Schnitt durch die weiße Substanz des Frontalhirns bei bestimmten Geisteskrankheiten.
Leukozyten: zusammenfassende Bezeichnung für „weiße" Blutkörperchen. Einteilung: 1) **myeloische** Reihe, d. ihren Ursprung im Knochenmark hat; 2) **lymphatische** Reihe, die aus Lymphgewebe, d. h. meist aus Lymphknoten stammt; 3) **Monozyten**-Reihe, die sich wahrsch. aus dem Retikuloendothel* ableitet.
Leukozytose: vorübergehende Vermehrung der weißen Blutkörperchen.
Levator: Heber. Ein Muskel, der etwas hebt. **L.platte:** die das Becken nach unten abschließende Muskelplatte des M. levator ani (vom Schambein u. Foramen obturatum [→ Taf. **4**, 17, 20] bds. zum After u. Steißbein ziehend).
Lewis (spr. luis): Bezeichnung für ein erbliches Blutkörperchenmerkmal. Symbol Le^a, Le^b.
Lewy' Körper: kugelige hyaline* Körper im Plasma* von Ganglienzellen* beim *Parkinson*'* Syndrom.
Leyden' Kristalle: → *Charcot*.
Leydig' Zellen: Zwischenzellen (= Interstitialzellen) des Hodens* (zwischen den Samenkanälchen gelegen); produzieren Androgene*.
LE-Zellen: bei Lupus* erythematodes disseminatus vorkommende besondere Zellart (→ LE-Faktor).
Lezithine: fettartige, phosphorhaltige Stoffe in Tier- u. Pflanzenzellen, bes. auch in Gehirn und Nerven.
Lhermitte' Zeichen (spr. lermitt): Parästhesien* in Form des Elektrisiertseins entlang der WS* auf Beugung des Nakkens bei Polysklerose*.
LH: **l**uteinisierendes **H**ormon.
Libido (auch Libido): Gelüste, Begierde.
L. sexualis: Drang zum geschlechtlichen Verkehr.
Libman'-Sacks' Syndrom: atypische verruköse* Endokarditis* mit viszeralen*

Erscheinungen des Lupus* erythematodes.

Lichen: Flechte. Als Hautkrankheit, spez. Knötchenflechte. **L. islandicus:** Isländisches Moos; die Flechte Cetraria islandica. **L. ruber:** Hautleiden, bei dem rote juckende Knötchen (beim L. r. acuminatus spitz, beim L. r. planus platt) vorhanden sind, daneben evtl. warzige Stellen (L. r. verrucosus). **L. scrofulosorum:** eine Art der Hauttuberkulose. **L. simplex chronicus, L. Vidal':** derbe hanfkorngroße Knötchen im Anschluß an Pruritus*.

Lichenifikation: Vergröberung der normalen Hautfelderung nach Hautkrankheiten.

Lichenisation: → Lichenifikation.

lichenoid: flechtenähnlich.

lichtbrechende Medien des Auges: Hornhaut, Kammerwasser, Linse, Glaskörper.

Lid-krampf: Lidschluß durch Krampf des kreisförmigen Lidmuskels. Klonischer* L.: krampfhaftes Blinzeln. **-sperrer:** federnde Vorrichtung zum Auseinanderhalten der Augenlider (→Abb.).

Lieberkühn' Krypten: im Dünn*- und Dickdarm* gelegene Schleimdrüsen.

Liebig' Suppe: Milch mit Weizen- und Malzmehl wird mit etwas kohlensaurem Kalium gekocht u. durchgeseiht. Leicht abführende Säuglingsnahrung.

Li|en: Milz. **L. mobilis:** Wandermilz*.

lienal(is, -e): zur Milz gehörig.

Lienographie: durch Milzpunktion vorgenommene Darstellung des Pfortadersystems (= Portographie) einschl. Milz.

Lienterie: diarrhöische Entleerung unverdauter Speisereste.

ligamentös: bandartig.

Ligamentum (Pl. **Ligamenta**): Band, bindegeweb. Gebilde zur Vbdg. von Knochen usw. **L. carpi transversum:** Retinaculum flexorum. **L. cruciatum:** Kreuzband des Kniegelenks. **L. falciforme hepatis:** sichelförm. Band, von der Leber (Vorder- u. Unterseite) zur vorderen Bauchwand. **L. flavum:** das die Wirbelbögen verbindende gelbe Band. **L. gastrocolicum:** die, die große Kurvatur des Magens (→Taf. **25**, 7) u. das Colon* transversum verbindende breite peritoneale* Duplikatur*. **L. inguinale,** Leistenband: vom vorderen oberen Darmbeinstachel (→Taf. **4**, 6) zum Schambeinhöcker (→ Taf. **4**, 14) ziehendes Band. **L. lacunare:** vom Leistenband* zum Schambein* ziehendes dreieckiges Band. **L. latum uteri:** breites Mutterband; Verdopplung des Bauchfells, die Gebärmutter, Eileiter, Eierstöcke einschließt (→ Taf. **24**, 12, 18.). **L. ovarii proprium,** Eierstocksband: → Taf. **24**, 3, 19. **L. patellae:** aus der Sehne des M*. quadriceps femoris hervorgehendes Kniescheiben*-band. **L. radiocarpeum dorsale:** Handrückenverband (→Taf. **17**, 18). **L. rotundum:** → L. teres. **L. sacrotuberale:** den Beckenausgang begrenzendes Band (→ Beckenboden*) zwischen den Sitzbeinknorren (→ Taf. **4**, 12) u. Kreuzbein (→ Taf. **4**, 22). **L. teres hepatis:** rundes Leberband; Rest der embryonalen Nabelvene (→ Taf. **25**, 20). **L. teres uteri,** L. rotundum, rundes Mutterband: runder Strang, der von der Gebärmutter* durch den Leistenkanal* zu den großen Schamlippen zieht (→ Taf. **24**, 4). **L. vocale:** Stimmband.

Ligatur: Unterbindung.

Li|gnum: Holz.

limbisches System: komplexes System des ZNS*, aus Lobus* limbicus u. Basalganglien* bestehend mit enger Verbindung zum Tel*- u. Mesencephalon*. Zentrum für Trieb- u. Instinkthandlungen, Emotionen, Lern- u. Gedächtnisfunktion.

Limbus: Rand, Saum; spezieller Hornhautrand.

Limen nasi: den Vorhof der Nase nasenwärts begrenzende, zur Nasenhöhle konvexgekrümmte Leiste.

Limes: Grenzwert.

limitans: begrenzend.

Linea: Linie, Knochenleiste. **L. alba:** weiße Linie; Sehnenstreifen zwischen Schwertfortsatz u. Schambeinfuge (→ Taf. **15**, 6). **L. aspera:** an Hinterfläche des Oberschenkelknochens. **L. semilunaris (Spiegeli):** Grenze der schrägen Bauchmuskeln an der Rektusscheide*. **L. terminalis:** den Eingang z. kleinen Becken begrenzende Linie, vom Promontorium* am Unterrand der Beckenschaufel u. Oberrand des Schambeins* bds. zur Symphyse* verlaufend.

linear: linienförmig, geradlinig. **l.e Extraktion:** Starausziehung nach Anlegung eines geraden Schnittes in die Cornea*. **L.messer:** → *Graefe* (→ Abb. b). **l.e Vergrößerung:** V. in einer Richtung.

Lin|gua: Zunge. **L. geographica:** Landkartenzunge. **L. plicata:** Faltenzunge, tiefe Furchung der Zunge.

lingual(is, -e): zur Zunge gehörig.

Lingula: zungenartiges Gebilde. **L. pulmonis:** über den li Herzrand vorragender Zipfel (Segment*) des li Oberlappens der Lunge.

Liniment(um): dickflüssige Salbe; Einreibemittel.

Linitis plastica: Schrumpfung und Verhärtung des Magens als Symptom eines Szirrhus* des Magens (auch synonym mit Szirrhus des Magens gebraucht).

Linksinsuffizienz: Herzinsuffizienz* durch Versagen der li Herzkammer* u. ihres Vorhofs.

Links-rechts-Shunt: arteriovenöser Shunt* (z. B. bei offenem Ductus* Botalli).

Linksverschiebung: Zunahme der (bei der Niederschrift in der üblichen Reihenfolge links stehenden) unreifen, neutrophilen* Leukozyten*-formen, der Stabkernigen, evtl. verbunden mit dem Auftreten von jüngeren Zellformen.

Linolensäure: eine 3fach ungesättigte Fettsäure*.

Linolsäure: eine 2fach ungesättigte Fettsäure*.

Linse: 1) Lens (crystallina); die Augenlinse; ein durchsichtiger, hinter der Pupille* gelegener Körper mit Wirkung u. Form einer bikonvexen* Linse (→ Taf. **14**, 5). – 2) durchsichtiger, linsenähnlicher Körper aus Glas, dessen Flächen regelmäßig gekrümmt sind. Sammellinsen (bikonvexe, plankonvexe, konkavkonvexe L.; → Abb. a, b, c) machen Lichtstrahlen konvergent. Zerstreuungslinsen (bikonkave, plankonkave, konvexkonkave; → Abb. d, e, f) divergent.

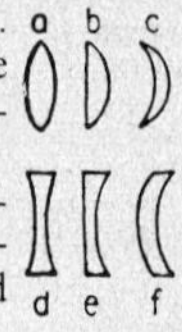

Linsen-fleck: → Lentigo. **-kern:** 1) das Innere der Linse des Auges. – 2) Nucleus* lentiformis.

Lio|dermie, Leioderma: Glanzhaut. Glatte, gespannte, blaurote, später wachsbleiche und atrophische Haut.

Lip|ämie: vermehrter Fettgehalt des Blutes.

Lipasen: Enzyme*, die Fette in Glyzerin u. Fettsäuren spalten.

Lip|atrophia, Lipathrophie: Fettschwund. **L. circumscripta:** umschriebene L. an druckausgesetzten Stellen (z. B. Ellenbogen, Schulter, Gesäß). **L., generalisierte:** *Lawrence'* Syndrom.

Lip|azid|ämie, Lipazid|urie: Auftreten von Fettsäuren im Blut u. Harn.

Lipide: Gesamtheit der Fette, Lipoide*, Lipochrome* u. weiterer fettlöslicher Substanzen.

Lipo...: Fett....

Lipo|chrome: gelbe bis violettrote Fettfarbstoffe.

Lipo|dys|trophia intestinalis, *Whipple'* Krankheit: Krkht. mit erheblicher Gewichtsabnahme, zunehmender Schwäche, unbestimmten Bauchbeschwerden, Hypotonie*. **L. progressiva:** fortschreitender starker Fettschwund der oberen mit abnormen Fettansatz der unteren Körperhälfte.

Lipoïd-e: „fettähnliche" Substanzen, wie z. B. Cholesterin* u. weitere Steroide* u. Phospholipide*. **-osen:** Lipoidspeicherungskrankheiten. Krkhtn., die mit Ablagerung fettähnlicher Substanzen in verschiedenen Organen einhergehen, z. B. *Hand'-Schüller'-Christian'* Krkht., *Gaucher'* Krkht., *Niemann'-Pick'* Krkht. – L., zerebrosidzellige: *Gaucher'* Krkht. **-nephrose:** eine Form der Glomerulonephritis* mit Symptomen der Nephrose*. **-stoffwechsel:** Teil des Gesamtstoffwechsels, der den Auf- u. Abbau der Lipoide* betrifft. **-thesaurismose:** -speicherkrankheit (= Lipoidose).

Lipolyse: chemische oder enzymatische Fettspaltung.

Lipom(a): Fettgeschwulst.

Lipomatose: Verfettung.

Lipo|philie: Neigung zu Fettansatz.
Lipoproteide: mit den α- u. β-Globulinen* in der Elektrophorese* wandernde, an Proteine* gebundene Lipoide*. Die L. spielen bei den Schutz- u. Abwehrvorgängen im Organismus eine Rolle.
Lipoproteine: andere Bez. für Lipoproteide.
Liposarkom: Sarkom des Fettgewebes.
lipotrope Substanzen: Stoffe, die der Verfettung der Leber entgegenwirken, z. B. Kasein, Methionin u. a.
Lipozele: Fettbruch.
Lippes' Schleife: ein Intrauterinpessar*, gefertigt aus Seide oder Kunstfaser.
Lippitudo: Triefauge.
Lip|urie: Auftreten von Fett im Harn.
lique|factus, -a, -um: verflüssigt.
liquidus, -a, -um: flüssig.
Liquiritia: Süßholzstrauch(wurzel).
Liquoid-Venüle: Venüle mit einer die Blutgerinnung hemmenden Substanz (polyanetholsulfosaures Natrium).
Liquor: Flüssigkeit, Lösung. **L. cerebrospinalis:** wäßrige Flüssigkeit im Subarachnoidalraum* von Gehirn* u. Rükkenmark*.
Liquor-block: Unterbrechung der -passage. **-fistel:** v. a. traumat.* u. postoperative* Fistel (häufig im Bereich der Nase, des Ohres), aus der L. abfließt. **-passage:** freies Zirkulieren des L. im Ventrikel*-system des Gehirns* u. den Subarachnoidalräumen*.
Lisfranc' Operation: Exartikulation* d. Fußes im *Lisfranc'* Gelenk, das zwischen Keilbeinen* u. Würfelbein* einerseits, den 5 Mittelfußknochen andererseits liegt (→ Taf. **9**).
Lissauer' Typus: Form der progressiven* Paralyse*, charakterisiert durch Halbseitenparesen u. Herdsymptome* (auch Anfallsparalyse genannt).
Lister' Methode: antiseptische* Wundbehandlung.
Listeriose: durch grampositive (→ *Gram'* Färbung) stäbchenförmige Erreger (Listeria monocytogenes) hervorgerufene Infektionskrht.; Ansteckung oft durch Vieh.
Lith|agoga: stein(ver)treibende Mittel.
Lithargyrum: Bleiglätte, Bleioxid. Zur Bereitung von Pflastern u. Salben.
Li|thiasis: Steinkrankheit (Nieren-, Blasen- oder Gallensteine).
Lithium, Li: ein chem. Element. → Alkalien.
Lithocholsäure: (*H. Fischer*) eine der Gallensäuren.
Litho-klast: -triptor. **-lapaxie:** Entleerung von Steinen bzw. Steintrümmern aus der Harnblase durch ein – an Katheter* bzw. Zystoskop* angeschlossenes – Sauggerät (Evakuator*). **-lyse:** Auflösung von Steinen durch innere Mittel. **-nephrose:** Steinkrkht. d. Nieren. **-pädion:** Steinkind; verkalkter Fetus*. **-skop:** Steinsonde. **-tomie:** Steinschnitt. **-tripsie, -tritie:** Zertrümmerung eines Steins in der Harnblase. **-triptor:** Instrument zum Zertrümmern von Harnblasensteinen.
Little' Krankheit: spastische* Lähmung* bei Kindern infolge von geburtstraumatischen oder pränatalen* Hirnschädigungen (beidseitig ausgeprägt).
Littre' Brüche: Darmwandbrüche. **L.' Drüsen:** Schleimdrüsen der Harnröhre.
Litzmann' Obliquität: hinterer Asynklitismus*. Geburtshilflich ungünstig, mit Komplikationen verbunden.
livid: bleifarbig, blaß-bläulich.
Lividität: blaß-bläuliche Verfärbung, i. e. S. die des Scheideneingangs. Zeichen für Frühdiagnose der Schwangerschaft.
Livor: livide Farbe. **L. mortis:** Leichenfleck.
LMTH: luteomammotropes Hormon (= LTH).
lobär: zu einem Lappen (Lobus) gehörig, einen Lappen betreffend. **l.e Pneumonie:** Pneumonia* fibrinosa.
Lob|ek|tomie: operative* Entfernung eines Organlappens (z. B. eines Lungen-, Leberlappens).
Lobelin: Alkaloid* in der Pflanze Lobelia inflata; regt das Atemzentrum an.
Lobotomie: Lappenschnitt, z. B. im Gehirn. → Leukotomie.
Lobstein' Krankheit (Typus): eine Form der Osteogenesis* imperfecta (= O. i. tarda).
lobulär: zu einem Lobulus* gehörig. **l.e Pneumonie:** Bronchopneumonie.
Lobulus: Läppchen; Teil eines Lobus*.
Lobus: Lappen. Größerer Teil gewisser

Drüsen und Eingeweide. **L. antẹrior:** Vorderlappen. **L. caudạtus:** ein kleiner Leberlappen, neben Pfortader* u. Hilus* gelegen. **L. dẹxter:** re Lappen. **L. frontạlis:** Stirnlappen des Gehirns. 3 horizontale Windungen (obere, mittlere, untere) u. Gyrus* praecentralis. **L. hẹpatis dẹxter** bzw. **sinịster:** re bzw. li Leberlappen (→ Taf. **25**, 2, 3). **L. infẹrior:** Unterlappen (z. B. L. i. pulmonis; → Taf. **25**, 21, 24). **L. lịmbicus:** klin. Bez. für das aus Gyrus cinguli u. Teilen des L. frontalis u. temporalis bestehende Hirnrindengebiet als Teil des limbischen* Systems. **L. mẹdius:** Mittellappen (z. B. L. m. pulmonis = Mittellappen d. Lunge; → Taf. **25**, 22). **L. occipitạlis:** der Hinterhauptlappen des Gehirns, u. a. mit Sehzentrum. **L. pari|etạlis:** Scheitellappen des Gehirns, u. a. mit Gyrus* postcentralis (hinter dem Sulcus* centralis des Gehirns gelegen). **L. postẹrior:** Hinterlappen. **L. temporạlis:** Schläfenlappen des Gehirns; horizontal u. quer verlaufende Gyri. **L. supẹrior:** Oberlappen (L. s. pulmonis = Lungenoberlappen; → Taf. **25**, 23, 25).

Lọchia, Lochi|en: Wochenfluß; Ausfluß aus der Gebärmutter* nach der Geburt. Unter Berücksichtigung des sich ändernden Aussehens als **L. rụbra** bzw. **cruẹ̈nta** (= blutige Lochien), **L. sanguinolẹnta** (= fleischwasserfarbige L.), **L. fụsca** (= braune L.), **L. flạva** (= gelbe L.) u. **L. ạlba** (= weiße L.) bezeichnet.

Lochio-mẹtra: Stauung der Lochien* (→ Lochia) in der Gebärmutter*. **-r|rhagịe, -rrhọe:** vermehrter Wochenfluß.

Lọcus: Ort, Stelle. **L. minọris resistẹntiae:** Stelle der geringsten Widerstandsfähigkeit.

Loeffler' Bakterien: Diphtherie-B. **L.' Platte:** Petrischale mit erstarrtem *L.'* Serum. **L.' Serum:** Rinder- oder Hammelserum mit Bouillon, die Pepton, Traubenzucker, Kochsalz enthält. Zur Züchtung von Diphtheriebakterien. **L.' Syndrom:** mit Eosinophilie* einhergehende Pneumonie* mit flüchtigem Lungeninfiltrat* (aus eosinophilen* Zellen).

Löfset' Methode: Manualhilfe* bei Bekkenendlage (→ Kindslage*). Lösung zunächst des hinteren, dann des vorderen Arms durch Zug an bereits geborenem Körper.

Lötsteife: durch Knochenprozeß (Gelenkverödung) bedingte Gelenksteife.

Loewi' Probe: Einträufeln einer üblicherweise unwirksamen Adrenalin*-Lsg. in den Bindehautsack; bei Übererregbarkeit des Sympathikus* Pupillenerweiterung.

Logor|rhọe: krankhafte Geschwätzigkeit.

Loimo|logie: Seuchenlehre.

lokal: örtlich.

Lokalanästhesie: durch örtliche Maßnahmen (Einspritzen eines Lokalanästhetikums*) bewirkte Unempfindlichkeit eines Körperteils. → Infiltrationsanästhesie. → Leitungsanästhesie.

Lokạlanäs|thẹtikum (Pl. **Lokalanästhetika):** zur Ausführung einer Lokalanästhesie* geeignete Mittel.

Lokalisation: Verlegung an (bzw. Beschränkung auf) eine Stelle (Adj. **lokalisiert**).

Lokomotiọn: Bewegung von einer Stelle zur anderen. **lokomotorisch:** auf Lokomotion bezüglich.

longịssimus, -a, -um: sehr lang.

Longịssimus dọrsi: Kurzform f. M. longissimus dorsi bzw. thoracis; langer, vom Beckenkamm, lumbalen* u. sakralen* Dornfortsätzen, teils auch Querfortsätzen an die Rippen u. Querfortsätze der BWS* ziehender Muskel für Seit- u. Rückwärtsbeugung der WS*.

longitudinạl(is, -e): längsverlaufend, länglich, der Länge nach.

Longuẹtte(nverband): aus streifen- bis plattenförmigem Verbandsmaterial, z. B. zu breiten Streifen gefalteten Gipsbinden, angefertigter, durch Binden zu fixierender schalenförmiger Verband.

lọngus, -a, -um: lang.

Lordọse: Verbiegung der Wirbelsäule nach vorn, physiologisch im Hals- u. im Lendenteil; besondere Tiefe des Lordosebogens verursacht „hohlen Rücken".

Lorenz' Stellung: Repositions*- u. Retentions*-stellung bei angeborener Luxatio* coxae; Beine in Froschstellung, d. h. in der Hüfte maximal abduziert bei Beugung von 90°, gleichzeit. Beugung in den Kniegelenken 90°.

Loslaßschmerz: nach abrupter Unterbrechung eines Druckes gegen die Bauchdecken auftretender Schmerz mit lokalisatorischer Bedeutung bei Peritonitis*.

Lost: Stickstofflost, Gelbkreuz, Senfgas. Wird heute zur Hemmung des Zellstoffwechsels gebraucht.

Lowe' Syndrom: erhöhte Ausscheidung von Aminosäuren* durch die Nieren* mit schweren Störungen der körperlichen u. geistigen Entwicklung.

Lowenberg' Zeichen: Schmerzauslösung im Bein durch das Aufblasen einer umgelegten Blutdruckmanschette als Zeichen für Thrombose*.

Lower-nephron-Nephrose (engl.; spr. loher): Nephrose* der unteren Abschnitte des Nephron* (als Folge einer Nekrose* der distalen* Tubulusabschnitte). Akute Insuffizienz* der Niere. Bei Crush*-trauma*, nach Schock etc.

LSD: **L**yserg**s**äure**d**iäthylamid; eine halluzinogene* Substanz; ruft gelegentlich Schizophrenie*-ähnl. Symptome hervor.

LSH: **L**ymphozyten **s**timulierendes **H**ormon.

LTH: **l**uteo**t**ropes **H**ormon.

Lu: Abk. für **Lu**theran*.

lucidus, -a, -um; luzide: hell (z. B. luzide Intervalle: lichte Augenblicke).

Lüer' Spritze: Sp. aus Glas mit luftdicht eingeschliffenem Glaskolben. **L.' Zange:** Hohlmeißelzange zur Abtragung von Knochenstückchen.

Lu|es: Syphilis. **L. connata:** angeborene Syphilis*.

lu|etisch: syphilitisch.

Luft-dusche: Einblasen von Luft durch die Ohrtrompete i. d. Paukenhöhle. → *Politzer*, Tubenkatheter. **-embolie:** (oft tödliche) Verstopfung wichtiger Stellen der Blutbahn (z. B. rechtes Herz, Lunge) durch Luftblasen, d. bei Operationen, Geburten usw. in offene Blutadern gedrungen sind. **-leitung:** → *Rinne*. **-röhre,** Trachea: röhrenförmiges Organ, in das sich der Kehlkopf nach unten fortsetzt (→ Taf. **10**, 12). → Bronchien.

Lugol' Lösung: Lösung von Jod (oder Jodtinktur) und Jodkali in Wasser.

lu|isch: syphilitisch.

Lumbago: Lendenweh, Hexenschuß; früher als Rheumatismus* der Lendenmuskeln angesehen, jetzt in vielen Fällen als Folge eines Bandscheibenvorfalls* nachgewiesen.

Lumbal|anästhesie: Rückenmarksanästhesie*.

lumbal(is, -e): zu den Lenden gehörig.

Lumbalisation: der erste Kreuzbeinwirbel ist ganz oder teilweise wie ein freier Lendenwirbel gestaltet.

Lumbalpunktion, Lendenstich: Einstich in den Epiduralraum* unterhalb des 3. u. 4. oder 4. u. 5. Lendenwirbels zwecks Entleerung von Liquor* cerebrospinalis.

Lumbo...: Lenden...; → lumbal.

Lumbosakralgelenk: Kreuzdarmbeingelenk (-fuge); → Taf. **4**, 3.

lumbricalis, -e: regenwurmartig, z. B. Musculus* lumbricalis (mehrere Muskeln zwischen den Mittelhand- bzw. Mittelfußknochen, welche das Grundglied der Finger und Zehen beugen und die beiden anderen Glieder strecken.

Lumen: lichte Weite; der hohle Raum in einem röhrenförmigen Gebilde.

Luminal: ein Schlafmittel.

Lunatismus: → Somnambulismus.

Lunatum: Kurzform f. Os lunatum (→ Taf. **8**, 10). **L.enu|kle|ation:** totale Verlagerung des aus seinen Bändern gerissenen Lunatum* bei perilunärer* Luxation **L.malazie:** → *Kienböck'* Krankheit.

Lunge, Pulmo: dem Gasaustausch dienendes, im Thorax* gelegenes Organ, re aus 3 (Ober-, Mittel-, Unterlappen), li aus 2 Lappen (→ Lungenlappen, Lobus) bestehend. Blutgefäße: A. u. V. pulmonalis, die im Gegensatz zu Körperarterien venöses, im Gegensatz zu Körpervenen arterielles Blut führt.

Lunge, Eiserne: Gerät zur künstl. Beatmung der Lungen bei Lähmung d. Atemmuskulatur, z. B. bei Poliomyelitis*. Druckfester zylindrischer Hohlkörper, in den der Gelähmte eingeführt wird (nur Kopf bleibt draußen). Kompression* u. Dehnung des Thorax* durch abwechselnd erzeugten Über- u. Unterdruck im luftdicht abgeschlossenen Rohr.

Lungen-alveolen: die feinsten Endigungen des Bronchialbaums*. **-bläschen:** -alveolen. **-embolie:** Embolie* in einer Lungenarterie. Die Folge ist ein keilförmiger Lungeninfarkt*. **-emphysem:** dauernde Erweiterung d. -alveolen mit Schwund ihrer Scheidewände, wodurch es zur Vergrößerung d. Lungen u. Verminderung d. Ein- u. besonders Ausatmungsfähigkeit kommt. **-entzündung:** Pneumonie. **-fell:** → Pleura. **-flügel:** eine -hälfte. **-infarkt:** 1) hämorrhagischer I.: blutige keilförmige Infiltration* nach Lungenembolie* u. Stauungslunge. – 2) anämischer I.: durch Fehlen kollateraler* Blutversorgung infolge pneumonischer* Prozesse. **-kollaps:** Zusammenziehung der L., die dadurch luftleer werden u. sich nicht mehr ausdehnen. **-kreislauf,** kleiner Kreislauf: Weg des Blutes von d. rechten Herzkammer zu den L., von dort zurück zum linken Vorhof. **-lappen,** Lobus pulmonis: Einheit der Lunge* bzw. der bds. -flügel (Ober- u. Unterlappen, re ferner Mittellappen) mit eigenem Bronchus*. Unterteilt in -segmente* (→ Taf. **25**, 21–25). **-ödem:** Austritt wäßriger Flüssigkeit aus d. Blutgefäßen in d. -gewebe u. d. -alveolen. **-resektion:** operative Entfernung von Lungenteilen (Segmentresektion*, Lobektomie*, Bilobektomie*, Pneumonektomie*). **-saugmaske:** → *Kuhn*. **-schlag:** plötzliches Aufhören d. Lungentätigkeit, bes. durch Embolie* der -schlagader. **-schlagader,** Arteria pulmonalis: entspringt an dem Ostium* arteriosum der rechten Herzkammer, deren venöses Blut sie zu den Lungen bringt. **-schwindsucht:** -tuberkulose. **-segment:** funktionelle Einheit des -lappens mit eigenem, durch Bronchoskopie* einsehbarem Bronchus (= Segmentbronchus). In den -lappen* re 10 (3+2+5), li 8–9 (4+4 [5]) Segmente. **-spitzenkatarrh:** Katarrh* (oft tuberkulös) einer oder beider Lungenspitzen. **-tuberkulose:** durch Tuberkelbakterien (= Mycobacterium tuberculosis) hervorgerufene Krkht. der Lunge mit Bildung spezifischer* Granulationen* (Tuberkel). Beginn mit einem primären Lungen- u. Lymphknotenherd (gemeinsam = Primärkomplex). Entzündg. v. a. exsudativ* oder proliferativ*, u. a. mit Verkäsung*. Bes. Formen: v. a. Miliartuberkulose*, Zirrhose*, galoppierender* Verlauf.

Lunula: halbmondförm. Gebilde, z. B. das derartig gestaltete weiße Nagelfeld.

Lupus: fressende Flechte. Kurzform für L. vulgaris. **L. erythematodes:** → Erythematodes. **L. pernio:** *Boeck*' Krkht. **L. vulgaris:** Form der Hauttuberkulose mit geschwürig zerfallenden Hautknötchen.

luteinisierendes Hormon, LH: HVL*-Hormon*. Regt die Luteinisierung des Follikels* (= Ausbildung des Gelbkörpers*) an, ebenso die Progesteron*-produktion. Als ICSH* (beim Mann) Stimulierung* der *Leydig*' Zellen (Produktion von Andro-* u. Östrogenen*).

Luteinisierungshormon: → luteinisierendes Hormon.

Lutembacher' Syndrom: Vorhofseptum*-defekt u. angeborene oder erworbene Mitralstenose*.

luteo|mammo|tropes Hormon, LMTH: andere, die Wirkung auf die Mamma* berücksichtigende Bez. für das luteotrope Hormon.

luteotropes Hormon, LTH, Prolaktin: HVL*-Hormon*; stimuliert die Gelbkörper*-zellen zur Progesteron*-bildung, fördert d. Wachstum der Mamma* u. die Laktation*.

Lutheran: ein erbliches Blutkörperchenmerkmal. Symbol: Lu.

Lux: Maßeinheit für die Beleuchtungsstärke.

Luxatio(n): Verrenkung. Dauernde Verschiebung aus der richtigen Lage, spez. der ein Gelenk bildenden Knochenenden. → Subluxation. **L. coxae congenita** (= L. coxae): angeborene Hüftluxation. **L., habituelle:** bei bestimmten Bewegungen sich wiederholende L. – **L., kongenitale:** angeb. Verrenkung, meist eine angeb. L. der Hüfte. **L., offene:** L. mit Weichteilwunde, die mit dem betroffenen* Gelenk verbunden ist. **L., pathologische:** durch krankhaften Knochenabbau bedingte L. **L., traumatische:** durch einen Unfall ausgelöste Luxation.

Luxationsfraktur: Knochenbruch mit gleichzeitiger Luxation*.

luxieren: verrenken, aus der bestehenden Lage bringen.

Luxuskonsump|tion: überreichliche Ernährung.

luzide: → lucidus.
LW: Lendenwirbel.
LWS: Lendenwirbelsäule.
Lympha: Lymphe.
Lymph|adenitis: Lymphknotenentzündung.
lymphadenoid: wie das Gewebe von Lymphknoten und -knötchen beschaffen.
Lymph-adenom(a): Lymphknotengeschwulst. **-adenosen:** Erkrankungen des ganzen lymphatischen* Systems, spez. lymphatische Leukämien*. **-adenosis benigna cutis:** weiche Infiltrate in der Haut, die vorwiegend aus Lymphozyten* bestehen. **-agoga:** Mittel, welche die Lymphbildung vermehren. **-angi|ektasie:** Lymphgefäßerweiterung. **-angiographie:** röntgenologische Kontrastdarstellung* der Lymphbahnen, z.B. vom Fuß her (nach s.c.* Gabe einer die -gefäße* markierenden Farbstoff-Lsg., Katheter*-einführung u. langsamem Einpumpen der Röntgenkontrast*-gebenden Lsg.). **-angiom(a):** Geschwulst, die aus erweiterten Lymphgefäßen bzw. -bahnen besteht. **-angiosarkom:** Endotheliom* der Lymphgefäße. **-angitis, -angiitis:** Lymphgefäßentzündung.
lymphatisch: mit Lymphe, Lymphknoten oder dem Lymphsystem, v. a. aber auch mit Lymphozyten im Zusammenhang stehend. **l.es Gewebe:** das Gewebe der Lymphknoten* u. der Keimzentren der Lymphozyten*. **l.e Konstitution:** blasse, pastöse Menschen, die zu Lymphknoten-*, Haut- u. Schleimhaut*-entzündungen neigen.
Lymphatismus: lymphat.* Konstitution.
Lymphdrüsen: alte Bezeichnung für Lymphknoten.
Lymphe, Lympha: 1) Inhalt der Gewebsspalten u. Lymphgefäße. – 2) der zum Weiterimpfen dienende Inhalt der Impfpocken. – Originäre (genuine oder Kuh-) L. ist der Impfstoff, der sich in den natürlichen Kuhpocken findet.
Lymph-gefäße: Saugadern; führen d. Gewebssaft u. Chylus* in d. Blutadersystem. → Ductus thoracicus. **-knötchen:** → Lymphonodulus. **-knoten:** keine „Drüsen", sondern aus Lymphknötchen* zusammengesetzte Organe, die in den Verlauf der Lymphgefäße eingeschaltet sind u. als Filter für den Lymphstrom dienen.
Lympho-blasten: Mutterzellen der Lymphozyten* (großer Zellkern, schmaler Plasmasaum ohne Granula*). **-blastom:** vom lymphatischen* Gewebe ausgehende Neoplasie*.
lympho|gen: vom lymphat.* Gewebe bzw. der Lymphe* ausgehend.
Lympho-glandula: Lymphdrüse als alte Bez. für Lymphknoten. **-granulom(a):** 1) Granuloma* malignum. – 2) L. inguinale: die „4. Geschlechtskrankheit", bei der mehrere Drüsengeschwülste in der Leistengegend auftreten, die evtl. vereitern. **-granulomatose,** *Hodgkin*' Krkht.: bösartige Erkrankung des lymphatischen* Systems mit granulomatösen Wucherungen. → Granuloma malignum.
lymphoid: lymphartig, lymphatisch.
Lymphom(a): 1) bösartige Geschwulst von lymphknotenartigem Bau; Rundzellensarkom. – 2) auch gutartige entzündliche Lymphknotenanschwellung.
Lymphonodulus: Lymphknötchen. 1) L. solitarius: einzeln liegendes Lymphknötchen, bestehend aus retikulärem* Bindegewebe, in dem zahlreiche Lymphozyten* liegen. – 2) im Dünndarm* zu Haufen angeordnete Lymphknötchen = Lymphonoduli aggregati.
Lympho-penie: Verminderung der Lymphozyten*. **-poëse:** Entstehung von Lymphe* oder Lymphozyten*. **-r|rhagie, -r|rhoe:** reichlicher Ausfluß von Lymphe. **-sarkom:** bösartige Geschwulst mit kleinzelliger Struktur, von lymphat.* Gewebe ausgehend. Bei Generalisierung: **-sarkomatose**. **-stase:** Lymphstauung.
Lymphozyt: im lymphatischen* Gewebe gebildeter Leukozyt*. Sowohl in den Körpergeweben als auch im Blut vorkommend.
lymphozytär: Lymphozyten* betreffend.
lymphozytenstimulierendes Hormon, LSH: ein im Thymus* gebildetes Hormon*, das die Bildung von Lymphozyten* anregt.
Lympho-zytom: geschwulstartige Wucherung von Lymphozyten* nebst Bindegewebe. **-zytose:** Vermehrung der Lymphozyten* im Blut usw.

Lymphspalten: mit Lymphe* gefüllte Lücken im Bindegewebe, die sich in Lymphgefäße* fortsetzen.
Lyogel: flüssigkeitshaltiges Gel*.
Lyo|philisierung, Gefriertrocknung: schonendes Konservierungsverfahren; in der Medizin z. B. für Herstellung von Gefäßtransplantaten (-prothesen) angewandt. Präparate werden schnell eingefroren; dann im Vakuum Entzug der Flüssigkeit durch Sublimation.
Lys|erg|säure|di|äthyl|amid: → LSD.
Lysine: Antikörper*, die entstehen, wenn man Zellen* bzw. Bakterien* in die Körper einführt, u. die die Eigenschaft haben, Zellen bzw. Bakterien der gleichen Art aufzulösen.
Lysis: Lyse, Auflösung. Allmählicher Abfall einer Krkht., bes. des Fiebers. → Krisis.
Lysoform: eine flüssige Kaliseife mit Formaldehyd; Antiseptikum*.
Lysol: eine Kresolseifenlösung; Antiseptikum*.
Lysosom (Pl. **Lysosomen**): kleine Zellorganellen mit Funktion bei Phagozytose* u. Sekretion.
Lysozym: ein Enzym*, das in der Tränenflüssigkeit vorkommt.
Lyssa: Wutkrankheit*.
Lysso|phobie: Furcht, an Lyssa zu erkranken bzw. erkrankt zu sein.
lytisch: nach Art der Lysis*. **l.er Cocktail:** Kombination mehrerer Medikamente (z. B. Dolantin, Atosil, Megaphen) zur Anwendung in der Anästhesiologie* als Prämedikation*, zur Potenzierung anderer dämpfender Maßnahmen sowie als wesentl. Mittel für eine Hypothermie*-behandlung („Winterschlaf“).